KB107387

쉽게 풀어쓴「한국어 어문규범」

강미영 · 김수정 · 임지영 공저

박문사

머리말

'자장면'이 맞을까, '짜장면'이 맞을까. 자장면 '곱배기'와 '곱빼기' 가운데 어떤 말이 맞는 말일까. 우리는 일상에서 이와 같이 표기와 발음이 혼동되는 경우를 자주 접한다. 이러한 경우 정확한 해답과 설명을 구하기 위해 '어문규범'을 찾아 내용을 확인하게 되는데, 어문규범은 우리말과 글을 적는 규칙을 정한 것으로 「한글 맞춤법」, 「표준어 규정」, 「외래어 표기법」, 「로마자 표기법」 4대 규범으로 이루어져 있다. 그런데 4대 규범의 조항이나 이를 쉽게 풀어 쓴 「해설」에 담긴 내용이 '문법'과 밀접한 관련을 맺고 있고, 생소한 용어나 전문 용어가 포함되어 있어 일반인들이 쉽게 이해하기에는 어려움이 있다.

이 책은 일반 국민의 눈높이에 맞춘 어문규범 해설서가 필요하다는 점에 공감한 저자들이 함께 모여 고민한 결과물이다. 이 책을 쓰면서 저자들은 다음과 같은 세 가지를 생각하였다. 첫째, 4대 규범의 내용을 세부적으로 설명함으로써 온전한 이해를 돕고자 하였다. 책을 쓰다 보면 욕심을 부리게 되고 결과적으로 대중들에게 멀어지게 되는데 이 책은 이 점에 특별히 주의를 기울였다. 어려운 용어는 쉽게 풀어서 쓰고, 조항을 이해하는 데 필요한 전문 용어는 조항 설명에 앞서 제시하였다. 둘째, 조항에 이견이 있거나 견해가 분명하지 않은 부분은 <더 알아두기>를 두어 학계의 다양한 의견을 제시하였다. 규정에서 논란이 되는 문제를 제기하여 독자들이 좀더 관심을 갖고 규정을 이해할 수 있도록 하였다. 셋째, 분량 측면에서 조항에 제시되어 있는 단어를 모두 다루지는 못하지만 각주를 통해 뜻풀이를 최대한 제시하였다. 「한글 맞춤법」, 「표준어 규정」은 1988년에 고시된 이후 일부 개정의 과정을 거쳤음에도 조항에 제시되어 있는 단어의 일부가 우리의 언어 현실과 거리가 있어 이해하는 데 어려움이 있었다. 이 책에서는 조항을 이해하는 데 쉽도록 조항에 제시된 단어의 뜻을 각주를 통해 상세히 기술하였고, 변화한 언어 현실을 풀이 과정에 반영하였다.

이 책에서는 4대 규범인 「한글 맞춤법」, 「표준어 규정」, 「외래어 표기법」, 「국어의 로마자 표기법」 조항과 함께 2017년 새롭게 보완된 「한글 맞춤법」, 「표준어 규정」의 <해설>을 참고하였다.

가. 「한글 맞춤법」 문체부 고시 제88-1호(1988. 1. 19.)
「한글 맞춤법」 일부 개정안 문체부 고시 제2014-39호(2014. 12. 5.)
「한글 맞춤법」 일부 개정안 문체부 고시 제2017-12호(2017. 3. 28.)

나. 「표준어 규정」 문체부 고시 제88-2호(1988. 1. 19.)
「표준어 규정」 일부 개정안 문체부 고시 제2017-13호(2017. 3. 28.)

다. 「외래어 표기법」 문체부 고시 제85-11호(1986. 1. 7.)
「외래어 표기 용례집(동구권 지명·인명)」 중 표기 일람표와 표기 세칙 문체부 고시 제1992-31호(1992. 11. 27.)
「외래어 표기 용례집(북구권 지명·인명)」 중 표기 일람표와 표기 세칙 문체부 고시 제1995-8호(1995. 3. 16.)
「동남아시아 3개 언어 외래어 표기 용례집」 문체부 고시 제2004-11호(2004. 12. 20.)
「외래어 표기 용례집(포르투갈어, 네덜란드어, 러시아어)」 문체부 고시 제2005-32호(2005. 12. 28.)
「외래어 표기법」 일부 개정안 문체부 고시 제2014-43호(2014. 12. 5.)
「외래어 표기법」 일부 개정안 문체부 고시 제2017-14호(2017. 3. 28.)

라. 「국어의 로마자 표기법」 문체부 고시 제2000-8호(2000. 7. 7.)
「국어의 로마자 표기법」 일부 개정안 문체부 고시 제2014-42호(2014. 12. 5.)

지금까지 선배 연구자들의 축적된 연구물이 없었다면 지금 이 책은 없을 것이다. 선배 연구자들의 학문에 대한 열정과 수고로 이루어낸 빛나는 연구 결과물은 필자들이 많은 것을 배우고 깨달아 학문의 깊이를 더하게 해 주었고, 이 책을 집필하는 데도 직간접적으로 큰 도움이 되었다. 이에 스승과 같은 연구자분들께 마음 깊이 경의를 표하고, 머리를 조아려 감사의 인사를 올린다. 그리고 대학 강단과 언어교육원, 국립국어원과 국어문화원, 한국어교원양성과정 2급과 3급 강의를 진행하면서 얻은 경험 또한 이 책을 집필하는 데 도움이 되었다. 이 자리를 빌려 우리말을 바르고 정확하게 사용하고자 배움의 수고를 마다하지 않은 학생들, 교사와 공무원, 일반 시민들께 감사의 마음을 전한다.

마지막으로 독자들이 이 책을 통해 어렵게만 느끼던 어문 규범을 보다 쉽고 재미있게 이해하고 평소 헷갈리던 우리말을 바로 알게 됨으로써 자부심과 자신감을 가지고 우리말을 사용하는 데 조금이나마 도움이 되기를 바란다.

2019년 저자 일동

목차

제1장 한글 맞춤법론 9

1.1. '한글 맞춤법'의 개념과 개정 과정 10

1.2. 「한글 맞춤법」(1988) 해설 12

제1장 총 칙 12

제2장 자 모 16

제3장 소리에 관한 것 19

제4장 형태에 관한 것 38

제6장 그 밖의 것 98

부록 문장 부호 118

제2장 띄어쓰기론 135

2.1. '띄어쓰기' 기본 원리와 개정 과정 136

2.2. 「한글 맞춤법」(1988)의 '띄어쓰기' 규정 해설 139

제1절 조사 139

제2절 의존 명사, 단위를 나타내는 명사 및 열거하는 말 등 140

제3절 보조 용언 153

제4절 고유 명사 및 전문 용어 157

제3장 표준어론 163

3.1. 표준어의 개념과 규정의 개정 164

3.2. 「표준어 사정 원칙」(1988) 세칙 해설 166
제1장 총칙 166
제2장 발음 변화에 따른 표준어 규정 167
제3장 어휘 선택의 변화에 따른 표준어 규정 198
[부록] 추가된 표준어 목록 224

제4장 표준 발음법론 235

4.1. 표준 발음법의 개념과 개정의 과정 236

4.2. 「표준 발음법」(1988) 세칙 해설 237
제1장 총칙 237
제2장 자음과 모음 238
제3장 음의 길이 244
제4장 받침의 발음 247
제5장 음의 동화 257
제6장 경음화 264
제7장 음의 첨가 270

제5장 외래어 표기법 275

5.1. '외래어 표기법' 개념과 개정 과정 276

5.2. '외래어 표기법' 해설 279
제1장 표기의 기본 원칙 279
제2장 표기 일람표 283
제3장 표기 세칙 313
제4장 인명, 지명 표기의 원칙 366
[부칙] 374

제6장 로마자 표기법론 375

6.1. '로마자 표기법'의 개념과 개정 과정 376

6.2. 「국어의 로마자 표기법」(2000) 해설 386
제1장 표기의 기본 원칙 386
제2장 표기 일람 387
제3장 표기상의 유의점 392
[부록 1] 이름에 자주 쓰이는 음절의 로마자 표기 404
[부록 2] 영문 번역 표기의 원칙 407

참고 문헌 / 409

제1장

한글 맞춤법론

1.1. '한글 맞춤법'의 개념과 개정 과정

1.2. 「한글 맞춤법」(1988) 해설
제1장 총 칙
제2장 자 모
제3장 소리에 관한 것
제4장 형태에 관한 것
제6장 그 밖의 것
[부록] 문장 부호

1.1. '한글 맞춤법'의 개념과 개정 과정

'한글 맞춤법'은 한국어를 한글로 표기할 때 지켜야 할 규칙이다. '맞춤법'을 '철자법(綴字法)' 혹은 '정서법(正書法)'이라고 일컫기도 한다. '한글 맞춤법'은 글을 쓰는 사람이 의미를 정확하게 전달할 수 있고, 글을 읽는 사람이 내용을 빠르고 쉽게 파악할 수 있도록 하는데 필요한 약속을 규칙으로 정한 것이다.

한글 맞춤법은 세종대왕이 훈민정음을 반포한 이래 오랜 세월을 거치면서 여러 번의 변화를 거치었다. 훈민정음 해례본의 맞춤법 규정 이후로 조선 시대에는 공식적인 규정이 없었지만 개화기에 이르러 맞춤법의 논의가 활발해지면서 오늘날의 한글 맞춤법에 이르게 되었다. 주요 변천사를 살펴보면 다음과 같다.

가. 정음기(15세기)

나. 언문기(16세기)

다. 국문기(갑오경장~1910)

라. 총독부 시기(1910~1945)

1933년 「한글 마춤법 통일안」: 총론 3개항과 각론 7장(총 65개 항), 부록 1 표준어, 부록 2 문장부호로 되어 있다. 총론은 다음과 같다.

1항: 한글마춤법은 표준말을 그 소리대로 적되, 어법에 맞도록 함으로써 원칙을 삼는다.

2항: 표준말은 대체로 현재 중류 사회에서 쓰는 서울말로 한다.

3항: 문장의 각 단어는 띄어쓰되, 토는 그 웃말에 붙여 쓴다.

마. 조선어학회(한글학회)안 사용기(1933~1988)

통일안은 그 후 1937년, 1940년, 1946년, 1948년, 1956년, 1980년에 개정안이 나왔는데 이 가운데 1948년, 1956년안은 규정의 한자어를 바꾸거나 문법 용어를 고유어로 고친 것에 불과해 규정 내용이 변화한 것은 1937년, 1940년, 1946년안뿐이다. 특히 1946년안은 해방 후에 공식 규범처럼 수용되어 문교부의 어문규범처럼 자리 잡았다.

바. 대한민국 정부안 사용기(1954, 1988~현재)

① 「한글간소화안」(1954): 정부는 통일안을 정부 수립 후에도 수용해 오다가 「한글간소화안」을 발표했는데, 이는 「언문철자법대요」(1921)처럼 10개 받침만을 쓰자는 표음주의를 따른 것으로 국민 다수의 반발에 부딪쳐 1년 만에 철회하였다. 이것이 '한글파동'이다.

② 「한글 맞춤법」(1988): 통일안의 문제점이 비판을 받으면서 1970년부터는 정부에서 어문규범의 전면적인 제정 및 개정 작업에 들어갔다. 그 결과 1979년 봄에는 개정 시안이 만들어졌지만 1979년 10.26 사태와 정변으로 보류되다가 1983년부터 재사정 작업에 들어가고 1984년에 국어연구소가 설립되면서 본격적으로 재추진되었다. 「한글 맞춤법」(1988)은 실질적으로 해방 후 첫 국정 맞춤법 규범으로, 오늘날까지 국정 맞춤법으로 통용되고 있다.

「한글 마춤법 통일안」(1933)과 「한글 맞춤법」(1988)의 총칙을 비교하여 제시하면 다음과 같다.

	「한글 마춤법 통일안」(1933) 총칙	「한글 맞춤법」(1988) 총칙
제1항	한글 마춤법은 표준말을 그 소리대로 적되, 어법에 맞도록 함으로써 원칙을 삼는다.	한글 맞춤법은 표준어를 소리대로 적되, 어법에 맞도록 함을 원칙으로 한다.
제2항	표준말은 대체로 현재 중류 사회에서 쓰는 서울말로 한다.	문장의 각 단어는 띄어 씀을 원칙으로 한다.
제3항	문장의 각 단어는 띄어쓰되, 토는 그 웃말에 붙여 쓴다.	외래어는 외래어 표기법에 따라 적는다.

1.2. 「한글 맞춤법」(1988) 해설

현행 「한글 맞춤법」은 1988년 1월 19일에 교육부에서 개정하여 공포한 것이다. 「한글 맞춤법」은 전체의 개관인 제1장 총칙을 시작으로, 제2장, 제3장, 제4장, 제6장에서는 표기법의 핵심인 철자법을, 5장에서는 띄어쓰기를, 부록에서는 문장 부호를 표기 규칙으로 제시하고 있다.

제1장 총칙
제2장 자모
제3장 소리에 관한 것
제4장 형태에 관한 것
제5장 띄어쓰기
제6장 그 밖의 것
부록: 문장 부호

제1장 총 칙

「한글 맞춤법」 총칙은 3개 항, 즉 제1항 '한글 맞춤법은 표준어를 소리대로 적되, 어법에 맞도록 함을 원칙으로 한다.', 제2항 '문장의 각 단어는 띄어 씀을 원칙으로 한다.', 제3항 '외래어는 '외래어 표기법'에 따라 적는다'로 구성되어 있다.

제 1 항 한글 맞춤법은 표준어를 소리대로 적되, 어법에 맞도록 함을 원칙으로 한다.

[해설] 제1항은 한글 맞춤법의 대원칙을 밝히고 있다. 기본 원칙은 '표준어를 소리대로 적

는다.'라는 것이고, 여기에 '어법에 맞도록 한다.'라는 원칙이 추가 되어 있다.

'표준어를 소리대로 적는다'는 것은 한글 맞춤법이 표준어를 대상으로 하여, 표준어의 발음에 따라 적는다는 뜻이다. 한글은 표음 문자(表音文字)이며, 음소 문자(音素文字)이다. 이러한 특징에 기인하여 한글 맞춤법은 표준어를 소리대로 적을 때 자음과 모음의 결합 형식에 의하여 적는 것을 기본 원칙으로 삼았다. 예를 들어

구름 나무 하늘 놀다 달리다

등은 표준어를 소리 나는 대로 적는 형식이다.

그런데 표준어를 소리대로 적는다는 원칙만으로 충분하지 않은 경우가 있다.예를 들어 '꽃[花]'이란 단어는 환경에 따라 그 발음이 몇 가지로 나타난다.

꽃이[꼬치], 꽃을[꼬츨], 꽃에[꼬체] ································· [꼬ㅊ]
꽃만[꼰만], 꽃나무[꼰나무], 꽃망울[꼰망울] ················· [꼰]
꽃과[꼳꽈], 꽃다발[꼳따발], 꽃밭[꼳빧] ························· [꼳]

이것을 소리대로 적는다면, 그 뜻이 얼른 파악되지 않고 독서의 능률이 크게 저하된다. 그리하여 '어법에 맞도록 한다'는 또 하나의 원칙이 붙은 것이다. 여기에서 '어법(語法)'이란 언어 조직의 법칙, 또는 언어 운용의 법칙을 말한다. 단어는 일정한 뜻을 지닌 보다 작은 요소로 이루어지는데, 이때의 구성 요소를 '형태소'라고 한다. 형태소는 단어의 기초 단위가 되는 요소인 실질 형태소(實質形態派)와 접사(接辭)나 어미, 조사처럼 실질 형태소에 결합하여 보조적 의미를 덧붙이거나 문법적 관계를 표시하는 요소인 형식 형태소(形式形態素)로 나뉜다.[1]

'어법에 맞도록 한다'는 것은, 뜻을 파악하기 쉽도록 하기 위하여 각 형태소의 본 모양을 밝히어 적는다는 것을 의미한다. 이때의 형태소는 실질형태소를 뜻한다. 예를 들어

늙고[늘꼬] 늙지[늑찌] 늙는[능는]

---

1 형태소는 항상 같은 모습으로 나타나는 것이 아니라 놓이는 환경에 따라 다른 모습으로 실현되기도 한다. 한 형태소가 주위 환경에 따라 음상이 달라지는 현상을 교체(交替, alternation) 또는 변이(變異, variation)라고 한다. 교체에 의한 다른 종류들을 그 형태소의 '변이형태(變異形態)', '이형태', '형태'라고 부른다.

[늘꼬], [늑찌], [능는] 등으로 소리 나지만 '늘꼬, 늑찌, 능는'으로 적지 않고 '늙－'으로 어간의 형태를 고정하여 적는다. 이는 늙－'과 같은 용언의 어간 뒤에 어미가 결합하는 경우뿐만 아니라 '꽃'과 같은 명사 뒤에 조사가 결합하는 경우에도 동일하게 적용된다.

그러나 언제나 어법에 따라 형태소를 고정하여 적을 수 있는 것은 아니다. 형식 형태소의 경우는 변이형태를 인정하여 소리 나는 대로 적을 수 있도록 한 것이다.

하늘－이/바다－가
막－아/먹－어

'하늘이, 바다가'의 '이/가'는 주격의 뜻을 나타내는 동일한 형태소이지만 하나로 고정해서 적을 수가 없고, '막－, 먹－'에 결합하는 '－아/－어'는 하나의 형태소인데도 '잡아, 접어'와 같이 다르게 실현된다. 이는 달리 소리 나는 형태들을 한 가지 형태로 통일할 수 없어서 소리 나는 대로 적기로 한 것이다. 제1항에서 '어법에 맞도록 한다.'가 아니라, '어법에 맞도록 함을 원칙으로 한다.'라는 표현은 예외가 있을 수 있다는 뜻이 담겨 있다.

한편, 한자어는 이러한 원리와 관계없이 각 글자의 소리를 밝혀 적는다. '국어(국어(國語))'의 경우 '국'은 '나라'라는 뜻이고 '어'는 '말'이라는 뜻으로 각각 독립적인 뜻을 지닌다. 따라서 그 뜻이 나타나도록 각 글자의 음을 밝히어 적는다.

덧붙여 '국수'의 경우 '국수'의 '수'는 [쑤]로 소리가 난다. 그런데 한국어에서는 앞말의 끝소리가 장애음 'ㄱ, ㄷ, ㅂ' 소리이고 뒷말의 첫소리가 'ㄱ, ㄷ, ㅂ, ㅅ, ㅈ'인 경우 'ㄱ, ㄷ, ㅂ, ㅅ, ㅈ'은 각각 [ㄲ, ㄸ, ㅃ, ㅆ, ㅉ]으로 소리가 바뀐다. 이는 음운 현상으로 이해할 수 있기 때문에 '국수'는 '국쑤'로 적지 않는다.

더 알아두기

표음 문자(表音文字): 한자(漢字) '國'은 소리[表音]는 '국'이고, 뜻[表意]은 '나라'이다. '國'이라는 문자는 소리인 '국'을 뜻하는 것이 아니라 뜻인 '나라'를 뜻한다. 이와 같이 한자는 뜻을 나타내는 문자, 즉 '표의 문자'이다.

반면에 한글은 표음 문자이다. 예를 들어, 한글로 '국'이라고 쓰면 '국'이라 읽고 뜻도 소리대로 '국'으로 받아들인다. '국'을 '먹는 음식'으로 이해하기는 쉬워도 '나라'라고 이해하기는 어렵다. '나라'라고 이해하려면 소리도 '나라', 뜻도 '나라'인 '나라'로 써야 한다. 이처럼, 소리가 곧 뜻으로 받아들여지는 문자를 표음 문자라고 한다.

음소 문자(音素文字): 문자는 그 표시 대상이 어떤 언어 단위인가에 따라 크게 표의 문자(表意文字), 음절 문자(音節文字), 음소 문자(音素文字) 세 가지 유형으로 나뉜다. 표의 문자는 하나의 문자가 표시하는 대상이 한 단어에 해당하는 문자를 말하고, 음절 문자는 하나의 문자가 단어가 아니라 단어를 구성하는 요소인 음절을 표시하는 문자를 말한다. 음소 문자는 문자 하나하나가 자음이나 모음과 같은 음소를 나타내는 문자를 말한다. 표의 문자에는 중국의 한자가, 음절 문자에는 일본의 가나(かな)가, 음소 문자에는 로마자나 한글이 각각 해당된다.

제2항 문장의 각 단어는 띄어 씀을 원칙으로 한다.

[해설] 제2항은 한국어에서 띄어쓰기의 기준이 되는 것이 '단어'임을 밝히고 있다. '단어'란 독립적으로 쓰이는 말의 최소 단위(minimal free form)라는 점에서, 조항에서 말하는 띄어쓰기 기준은 '자립성'이라는 것을 알 수 있다.

자립 형태소는 모두 하나의 단어가 되므로, 한국어의 품사 가운데 명사, 대명사, 수사, 관형사, 부사, 감탄사는 한 단어가 된다. 그리고 의존 형태소끼리 결합하여 자립성을 발휘하는 것도 하나의 단어가 된다. 한국어의 동사나 형용사가 이에 해당한다.

조사의 경우는 조사가 단어뿐만 아니라 구나 문장에 붙고 다소의 분리성을 인정할 수 있는가 하면, 때로는 생략될 수도 있고 어미보다 자립성이 인정되어 단어에 가까운 성질이 있다고 보아 학교문법에서는 단어로 다루고 있다. 그런데 한글 맞춤법 띄어쓰기에서는 조사가 형식 형태소이며 의존 형태소(依存形態素)이므로, 그 앞의 단어에 붙여 쓴다고 밝히고 있다. 이는 조사가 그 자체로 독립적인 뜻이 없고, 문장 구성상의 관계를 맺어 주는 기능만을 하기 때문이다. 따라서 조사는 다른 단어와는 달리 앞말에 붙여 쓴다.

띄어쓰기를 기준으로 제2항의 '단어'라는 표현은 분리하여 자립적으로 쓸 수 있는 말이나, 자립할 수 있는 말의 뒤에 붙어서 문법적인 기능을 나타내는 말로 정리할 수 있다.

제3항 외래어는 '외래어 표기법'에 따라 적는다.

[해설] 한국어의 어휘 체계는 고유어, 한자어, 외래어로 나눌 수 있다. 이들은 원어에 차이가 있을 뿐 모두 한국어 어휘에 속한다. 따라서 외래어 표기도 맞춤법에서 다루어야 한다. 그

렇지만 외래어와 외국어를 표기하는 경우 각 언어가 지닌 특질을 고려해야 하므로, 「외래어 표기법」을 별도로 정하여(1986년 1월 7일 문교부 고시), 이에 따라 적도록 하였다.[2]

제2장 자 모

제4항 한글 자모의 수는 스물넉 자로 하고, 그 순서와 이름은 다음과 같이 정한다.

ㄱ(기역) ㄴ(니은) ㄷ(디귿) ㄹ(리을) ㅁ(미음)
ㅂ(비읍) ㅅ(시옷) ㅇ(이응) ㅈ(지읒) ㅊ(치읓)
ㅋ(키읔) ㅌ(티읕) ㅍ(피읖) ㅎ(히읗)
ㅏ(아) ㅑ(야) ㅓ(어) ㅕ(여) ㅗ(오)
ㅛ(요) ㅜ(우) ㅠ(유) ㅡ(으) ㅣ(이)

[붙임 1] 위의 자모로써 적을 수 없는 소리는 두 개 이상의 자모를 어울러서 적되, 그 순서와 이름은 다음과 같이 정한다.

ㄲ(쌍기역) ㄸ(쌍디귿) ㅃ(쌍비읍) ㅆ(쌍시옷) ㅉ(쌍지읒)
ㅐ(애) ㅒ(얘) ㅔ(에) ㅖ(예) ㅘ(와) ㅙ(왜)
ㅚ(외) ㅝ(워) ㅞ(웨) ㅟ(위) ㅢ(의)

[붙임 2] 사전에 올릴 적의 자모 순서는 다음과 같이 정한다.

자 음: ㄱ ㄲ ㄴ ㄷ ㄸ ㄹ ㅁ ㅂ
ㅃ ㅅ ㅆ ㅇ ㅈ ㅉ ㅊ ㅋ
ㅌ ㅍ ㅎ

모 음: ㅏ ㅐ ㅑ ㅒ ㅓ ㅔ ㅕ ㅖ
ㅗ ㅘ ㅙ ㅚ ㅛ ㅜ ㅝ ㅞ
ㅟ ㅠ ㅡ ㅢ ㅣ

2 외래어는 국어의 어휘 체계에 속하지 않는 외국어와 개념적으로 구별된다. 하지만 실생활에서 그 구별이 명확하지 않을 때가 있다. '하이 서울'의 경우 '하이'는 외래어인가 아닌가. '하이'는 우리 국어의 음운체계로서의 자·모음으로 되어 있고, '하이 서울'에서처럼 통어적 구성을 갖춘 의미 체계이다. 또한, 한자어는 외래어인가 아닌가. 한자어의 대부분은 불과 몇몇을 제외하고는 그 어원이 우리의 고유한 말이 아니다. 외래어의 개념과 범주를 명확하게 정립할 필요가 있다.

[해설] 한글 자모(字母)의 수와 순서, 이름은 「한글 마춤법 통일안」(1933)을 그대로 유지하였다. 여기에서 자모(字母)란 음소 문자를 이루는 낱낱의 글자를 말하며, 자음과 모음을 뜻하는 '자모(子母)'와는 구별된다.

자모의 수와 차례 및 이름의 변천 과정은 『훈민정음 해례본』(1446년), 『훈몽자회(訓蒙字會) 범례(凡例)』(1527년), 「한글 마춤법 통일안」(1933년), 「한글 맞춤법」(1988년) 등을 통해 파악할 수 있다.

가. 『훈민정음 해례본』(1446년)의 자모의 수와 차례 및 이름

○ 자모의 수: 28자(초성 17자, 중성 11자)

○ 자모의 차례

ㄱ, ㅋ, ㆁ, ㄷ, ㅌ, ㄴ, ㅂ, ㅍ, ㅁ, ㅈ, ㅊ, ㅅ, ㆆ, ㅎ, ㅇ, ㄹ, ㅿ

ㆍ, ㅡ, ㅣ, ㅗ, ㅏ, ㅜ, ㅓ, ㅛ, ㅑ, ㅠ, ㅕ

○ 자모의 이름: 언급 없음

나. 『훈몽자회 범례』(1527년)의 자모의 수와 차례 및 이름

○ 자모의 수: 27자

○ 자모의 차례

ㄱ, ㄴ, ㄷ, ㄹ, ㅁ, ㅂ, ㅅ, ㆁ, ㅋ, ㅌ, ㅍ, ㅈ, ㅊ, ㅿ, ㅇ, ㅎ

ㅏ, ㅑ, ㅓ, ㅕ, ㅗ, ㅛ, ㅜ, ㅠ, ㅡ, ㅣ, ㆍ

○ 자모의 이름

ㄱ其役 ㄴ尼隱 ㄷ池(末) ㄹ梨乙 ㅁ眉音 ㅂ非邑 ㅅ時(衣) ㆁ異凝

ㅋ(箕) ㅌ治 ㅍ皮 지之 치齒 ㅿ而 ㅇ伊 ㅎ屎

ㅏ阿 ㅑ也 ㅓ於 ㅕ余 ㅗ吾 ㅛ要 ㅜ牛 ㅠ由 ㅡ應 ㅣ伊 ㆍ思

다. 「한글 마춤법 통일안」(1933년)의 자모의 수와 차례 및 이름

○ 자모의 수: 24자

○ 자모의 차례

ㄱ, ㄴ, ㄷ, ㄹ, ㅁ, ㅂ, ㅅ, ㅇ, ㅈ, ㅊ, ㅋ, ㅌ, ㅍ, ㅎ

ㅏ, ㅑ, ㅓ, ㅕ, ㅗ, ㅛ, ㅜ, ㅠ, ㅡ, ㅣ

○ 자모의 이름

ㄱ기역 ㄴ니은 ㄷ디귿 ㄹ리을 ㅁ미음 ㅂ비읍 ㅅ시옷 ㅇ이응

ㅈ지읒 ㅊ치읓 ㅋ키읔 ㅌ티읕 ㅍ피읖 ㅎ히읗
ㅏ아 ㅑ야 ㅓ어 ㅕ여 ㅗ오 ㅛ요 ㅜ우 ㅠ유 ㅡ으 ㅣ이

라. 「한글 맞춤법」(1988년)의 자모의 수와 차례 및 이름
※「한글 마춤법 통일안」(1933년)의 자모의 수와 차례 및 이름과 같음

자모의 이름과 순서는 최세진(崔世珍)의 『훈몽자회 범례』(1527)에서 비롯하였다. 최세진은 『훈몽자회 범례』에서 한글 자모의 음가를 한자로 나타냈는데, 기본적으로 자음자의 이름은 'ㅣ'와 'ㅡ' 모음을 바탕으로 각 자음이 초성, 종성에 놓이는 방식으로 지어졌다. 예를 들어 'ㄱ' 아래에는 한자로 '其役'이라고 적었는데, '其(기)'는 초성의 음가를, '役(역)'은 종성의 음가를 표시했고 그것이 글자의 이름으로 굳어졌다.

한편, 'ㄱ'의 명칭이 다른 자모의 이름과 다른 것은 한자에는 '윽'과 같은 발음을 가진 글자가 없기 때문이었다. 그래서 '윽'은 가까운 발음인 '役(역)'으로 표시하여 'ㄱ'은 '기역'이 되었다. 'ㄷ', 'ㅅ'의 경우도 '디읃'과 '시읏'이 되어야 하는데 '읃'과 '읏'으로 발음하는 글자가 없어 각각 '末(귿 말)'과 '衣(옷 의)'로 표기하고, 두 글자는 글자의 의미만을 취한다고 설명하였다. 그래서 'ㄷ'의 명칭은 '디귿'이, 'ㅅ'의 명칭은 '시옷'이 된 것이다.[3]

1988년 한글 맞춤법 개정 당시, 글자 이름에서 'ㄱ, ㄷ, ㅅ'도 나머지 글자의 경우처럼 '기윽, 디읃, 시읏'으로 하자는 의견이 있었으나, 관용을 중시하여 '기역, 디귿, 시옷'으로 정하였다. 반면, 북한의 「조선말 규범집」에서는 이들의 이름을 '기윽, 디읃, 시읏'으로 하고 있어, 앞으로 이들 이름의 문제는 남북한 언어 통일화 작업에서 논란이 될 것으로 보인다.

[붙임 1] 한글 자모 24자만으로 적을 수 없는 소리들을 적기 위하여, 두 개 자모를 어우른 글자인 'ㄲ, ㄸ, ㅃ, ㅆ, ㅉ', 'ㅐ, ㅒ, ㅔ, ㅖ, ㅘ, ㅚ, ㅝ, ㅟ, ㅢ'와, 세 개 자모를 어우른 글자인 'ㅙ, ㅞ'를 쓴다.

[붙임 2] 사전에 올릴 적의 순서를 명확하게 제시하고 있다. 이는 글자(특히 겹글자)의 순서가 일정하지 않기 때문에 사전 편찬자가 임의로 배열하는 데 따른 혼란을 막기 위한 것이다.

3 자모의 이름 가운데 'ㅈ, ㅊ, ㅋ, ㅌ, ㅍ, ㅎ'은 당시 종성으로 쓰이지 않던 것들이어서 초성에 모음 'ㅣ'를 붙인 '지, 치, 키, 티, 피, 히'로만 음가를 나타내 주었는데, 1933년 「한글 마춤법 통일안」에서 '지읒, 치읓, 키읔, 티읕, 피읖, 히읗'과 같은 이름이 확정되었다.

자 음: ㄱ ㄲ ㄴ ㄷ ㄸ ㄹ ㅁ ㅂ
ㅃ ㅅ ㅆ ㅇ ㅈ ㅉ ㅊ ㅋ
ㅌ ㅍ ㅎ

모 음: ㅏ ㅐ ㅑ ㅒ ㅓ ㅔ ㅕ ㅖ
ㅗ ㅘ ㅙ ㅚ ㅛ ㅜ ㅝ ㅞ
ㅟ ㅠ ㅡ ㅢ ㅣ

「한글 맞춤법」(1988년)에서는 사전에 올릴 적의 자모 순서만 정하였을 뿐 받침 글자나 옛 글자에 대한 언급이 없다. 받침 글자에 대해서는 「한글 맞춤법 해설」의 [붙임 2]에서 제시하고 있는데, 그 순서는 다음과 같다.

ㄱ ㄲ ㄳ ㄴ ㄵ ㄶ ㄷ ㄹ ㄺ ㄻ ㄼ ㄽ ㄾ ㄿ ㅀ ㅁ ㅂ ㅄ ㅅ ㅆ ㅇ ㅈ ㅊ ㅋ ㅌ ㅍ ㅎ

제3장 소리에 관한 것

제1절 된소리

제5항 한 단어 안에서 뚜렷한 까닭 없이 나는 된소리는 다음 음절의 첫소리를 된소리로 적는다.

1. 두 모음 사이에서 나는 된소리

소쩍새 어깨 오빠 으뜸 아끼다
기쁘다 깨끗하다 어떠하다 해쓱하다 가끔
거꾸로 부썩 어찌 이따금

2. ‘ㄴ, ㄹ, ㅁ, ㅇ’ 받침 뒤에서 나는 된소리

산뜻하다 잔뜩 살짝 훨씬 담뿍
움찔 몽땅 엉뚱하다

다만, 'ㄱ, ㅂ' 받침 뒤에서 나는 된소리는, 같은 음절이나 비슷한 음절이 겹쳐 나는 경우가 아니면 된소리로 적지 아니한다.

국수　　깍두기　　딱지　　색시　　싹둑(~싹둑)
법석　　갑자기　　몹시

[해설] 제5항에서 '한 단어 안'은 '하나의 형태소 내부'를 의미하는 것으로 풀이할 수 있다. 예시어 중, '소쩍-새, 아끼-다' 등은 두 개 형태소로 분석되는 구조이긴 하지만, 된소리 문제는 그중 한 형태소에만 해당한다. 즉 제5항의 규정을 적용받는 부분은 모두 하나의 형태소 내부이다.

여기에서 주의할 점은 제5항의 규정을 적용받는 부분이 '한 단어 안', 즉 하나의 형태소 내부에서 일어나는 된소리만을 대상으로 하기 때문에 다음과 같이 형태소 경계, 즉 형태소와 형태소가 결합하는 환경에서 일어나는 된소리는 규정의 적용을 받지 않는다는 점이다.

눈곱[눈꼽]　　발바닥[발빠닥]　　잠자리[잠짜리]

이 조항에서 말하는 '뚜렷한 까닭 없이 나는 된소리'란, 발음에 있어서 '경음화의 규칙성'이 적용되는 조건(환경)이 아님을 말한다. '경음화의 규칙성'이란 한국어에서 하나의 형태소 내부에서 앞 음절의 받침이 'ㄱ, ㅂ'이면 뒤 음절에 이어나는 'ㄱ, ㄷ, ㅂ, ㅅ, ㅈ' 등은 된소리 /ㄲ, ㄸ, ㅃ, ㅆ, ㅉ/ 등으로 반드시 실현되는 현상을 말한다. 이러한 경음화의 규칙성은 '뚜렷한 까닭'이 있는 된소리되기에 의한 것이다. 까닭이 있는 된소리는 필연적이기 때문에 굳이 된소리로 적을 필요가 없다. 된소리로 적는 것이 오히려 번거롭기 때문이다.

그런데 한국어에서 두 모음 사이 또는 'ㄴ, ㄹ, ㅁ, ㅇ' 받침 뒤에 오는 자음은 된소리로 나는 것도 있고 그렇지 않은 것도 있다.

가. ① 아기, 곤두박
　② 소쩍새, 어깨, 오빠, 아끼다
나. ① 살구, 담담하다, 공기
　② 산뜻하다, 잔뜩, 살짝, 훨씬

(가)를 보면, 두 모음 사이에서 된소리로 나지 않는 경우도 있고(①), 된소리로 나는 경우도 있다(②). (나)를 보면, 'ㄴ, ㄹ, ㅁ, ㅇ' 받침 뒤에 오는 자음이 된소리로 나지 않는 것도 있고(①), 된소리로 나는 경우도 있다(②). (가)의 ②와 (나)의 ②에서 된소리로 나는 까닭은 뚜렷한 원인이 없다. **제5항**에서는 된소리로 나지 않는 것은 된소리가 나지 않는 대로 적고, 된소리로 나는 것은 된소리로 나는 대로 적도록 규정하여 동일한 음운 환경에서 예사소리와 된소리로 달리 실현되는 것을 구별하여 적도록 하고 있다.

제5항 제1호는 하나의 형태소 내부에 있어서, 두 모음 사이에서 나는 된소리는 된소리로 적는다고 밝히고 있다. 예컨대 '소쩍(-새)'은 그 새의 울음소리를 시늉한 의성어(擬聲語)로, '솟적'으로 적을 근거가 없다. 이와 마찬가지로 '어깨, 오빠, 아끼다, 기쁘다'를 '엇개, 옵바, 앗기다, 깃브다'로 적을 근거는 없다.

소쩍새　　어깨　　오빠　　아끼다　　기쁘다

제5항 제2호 역시 하나의 형태소 내부에 있어서, 울림소리 'ㄴ, ㄹ, ㅁ, ㅇ' 뒤에서 나는 된소리는 된소리로 적는다고 밝히고 있다. 받침 'ㄴ, ㄹ, ㅁ, ㅇ'은 예사소리를 경음화시키는 필연적인 조건이 되지 않는다. 예를 들어, '단작, 번적, 물신, 듬북, 뭉둥그리다'처럼 적을 이유가 전혀 없는 것이다. 따라서 'ㄴ, ㄹ, ㅁ, ㅇ' 뒤에 오는 된소리가 특별한 까닭이 있다고 할 수 없으므로 소리 나는 대로 표기한다.

단짝　　번쩍　　물씬　　듬뿍　　뭉뚱그리다

[다만] 국어에서 하나의 형태소 내부에서 앞 음절의 받침으로 쓰인 'ㄱ, ㅂ'은 폐쇄음이기 때문에 그 뒤 음절에 이어나는 'ㄱ, ㄷ, ㅂ, ㅅ, ㅈ' 등이 된소리로 실현된다. 'ㄱ, ㅂ' 받침 뒤에 연결되는 'ㄱ, ㄷ, ㅂ, ㅅ, ㅈ'은 언제나 된소리로 소리 나므로 이러한 경우에는 된소리로 표기하지 않는다. 예를 들어, '낙지, 늑대, 갑자기' 등은 필연적으로 경음화 현상이 일어나기 때문에 된소리로 적는 것이 무의미하므로, 된소리로 표기하지 않는다.

낙지[낙찌]　　늑대[늑때]　　갑자기[갑짜기]　　접시[접씨]

또한, 하나의 형태소 내부에 있어서도 같거나 비슷한 음절이 거듭되는 경우에는 예외적으

로 된소리를 표기에 반영하여 같은 글자로 적는다. (「한글 맞춤법」 제13항 참조)

똑똑(－하다)　　쓱싹(－쓱싹)　　쌉쌀(－하다)

제2절 구개음화

제6항 ‘ㄷ, ㅌ’ 받침 뒤에 종속적 관계를 가진 ‘－이(－)’나 ‘－히－’가 올 적에는 그 ‘ㄷ, ㅌ’이 ‘ㅈ, ㅊ’으로 소리 나더라도 ‘ㄷ, ㅌ’으로 적는다.(ㄱ을 취하고, ㄴ을 버림.)

ㄱ	ㄴ	ㄱ	ㄴ
맏이	마지	핥이다	할치다
해돋이	해도지	걷히다	거치다
굳이	구지	닫히다	다치다
같이	가치	묻히다	무치다
끝이	끄치		

[해설] 제6항은 구개음화 현상의 표기에 관한 규정이다. 구개음화(口蓋音化)란 치조음 ‘ㄷ, ㅌ’으로 끝나는 실질형태소 다음에 모음 ‘ㅣ’나 반모음 ‘ㅣ’로 시작하는 형식형태소가 오는 경우 치조음 ‘ㄷ, ㅌ’을 경구개음 ‘ㅈ, ㅊ’으로 발음하는 현상을 말한다. 구개음화는 ‘ㄷ, ㅌ, ㄾ’ 받침 뒤에 조사나 접미사의 ‘－이, －히’와 결합되는 경우에도 적용된다.

곧이	미닫이	해돋이
굳히다	닫히다	묻히다[4]
낱낱이	샅샅이	붙이다
벼훑이	핥이다	훑이다

이 조항에서 말하는 ‘종속적(從屬的) 관계’란, 형태소 연결에 있어서 실질 형태소인 체언, 어근, 용언 어간 등에 형식 형태소인 조사, 접미사, 어미 등이 결합하는 관계를 말한다. 제1항

4 ‘묻히다→[무티다]→[무치다]’는 ‘ㄷ’이 ‘ㅎ’과 만나 ‘ㅌ’으로 바뀐 다음에 ‘ㅌ’이 ‘ㅣ’와 결합하여 [치]로 발음되는 경우이다.

에서 살펴본 바와 같이, 형식 형태소의 경우는 변이 형태를 인정하여 소리 나는 대로 적지만, 실질 형태소의 경우는 그 본 모양을 밝히어 적는 것이 원칙이므로, [ㅈ, ㅊ]으로 소리가 나더라도 'ㄷ, ㅌ'으로 적는다.

구개음화는 보편적이고 필연적인 음운 변동이기 때문에 그 원형을 밝혀 적으면 의미를 보다 쉽게 파악할 수 있다. 따라서 발음에서 구개음화 현상이 나타나더라도 그 원형을 밝혀 적는다.

제3절 'ㄷ' 소리 받침

제7항 'ㄷ' 소리로 나는 받침 중에서 'ㄷ'으로 적을 근거가 없는 것은 'ㅅ'으로 적는다.

덧저고리	돗자리	엇셈	웃어른	핫옷
무릇	사뭇	얼핏	자칫하면	뭇[衆]
옛	첫	헛		

[해설] 제7항은 'ㄷ' 소리로 나는 받침의 경우 'ㄷ'으로 적을 뚜렷한 까닭이 없는 경우에는 'ㅅ'으로 적는다고 밝히고 있다. 'ㄷ' 소리로 나는 받침이란, 음절 끝소리로 발음될 때 [ㄷ]으로 실현되는 'ㅅ, ㅆ, ㅈ, ㅊ, ㅌ' 등을 말한다. 이 받침들은, 뒤에 형식 형태소의 모음이 결합될 경우에는 제 소릿값대로 뒤 음절 첫소리로 이어져 발음되지만, 단어의 끝, 자음으로 시작되는 형태소가 뒤에 오거나 모음으로 시작하는 실질 형태소가 뒤에 오는 경우에는 모두 [ㄷ]으로 발음된다.

가. 단어의 끝일 때: 낫[낟], 났다[낟따], 낮[낟], 낯[낟], 낱[낟:]
나. 자음으로 시작하는 형태소가 뒤에 올 때: 밭과[받꽈], 젖다[젇따], 꽃병[꼳뼝]
다. 모음으로 시작하는 실질 형태소가 뒤에 올 때: 젖어미[저더미]

'ㄷ'으로 적을 뚜렷한 근거가 있는 경우는 당연히 'ㄷ'으로 적는 것이 원칙이다. 'ㄷ'으로 적을 근거가 있는 경우에는 첫째, 본디 'ㄷ' 받침을 가지고 있는 것으로 분석되는 경우(가)와 둘째, 본말에서 준말이 만들어지면서 'ㄷ' 받침을 갖게 된 경우(나), 셋째, 'ㄹ' 받침이 'ㄷ'으로 바뀐 것으로 설명될 수 있는 경우(다) 등이 있다.

가. 곧-장(똑바로 곧게), 낟-가리(낟알이 붙은 곡식을 쌓은 더미)
나. 걷-잡다(거두어 붙잡다), 돋-보다(←도두 보다)
다. 반짇-고리, 사흗-날, 숟-가락

위의 예들은 'ㄷ'으로 적을 근거가 있는 것이지만, 'ㄷ'으로 적을 근거가 있는 경우가 아니어서 역사적 관습에 따라 'ㅅ'으로 적는 예로는 다음과 같은 것들이 있다.

갓-스물	놋-그릇	덧-셈	빗장
삿대	짓-밟다	풋-고추	햇-곡식

한편, 제7항에서는 'ㄷ' 소리로 나는 받침의 경우 'ㄷ'으로 적을 근거가 있을 때에는 'ㄷ'으로 적는다고 규정하고 있는데, 이는 '밭, 빛, 꽃' 등과 같이 다른 자음으로 적을 뚜렷한 까닭이 있는 경우에도 적용된다. '밭사돈, 밭상제'의 경우 제7항의 규정을 적용하여 '밧사돈, 밧상제'로 적을 가능성도 있지만, '바깥'과의 연관성을 살리기 위하여 '밭-'으로 적는다.

제4절 모음

제8항 '계, 례, 몌, 폐, 혜'의 'ㅖ'는 'ㅔ'로 소리 나는 경우가 있더라도 'ㅖ'로 적는다. (ㄱ을 취하고, ㄴ을 버림.)

ㄱ	ㄴ	ㄱ	ㄴ
계수(桂樹)	게수	혜택(惠澤)	헤택
사례(謝禮)	사레	계집	게집
연몌(連袂)	연메	핑계	핑게
폐품(廢品)	페품	계시다	게시다

다만, 다음 말은 본음대로 적는다.

게송(偈頌)　　게시판(揭示板)　　휴게실(休憩室)

[해설] **제8항**은 이중모음이 단모음으로 발음되는 경우가 있더라도 이중모음으로 적는다고 밝히고 있다. '계, 례, 몌, 폐, 혜'는 현실적으로 [게, 레, 메, 페, 헤]로 발음되고 있다. 곧, '예' 이외의 음절에 쓰이는 이중모음 'ㅖ'는 단모음화하여 [ㅔ]로 발음되고 있다. (「표준 발음법」 제5항 [다만 2] 참조.)

'계, 몌, 폐, 혜'는 발음대로 'ㅔ'로 적을 것도 생각할 수 있다. 그러나 'ㅖ'의 발음이 완전히 사라졌다고 할 수 없고 철자와 발음이 반드시 일치하는 것도 아니다. 또한 사람들이 여전히 표기를 'ㅖ'로 인식하므로 그대로 'ㅖ'로 적기로 하였다.

여기에서 주목할 점은 조항에서 "'계, 례, 몌, 폐, 혜'의 'ㅖ'는 'ㅔ'로 소리 나는 경우가 있더라도"라고 표현한 것이 '례'를 [레]로 발음하는 것을 허용한다는 뜻은 아니라는 점이다. 「표준 발음법」 제5항에서는 [레]로 발음할 수 없다고 명시하고 있다. 본 항에서 "'례'를 [레]로 발음하는 것"이라는 표현은 표준 발음을 제시한 것이 아니라 현실 발음을 언급한 것으로 풀이할 수 있다.

한편, '으례, 켸켸묵다'는 「표준어 규정」 제10항에서 단모음화한 형태를 취하였으므로, '으레, 케케묵다'로 적는다.

[다만] 한자 '偈, 揭, 憩'는 본음인 'ㅔ'로 적는다.[5] 따라서 '게구(偈句)[6], 게기(揭記)[7], 게방(揭榜)[8], 게양(揭揚)[9], 게재(揭載)[10], 게판(揭板)[11], 게류(憩流)[12], 게식(憩息)[13], 게제(偈諦)[14], 게휴(憩休)[15]' 등도 '게'로 적는다.

---

5 偈(쉬다, 휴식하다 게), 揭(높이들다, 걸다 게), 憩(쉬다, 휴식하다 게)
6 게구(偈句): 부처의 공덕이나 가르침을 찬탄하는 노래인 가타(伽陀)의 글귀.
7 게기(揭記): 기록하여 내어 붙이거나 걸어 두어서 여러 사람이 보게 함. 또는 그런 기록.
8 게방(揭榜): 여러 사람이 볼 수 있도록 글을 써서 내다 붙임. 또는 그 글.
9 게양(揭揚): 기(旗) 따위를 높이 걺. '닮', '올림'으로 순화.
10 게재(揭載): 글이나 그림 따위를 신문이나 잡지 따위에 실음.
11 게판(揭板); 시문(詩文)을 새겨 누각에 걸어 두는 나무 판.
12 게류(憩流): 흐름의 방향이 바뀌기에 앞서 잠시 정지하고 있는 상태의 조류(潮流).
13 게식(憩息); 잠깐 쉬어 숨을 돌림.
14 게제(偈諦): 부처의 공덕을 찬탄하는 게구(偈句)의 참뜻이라는 뜻으로, 불교의 오묘한 진리를 이르는 말.
15 게휴(憩休): 어떤 일을 하다가 잠깐 동안 쉼.

제 9 항 '의'나, 자음을 첫소리로 가지고 있는 음절의 'ㅢ'는 'ㅣ'로 소리 나는 경우가 있더라도 'ㅢ'로 적는다.(ㄱ을 취하고, ㄴ을 버림.)

ㄱ	ㄴ	ㄱ	ㄴ
의의(意義)	의이	큼	닁큼
본의(本義)	본이	띄어쓰기	띠어쓰기
무늬[紋]	무니	씌어	씨어
보늬	보니	틔어	티어
오늬	오니	희망(希望)	히망
하늬바람	하니바람	희다	히다
늴리리	닐리리	유희(遊戱)	유히

[해설] 제9항은 'ㅢ'가 [ㅣ]나 [ㅔ]로 발음되는 경향이 있더라도 'ㅢ'로 적는다고 규정하고 있다. 「표준 발음법」 제5항에서는 'ㅢ'의 단모음화 현상을 다음과 같이 인정하고 있다.

가. 자음을 첫소리로 가지고 있는 음절의 'ㅢ'는 [ㅣ]로 발음한다.

늴리리 닁큼 무늬 띄어쓰기 씌어

틔어 희어 희떱다 희망 유희

나. 단어의 첫음절 이외의 '의'는 [ㅣ]로, 조사 '의'는 [ㅔ]로 발음함도 허용한다.

주의[주의/주이] 협의[혀븨/혀비]

우리의[우리의/우리에] 강의의[강:의의/강:이에]

현실적으로 'ㅢ'와 'ㅣ', 'ㅢ'와 'ㅔ'가 각기 변별적 특징(辨別的特徵)을 가지고 있으며, 발음의 변화를 표기에 모두 반영할 수도 없으므로 변화의 추세를 그대로 반영할 수는 없다. 따라서 'ㅢ'가 [ㅣ]나 [ㅔ]로 발음되는 경향이 있더라도 'ㅢ'로 적는다.

또한 'ㅡ ㅣ'가 줄어진 형태의 경우 '띄어(←뜨이어), 씌어(←쓰이어), 틔어어(←트이어)'처럼 'ㅢ'로 적는다. 그리고 '늴리리, 무늬, 하늬바람'에서 구개음화하지 않은 'ㄴ' 또한 'ㅢ'로 적는다. 한국어의 'ㄴ'에는 구개음화하지 않는 'ㄴ', 구개음화한 'ㄴ'이 있다. '늴리리, 무늬' 등의 '늬'에서는 구개음화하지 않은 'ㄴ', 곧 치경음(齒莖音) [n]으로 발음되고, '어머니,

읽으니까'처럼 'ㄴ'이 'ㅣ(ㅑ, ㅕ, ㅛ, ㅠ)'와 결합하는 경우 경구개음(硬口蓋音) [ɲ]으로 발음된다. '늴리리, 무늬, 하늬바람'의 'ㄴ'은 '어머니, 읽으니까'의 'ㄴ'과 음가가 다르므로 전통적인 표기로 '늬'로 적는다는 것이다.

제5절 두음 법칙

제10항 한자음 '녀, 뇨, 뉴, 니'가 단어 첫머리에 올 적에는, 두음 법칙에 따라 '여, 요, 유, 이'로 적는다.(ㄱ을 취하고, ㄴ을 버림.)

ㄱ	ㄴ	ㄱ	ㄴ
여자(女子)	녀자	유대(紐帶)	뉴대
연세(年歲)	년세	이토(泥土)	니토
요소(尿素)	뇨소	익명(匿名)	닉명

다만, 다음과 같은 의존 명사에서는 '냐, 녀' 음을 인정한다.

냥(兩) 냥쭝(兩-) 년(年)(몇 년)

[붙임 1] 단어의 첫머리 이외의 경우에는 본음대로 적는다.

남녀(男女) 당뇨(糖尿) 결뉴(結紐) 은닉(隱匿)

[붙임 2] 접두사처럼 쓰이는 한자가 붙어서 된 말이나 합성어에서, 뒷말의 첫소리가 'ㄴ' 소리로 나더라도 두음 법칙에 따라 적는다.

신여성(新女性) 공염불(空念佛) 남존여비(男尊女卑)

[붙임 3] 둘 이상의 단어로 이루어진 고유 명사를 붙여 쓰는 경우에도 붙임 2에 준하여 적는다.

한국여자대학 대한요소비료회사

[해설] 제10항~제12항은 두음 법칙에 관한 규정이다. 두음 법칙은 단어의 첫머리에 특정한

소리가 출현하지 못하는 현상을 말한다. 두음 법칙은 크게 구개음 'ㄴ'과 유음 'ㄹ'의 제약으로 구분할 수 있다. 첫째, 구개음 'ㄴ'과 관련된 두음 법칙을 살펴보면, 한국어에서 'ㄴ'([n]) 뒤에 모음 'ㅣ'([i], [j])로 시작되는 이중모음 'ㅑ, ㅕ, ㅛ, ㅠ'가 연결되면 'ㄴ'은 구개음화된 'ㄴ'([ɲ])으로 발음된다. 그러나 구개음화된 'ㄴ([ɲ])'은 어두에는 오지 못하고 탈락하게 된다. 둘째, 유음 'ㄹ'과 관련된 두음 법칙을 살펴보면, 한국어에서 유음 'ㄹ'은 단어의 첫머리에 나타나지 않는 것이 원칙이다. 유음 'ㄹ'은 후행 모음에 따라 두 가지 양상을 보인다. 하나는 'ㄹ' 뒤에 'ㅏ, ㅓ, ㅗ, ㅜ, ㅡ, ㅐ, ㅚ'의 단모음이 연결되면 'ㄹ'이 'ㄴ'으로 바뀌는 것이고, 다른 하나는 'ㅣ'나 이중모음 'ㅑ, ㅕ, ㅛ, ㅠ'가 연결되면 'ㄹ'이 탈락하는 것이다.

이와 같은 이유로 한자음이 단어 첫머리에 위치하는 경우 두음법칙에 따라 소리가 달라진다. 제10항은 '녀, 뇨, 뉴, 니'인 한자어 음절이 단어 첫머리에 오는 경우 '여, 요, 유, 이'로 적는다고 규정하고 있다.

[다만] 한자어 음절이 '녀, 뇨, 뉴, 니'를 포함하고 있더라도 의존 명사에는 두음 법칙이 적용되지 않는다. 이는 의존 명사는 독립적으로 쓰이기보다는 그 앞의 말과 연결되어 하나의 단위를 구성하기 때문이다. 따라서 의존 명사인 '냥(←兩), 냥쭝(←兩－)' 등은 두음 법칙을 적용하지 않고 소리 나는 대로 적는다.

금 한 냥　　　은 두 냥쭝

그런데 '年', '年度'처럼 의존 명사로 쓰이기도 하고 명사로 쓰이기도 하는 한자어의 경우에는 두음 법칙의 적용에서 차이가 난다. 의존 명사라면 '년, 년도'라고 적고, 명사라면 '연, 연도'라고 적는다.

가. 연도(年度)/년도
- 연도(명사): 사무나 회계 결산 따위의 처리를 위하여 편의상 구분한 일 년 동안의 기간. 또는 앞의 말에 해당하는 그해. 예 졸업 연도/생산 연도.
- 년도(의존 명사): (해를 뜻하는 말 뒤에 쓰여) 일정한 기간 단위로서의 그해. 예 1990년도 출생자/2019년도 졸업식

나. 연(年)/년
- 연(명사): 주로 다른 체언 앞에 쓰여 '한 해 (동안)'란 뜻을 표시함. 예 연 강수량/연

12%의 이율

- 년(의존 명사): (주로 한자어 수 뒤에 쓰여) '해를 세는 단위'를 나타냄. 예 1년/수 십 년/2019년

한편, 고유어 중에서도 다음 의존 명사에는 두음 법칙이 적용되지 않는다.

고얀 녀석	나쁜 년
바느질 실 한 님	엽전 한 닢

[붙임 1] 단어 첫머리가 아닌 경우에는 두음 법칙이 적용되지 않으므로, 본음대로 적는 것이다.

여자(女子)/남녀(男女)	유대(紐帶)/결뉴(結紐)
요소(尿素)/당뇨(糖尿)	익명(匿名)/은닉(隱匿)

[붙임 2] 독립성이 있는 단어에 접두사처럼 쓰이는 한자어 형태소가 결합된 단어나, 두 개 단어가 결합하여 된 합성어(혹은 이에 준하는 구조)의 경우, 뒤의 단어에는 두음 법칙이 적용된다. '접두사처럼 쓰이는 한자'라는 표현은 '신(新), 구(舊)'와 같은 한자를 접두사로만 단정하기 어렵다는 점을 밝힌 것이다. '신(新), 구(舊)' 등은 사전에서 접두사로 다루어지는 게 일반적이기는 하지만, '신구(新舊)'와 같이 양자가 대등한 관계로 결합된 구조에서는 명사적 성격을 띠고, '구 시민 회관'에서 '구(舊)'는 관형사로도 쓰인다.

'신－여성, 구－여성, 공－염불'은 독립성이 있는 단어 '여성, 염불'에 접두사적 성격의 한자어 형태소 '신－, 구－, 공－'이 결합된 구조이므로 '신녀성, 구녀성, 공념불'로 적지 않으며, '남존－여비, 남부－여대(男負女戴)' 등은 각각 단어 (혹은 절) 성격인 '남존, 남부'와 '여비, 여대'가 결합한 구조이므로, '남존녀비, 남부녀대'로 적지 않는다. 한편, '신년도, 구년도' 등은 그 발음 형태가 [신년도, 구:년도]이며 또 '신년－도, 구년－도'로 분석되는 구조이므로, 이 규정이 적용되지 않는다.

가. 신녀성(新女性), 공념불(空念佛), 남존녀비(男尊女卑) (×)
나. 신여성(新女性), 공염불(空念佛), 남존여비(男尊女卑) (○)
다. 신년－도, 구년－도

[붙임 3] 둘 이상의 단어로 이루어진 고유 명사를 붙여 쓰는 경우에도, '한국 여자 대학→한국여자대학'처럼 결합된 각 단어를 두음 법칙에 따라 적는다. 이것은 합성어의 경우에 준하는 형식이다.

제11항 한자음 '랴, 려, 례, 료, 류, 리'가 단어의 첫머리에 올 적에는, 두음 법칙에 따라 '야, 여, 예, 요, 유, 이'로 적는다.(ㄱ을 취하고, ㄴ을 버림.)

ㄱ	ㄴ	ㄱ	ㄴ
양심(良心)	량심	용궁(龍宮)	룡궁
역사(歷史)	력사	유행(流行)	류행
예의(禮儀)	례의	이발(理髮)	리발

다만, 다음과 같은 의존 명사는 본음대로 적는다.

리(里): 몇 리냐?
리(理): 그럴 리가 없다.

[붙임 1] 단어의 첫머리 이외의 경우에는 본음대로 적는다.

개량(改良)	선량(善良)	수력(水力)	협력(協力)
사례(謝禮)	혼례(婚禮)	와룡(臥龍)	쌍룡(雙龍)
하류(下流)	급류(急流)	도리(道理)	진리(眞理)

다만, 모음이나 'ㄴ' 받침 뒤에 이어지는 '렬, 률'은 '열, 율'로 적는다.(ㄱ을 취하고, ㄴ을 버림.)

ㄱ	ㄴ	ㄱ	ㄴ
나열(羅列)	나렬	분열(分裂)	분렬
치열(齒列)	치렬	선열(先烈)	선렬
비열(卑劣)	비렬	진열(陳列)	진렬
규율(規律)	규률	선율(旋律)	선률
비율(比率)	비률	전율(戰慄)	전률
실패율(失敗率)	실패률	백분율(百分率)	백분률

[붙임 2] 외자로 된 이름을 성에 붙여 쓸 경우에도 본음대로 적을 수 있다.

신립(申砬) 최린(崔麟) 채륜(蔡倫) 하륜(河崙)

[붙임 3] 준말에서 본음으로 소리 나는 것은 본음대로 적는다.

국련(국제 연합) 한시련(한국 시각 장애인 연합회)

[붙임 4] 접두사처럼 쓰이는 한자가 붙어서 된 말이나 합성어에서, 뒷말의 첫소리가 'ㄴ' 또는 'ㄹ' 소리로 나더라도 두음 법칙에 따라 적는다.

역이용(逆利用) 연이율(年利率) 열역학(熱力學)
해외여행(海外旅行)

[붙임 5] 둘 이상의 단어로 이루어진 고유 명사를 붙여 쓰는 경우나 십진법에 따라 쓰는 수(數)도 붙임 4에 준하여 적는다.

서울여관 신흥이발관 육천육백육십육(六千六百六十六)

[해설] 이 조항에서도 두음 법칙이 적용되는 경우에 관하여 규정하고 있다. **제11항**은 본음이 '랴, 려, 례, 료, 류, 리'인 한자가 단어 첫머리에 놓일 때는 '야, 여, 예, 요, 유, 이'로 적는다고 밝히고 있다.

[다만] 의존 명사 '량(輛), 리(理, 里, 厘)' 등은 앞말과 연결되어 하나의 단위를 구성하므로 두음 법칙의 적용을 받지 않는다.

객차(客車) 오십 <u>량(輛)</u>
몇 <u>리(里)</u>냐?
그럴 <u>리(理)</u>가 없다.
2푼 5<u>리(厘)</u>

[붙임 1] 단어 첫머리가 아닌 경우에는 두음 법칙이 적용되지 않으므로 '랴, 려, 례, 료, 류,

리'로 적는다. '쌍룡(雙龍)'은 '쌍'(한 쌍, 두 쌍, …)과 '용'의 결합 구조로 보아 '쌍용'으로 적을 가능성도 있지만 '와룡(臥龍), 수룡(水龍), 잠룡(潛龍)'처럼 하나의 단어로 굳어졌다고 보아 '쌍룡'으로 적는다.

양심(梁心)/교량(橋梁)　　역사(歷史)/책력(冊曆)
예의(禮義)/사례(射禮)　　용궁(龍宮)/쌍룡(雙龍)
유행(流行)/하류(下流)　　이발(理髮)/도리(道理)

[다만] 단어의 첫머리가 아닌 경우에는 두음 법칙이 적용되지 않는 것이 원칙이다. '렬(列, 烈, 裂, 劣)'과 '률(律, 率, 栗, 慄)'은 모음이나 'ㄴ' 받침 뒤에서 [열], [율]로 소리 나므로 소리대로 '열', '율'로 적는다. 예를 들어, '나열(羅列), 선열(先烈), 분열(分裂), 우열(優劣)[우열]' 등과 같이 모음이나 'ㄴ' 받침 뒤에서는 실제 발음에 따라 '열'로 적고, '격렬(激烈), 행렬(行列), 졸렬(拙劣)' 등과 같이 모음이나 'ㄴ' 받침으로 끝나는 경우가 아닌 것은 본음대로 '렬'로 적는다. 다만, '教育熱'과 '氣化熱'의 '熱'은 음이 '열'이므로, '교육열', '기화열'로 적는다.

'率'은 모음이나 'ㄴ' 받침 뒤에서 실제 발음에 따라 '운율(韻律), 백분율(百分率)' 등과 같이 '율'로 적고, 그 외의 받침 뒤에서는 '법률(法律), 성공률(成功率), 합격률(合格率)' 등과 같이 본음대로 '률'로 적는다. 외래어에서도 동일하게 모음이나 'ㄴ' 받침 뒤에서는 '율'로 적고 그 외의 받침 뒤에서는 '률'로 적는다.

가. 렬/열
　① 강렬(强烈), 격렬(激烈), 행렬(行列), 졸렬(拙劣)
　② 나열(羅列), 선열(先烈)[서녈], 분열(分裂)[부녈], 우열(優劣)
　③ 교육열(教育熱)[교:융녈], 기화열(氣化熱)[기화열]

나. 률/율
　① 법률(法律), 성공률(成功率)[성공뉼], 합격률(合格率)[합껵뉼]
　② 운율(韻律)[우:뉼], 백분율(百分率)[백뿐뉼], 조율(棗栗), 전율(戰慄)
　③ 서비스－율(service率), 슛－률(shoot率)

[붙임 2] 한 글자(음절)로 된 이름을 성에 붙여 쓰는 경우, 본음대로 적을 수 있다. 널리 알려진 역사적인 인물의 성명은 사람들의 발음 형태가 '申砬[실립]', '崔麟[최린]'처럼 굳어져 있

으므로 '신립, 최린'과 같이 적을 수 있다. 현재 표준국어사전에는 이러한 점을 반영하여 '신입'과 '신립', '최인'과 '최린'을 동의어로 처리하고 있다.

그러나 이것은 한 글자 이름의 경우에 국한되는 허용 규정이므로, 두 글자 이름의 경우에는 적용되지 않는다. 따라서 '朴麟洙, 金倫植'의 경우 '박린수, 김륜식'처럼 적는 것이 허용되지 않고 '박인수, 김윤식'으로만 적어야 한다.

한편, 성씨(姓氏) '양(梁), 여(呂), 염(廉), 용(龍), 유(柳), 이(李)' 등은 두음 법칙 규정에 따라 적어야 하지만, 헌법 소원 결과 두음 법칙을 적용한 표기와 그렇지 않은 표기를 개인이 선택하여 표기하도록 하였다. 다만 대법원은 성씨 표기만을 자율화하였을 뿐 발음 역시 표기대로 하기를 강제한 것은 아니다.

○ 두음 법칙을 적용한 경우
양기탁(梁起墮)　여운형(呂運亨)　염온동(廉溫東)　유관순(柳寬順)　이이(李珥)

○ 두음 법칙을 적용하지 않은 경우
량기탁(梁起墮)　려운형(呂運亨)　렴온동(廉溫東)　류관순(柳寬順)　리이(李珥)

[붙임 3] 둘 이상의 단어로 이루어진 말이 줄어들어 하나의 단위로 인식될 때에는 뒤의 한자는 하나의 단어가 아니기 때문에, 두음 법칙이 적용되지 않는다.

국제 연합(두 개 단어) → 국련(國聯) (두 단어로 인식되지 않음.)
한국 시각 장애인 연합회(네 개 단어) → 한시련

[붙임 4] 제10항 [붙임2] 규정과 마찬가지로, 독립성이 있는 단어에 '접두사 처럼 쓰이는 한자'가 결합하여 된 단어나, 두 단어가 결합하여 된 합성어(또는 이에 준하는 구조)의 경우, 뒤의 단어에 두음 법칙이 적용된 형태로 적는다(가). 그러나 사람들의 발음 습관이 본음의 형태로 굳어져 있는 것은 예외 형식을 인정한다(나).

가. 몰－이해(沒理解)　과－인산(過燐酸)　가－영수(假領收)
등－용문(登龍門)　불－이행(不履行)　사－육신(死六臣)
생－육신(生六臣)　선－이자(先利子)　무실－역행(務實力行)
청－요리(淸料理)　수학－여행(修學旅行)　낙화－유수(落花流水)

나. 입자 / 미 – 립자(微粒子), 소 – 립자(素粒子)
총 – 유탄(銃榴彈) / 수 – 류탄(手榴彈)
몰 – 염치(沒廉恥) / 파 – 렴치(破廉恥)

한편, 고유어나 외래어 뒤에 한자어가 결합한 경우는 뒤의 한자어가 독립된 한 단어로 인식되므로, 두음 법칙을 적용하여 적는다. 예를 들어, '量'은 분량이나 수량을 나타내는 말로, 고유어와 외래어 뒤에는 '양'을 쓰고, 한자어 명사 뒤에는 '량'을 쓴다.

~~개 – 연(蓮)~~

일 – 양(–量)	구름양(–量)	허파숨양(–量)
벡터양(vector–量)	에너지양(energy–量)	
생산량(生産量)	노동량(勞動量)	작업량(作業量)

'蓮'은 원래 한자음이 '연'이기 때문에 단어의 어떤 위치에서도 '련'으로 적을 수 없다. 따라서 '개련'으로 적지 않고, '개연'으로 적는다.

[붙임 5] 둘 이상의 단어로 이루어진 고유 명사를 붙여 쓰는 경우에도, '서울여관(←서울 여관), 국제수영연맹(←국제 수영 연맹)'처럼 결합된 각 단어를 두음 법칙에 따라 적는다. 수를 나타내는 '육'은 '십육(十六), 육육삼십육(6×6=36)'처럼 독립적으로 쓰이는 경우에는 두음 법칙에 따라 적는다. 하지만, '오륙도(五六島), 육륙봉(六六峰)' 등은 '오'와 '육', '육'과 '육'이 독립적인 단어로 나누어지는 구조가 아니므로, 본음대로 적는다.

제12항 한자음 '라, 래, 로, 뢰, 루, 르'가 단어의 첫머리에 올 적에는, 두음 법칙에 따라 '나, 내, 노, 뇌, 누, 느'로 적는다.(ㄱ을 취하고, ㄴ을 버림.)

ㄱ	ㄴ	ㄱ	ㄴ
낙원(樂園)	락원	뇌성(雷聲)	뢰성
내일(來日)	래일	누각(樓閣)	루각
노인(老人)	로인	능묘(陵墓)	릉묘

[붙임 1] 단어의 첫머리 이외의 경우에는 본음대로 적는다.

쾌락(快樂) 극락(極樂) 거래(去來) 왕래(往來)
부로(父老) 연로(年老) 지뢰(地雷) 낙뢰(落雷)
고루(高樓) 광한루(廣寒樓) 동구릉(東九陵) 가정란(家庭欄)

[붙임 2] 접두사처럼 쓰이는 한자가 붙어서 된 단어는 뒷말을 두음 법칙에 따라 적는다.

내내월(來來月) 상노인(上老人) 중노동(重勞動)
비논리적(非論理的)

[해설] 제12항 역시 두음법칙 규정에 관한 것이다. 제12항은 본음이 '라, 래, 로, 뢰, 루, 르'인 한자가 첫머리에 놓일 때는 '나, 내, 노, 뇌, 누, 느'로 적는다고 규정하고 있다.

[붙임 1] 단어 첫머리 이외의 경우는 두음 법칙이 적용되지 않으므로, 본음대로 적는다.

낙원(樂園)/쾌락(快樂) 내일(來日)/거래(去來)
노인(老人)/연로(年老) 뇌성(雷聲)/지뢰(地雷)
누각(樓閣)/고루(高樓) 능묘(陵墓)/선릉(宣陵)

'릉(陵)'과 '란(欄)'은 독립적으로 사용되기도 하므로 '능, 난'으로 적어야 한다고 볼 수도 있다. 하지만 '동구릉(東九陵), 왕릉(王陵), 정릉(貞陵), 태릉(泰陵)'처럼 쓰이는 '릉'이나, '가정란(家庭欄), 독자란(讀者欄), 비고란(備考欄), 투고란(投稿欄)'처럼 쓰이는 '란'은 한 음절로 된 한자어 형태소로서, 한자어 뒤에 결합할 때에 보통 하나의 단어로 인식되지 않기 때문에, 본음대로 적는다.

동구릉(東九陵) 왕릉(王陵) 정릉(貞陵) 태릉(泰陵)
가정란(家庭欄) 독자란(讀者欄) 비고란(備考欄) 투고란(投稿欄)
어린이－난 어머니－난 가십(gossip)－난

다만, '어린이－난, 어머니－난, 가십(gossip)－난'과 같이 고유어나 외래어 뒤에 결합하는 경우에는, 제11항 [붙임 4]에서 보인 '일－양(量), 구름－양(量)'과 마찬가지로 두음 법칙을 적용하여 적는다.

[붙임 2] '접두사처럼 쓰이는 한자'가 결합하여 된 단어나, 두 개 단어가 결합하여 된 합성어(또는 이에 준하는 구조)의 경우에는 뒤 단어는 두음 법칙을 적용하여 적는다.

반－나체(半裸體)　사상－누각(砂上樓閣)　실－낙원(失樂園)
중－노인(中老人)　육체－노동(肉體勞動)　부화－뇌동(附和雷同)

한편, '표고(標高)가 높고 찬 지방'이란 뜻의 '高冷地'는 발음이 [고랭지]이고 '고랭－지'로 분석되기 때문에 '고냉지'로 적지 않고 '고랭지'로 적는다.

제10항~제12항의 두음 법칙에 관한 사항을 정리하면 다음과 같다.

조건	녀, 뇨, 뉴, 니	랴, 려, 례, 료, 류, 리	라, 래, 로, 뢰, 루, 르
표기	여, 요, 유, 이	야, 여, 예, 요, 유, 이	나, 내, 노, 뇌, 누, 느
어두/어두	여자/남녀	양심/개량	낙원/극락
합성어	신－여성/남존－여비	역－이용/해외－여행	중－노동/사상－누각
고유명사	한국여자대학	신흥이발관	한국노인대학

첫째, 두음법칙은 단어의 첫머리에 'ㄴ, ㄹ' 소리가 오는 것을 꺼리는 현상으로, 단어의 첫 음절 '냐, 녀, 뇨, 뉴, 니'가 '야, 여, 요, 유, 이'로, '랴, 려, 료, 류, 리'가 '야, 여, 요, 유, 이'로, '라, 러, 로, 루, 르'가 '나, 너, 노, 누, 느'로 바뀌는 것을 말한다.

둘째, 두음 법칙은 주로 한자어에 적용된다. 따라서 고유어 '녀석'이나 외래어 '라디오', '라면' 등에서는 적용되지 않는다.

셋째, 의존 명사, 사람 이름이 외자인 경우, 준말 등에서는 두음 법칙이 적용되지 않는다. 예 몇 리냐?, 신립, 국련(국제연합)

두음 법칙은 일반적으로 단어의 첫머리에서만 일어나는 것이 원칙이나 다음과 같은 경우 두음 법칙을 적용하여 적는다.

넷째, 접두사처럼 쓰이는 한자가 붙어서 된 말에서, 뒷말의 첫소리에도 두음 법칙이 적용된다. 예 신－여성, 역－이용, 중－노동

다섯째, 합성어에서, 뒷말의 첫소리에도 두음 법칙이 적용된다. 예 남존-여비, 해외-여행, 사상-누각

여섯째, 사람 이름을 성과 붙여 쓸 때 이름의 첫머리에도 두음법칙이 적용된다. 예 이-용수

제6절 겹쳐 나는 소리

제13항 한 단어 안에서 같은 음절이나 비슷한 음절이 겹쳐 나는 부분은 같은 글자로 적는다.(ㄱ을 취하고, ㄴ을 버림.)

ㄱ	ㄴ	ㄱ	ㄴ
딱딱	딱닥	꼿꼿하다	꼿곳하다
쌕쌕	쌕색	놀놀하다	놀롤하다
씩씩	씩식	눅눅하다	눙눅하다
똑딱똑딱	똑닥똑닥	밋밋하다	민밋하다
쓱싹쓱싹	쓱삭쓱삭	싹싹하다	싹삭하다
연연불망(戀戀不忘)	연련불망	쌉쌀하다	쌉살하다
유유상종(類類相從)	유류상종	씁쓸하다	씁슬하다
누누이(屢屢-)	누루이	짭짤하다	짭잘하다

[해설] 제13항은 한 단어 안에서 같은 음절이나 비슷한 음절이 반복되는 경우, 그 반복되는 부분을 같은 글자로 적는다고 규정하고 있다. '딱딱, 쌕쌕' 등은 '딱, 쌕'의 음절이 반복되는 의성어이므로 반복되는 음절을 동일하게 적는다. '똑딱똑딱, 쓱싹쓱싹, 씁쓸하다' 등도 각각 '똑, 딱', '쓱, 싹', '씁, 쓸'의 비슷한 음절이 반복된다는 점에서 '딱딱, 쌕쌕' 등과 성격이 비슷하다.

이 조항에서는 고유어뿐 아니라 한자어도 다루고 있다. 한자어는 두음 법칙의 적용 여부에 따라 표기가 달라진다는 점에서 고유어와 성격이 다르다. 예를 들어, '朗朗'의 경우 어두의 '朗'은 '낭'으로 적고 둘째 음절은 '랑'으로 본음대로 적어 '낭랑'이 된다.

낭랑(朗朗)하다　　냉랭(冷冷)하다　　녹록(碌碌)하다

늠름(凜凜)하다　연년생(年年生)　염념불망(念念不忘)
역력(歷歷)하다　인린(燐燐)하다　적나라(赤裸裸)하다

다만, '연연불망, 유유상종, 누누이'는 두음 법칙을 적용하여 '연련(-불망), 유류(-상종), 누루(-이)'로 적어야 할 듯하지만, 언중들의 발음이 [여:년불망], [유유이], [누:누이]이고, 같은 음절이 반복되는 구조라는 점에서 '연연-, 유유-, 누누-'로 적는다. 이러한 예로 '노노법사(老老法師), 요요무문(寥寥無聞), 요요(寥寥)하다' 등이 있다.

연연불망(戀戀不忘)　유유상종(類類相從)　누누이(屢屢-)
노노법사(老老法師)　요요무문(寥寥無聞)　요요(寥寥)하다

제4장 형태에 관한 것

제1절 체언과 조사

제14항 체언은 조사와 구별하여 적는다.

떡이	떡을	떡에	떡도	떡만
손이	손을	손에	손도	손만
팔이	팔을	팔에	팔도	팔만
밤이	밤을	밤에	밤도	밤만
집이	집을	집에	집도	집만
옷이	옷을	옷에	옷도	옷만
콩이	콩을	콩에	콩도	콩만
낮이	낮을	낮에	낮도	낮만
꽃이	꽃을	꽃에	꽃도	꽃만
밭이	밭을	밭에	밭도	밭만
앞이	앞을	앞에	앞도	앞만
밖이	밖을	밖에	밖도	밖만

넋이	넋을	넋에	넋도	넋만
흙이	흙을	흙에	흙도	흙만
삶이	삶을	삶에	삶도	삶만
여덟이	여덟을	여덟에	여덟도	여덟만
곬이	곬을	곬에	곬도	곬만
값이	값을	값에	값도	값만

[해설] 체언(體言)이란 명사·대명사·수사를 통틀어 이르는 말이다. 조사(助詞)란 체언이나 용언의 명사형에 연결되어 그 체언이나 용언의 명사형이 문장 내의 다른 단어와 맺는 관계를 나타내거나, 체언·용언·부사 등에 연결되어 그것들의 뜻을 한정하거나, 선행어를 후행어에 접속하여 주는 기능을 하는 품사이다.

제14항은 「한글 맞춤법」 제1항의 소리대로 적되 어법에 맞도록 한다는 원칙 가운데 '어법'에 해당하는 원칙을 제시하고 있다. 실질 형태소인 체언의 형태를 고정하고, 조사도 모든 체언에 공통적으로 결합하는 형태를 고정하여 적는다.[16] 예를 들어 '값(價)'에 조사가 결합한 형태를 소리나는 대로 적는다면, (가)와 같다. 그런데 이와 같이 적으면 실질 형태소(체언)의 본 모양이 어떤 것인지, 또 형식 형태소인 조사와의 경계가 어디인지 알아보기가 어렵다. 이와 달리 (나)와 같이 실질 형태소와 형식 형태소를 구분해서 적으면 의미와 기능을 나타내는 부분의 모양이 일관되게 고정되어서 뜻을 파악하기가 쉽고 독서의 능률도 향상된다.

가. 갑씨 갑쓸 갑또 감만
나. 값이 값을 값도 값만

「한글 맞춤법」 제1항의 '어법에 맞도록 한다'에는 이처럼 체언과 조사를 구분하여 적음으로써 의미 파악을 쉽게 하여 독서의 능률을 높인다는 의미가 포함되어 있다. 체언과 조사는 다음과 같이 다양하게 결합할 수 있는데, 항상 체언과 조사의 본 모양을 밝혀서 적는다.

16 체언에는 대명사도 포함되는데, 제14항 예시어에는 대명사가 제시되어 있지 않다.

꽃	+	이
부엌		을
흙		에
값		으로
밭		이다

제2절 어간과 어미

제15항 용언의 어간과 어미는 구별하여 적는다.

먹다	먹고	먹어	먹으니
신다	신고	신어	신으니
믿다	믿고	믿어	믿으니
울다	울고	울어	(우니)
넘다	넘고	넘어	넘으니
입다	입고	입어	입으니
웃다	웃고	웃어	웃으니
찾다	찾고	찾아	찾으니
좇다	좇고	좇아	좇으니
같다	같고	같아	같으니
높다	높고	높아	높으니
좋다	좋고	좋아	좋으니
깎다	깎고	깎아	깎으니
앉다	앉고	앉아	앉으니
많다	많고	많아	많으니
늙다	늙고	늙어	늙으니
젊다	젊고	젊어	젊으니
넓다	넓고	넓어	넓으니
훑다	훑고	훑어	훑으니
읊다	읊고	읊어	읊으니

옳다	옳고	옳아	옳으니
없다	없고	없어	없으니
있다	있고	있어	있으니

[붙임 1] 두 개의 용언이 어울려 한 개의 용언이 될 적에, 앞말의 본뜻이 유지되고 있는 것은 그 원형을 밝히어 적고, 그 본뜻에서 멀어진 것은 밝히어 적지 아니한다.

(1) 앞말의 본뜻이 유지되고 있는 것

넘어지다	늘어나다	늘어지다	돌아가다	되짚어가다
들어가다	떨어지다	벌어지다	엎어지다	접어들다
틀어지다	흩어지다			

(2) 본뜻에서 멀어진 것

드러나다 사라지다 쓰러지다

[붙임 2] 종결형에서 사용되는 어미 '-오'는 '요'로 소리 나는 경우가 있더라도 그 원형을 밝혀 '오'로 적는다.(ㄱ을 취하고, ㄴ을 버림.)

ㄱ	ㄴ
이것은 책이오.	이것은 책이요.
이리로 오시오.	이리로 오시요.
이것은 책이 아니오.	이것은 책이 아니요.

[붙임 3] 연결형에서 사용되는 '이요'는 '이요'로 적는다.(ㄱ을 취하고, ㄴ을 버림.)

ㄱ	ㄴ
이것은 책이요, 저것은 붓이요, 또 저것은 먹이다.	이것은 책이오, 저것은 붓이오, 또 저것은 먹이다.

[해설] 용언(用言)이란 문장의 주체를 서술하는 기능을 하는 말이다. 이에는 동사와 형용사가 있다. 용언이 활용할 때 꼴이 변하지 않는 실질형태소 부분을 '어간'이라 하고 어간 뒤에서 꼴이 변하면서 문법적인 기능을 하는 형식형태소를 '어미'라 한다. '먹다', '먹고', '먹느냐',

'먹어라', '먹자', '먹는', '먹을' 등에서 '먹-'이 어간이고, '-다', '-고', '-느냐', '-어라', '-자', '-는', '-을' 등이 어미이다.

제15항은 제14항과 마찬가지로, 실질 형태소인 어간의 형태를 고정시키고, 형식 형태소인 어미도 모든 어간에 공통적으로 결합하는 통일된 형식을 유지하여 적는다고 규정하고 있다. 예를 들어 실질 형태소인 어간 '읽-'에 형식 형태소인 어미가 결합한 형태를 소리 나는 대로 적으면 다음과 같다.

일꼬 익찌 잉는 일그니

용언의 어간과 어미의 형태를 고정하여 표기하지 않고 소리 나는 대로 표기하면, 어간의 형태가 어떤 것인지, 어미와의 경계가 어디인지 알아보기가 어려워진다. 이에 반하여 어간과 어미의 형태를 분명히 구별하여 '읽-고, 읽-지, 읽-는, 읽-으니'처럼 표기하면, 어간의 어휘적 의미와 어미의 문법적 의미를 쉽게 파악할 수 있다.

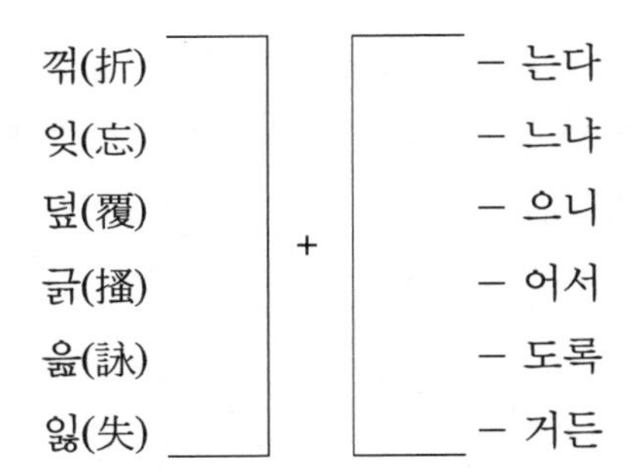

[붙임 1] 두 개 용언이 결합하여 하나의 단어로 된 경우, 앞 단어의 본뜻이 유지되고 있는 것은 그 어간의 본 모양을 밝히어 적고, 본뜻에서 멀어진 것은 소리 나는 대로 적는다. '본뜻에서 멀어진 것'이란, 그 단어가 단독으로 쓰일 때 표시되는 어휘적 의미가 제대로 인식되지 못하거나 변화되었음을 말한다. [붙임 1] (1)의 규정에 제시되어 있는 예들은 앞 단어의 본뜻이 유지되고 있다.

(수업이) 늘어나다-늘다(增) (기간이) 늘어지다-늘다(延)
(바퀴가) 돌아가다-돌다(回) (집에) 들어가다-들다(入)
(밤이) 떨어지다-떨다 (열매가) 벌어지다-벌다

엎어지다 – 엎다(覆)　　　　　　　　틀어지다 – 틀다(妨)
흩어지다 – 흩다(散)　　　　　　　　되짚어가다 – 되짚다

‘넘어지다, 접어들다’는 원래의 의미가 유지되고 있는지 판단하기 쉽지 않은 경우이다. ‘넘어지다’, ‘접어들다’는 ‘넘다’와 ‘접다’의 의미가 유지되고 있는지 명확하지는 않지만 둘을 연관지어 온 전통에 따라 ‘넘어지다’, ‘접어들다’로 적는다.

이와는 달리 앞말이 본뜻에서 멀어진 경우에는 본모양대로 적지 않는다. [붙임 1] (2) 규정에 제시되어 있는 ‘드러나다, 사라지다, 쓰러지다’ 등은 ‘들다’, ‘살다’, ‘쓸다’의 본뜻이 유지되고 있다고 하기 어렵다. ‘쓰러지다(靡)’는 ‘(방을) 쓸다’의 피동형인 ‘쓸어지다’(비가 좋으니, 방이 잘 쓸어진다.)와는 구별되는데, 이는 ‘쓸다’와 의미적 연관성이 없다. (2)의 규정이 적용되는 단어의 예를 들면 다음과 같다.

나타나다(現)　바라지다(坼)　배라먹다(乞食)　부서지다(碎)
불거지다(凸)　부러지다(折)　자빠지다(沛)

[붙임 2] 종결 어미 ‘ – 오’는 예사높임을 나타낸다. ‘이것은 책이오’에 쓰인 종결 어미 ‘ – 오’는 ‘이 – ’ 뒤에 쓰여 [요]로 소리가 난다고 해도 ‘ – 요’로 적지 않고 ‘ – 오’로 적는다. 종결형의 경우는, ‘나도 가오.’, ‘집이 크오.’처럼 모든 용언 어간에 공통적으로 결합하는 형태가 ‘ – 오’이고, ‘이 – ’ 뒤에서만 예외적인 형태 ‘ – 요’를 인정하는 것은 체계적인 표기 방식이라 할 수 없으므로 ‘ – 오’로 적는다. 한편 ‘이것을 먹어요’라는 문장에 쓰인 ‘ – 요’는 서술어 ‘먹어’ 뒤에 결합한 청자를 존재하는 보조사로, 종결 어미 ‘ – 오’와 구별된다.

[붙임 3] 용언의 일정한 문법적 관계를 표시하기 위하여 그 끝을 여러 가지로 바꾸는 현상을 ‘활용’, 또는 ‘끝바꿈’이라 하는데, 문장을 끝맺는 ‘종결형(종지형)’과 문장을 끝맺지 않고 뒤 따르는 말과의 관계를 맺어주는 ‘연결형’이 있다. 제15항의 [붙임 2]와 [붙임 3]은 종결형과 연결형에서 [이요]로 소리 나는 경우에 관해 규정하고 있다.

「한글 마춤법 통일안」(1933)에서는 “ ‘이요’는 접속형이나 종지형이나 전부 ‘이요’로 하고, ‘지요’는 ‘지요’로 통일한다.”라고 밝히고 있다.

이것은 붓이요,　저것은 먹이요,　또 저것은 자루요.
갈 사람은 가지요.

'이것은 책이요, 저것은 붓이다.'에 쓰인 '이요'는 연결형으로, 옛말에서 '이고'의 'ㄱ'이 묵음화(默音化)하여 '이오'로 변한 형태에서 비롯된 말로 소리 나는 대로 '요'로 적는다. 정리하면, 연결형은 '이요'로 적고, 종결형은 '이오'로 적는다.

제16항 어간의 끝음절 모음이 'ㅏ, ㅗ'일 때에는 어미를 '-아'로 적고, 그 밖의 모음일 때에는 '-어'로 적는다.

1. '-아'로 적는 경우

나아	나아도	나아서
막아	막아도	막아서
얇아	얇아도	얇아서
돌아	돌아도	돌아서
보아	보아도	보아서

2. '-어'로 적는 경우

개어	개어도	개어서
겪어	겪어도	겪어서
되어	되어도	되어서
베어	베어도	베어서
쉬어	쉬어도	쉬어서
저어	저어도	저어서
주어	주어도	주어서
피어	피어도	피어서
희어	희어도	희어서

[해설] 어간 끝 음절의 모음이 'ㅏ, ㅗ'(양성 모음)일 때는 어미를 '아'로 적고, 'ㅐ, ㅓ, ㅚ, ㅜ, ㅟ, ㅡ, ㅢ, ㅣ'일 때는 '어'로 적는다. 'ㅑ'는 'ㅣ+ㅏ'이므로 '아'로 적고, 'ㅕ'는 'ㅣ+ㅓ'이므로 '어'로 적는다. 이처럼 어간의 모음에 따라 어미의 모음이 결정되는 것을 모음조화(母音調和)라고 한다.

모음조화 현상은 옛말에서는 엄격하게 지켜졌지만 현대에 오면서 많이 약화되었다. 현실적으로 모음조화의 파괴로 말미암아 '잡아'와 '얇아'는 (잡아→)[자버], (얇아→)[얄버]라고 발음하거나 '잡어', '얇어'와 같이 적는 것은 잘못이다.

어간 끝 음절의 모음	어미의 형태
ㅏ, ㅗ	아 (-아라, -아서, -아도, -아야), (-았-, -았었-)
ㅐ, ㅓ, ㅔ, ㅚ, ㅜ, ㅞ, ㅟ, ㅡ, ㅢ, ㅣ	어 (-어라, -어서, -어도, -어야), (-었-, -었었-)

이 항에서는 용언 어간이 한 음절로만 이루어진 예만 제시되어 있는데, 어간의 음절 수와 상관없이 어간과 어미가 결합하는 데 모음조화 규칙이 적용된다. '가르다', '오르다', '거르다', '부르다'와 같이 어간의 끝음절이 'ㅡ'인 경우에도 첫째 음절의 모음에 따라 '아'와 '어'가 결합한다.

가. 가르다: 갈라, 갈랐다　　오르다: 올라, 올랐다
나. 거르다: 걸러, 걸렀다　　부르다: 불러, 불렀다

제17항 어미 뒤에 덧붙는 조사 '요'는 '요'로 적는다.

읽어	읽어요
참으리	참으리요
좋지	좋지요

[해설] '요'는 종결 어미 다음에 결합하여 높임의 뜻을 더하는 보조사이다. 보조사 '-요'는 앞에 어떠한 종결형이 오더라도 반드시 [요]로 발음되므로 '요'로 적는다.

가-요　　가리-요　　가지-요　　갈까-요

한편, 조사 '요'는 체언, 부사어, 연결 어미 등의 뒤에 결합되기도 한다.

저요, (밥을) 많이요, 먹어서요, ……

더 알아두기

보조사 '－요'와 종결형 어미 '－오'는 혼동하여 종종 쓰인다. 구별법은 어미는 어간에 붙으므로 어미가 없는 문장은 성립하지 않으나, 보조사 '－요'는 빼도 말이 된다.

가. 어찌 먹으리(요)
나. 안녕히 가십시(오)

(가) 문장은 '－요'를 빼도 말이 되지만, (나) 문장은 '－오'를 빼면 말이 되지 않는다. 따라서 (가)의 '요'는 보조사이고, (나)의 '요'는 어미이다.

제18항 다음과 같은 용언들은 어미가 바뀔 경우, 그 어간이나 어미가 원칙에 벗어나면 벗어나는 대로 적는다.

1. 어간의 끝 'ㄹ'이 줄어질 적

갈다:	가니	간	갑니다	가시다	가오
놀다:	노니	논	놉니다	노시다	노오
불다:	부니	분	붑니다	부시다	부오
둥글다:	둥그니	둥근	둥급니다	둥그시다	둥그오
어질다:	어지니	어진	어집니다	어지시다	어지오

[붙임] 다음과 같은 말에서도 'ㄹ'이 준 대로 적는다.

마지못하다　　마지않다　　(하)다마다　　(하)자마자
(하)지 마라　　(하)지 마(아)

2. 어간의 끝 'ㅅ'이 줄어질 적

긋다:	그어	그으니	그었다
낫다:	나아	나으니	나았다
잇다:	이어	이으니	이었다
짓다:	지어	지으니	지었다

3. 어간의 끝 'ㅎ'이 줄어질 적

그렇다:	그러니	그럴	그러면	그러오
까맣다:	까마니	까말	까마면	까마오
동그랗다:	동그라니	동그랄	동그라면	동그라오
퍼렇다:	퍼러니	퍼럴	퍼러면	퍼러오
하얗다:	하야니	하얄	하야면	하야오

4. 어간의 끝 'ㅜ, ㅡ'가 줄어질 적

푸다:	퍼	펐다	뜨다:	떠	떴다
끄다:	꺼	껐다	크다:	커	컸다
담그다:	담가	담갔다	고프다:	고파	고팠다
따르다:	따라	따랐다	바쁘다:	바빠	바빴다

5. 어간의 끝 'ㄷ'이 'ㄹ'로 바뀔 적

걷다[步]:	걸어	걸으니	걸었다
듣다[聽]:	들어	들으니	들었다
묻다[問]:	물어	물으니	물었다
싣다[載]:	실어	실으니	실었다

6. 어간의 끝 'ㅂ'이 'ㅜ'로 바뀔 적

깁다:	기워	기우니	기웠다
굽다[炙]:	구워	구우니	구웠다
가깝다:	가까워	가까우니	가까웠다

괴롭다:	괴로워	괴로우니	괴로웠다
맵다:	매워	매우니	매웠다
무겁다:	무거워	무거우니	무거웠다
밉다:	미워	미우니	미웠다
쉽다:	쉬워	쉬우니	쉬웠다

다만, '돕-, 곱-'과 같은 단음절 어간에 어미 '-아'가 결합되어 '와'로 소리 나는 것은 '-와'로 적는다.

돕다[助]:	도와	도와서	도와도	도왔다
곱다[麗]:	고와	고와서	고와도	고왔다

7. '하다'의 활용에서 어미 '-아'가 '-여'로 바뀔 적

하다:	하여	하여서	하여도	하여라	하였다

8. 어간의 끝음절 '르' 뒤에 오는 어미 '-어'가 '-러'로 바뀔 적

이르다[至]:	이르러	이르렀다
노르다:	노르러	노르렀다
누르다:	누르러	누르렀다
푸르다:	푸르러	푸르렀다

9. 어간의 끝음절 '르'의 'ㅡ'가 줄고, 그 뒤에 오는 어미 '-아/-어'가 '-라/-러'로 바뀔 적

가르다:	갈라	갈랐다	부르다:	불러	불렀다
거르다:	걸러	걸렀다	오르다:	올라	올랐다
구르다:	굴러	굴렀다	이르다:	일러	일렀다
벼르다:	별러	별렀다	지르다:	질러	질렀다

[해설] 용언이 일정한 문법적 관계를 나타내기 위하여 어간에 어미를 여러 가지로 바꾸는 현상을 '활용'이라고 한다. 활용할 때 어휘적인 의미를 가지며 변하지 않는 부분을 '어간'이라 하고, 문법적 의미를 담당하며 변하는 부분을 '어미'라고 한다. 활용하는 단어에는 동사,

형용사, 서술격조사 '이다'가 있다.

용언이 활용할 때 어간의 모양이 바뀌지 않는 경우와 바뀌는 경우가 있고, 어미의 경우도 모양이 바뀌지 않는 경우와 바뀌는 경우가 있다. 규칙 활용이란 활용할 때 어간과 어미의 형태가 달라지지 않는 것을 말한다. 더불어 활용에서 어간이나 어미가 정상에서 벗어나는 경우라도, 거기에 음운규칙으로 설명할 수 있는 것은 규칙 활용으로 설명한다. 그러므로 '으' 탈락과 'ㄹ' 탈락은 어간의 형태가 바뀌지만 이러한 변화가 음운 규칙에 따른 것이어서 규칙 활용에서 다룬다.

○ '으' 탈락 규칙

모음 '으'로 끝나는 동사의 어간 뒤에 자음으로 시작하는 어미가 붙으면 '으'는 탈락하지 않는다. 반면 '아/어'로 시작되는 어미가 그 뒤에 붙으면 '으'가 탈락한다. 이는 어미 '아/어' 앞에서 모음 충돌을 막기 위해 어간의 일부인 '으' 소리를 떨어뜨린 것이다.

쓰어>써, 끄어>꺼, 담그마>담가, 아프아>아파, 따르아>따라 등

○ 'ㄹ' 탈락 규칙

'ㄹ'로 끝나는 동사의 어간 뒤에 어미 '－ㄴ, －네, －ㅂ니다, －시－, －오' 등으로 시작되는 어미가 붙으면 이 'ㄹ'이 탈락한다.

가. 울+는 →우는, 울+니 →우니, 울+ㅂ니다 →웁니다, 울+오 →우오, 울+시+고 →우시고, 울+세 →우세, 울+ ㄹ수록 →울수록
나. 울다, 알다, 살다, 놀다, 불다, 갈다 등

용언에 따라서는 활용할 때, 어간이 변하거나 어미가 기본 형태에서 벗어나는 경우가 있다. 이러한 활용을 '불규칙 활용'이라 한다. 불규칙 활용은 어간이 바뀌는 것, 어미가 바뀌는 것, 어간과 어미가 함께 바뀌는 것이 있다. 불규칙 활용에는 다음 세 가지 경우가 있다.

① 어간의 모양이 달라지는 것: 싣다[싣－는, 실－어(←싣－+－어)]
② 어미의 모양이 달라지는 것: 하다[하－고, 하－여(←하－+－아)]
③ 어간과 어미의 모양이 달라지는 것: 파랗－다[파랗－지, 파래(←파랗－+－아)]

불규칙 활용은 규칙 활용이 전제된 상태에서 그 규칙에 어긋나는 활용을 하는 것을 말한다.

1. 어간 끝 받침 'ㄹ'이 'ㄴ, ㅂ, ㅅ'으로 시작하는 어미나 어미 '－오, －ㄹ' 등 앞에서 나타나지 않으면 나타나지 않는 대로 적는다. 예를 들어 '살다'의 어간 '살－'에 어미 '－네, －세, －오'가 결합하면 'ㄹ'이 탈락하여 '사네, 사세, 사오'가 된다.

살다 — (살네) 사네　(살세) 사세　(살으오) 사오
(살을수록) 살수록　(살읍니다)삽니다　(살을뿐더러) 살뿐더러

'갈다, 날다, 말다, 물다, 벌다, 불다, 알다, 울다, 졸다, 팔다' 등은 위와 같은 환경에서는 'ㄹ'이 예외 없이 탈락한다. 어간 끝 받침이 'ㄹ'인 용언은 모두 이에 해당한다.

[붙임] 어간 끝의 받침 'ㄹ'은 'ㄷ, ㅈ' 앞에서 탈락하지 않는 것이 일반적이다. 그렇지만 'ㄹ'이 탈락한 형태가 굳어져 쓰이는 것은 탈락한 대로 적는다.

(－다 말다) －다마다　(말지 못하다) 마지못하다
(말지 않아) 마지않아　(－자 말자) －자마자
(－지 말아) －지 마(아)　(－지 말아라) －지 마라

'말다'의 어간 '말－'에 명령형 어미 '－아(라)'가 결합하는 경우 '마, 마라'만 표준어로 취급하였으나, '말아, 말아라' 표현도 두루 쓰임에 따라 2015년에 '말아, 말아라'도 표준어로 삼았다. 이로 인해 맞춤법 표기 또한 달라졌다. '말다'의 활용형 '말다'의 어간 '말－'에 명령형 어미 '－아'가 결합하면 '마'와 '말아' 두 가지로 적을 수 있고, '－아라'가 결합할 때에도 '마라'와 '말아라' 두 가지로 적을 수 있다. 한편, '말－'에 명령형 어미 '－아'가 결합한 '마'와 '말아'는 구어체(口語體) 명령형에서 사용되고, '말－'에 명령형 어미 '－라'가 결합한 '말라'는 문어체(文語體) 명령형이나 청자가 정해지지 않은 명령문이나 간접 인용문에서 사용된다.

가지 마. 가지 말아.　(구어체 명령형)
가지 말라고 하였다　(문어체 명령형, 간접 인용문)

2. 어간 끝 받침 'ㅅ'이 모음으로 시작하는 어미 앞에서 나타나지 않으면 나타나지 않는 대로 적는다. 어간 끝에 'ㅅ' 받침을 가진 용언 중, '긋다, 낫다, 붓다, 잇다, 잣다, 젓다, 짓다' 등이 이에 해당되고, '벗다, 빗다, 빼앗다, 솟다, 씻다, 웃다 등은 'ㅅ' 받침이 줄어지지 않는다.[17]

낫다 — (낫+으니) 나으니, (낫+아도) 나아도, (낫+았다) 나았다
웃다 — (웃+으니) 웃으니, (웃+어도) 웃어도, (웃+었다) 웃었다

'ㅅ' 불규칙 용언은 모음 '－아/－어'와 결합하여 활용할 때 '－아/－어'가 줄지 않는다. 예를 들어, '낫－'에 '－아서'가 결합하면 '나아서'가 줄어들어 '나서'가 되지 않는다. 따라서 '낫－'에 '－아서'가 결합하면 '나아서'가 되고, '낫＋(으)면'은 '나으면'이 된다. 과거형 선어말 어미가 붙을 때도 마찬가지이므로 '났어요'가 아니라 '나았어요', '지었어요'로 적는다.

3. 형용사의 어간 끝 받침 'ㅎ'이 모음으로 시작하는 어미 앞에서 나타나지 않으면 나타나지 않는 대로 적는다. 이에 따라 어미 '－아/－어'와 결합할 때는 '－애/－에'로 나타난다. 예를 들어, '노랗－'에 '－아'가 결합하면 '노래'와 같이 활용하고, '누렇－'에 '－어'가 결합하면 '누레'와 같이 활용한다. 또한 어간 끝 받침이 'ㅎ'인 형용사 어간에 '－네'가 결합하면 '노라네'와 '노랗네'로 활용한다.

노랗다 — (노랗+은) 노란, (노랗+으니) 노라니
(노랗+아) 노래, (노랗+아지다)노래지다
(노랗+습니다) 노랗습니다[18]
(노랗+네) 노라네/노랗네

주로 색채어(하얗다, 빨갛다, 파랗다, 노랗다)가 이에 해당하고, '그렇다, 이렇다, 저렇다'도 여기에 속한다. 그런데 '노랗다, 누렇다'와 '그렇다, 이렇다, 저렇다'는 어미 '－아/－어'와 결합할 때 차이가 있어 주의해야 한다. '노랗다, 누렇다'는 어간 끝음절 모음에 따라 '노래, 누

---

17 '줏다'가 상당히 널리 사용되고 있으나, '줍다'의 방언으로 다룬다. 어원적으로 '줏다'에서 파생된 부사 '주섬주섬'은 '주엄주엄'으로 적지 않는다.

18 조항의 예시어 가운데 '그럽니다, 까맙니다, 동그랍니다, 퍼럽니다, 하얍니다'를 1994년 12월 16일에 열린 국어 심의 회의 결정에 따라 삭제하였다. 「표준어 규정」 제17항에서 자음 뒤의 '－습니다'를 표준어로 정함에 따라 '그렇습니다, 까맣습니다, 동그랗습니다, 퍼렇습니다, 하얗습니다'가 표준어가 되는 것과 상충되기 때문이었다.

레'로 활용하지만, '그렇다, 이렇다, 저렇다'는 '그래, 이래, 저래'로 일관되게 활용한다.

그렇다 — (그렇-+-어) 그래, (그렇+어지다) 그래지다

한편, 'ㅎ'을 어간의 끝 자음으로 가진 것이라고 할지라도 다음과 같은 단어들은 'ㅎ'이 나타난다. 어간 끝 받침이 'ㅎ'인 형용사 중 '좋다'만 활용할 때 'ㅎ'이 탈락하지 않는다.

좋다 — 좋고, 좋습니다, 좋으니, 좋아서
쌓다 — 쌓고, 쌓습니다. 쌓으니, 쌓아서

4. 어간이 모음 'ㅜ'로 끝나는 동사 '푸다'와, 어간이 모음 'ㅡ'로 끝나는 용언 중 8, 9에 해당하지 않는 단어들은, 뒤에 어미 '-아/-어'가 결합하면 'ㅜ, ㅡ'가 나타나지 않는다. 'ㅜ'가 줄어지는 단어는 '푸다' 하나뿐이며, 'ㅡ'가 줄어지는 단어로는 '끄다, 담그다, 따르다, 뜨다, 잠그다, 치르다, 트다, 가쁘다, 고프다, 기쁘다, 나쁘다, 미쁘다, 바쁘다, 슬프다, 아프다, 예쁘다, 크다' 등이 있다. 'ㅡ'가 나타나지 않는 경우는, 'ㄹ' 탈락과 마찬가지로 일정한 환경에서 예외 없이 'ㅡ'가 탈락한다.

푸다 — (푸어) 퍼, (푸어서) 퍼서, (푸었다) 펐다
바쁘다 — (바쁘어) 바빠, (바쁘어도) 바빠도, (바쁘었다) 바빴다

5. 어간 끝 받침 'ㄷ'이 모음 앞에서 'ㄹ'로 바뀌어 나타나는 경우, 바뀐 대로 적는다. 어간 끝에 'ㄷ' 받침을 가진 용언 중, '걷다(步), 긷다, 깨닫다, 눋다, 닫다(走), 듣다, 묻다(問), 붇다, 싣다, 일컫다' 등이 이에 해당되고, '걷다(收, 撤), 닫다(閉), 돋다, 뜯다, 묻다(埋), 믿다, 받다, 벋다, 뻗다, 얻다, 곧다, 굳다' 등은 'ㄷ'이 'ㄹ'로 바뀌지 않는다.

묻다(問) — (묻+어) 물어, (묻+으니) 물으니, (묻+으면) 물으면
묻다(埋) — (묻+어) 묻어, (묻+으니) 묻으니, (묻+으면) 묻으면

6. 어간 끝 받침 'ㅂ'이 모음 앞에서 '우'로 바뀌어 나타나는 경우, 바뀐 대로 적는다. 어간 끝에 'ㅂ' 받침을 가진 용언 중, '굽다(炙), 깁다, 눕다, 줍다, 가깝다, 가볍다, 간지럽다, 괴롭다, 그립다, 노엽다, 더럽다, 덥다, 맵다, 메스껍다, 무겁다, 미덥다, 밉다, 사납다, 서럽다, 쉽다, 아

니꼽다, 어둡다, 역겹다, 즐겁다, 지겹다, 차갑다, 춥다' 등과, 접미사 '-답다, -롭다, -스럽다'가 결합하여 된 단어들이 이에 해당되고, '(손-)꼽다(屈指), 뽑다, 씹다, 업다, 잡다, 접다, 집다, (손이)곱다, 굽다(曲), 좁다' 등은 'ㅂ' 받침이 '우'로 바뀌지 않는다.

덥다 — (덥+으면) 더우면, (덥+어) 더워, (덥+었다) 더웠다
잡다 — (잡+으면) 잡으면, (잡+아) 잡아, (잡+았다) 잡았다

다만 모음조화 규칙에 따라 'ㅏ, ㅗ'에 붙은 'ㅂ' 받침 뒤에 어미 '-아(았)'가 결합한 형태는 모두 '와(왔)'로 적었으나, 이번에는 현실적인 발음 형태를 취하여, '돕다', '곱다'의 경우만 '와'로 적고, 그 밖의 경우는 모두 '워'로 적기로 하였다.

○ '와'형
돕다 — 도와, 도와서, 도와도, 도와야, 도왔다
곱다 — 고와, 고와서, 고와도, 고와야, 고왔다

○ '워'형
아름답다 - 아름다워, 아름다워서, 아름다워도, 아름다워야, 아름다웠다

7. 어간 '하-' 뒤에 어미 '-아'가 결합하여 '하여'로 바뀌어 나타나는 경우, 바뀐 대로 적는다. '하여'는 '해'로 줄어들 수 있다.(「한글 맞춤법」 제34항 [붙임 2] 참조) 제16항 규정을 적용한다면, 어간 '하-' 뒤에는 어미 '-아'가 결합되어야 한다. 그런데 '하-' 뒤에서는 분명히 [여]로 발음되기 때문에, 예외적인 형태인 '여'로 적는 것이다.

푸다 — (푸어) 퍼, (푸어서) 퍼서, (푸었다) 펐다
하다 — (하+아) 하여/해, (하+아라) 하여라/해라

8. '이르-, 푸르-' 등 '르'로 끝나는 어간 뒤에 어미 '-어'가 결합하여 '이르러, 푸르러' 등으로 바뀌어 나타나는 경우, 바뀐 대로 적는다. 제16항 규정을 적용한다면, '이르-, 노르-' 뒤에는 어미 '-어'가 결합되어야 한다. 그런데 '이르다(至), 노르다, 누르다, 푸르다' 경우는 분명히 [러]로 발음되기 때문에, '러'로 적는다.

푸르다 — (푸르+어) 푸르러, (푸르+어서) 푸르러서

9. ‘르’로 끝나는 어간 뒤에 어미 ‘–아/–어’가 결합하여 ‘ㅡ’가 탈락하고 ‘ㄹ’이 앞 음절 받침으로 올라붙고, 어미 ‘어’가 ‘라/러’로 나타나는 경우, 바뀐 대로 적는다.

나르다 — (나르+어) 날라, (나르+어서) 날라서, (나르었다) 날랐다
누르다 — (누르어) 눌러, (누르+어도) 눌러도, (누르+었다) 눌렀다

어간 끝 음절 ‘르’ 뒤에 피동사화, 사동사화 접미사 ‘–이–’가 결합하는 경우에도 역시 어간 모음 ‘ㅡ’가 줄면서 ‘ㄹ’이 앞 음절의 받침으로 올라붙고, ‘이’가 ‘리’로 바뀌어 나타난다.

(누르+이+다) 눌리다, (오르+이+다) 올리다, (흐르+이+다) 흘리다

‘가다’와 ‘오다’에는 일반적인 명령형 어미 ‘–아라/–어라’ 대신에 ‘–거라’와 ‘–너라’가 결합한다고 볼 가능성도 있다. 하지만 ‘–아라/–어라’와 ‘–거라’, ‘–너라’가 의미와 어감이 다르다. ‘–거라’, ‘–너라’는 ‘–아라/–어라’에 비해 예스러운 느낌을 준다는 차이가 있다. 이러한 이유로 ‘가라(←가–+–아라), 가거라’와 ‘와라(←오–+–아라), 오너라’를 모두 표준형으로 다루어 각각 별개의 단어로 인정한다.

가다 — (가+아라) 가라 / 가거라
오다 — (오+아라) 와라 / 오너라

더 알아두기

용언의 불규칙 활용 양상을 「한글 맞춤법」과 학교 문법에서 어떻게 규정하여 기술하고 있는지 비교하면 다음과 같다.

가. 어간이 바뀌는 불규칙 활용의 종류

종 류	조 건	보 기	맞춤법 규정
ㅅ 불규칙	모음 어미 앞에서 'ㅅ' 탈락	잇다, 젓다, 긋다, 짓다	제18항－2
ㄷ 불규칙	모음 어미 앞에서 'ㄷ'이 'ㄹ'로 바뀜	듣다, 걷다, 일컫다, 긷다, 묻다(問) ☆ 형용사에는 없다.	제18항－5
ㅂ 불규칙	모음 어미 앞에서 'ㅂ'이'오/우'로 바뀜	깁다, 눕다, 줍다, 춥다, 굽다, 돕다	제18항－6
르 불규칙	모음 어미 앞에서 'ㄹ'이 덧생겨 'ㄹ러', 'ㄹ라'가 됨	오르다, 나르다, 흐르다, 다르다, 이르다(謂), 모르다, 배부르다	제18항－9
우 불규칙	'어'앞에서 '우'가 탈락함	'푸다' 하나뿐	제18항－4

나. 어미가 바뀌는 불규칙 활용의 종류

종 류	조 건	보 기	맞춤법 규정
여 불규칙	어미 '아/어'가 '여'로 바뀜	'－하다'가 붙는 모든 용언	제18항－7
러 불규칙	어미 '어'가 '러'로 바뀜	이르다(至), 푸르다, 누르다(黃)	제18항－8 (제16항과 비교)
거라 불규칙	어미 '어라'가 '거라'로 바뀜	어간이 '아'로 끝나는 자동사 전부 [例] : 가다, 자다.	제18항에 설명되어 있지 않음
너라 불규칙	어미 '어라'가 '너라'로 바뀜	'－오다'가 붙는 용언 전부	제18항에 설명되어 있지 않음

다. 어간과 어미가 모두 바뀌는 불규칙 활용의 종류

종 류	조 건	보 기	맞춤법 규정
ㅎ 불규칙	'－ㄴ'으로 시작되는 어미 앞에서 어간의 받침 'ㅎ'이 탈락하고, 어미 '－아/－어'가 '－애'로 바뀜 ☆ 'ㅎ'받침을 가진 모든 형용사는 'ㅎ' 불규칙이다.	[例] : 파랗＋아지는 → 파래지는 *어간 : ㅎ탈락 *어미 : 아→애	제18항－3

제19항 어간에 '－이'나 '－음/－ㅁ'이 붙어서 명사로 된 것과 '－이'나 '－히'가 붙어서 부사로 된 것은 그 어간의 원형을 밝히어 적는다.

1. '－이'가 붙어서 명사로 된 것

길이 깊이 높이 다듬이 땀받이 달맞이
먹이 미닫이 벌이 벼훑이 살림살이 쇠붙이

2. '－음/－ㅁ'이 붙어서 명사로 된 것

걸음 묶음 믿음 얼음 엮음 울음
웃음 졸음 죽음 앎

3. '－이'가 붙어서 부사로 된 것

같이 굳이 길이 높이 많이 실없이
좋이 짓궂이

4. '－히'가 붙어서 부사로 된 것

밝히 익히 작히

다만, 어간에 '－이'나 '－음'이 붙어서 명사로 바뀐 것이라도 그 어간의 뜻과 멀어진 것은 원형을 밝히어 적지 아니한다.

굽도리 다리[髢] 목거리(목병) 무녀리
코끼리 거름(비료) 고름[膿] 노름(도박)

[붙임] 어간에 '－이'나 '－음' 이외의 모음으로 시작된 접미사가 붙어서 다른 품사로 바뀐 것은 그 어간의 원형을 밝히어 적지 아니한다.

(1) 명사로 바뀐 것

귀머거리	까마귀	너머	뜨더귀	마감
마개	마중	무덤	비렁뱅이	쓰레기
올가미	주검			

(2) 부사로 바뀐 것

거뭇거뭇	너무	도로	뜨덤뜨덤	바투
불긋불긋	비로소	오긋오긋	자주	차마

(3) 조사로 바뀌어 뜻이 달라진 것

나마	부터	조차

[해설] 용언의 어간에 '－이', '－음/－ㅁ'이 결합하여 명사가 되거나 '－이', '－히'가 결합하여 부사가 되는 경우에는 어간의 원형을 밝혀서 적는다.

[1, 2] 명사에 접미사 '－이', '－음/－ㅁ'이 결합하는 경우 어간의 본뜻을 유지하면서 비교적 여러 어간에 결합할 수 있으므로, 어간 형태소의 원형을 밝혀서 적는다.

굽이(굽다)	귀걸이(걸다)	귀밝이(밝다)[19]
넓이(넓다)	놀음놀이(놀다)	더듬이(더듬다)
대뚫이(뚫다)[20]	물받이(받다)	물뿜이(뿜다)[21]
배앓이(앓다)	뱃놀이(놀다)	손님맞이(맞다)
손잡이(잡다)	액막이(막다)[22]	여닫이(닫다)
옷걸이(걸다)	점박이(박다)[23]	하루살이(살다)
해돋이(돋다)	호미씻이(씻다)[24]	휘묻이(묻다)[25]

19 귀밝이: 귀밝이술(음력 정월 대보름날 아침에 마시는 술).
20 대뚫이: 구멍이 막힌 담뱃대를 뚫는 데 쓰는, 얇은 종이로 비벼 꼰 줄과 같은 물건.
21 물뿜이: 물을 담아서 안개처럼 뿜어내는 기구.
22 액막이: 가정이나 개인에게 닥칠 액을 미리 막는 일.
23 점박이: 얼굴이나 몸에 큰 점이 있는 사람이나 짐승.
24 호미씻이: 농가에서 농사일, 특히 논매기의 만물을 끝낸 음력 7월쯤에 날을 받아 하루를 즐겨 노는 일.
25 휘묻이: 식물의 가지를 휘어 그 한끝을 땅속에 묻어서 뿌리를 내리게 하는 인공 번식법.

갈음(－하다)(갈다)[26]　고기볶음(볶다)　그을음(그을다)
모질음(모질다)　삶(살다)　설움(섧다)
솎음(솎다)　수줍음(수줍다)　앙갚음(갚다)[27]
엮음(엮다)　용솟음(솟다)　일컬음(일컫다)
탈놀음(놀다)　판막음(막다)

[3, 4] 부사를 만드는 접미사 '－이, －히'도 어간의 본뜻을 유지하면서 여러 어간에 결합하므로 어간의 원형을 밝혀서 적는다.

곧이(－듣다)(곧다)　덧없이(없다)　옳이(옳다)　적이(적다)
밝히(밝다)　익히(익다)　작히(작다)[28]

[다만] 명사화 접미사 '－이, －음'이 결합하여 된 단어라도, 그 어간의 본뜻과 멀어진 원형(原形)을 밝힐 필요가 없으므로, 소리 나는 대로 적는다. 예시어들은 '굽도리'에는 '돌다'의 의미가, '무녀리'에는 '열다'의 의미가 유지되고 있지 않으므로 '굽돌이, 문열이'로 적지 않는다.

가. 굽도리[29], 다리[髢][30], 목거리(목병)[31], 무녀리[32],
　코끼리, 거름(비료), 고름[膿][33], 노름(도박)
나. 굽돌이(돌다), 달이(달다), 목걸이(걸다, 개별 단어), 문열이(열다),
　코길이(코낄이, 길다), 곯음(곯다), 놀음(놀다, 개별 단어)

한편, 예시어 가운데 '거름(肥料)[34], 노름(賭博)[35], 어름(物界)[36]'과 '걸음(步), 놀음(遊)[37], 얼

26 갈음: 다른 것으로 바꾸어 대신함.
27 판막음: 그 판에서의 마지막 승리. 또는 마지막 승부를 가리는 일.
28 '밝히다'는 그 뒤에 '증명하다(되다)' 같은 말이 연결되긴 하지만, '만들다, 비치다, 빛나다' 같은 말이 자연스럽게 연결되지 않는 제약성을 지니므로, 부사적 기능이 약한 단어이다. '작히(작히나)'는 그 어근(어간)의 본뜻과 상당히 멀어진 단어다. 그러나 용언 어간 '밝－, 작－'에 부사화 접미사가 결합하여 된 단어이므로, 이 조항에서 다룬다.
29 굽도리: 방 안 벽의 밑부분.
30 다리: 예전에, 여자들의 머리숱이 많아 보이라고 덧넣었던 딴머리.
31 목거리: 목이 붓고 아픈 병.
32 무녀리: 한 태에 낳은 여러 마리 새끼 가운데 가장 먼저 나온 새끼.
33 고름: 오염된 상처가 곪아서 생기는, 누르스름하고 끈적거리며 고약한 냄새가 나는 액체.

음(氷)'은 단어의 형태(발음)는 같으나 다른 의미를 가진 동음이의어(同音異義語)다. 본뜻이 유지되고 있을 때에는 원형을 밝혀 적지만 본뜻에서 멀어졌을 경우에는 소리대로 적는다는 점에서 동음이의어는 서로 다른 형태(발음)으로 적는다.

	본뜻이 유지됨	본뜻에서 멀어짐
걸다	목걸이(목에 거는 물건)	목거리(목이 아픈 병)
놀다	놀음(놀이)	노름(돈내기)
얼다	얼음(물이 얼어 굳어진 것)	어름(물건이 맞닿은 자리)

[붙임] '－이', '－음'이 아닌 모음으로 시작하는 접미사가 결합한 경우에는 어간의 원형을 밝혀 적지 않고 소리 나는 대로 적는다. 괄호 안에 밑줄을 그은 부분은 대부분 형용사나 동사의 어간들이며, 나머지 부분은 단어의 일부를 이루는 몇 개의 음절들로 이루어진 접미사들이다. 이러한 접미사는 몇 개의 말에 공통적으로 쓰이는 것들도 있기는 하지만 결합하는 어간이 제약되어 있어 일반적이지 않고 아무런 규칙도 세울 수 없다. 그러므로 '－이'나 '－음' 이외의 모음으로 시작되는 접미사가 붙는 말에는 어간의 원형을 밝히어 적지 않는다.

가. 명사로 된 것

귀머거리(귀먹어리) 까마귀(깜아귀) 너머(넘어)
뜨더귀(뜯어귀)[38] 마감(막암) 마개(막애)
마중(맞웅) 무덤(묻엄) 비렁뱅이(빌엉뱅이)
쓰레기(쓸에기) 올가미(옭아미) 주검(죽엄)

나. 부사로 된 것

거뭇거뭇(검웃검웃) 너무(넘우) 도로(돌오)
뜨덤뜨덤(뜯엄뜯엄)[39] 바투(밭우)[40] 불긋불긋(붉읏붉읏)[41]

34 거름: 식물이 잘 자라도록 땅을 기름지게 하기 위하여 주는 물질.
35 노름: 돈이나 재물 따위를 걸고 주사위, 골패, 마작, 화투, 트럼프 따위를 써서 서로 내기를 하는 일.
36 어름: 두 사물의 끝이 맞닿은 자리.
37 놀음: 여러 사람이 모여서 즐겁게 노는 일. 또는 그런 활동.
38 뜨더귀: 조각조각으로 뜯어내거나 가리가리 찢어 내는 짓. 또는 그 조각.
39 뜨덤뜨덤: 글을 서투르게 자꾸 읽는 모양.
40 바투: 두 사물의 사이가 꽤 가깝게.

비로소(비롯오)　　　　　　오긋오긋(옥읏옥읏)[42]
자주(잦우)　　　　　　　　차마(참아)

다. 조사로 된 것
나마(남아)　　　　　　　　부터(붙어)　　　　　　조차(좇아)

예시어 가운데 '차마'와 '너머'는 쓰임은 다르지만 '참아'와 '넘어'와 같이 원형을 밝혀 적는 표기가 함께 쓰이는 예도 있다. '넘어'는 '넘－'에 '－어'가 결합한 형태로, 구체적으로 넘는다는 행위를 뜻하는 동사이고, '너머'는 가로막은 어떤 것을 지난 저쪽 공간을 뜻하는 명사이다.

가. ① 산을 넘어 날아간다.　　　(동사)
　　② 산 너머에 있는 마을.　　　(명사)
나. ① 괴로움을 참아 왔다.　　　(동사)
　　② 차마 때릴 수는 없었다.　(명사)

(다)의 '나마, 부터, 조차'는 동사 '남다, 붙다, 좇다'의 부사형 '남아, 붙어, 좇아'가 허사화(虛辭化)한 것이다. 허사화란 원래는 뜻이 있었으나 그 뜻이 없어지고 문법적 기능만을 담당하는 것을 말한다. '나마, 부터, 조차'는 형식 형태소인 조사이므로 소리 나는 대로 적는다.

제20항 명사 뒤에 '－이'가 붙어서 된 말은 그 명사의 원형을 밝히어 적는다.

1. 부사로 된 것

곳곳이　낱낱이　몫몫이　샅샅이　앞앞이　집집이

2. 명사로 된 것

곰배팔이　　바둑이　　삼발이　　애꾸눈이
육손이　　절뚝발이/절름발이

41 불긋불긋: 1. 군데군데 불그스름한 모양. 2. 부사 매우 불그스름한 모양.
42 오긋오긋: 여럿이 다 안으로 조금 오그라진 듯한 모양.

[붙임] '-이' 이외의 모음으로 시작된 접미사가 붙어서 된 말은 그 명사의 원형을 밝히어 적지 아니한다.

꼬락서니 끄트머리 모가치 바가지 바깥
사타구니 싸라기 이파리 지붕 지푸라기 짜개

[해설] 명사에 접미사 '-이'가 결합하여 부사나 명사가 되는 경우 명사의 본 모양을 밝혀 적는다. '-이'가 결합하여 품사나 의미가 바뀌더라도 명사의 원래 의미와 '-이'의 의미는 일정하게 유지되기 때문이다.

제20항 제1호는 명사가 중복되면서 부사 파생 접미사 '-이'가 결합하여 부사가 된 경우이다. 아래 예들은 명사, '곳, 낱, 몫, 샅, 앞, 집, 간(間), 겹, 길, 눈, 땀, 번(番), 사람, 옆, 줄, 참, 철, 틈, 날, 달, 골, 살, 구절, 사건' 등에 부사 파생 접미사 '-이'가 붙어 부사로 된 것이다.

곳곳-이 낱낱-이 몫몫-이 샅샅-이
앞앞-이 집집-이 간간-이 겹겹-이
길길-이 눈눈-이 땀땀-이 번번-이
사람사람-이 옆옆-이 줄줄-이 참참-이
철철-이 첩첩-이 틈틈-이 나날-이
다달-이 골골샅샅-이 구구절절-이 사사건건-이

제20항 제2호는 명사에 '-이'가 결합하여 다시 명사가 된 것으로, 명사의 의미가 유지되고 있어 본래 원형을 밝혀 적는다. 아래 예들은 '곰배팔, 바둑, 삼발, 애꾸눈, 절뚝발/절름발, 각설, 깍발, 맹문, 생손, 완운, 외톨, 외팔, 우격뿔, 통방울' 등의 명사에 사람의 뜻으로 만드는 접미사 '-이'가 붙어, '각설이, 검정이, 고리눈이, 네눈이, 딸깍발이, 맹문이, 생손이, 왕눈이, 외톨이, 외팔이, 우격뿔이, 퉁방울이'로 되어 사람을 나타내는 명사가 된 것이다. 이 경우 명사의 본모양을 밝혀 적는다.

곰배팔-이 바둑-이 삼발-이 애꾸눈-이
육손-이 절뚝발-이/절름발-이
각설-이 고리눈-이 맹문-이 안달-이
얌전-이 억척-이 점잔-이 외톨-이

'외톨이'는 '외톨(←외돌토리)'에 '－이'가 결합한 말이므로, '외톨이'로 적는다.

[붙임] 명사에 '－이' 이외의 모음으로 시작된 접미사가 결합한 경우에는 명사의 형태를 밝혀 적지 않는다. 이러한 접미사는 결합하는 어근이 제약되어 있고 더 이상 새로운 말도 만들어 내지 못한다.

꼬락서니(꼴+악서니)	끄트머리(끝+－으러기)	모가치(몫+아치)
바가지(박+아지)	바깥(밖+앝)	싸라기(쌀+아기)
이파리(잎+아리)	지붕(집+웅)	짜개(짝+애)
지푸라기(짚+우라기)	고랑(골+－앙)	터럭(털+－억)
모가지(목+－아지)	소가지(속+－아지)	오라기(올+아기)

'모가치'와 '값어치', '벼슬아치', '반빗아치'는 명사에 '－아치', '－어치'가 결합한 비슷한 구성이지만 명사의 원형을 밝혀 적는 것에서는 차이가 있다. 본 조항을 적용하여 제시하면 다음과 같다.

(조항 적용) — 목사치, 갑서치, 벼스라치, 반비사치
(예외 형식) — 모가치, 값어치, 벼슬아치, 반빗아치

- '모가치(몫으로 돌아오는 물건)'는 '몫'과 '－아치'로 분석하면 '목사치'로 적을 가능성이 있지만 발음이 [모가치]로 굳어져 있고, 사람들이 어원적인 형태를 인식하지 못하므로 '모가치'로 적는다.

'모가치'와는 달리 '값어치', '벼슬아치', '반빗아치'는 이 조항에 비추어 볼 때 예외적이다.

- '값어치[가버치]'는 명사 '값'에 '－어치'가 결합한 말이다. 이 항의 규정에 따르면 '갑서치'로 적어야 하고, '모가치'의 경우와 같이 발음 형태를 취한다면 '가버치'로 적어야 한다. 그러나 명사 '값'이 독립적으로 쓰이고 '－어치'도 '백 원어치', '천 원어치', '천 달러어치', '얼마어치' 등의 형태로 비교적 널리 쓰여 왔다는 점에서 '값어치'로 원형을 밝혀 적는다.
- '벼슬아치'와 '동냥아치'에서 '－아치'는 접미사이다. 본 조항을 적용하면, '벼스라치', '동냐아치'로 적어야겠지만, '－아치'가 비교적 여러 말에 붙을 수 있고, '벼슬', '동냥'의

형태가 분명하게 인식되므로 '벼슬아치', '동냥아치'로 적는다.

- '반빗아치'는 '반빗'(반찬 만드는 일)에 '-아치'가 붙어서 된 단어이지만, 발음이 [반비다치]로 굳어져 있고 '-아치'가 생산적으로 여러 말에 붙는다는 점을 고려하여 '반비사치'로 적지 않고 '반빗아치'로 적는다.

제21항 명사나 혹은 용언의 어간 뒤에 자음으로 시작된 접미사가 붙어서 된 말은 그 명사나 어간의 원형을 밝히어 적는다.

1. 명사 뒤에 자음으로 시작된 접미사가 붙어서 된 것

값지다　홑지다　넋두리　빛깔　옆댕이　잎사귀

2. 어간 뒤에 자음으로 시작된 접미사가 붙어서 된 것

낚시	늙정이	덮개	뜯게질
갉작갉작하다	갉작거리다	뜯적거리다	뜯적뜯적하다
굵다랗다	굵직하다	깊숙하다	넓적하다
높다랗다	늙수그레하다	얽죽얽죽하다	

다만, 다음과 같은 말은 소리대로 적는다.

(1) 겹받침의 끝소리가 드러나지 아니하는 것

할짝거리다	널따랗다	널찍하다	말끔하다
말쑥하다	말짱하다	실쭉하다	실큼하다
얄따랗다	얄팍하다	짤따랗다	짤막하다
실컷			

(2) 어원이 분명하지 아니하거나 본뜻에서 멀어진 것

넙치　올무　골막하다　납작하다

[해설] 명사나 용언 어간에 자음으로 시작된 접미사가 결합하여 된 단어는, 그 명사나 어간의 형태를 밝히어 적는다. 예를 들어 '값지다'는 명사 '값'에 접미사 '-지다'가 결합한 말이고, '덮개'는 어간 '덮-'에 접미사 '-개'가 결합하여 만들어진 말이다. 이들은 명사와 어간의 본뜻이 유지되고 있으므로 원형을 밝혀 적는다.

(값)값지다	(홑)홑지다	(넋)넋두리
(빛)빛깔	(옆)옆댕이	(잎)잎사귀
(낚-)낚시	(늙-)늙정이	(덮-)덮개
(굵-)굵다랗다	(굵-)굵직하다	(깊-)깊숙하다
(넓-)넓적하다	(넓-)넓죽하다	(높-)높다랗다
(늙-)늙다리, 늙수그레하다		(읊-)읊조리다

[다만] (1) 겹받침의 끝소리가 드러나지 않거나 (2) 어원이 분명하지 않거나 본뜻에서 멀어진 경우에는 용언 어간의 원형을 밝혀 적지 않는다.

첫째, '겹받침의 끝소리가 드러나지 않는 경우'란 겹받침에서 앞에 있는 받침이 소리가 나고, 뒤에 있는 받침은 소리가 나지 않은 경우를 말한다. 겹받침에서 뒤에 있는 받침이 발음되는 경우에는 그 어간의 형태를 밝히어 적고, 앞에 있는 받침이 발음되는 경우에는 어간의 형태를 밝히지 않고 소리 나는 대로 적는다. 예를 들어, '굵다'에서 '굵다랗다'가 될 때에는 뒤에 있는 받침인 'ㄱ'이 발음이 되므로([국:따라타]) 원형을 밝혀 '굵다랗다'로 적는다. 이에 비해 '핥다'에서 '할짝거리다'가 될 때에는 앞의 'ㄹ'만 발음되므로 원형을 밝히지 않고 '할짝거리다'로 적는다.

가. 굵다랗다([국-]), 긁적거리다([극-]), 넓적하다([넙-], 늙수그레하다([늑-])
나. 할짝거리다, 널찍하다, 얄따랗다, 짤따랗다, 말끔하다

둘째, 어원이 분명하지 않거나 본뜻에서 멀어진 것은 소리 나는 대로 적는다. '넙치'는 한자어 '광어(廣魚)'의 뜻으로 볼 때 '넓다'와 관련성이 있는 것처럼 보이지만, 어원적 형태가 분명히 인식되지 않으므로 소리 나는 대로 '넙치'로 적는다. '올무'(새나 짐승을 잡는 올가미)도 의미상으로는 '옭다'와 관련이 있어 보이지만, 이것 역시 어원적 형태가 분명하게 인식되지 않으므로 '올무'로 적는다. '골막하다(담긴 것이 가득 차지 아니하고 조금 모자란 듯하다)' 또한 '곯다(담긴 것이 그릇에 가득 차지 아니하고 조금 비다)'와 어원적으로 직접 연결이 되

지 않을 뿐만 아니라 형태(소리)에서 서로 간의 연관성을 인식하기 어렵다. '납작하다(판판하고 얇으면서 좀 넓다)'는 '넓적하다'의 작은말로 설명되지만, '납다, 낣다'라는 말이 쓰이지 않으므로 관용에 따라 '납작하다'로 적는다.

제22항 용언의 어간에 다음과 같은 접미사들이 붙어서 이루어진 말들은 그 어간을 밝히어 적는다.

1. '－기－, －리－, －이－, －히－, －구－, －우－, －추－, －으키－, －이키－, －애－'가 붙는 것

맡기다	옮기다	웃기다	쫓기다	뚫리다
울리다	낚이다	쌓이다	핥이다	굳히다
굽히다	넓히다	앉히다	얽히다	잡히다
돋구다	솟구다	돋우다	갖추다	곧추다
맞추다	일으키다	돌이키다	없애다	

다만, '－이－, －히－, －우－'가 붙어서 된 말이라도 본뜻에서 멀어진 것은 소리대로 적는다.

도리다(칼로~)	드리다(용돈을~)	고치다
바치다(세금을~)	부치다(편지를~)	거두다
미루다	이루다	

2. '－치－, －뜨리－, －트리－'가 붙는 것

놓치다	덮치다	떠받치다	받치다	밭치다
부딪치다	뻗치다	엎치다	부딪뜨리다/부딪트리다	
쏟뜨리다/쏟트리다		젖뜨리다/젖트리다		
찢뜨리다/찢트리다		흩뜨리다/흩트리다		

[붙임] '－업－, －읍－, －브－'가 붙어서 된 말은 소리대로 적는다.

미덥다　　우습다　　미쁘다

[해설] 피동이란 주어가 남의 행동에 의해 움직이게 되거나 행위에 영향을 받는 것을 말하고, 용언 어간에 피동 접미사 '-이-, -히-, -리-, -기-' 등을 결합하여 만든다. 사동이란 동작주가 다른 사람에게 어떤 행위를 하게 하거나 어떤 상황에 놓이게 하는 것을 말하고, 용언 어간에 사동 접미사 '-이-, -히-, -기-, -리-, -우-, -구-, -추-, -이우-, -애-, -시-, -으키-, -이키-' 등을 결합하여 만든다.

피동사와 사동사의 의미는 본래 어간의 의미에 피동, 사동 접미사의 의미를 더한 경우가 대부분이다. 그러므로 본래 어간과 접미사의 형태를 밝혀 적음으로써 그 의미를 쉽게 파악할 수 있도록 한다. 예를 들어 '먹다'에 사동을 나타내는 접미사 '-이-'가 결합하여 사동사를 만들 때 사동사의 의미는 어간의 의미와 접미사의 의미로 예측할 수 있다. 피동을 나타내는 접미사 '-히-'가 결합할 때에도 마찬가지이다. '먹다'의 의미가 '먹이다', '먹히다'에 유지되고 있으므로 이러한 경우에는 원형을 밝혀 적는 것이 의미를 파악하기 쉽다.

'돋우다, 돋구다'는 의미에 따라 구별해야 한다. '돋구다'는 주로 안경의 도수(度數) 따위를 높게 하다는 뜻으로 쓰이고, 그 밖의 '돋게 하다'의 의미로는 '돋우다'를 쓴다.

돋우다	호롱불의 심지를 돋우다
	벽돌을 돋우다
돋구다	눈이 침침한 걸 보니 안경의 도수를 돋굴 때가 되었나보다.

[다만] 어간에 접미사 '-이, -히, -우'가 결합한 경우라도 어간과의 관련성을 짐작할 수 없을 만큼 본뜻에서 멀어진 경우에는 본래 어간의 형태를 밝혀 적지 않는다. 예를 들어 '(칼로) 도리다, (용돈을) 드리다, 고치다, (세금을) 바치다, (편지를) 부치다, 거두다, 미루다, 이루다'는 '돌(廻)이다, 들(入)이다, 곧(直)히다, 받(受)히다, 붙(附)이다, 걷(撤, 捲)우다, 밀(推)우다, 일(起)우다'와 같은 사동의 형태로 해석할 수 없기 때문에 원형을 밝혀 적지 않는다.

제21항 제2호는 자음으로 시작하는 접미사 '-치-, -뜨리-, -트리-'가 결합하는 경우는 어간 형태소의 원형을 밝혀 적는다고 규정하고 있다. '-뜨리, -트리'는 지금까지 '뜨리'만을 취하였으나, 「표준어 규정」 제26항에서 복수 표준어로 모두 다 인정하고 있다. 또, '부딪다, 부딪치다, 부딪히다, 부딪치이다'는 다음과 같이 구별된다.

부딪다(힘있게 마주 닿다, 또는 그리 되게 하다.)
부딪치다('부딪다'의 강세어.)

부딪히다('부딪다'의 피동사. 부딪음을 당하다의 뜻.)

부딪치이다('부딪치다'의 피동사. 부딪침을 당하다의 뜻.)

[붙임] 역사적으로 '미덥다', '미쁘다'는 '믿다'에 접미사 '–업–'과 '–브–'가 결합한 말이고 '우습다'는 '웃다'에 '–읍–'이 결합한 말이다.

미덥다(믿업다) 우습다(웃읍다) 미쁘다(믿브다)

그러나 지금은 분석하기 어려울 만큼 한 단어로 굳어졌으므로 소리 나는 대로 적는다. 이러한 말에는 '고프다(←곯브다), 기쁘다(←깄브다), 나쁘다(←낮브다), 바쁘다(←밫브다), 슬프다(←슳브다)' 등이 있다.

제23항 '– 하다'나 '–거리다'가 붙는 어근에 '–이'가 붙어서 명사가 된 것은 그 원형을 밝히어 적는다.(ㄱ을 취하고, ㄴ을 버림.)

ㄱ	ㄴ	ㄱ	ㄴ
깔쭉이	깔쭈기	살살이	살사리
꿀꿀이	꿀꾸리	쌕쌕이	쌕쌔기
눈깜짝이	눈깜짜기	오뚝이	오뚜기
더펄이	더퍼리	코납작이	코납자기
배불뚝이	배불뚜기	푸석이	푸서기
삐죽이	삐주기	홀쭉이	홀쭈기

[붙임] '–하다'나 '–거리다'가 붙을 수 없는 어근에 '–이'나 또는 다른 모음으로 시작되는 접미사가 붙어서 명사가 된 것은 그 원형을 밝히어 적지 아니한다.

개구리	귀뚜라미	기러기	깍두기	꽹과리
날라리	누더기	동그라미	두드러기	딱따구리
매미	부스러기	뻐꾸기	얼루기	칼싹두기

[해설] 어근은 단어를 형성할 때 실질적인 의미를 나타내는 부분이다. '-하다'나 '-거리다' 가 붙는 어근은 '-이'와 결합하여 명사를 형성하는 경우 본뜻이 그대로 유지된다. 예를 들어 '홀쭉-홀쭉하다, 홀쭉이'와 같이 나타나는 형식에서, 실질 형태소인 어근 '홀쭉'의 형태를 고정시킴으로써, 그 의미가 쉽게 파악되도록 하는 것이다.

홀쭉　홀쭉-하다(몸이 가냘프고 야위다)
　　　홀쭉-이(몸이 가냘프거나 야윈 사람)
꿀꿀　꿀꿀-거리다(돼지가 자꾸 소리를 내다)
　　　꿀꿀-이(욕심이 많은 사람을 비유적으로 이르는 말)

또, '씩씩이(씩씩거리다)'는 'Z기'를 이르는 말이다. '씩씩'이란 울음소리를 시늉하여 지은 것이다. 반면에 '씩씩거리다'와 거리가 먼 곤충의 이름은 '씩째기'로 적는다.

[붙임] '-하다'나 '-거리다'가 붙을 수 없는 어근에 '-이'나 또는 다른 모음으로 시작된 접미사가 결합하여 파생된 명사의 경우는, 그 어근 형태를 밝혀 적지 않는다.

- '기러기'는 '기럭기럭(기러기가 우는 소리)'을 보면 '기럭'이라고 하는 어근을 가정할 수 있지만 '기럭하다', '기럭거리다'가 쓰이지 않는다는 점에서 '기럭'이 다른 단어를 형성하거나 독립적으로 쓰인다고 할 수 없다. 따라서 '기럭이'로 어근을 밝혀 적지 않고, 소리 나는 대로 '기러기'로 적는다.
- '깍두기, 칼싹두기'에서의 '깍둑, 싹둑'은 '깍둑거리다(<꺽둑거리다), 싹둑거리다(>삭둑거리다)'에서의 '깍둑-, 싹둑'과 연관시켜 볼 수도 있으나, 어근의 본뜻이 잘 인식되지 않으므로 형태를 밝혀 적지 않는다.
- '부스러기'는 '부스럭거리다'란 의성어와는 무관한 것이므로, '부스럭이'로 적지 않는다.

여기에서 주의할 단어는 '개구리'와 '뻐꾸기'이다. '개구리, 뻐꾸기'는 의성어 '개굴개굴, 뻐꾹'과 관련이 있으므로 '개굴이, 뻐꾹이'로 적어야 할 것 같지만 국어사전에 '개굴하다, 개굴거리다'와 '뻐꾹하다, 뻐꾹거리다'는 실려 있지 않다.

제24항 '– 거리다'가 붙을 수 있는 시늉말 어근에 '–이다'가 붙어서 된 용언은 그 어근을 밝히어 적는다.(ㄱ을 취하고, ㄴ을 버림.)

ㄱ	ㄴ	ㄱ	ㄴ
깜짝이다	깜짜기다	속삭이다	속사기다
꾸벅이다	꾸버기다	숙덕이다	숙더기다
끄덕이다	끄더기다	울먹이다	울머기다
뒤척이다	뒤처기다	움직이다	움지기다
들먹이다	들머기다	지껄이다	지꺼리다
망설이다	망서리다	퍼덕이다	퍼더기다
번득이다	번드기다	허덕이다	허더기다
번쩍이다	번쩌기다	헐떡이다	헐떠기다

[해설] 한국어에서 '–거리다'가 붙는 어근에는 '–이다'가 붙을 수 있는 경우가 많다. 예를 들어, 의태어 어근 '꾸벅'은 '꾸벅하다', '꾸벅거리다', '꾸벅이다'와 같은 단어를 형성한다. 이런 경우는 어근의 본뜻이 유지되고 있고 어근이 다양한 접사와 결합할 수 있으므로 어근의 형태를 동일하게 고정시켜 적는다.

깜짝거리다	깜짝이다
꾸벅거리다	꾸벅이다
들썩거리다	들썩이다
펄럭거리다	펄럭이다
훌쩍거리다	훌쩍이다

제25항 '–하다'가 붙는 어근에 '–히'나 '–이'가 붙어서 부사가 되거나, 부사에 '–이'가 붙어서 뜻을 더하는 경우에는 그 어근이나 부사의 원형을 밝히어 적는다.

1. '–하다'가 붙는 어근에 '–히'나 '–이'가 붙는 경우

급히 꾸준히 도저히 딱히 어렴풋이 깨끗이

[붙임] '-하다'가 붙지 않는 경우에는 소리대로 적는다.

갑자기 반드시(꼭) 슬며시

2. 부사에 '-이'가 붙어서 역시 부사가 되는 경우

곰곰이 더욱이 생긋이 오뚝이 일찍이 해죽이

[해설] 제25항에서는 부사를 형성하는 어근의 원형을 밝혀 적는 경우를 규정하고 있다,

첫째, '-하다'가 붙는 어근에 '-이/-히'가 붙어 부사가 형성되는 경우이다. '-하다'가 붙는 어근이란, '급(急)하다, 꾸준하다, 깨끗하다'에서 '-하다'와 결합하는 '급, 꾸준, 깨끗'을 말한다. 이처럼 '-하다'와 결합하는 어근에 부사 파생 접미사 '-이/-히'가 결합하여 부사를 형성할 때 그것이 결합하는 어근의 형태를 밝혀 적는다.

(급하다)급히 (꾸준하다)꾸준히 (깨끗하다)깨끗이
(나란하다)나란히 (넉넉하다)넉넉히 (무던하다)무던히
(속하다)속히 (뚜렷하다)뚜렷이 (버젓하다)버젓이

[붙임] '-하다'가 붙지 않아서 어근과 접미사를 분리하기 어려울 때에는 어근의 원형을 밝히지 않고 소리 나는 대로 적는다. 예를 들어, '반듯하다(正, 直)'의 '반듯-'에 '-이'가 붙은 '반듯이(반듯하게)'와 '반드시(必)'는 뜻이 다른 단어다.

반 듯 반듯-하다(생김새가 아담하고 말끔하다)
반듯-이(생김새가 아담하고 말끔히) 예 반듯이(반듯하게) 서라.
반드시(틀림없이 꼭) 예 그는 반드시(꼭) 돌아온다.

둘째, 부사에 '-이'가 붙어 부사가 되는 경우이다. 부사에 '-이'가 붙어서 뜻을 더하는 경우란, 품사는 바뀌지 않으면서 발음 습관에 따라, 혹은 감정적 의미를 더하기 위하여 독립적인 부사 형태에 '-이'가 결합하는 형식을 말한다. '-이'가 결합해도 원래의 부사와 의미와 기능이 다르지 않으므로 관련성이 드러나도록 원형을 밝혀 적는다.[43]

43 「한글 맞춤법」 제51항은 접미사 '-이'나 '-히'로 파생된 부사의 끝음절을 어떻게 구별하여 적을 것

곰곰　곰곰－이(여러모로 깊이 생각하는 모양)

더욱　더욱－이

일찍　일찍－이

오뚝　오뚝－이

생긋　생긋－이(눈과 입을 살며시 움직이며 소리 없이 가볍게 웃는 모양)

제26항 '－하다'나 '－없다'가 붙어서 된 용언은 그 '－하다'나 '－없다'를 밝히어 적는다.

1. '－하다'가 붙어서 용언이 된 것

딱하다　숱하다[44]　착하다　텁텁하다　푹하다

2. '－없다'가 붙어서 용언이 된 것

부질없다　상없다　시름없다　열없다　하염없다

[해설] '－하다'는 규칙적으로 널리 결합하는 접미사다. '－하다'가 결합하는 어근은 자립적인 것과 그렇지 않은 것이 있다. '노래하다', '운동하다' 등은 '노래', '운동'과 '하다'로 쉽게 나눌 수 있지만, '딱하다', '착하다' 등은 '딱'과 '착'을 분리하기가 쉽지 않다. '노래'와 '운동'과 같은 어근은 자립적이지만, '딱'과 '착'과 같은 어근은 자립적이지 않기 때문이다.

자립적인 어근에 '하다'가 결합한 경우에는 그 둘을 구별하여 원형을 밝혀 적는다. 비자립적인 어근에 '－하다'가 결합한 경우라도 어근의 독립성이 분명하고, 여러 어근과 다양하게 결합할 수 있는 '－하다'와 결합한 것이므로 원형을 밝혀 적는다.

'부질없이[부지럽씨]', '상없이[상업씨]', '시름없이[시르멉씨]', '열없이[여:럽씨]', '하염없이[하여멉씨]' 등과 같이 '없다'가 붙어서 용언이 된 경우에는 '없다'의 형태를 밝혀서 적는다. '없다'가 붙어서 된 말은 '없다'의 본뜻인 '無'가 유지되는 것과 유지되지 않는 것으로 나누어진다. '없다'의 본뜻이 유지되느냐 그렇지 않느냐에 따라 합성어로 다룰 것인지, 파생

인지를 발음을 기준으로, 부사의 끝음절이 분명히 '이'로만 소리가 나는 것은 '이'로 적고, '히'로만 소리가 나거나 '이'나 '히'로 나는 것은 '히'로 적는다고 밝히고 있다.

44 조항의 예시어 중 '숱하다'는 어원적으로 명사 '숱(物量)'에 형용사 '하다(多)'가 결합하여 된 단어이지만, 현실적으로는 '숱'에 접미사 '－하다'가 결합된 구조로 인식되고 있어 본 항에서 함께 다루고 있다.

어로 다룰 것인지에 관해 이견이 있을 수 있지만, 분명한 것은 '없다'의 형태가 분명하게 구별된다는 점이다.

'없다'에 비해 '없다'와 결합하는 어근의 형태는 다소 불명확하다. '시름없다', '버릇없다'의 '시름'과 '버릇'은 '부질없다', '상없다'의 '부질', '상'과는 차이가 있다. 어근 '시름'과 '버릇'은 자립적이면서 그 뜻을 분명히 알 수 있지만, '부질'과 '상'은 자립적이지 않으면서 그 뜻을 짐작하기 어렵다. 자립적인 어근이든 자립적이지 않은 어근이든 '없다'와 결합하는 형태이므로 어근을 밝혀 적음으로써 형태상의 체계를 유지한다.

제4절 합성어 및 접두사가 붙는 말

제27항 둘 이상의 단어가 어울리거나 접두사가 붙어서 이루어진 말은 각각 그 원형을 밝히어 적는다.

국말이	꺾꽂이	꽃잎	끝장	물난리
밑천	부엌일	싫증	옷안	웃옷
젖몸살	첫아들	칼날	팥알	헛웃음
홀아비	홑몸	흙내		
값없다	겉늙다	굶주리다	낮잡다	맞먹다
받내다	벋놓다	빗나가다	빛나다	새파랗다
샛노랗다	시꺼멓다	싯누렇다	엇나가다	엎누르다
엿듣다	옻오르다	짓이기다	헛되다	

[붙임 1] 어원은 분명하나 소리만 특이하게 변한 것은 변한 대로 적는다.

할아버지 할아범

[붙임 2] 어원이 분명하지 아니한 것은 원형을 밝히어 적지 아니한다.

골병	골탕	끌탕	며칠	아재비
오라비	업신여기다	부리나케		

[붙임 3] '이[齒, 虱]'가 합성어나 이에 준하는 말에서 '니' 또는 '리'로 소리 날 때에는 '니'로 적는다.

간니　　덧니　　사랑니　　송곳니　　앞니
어금니　　윗니　　젖니　　톱니　　틀니
가랑니　　머릿니

[해설] 제27항에서는 합성어와 파생어를 구성하는 요소들의 원형을 밝혀 적을 것을 규정하고 있다. 이는 둘 이상의 어휘 형태소가 결합하여 합성어를 이루거나, 어근에 접두사가 결합하여 파생어를 이룰 때, 그 사이에서 발음 변화가 일어나더라도 실질 형태소의 본 모양을 밝히어 적음으로써, 그 뜻이 분명히 드러나도록 한 것이다. 조항의 내용은 크게 두 가지로 나눌 수 있다. 첫째, 둘 이상의 실질 형태소가 결합하여 합성어를 이룰 때에는 단어의 원형을 밝혀 적는다. 예를 들어 '꽃잎'은 '꽃'과 '잎'의 의미가 드러나게 하기 위하여 [꼰닙]으로 소리가 나지만 단어의 원형을 밝혀 '꽃잎'으로 적는다. '눈'과 '살'이 합성어를 이룰 때도 [눈쌀]로 소리 나지만 '눈'과 '살'이 자립적으로 쓰이므로 '눈살'로 형태소를 밝혀 적는다. 둘째, 접두사가 자립적인 어근(실질 형태소)에 결합하여 새로운 단어를 형성할 때, 어근의 본뜻이 유지되어 파생어의 의미를 접두사와 어근의 의미로 예측할 수 있으면 원형을 밝혀 적는다.

가. 두 개의 실질 형태소가 결합한 것(합성어)

국말이　　꽃잎　　끝장　　눈살　　물난리
밑천　　부엌일　　싫증　　팥알　　흙내
값없다　　겉늙다　　낮잡다　　빛나다　　엎누르다

나. 접두사가 결합한 것(파생어)

웃옷　　헛웃음　　홑몸　　홀아비　　맞먹다
빗나가다　　새파랗다　　샛노랗다　　시꺼멓다　　싯누렇다
엇나가다　　엿듣다　　짓이기다　　헛되다

한편, (가)에서 제시한 말 가운데 '끝장', '밑천', '싫증'은 구성 요소 가운데 하나가 실질 형태소로 분명하게 분석되지 않는다는 점에서 합성어로 다루는 데 이견이 있을 수 있다. 예를 들어, '끝장'은 '끝'에 비해서 '장'의 의미가 명확하게 드러나지 않는다. 하지만 '끝장'의 '장'이 실질 형태소인 '끝'과 함께 쓰여 '끝장'의 전체 의미를 구성한다고 생각하면, 초장(初場), 파장(罷場)의 '장(場)'과 같은 실질 형태소로 분석이 가능하다. '밑천[믿천]'의 '천'은 '전(錢)'이 바뀐 형태라고 볼 때, '밑(←밑절미[45]) – 천'에서의 '천'도 하나의 실질 형태소로 해석 가능하다. '싫증[실쯩]'도 비슷한 관점에서 접근할 수 있다.[46]

(나)에서 제시한 접두사 '새–/시–, 샛–/싯–'은 뒤에 오는 말에 따라 구별된다. '새–/시–'는 된소리, 거센소리, 'ㅎ'과 결합하는데, 뒷말이 양성 모음일 때에는 '새–', 뒷말이 음성 모음일 때에는 '시–'와 결합한다. '샛–/싯–'은 유성음과 결합하는데, 뒷말이 양성 모음일 때에는 '샛–', 뒷말이 음성 모음일 때에는 '싯–'과 결합한다.[47]

새까맣다 새빨갛다 새파랗다 새하얗다 샛노랗다
시꺼멓다 시뻘겋다 시퍼렇다 시허옇다 싯누렇다

[붙임 1] 어원이 분명하더라도 이미 소리가 바뀐 경우에는 원형을 밝혀 적지 않는다. '할아버지, 할아범'은 '큰'이란 뜻을 나타내는 '한'과 '아버지, 아범'이 결합한 형태지만 [하라버지]와 [하라범]으로 발음이 바뀌었으므로 바뀐 대로 적는다.

① 어원은 분명하나,
한–아버지 한–아범
② 소리만 특이하게 변한 것은 변한 대로 적는다.
한 → 할
③ 다만, 실질 형태소의 기본 형태를 밝히어 적는다.
(할)아버지 (할)아범

45 밑절미: 사물의 기초가 되는, 본디부터 있던 부분.
46 '싫증'의 '증(症)'은 단어 문자인 한자로 이루어진 어휘 형태소로 해석하여 합성어로 다룬다.
47 밝은 소리 계열의 모음을 양성계열 모음, 어두운 소리 계열의 모음을 음성계열 모음이라고 한다. 양성계열 모음에는 ·, ㅏ, ㅑ, ㅗ, ㅛ 등이 있고, 음성계열 모음에는 ㅡ, ㅓ, ㅕ, ㅜ, ㅠ 등이 있다. 'ㅣ'는 일반적으로 중성계열 모음으로 처리되는데, 중성계열 모음인 'ㅣ' 다음에는 양성모음, 음성모음이 모두 올 수 있다.

[붙임 2] 어원이 불분명한 단어들도 그 원형을 밝혀 적지 않고 소리 나는 대로 적는다.

- '골병'은 사전에 '속 깊이 든 병, 심한 타격을 받은 손해'의 뜻으로 풀이되어 있고, '골탕'은 '소의 등골이나 머릿골에 녹말을 묻히고 달걀을 씌워, 맑은 장국이 끓을 때 넣어 익힌 국'이라고 풀이되어 있다. 이러한 뜻풀이로 보면, 두 말의 어원이 '골(골수)－병(病), 골(골수)－탕(湯)'인지, '곯－병(病), 곯－탕(湯)'인지, 혹은 '골병(骨病), 골탕(骨湯)'인지 분명하지 않다. 그리고 '끌탕'(속을 끓이는 걱정)의 앞부분은 '끓－'로 분석되지만, 뒷부분은 '탕(湯)'인지 '당'인지 알기 어렵다.
- '며칠'은 '몇 년 몇 월 몇 일'처럼 '몇'이 공통되는 것으로 인식하여 '몇 일'로 쓰는 일이 많다. 그러나 '몇－일(日)'이 실질 형태소인 '몇'과 '일(日)'이 결합한 형태라면 [며딜]로 소리가 나야 한다. 이러한 점은 '몇 월'이 [며뒬]로 발음되는 것에서 알 수 있다.[48] '이틀(二日)'도 어원이 분명하지 않은 단어다. 이 단어를 '읻흘'이나 '잇흘'로 적는다면, '흘'은 '사흘, 나흘' 등의 '흘'과 공통되는 것으로 볼 수 있지만, '읻, 잇'은 무슨 뜻의 형태소인지 알 수가 없다. 또한 한자어 '이(二)'와도 관련짓기 어렵다.
- '아재비'는 옛말 '아자비'에서 온 말로, '아ᅀᆞ(弟)－아비→(앗아비)아ᅀᅡ비→아자비→아재비'로 해석할 수 있다. '아자비'가 '앚+아비'로 분석된다고 하여 형태가 변한 현대어 '아재비'를 '앚애비'로 적을 수는 없다. '오라비'도 접두사 '올－'과 아비로 분석할 수 있지만, 원형을 밝히어 적지 않는다.
- '업신여기다'(교만한 마음으로 남을 내려다보거나 없는 것과 같이 생각하다.)는 옛말 '업시너기다'이다. '업시너기다'는 어원적으로 '없이 여기다'와 같은 구성에서 온 말이다. 그렇다고 '업신여기다'를 '없이여기다'로 적을 수는 없다. '없이 여기다'로 적을 경우 'ㄴ'음이 첨가될 조건이 아니기 때문에 [업:씬녀기다]'에 대한 발음 현상을 설명하기 어렵다.[49]
- '부리나케'(급하고 빠르게)는 '화급(火急)하게'와 대응되는 말이므로 '불이 나게'와 관련이 있지만, 의미가 멀어졌으므로 '불이나케'와 같이 적을 이유는 없다.
- 이와는 달리, '섣부르다(솜씨가 설고 어설프다)'는 본 항을 적용하여 '서뿌르다'로 적을 수 있으나, '설다'(경험이 없어 서투르다.)와의 연관성이 인정되는 구조이므로,

48 '몇 일'에서 '일'이 '日'인 경우 [닐]로 소리 나지 않는 것이 보통이다. [닐]로 소리가 나는 것은 '일[事]'이 결합하는 경우다. 예를 들어 '칠 일(七日)'은 [치릴]로 소리가 나지만 '칠일(칠을 바르는 일)'은 [칠닐]을 거쳐 [칠릴]로 소리가 난다.

49 합성어나 이에 준하는 말에서, 앞말이 자음으로 끝나고 뒷말이 'ㅣ'나 반모음 'ㅣ'(ㅣ, ㅑ, ㅕ, ㅛ, ㅠ)로 시작하는 경우에 'ㄴ'이 첨가되는 경우가 있다. 예 맨－입[맨닙], 솜－이불[솜니불], 콩－엿[콩녇]

「한글 맞춤법」 제29항 규정을 적용하여 '설부르다→선부르다'로 적는다.

[붙임 3] 합성어나 이에 준하는 구조의 단어에서 실질 형태소는 본 모양을 밝히어 적는 것이 원칙이지만, '이(齒, 虱)'의 경우는 예외라고 할 수 있다. '이(齒, 虱)'는 옛말에서 '니'였으나, 현대에서는 '이'가 표준어이다. 만약 현대에서의 발음을 토대로 '덧이', '송곳이', '가랑이'와 같이 적으면 [더시], [송고시], [가랑이]와 같이 발음하여 '덧, 송곳, 가랑'에 주격 조사 '이'가 붙은 형식과 혼동될 수 있다. 특히 새끼 이(虱)를 '가랑이'로 적으면 끝이 갈라져 벌어진 부분을 이르는 '가랑이'와 의미상 혼동될 수 있다. 이러한 까닭에 '이(齒, 虱)'가 단독으로 쓰일 때는 '이'로 적지만 합성어나 이에 준한 말에서는 '간니(代生齒), 덧니, 틀니, …가랑니(幼虱), 머릿니(頭髮蟲), …'처럼 '니'로 적는다.

제28항 끝소리가 'ㄹ'인 말과 딴 말이 어울릴 적에 'ㄹ' 소리가 나지 아니하는 것은 아니 나는 대로 적는다.

다달이(달-달-이)	따님(딸-님)	마되(말-되)
마소(말-소)	무자위(물-자위)	바느질(바늘-질)
부삽(불-삽)	부손(불-손)	싸전(쌀-전)
여닫이(열-닫이)	우짖다(울-짖다)	화살(활-살)

[해설] 제28항에서는 합성어나 파생어에서 앞 단어의 'ㄹ' 받침이 발음되지 않는 것은 소리대로 적는다고 규정하고 있다. 합성어나, 자음으로 시작된 접미사가 결합하여 된 파생어의 경우 실질 형태소의 본 모양을 밝히어 적는 것이 원칙이다. 그러나 'ㄹ'이 탈락하여 소리가 나지 않는데도 원형을 밝혀 적는다면 '소리대로 적는다'는 맞춤법의 기본 원칙에 어긋나게 된다. 역사적으로 'ㄹ'은 'ㄴ, ㄷ, ㅅ, ㅈ' 앞에서 탈락하는 일이 적지 않았는데, 전통성을 중시하여 'ㄹ'이 발음되지 않는 것은 소리 나는 대로 표기한다.

'ㄹ' 받침이 떨어진 단어로는 다음과 같은 예들이 있다.

나날이(날날이)	무논(물논)	무쇠(물쇠)
미닫이(밀닫이)	아드님(아들님)	주낙(줄낚시)

또한, 한자 '불(不)'이 첫소리 'ㄷ, ㅈ' 앞이나 일부 'ㅅ' 앞에서 '부'로 읽히는 단어의 경우도 'ㄹ'이 떨어진 대로 적는다.

부단(不斷), 부당(不當), 부동(不同, 不凍, 不動), 부득이(不得已),
부등(不等), 부적(不適), 부정(不正, 不貞, 不定), 부조리(不條理),
부주의(不注意)

한편, 'ㄹ'이 탈락된 형태와 'ㄹ'이 탈락되지 않은 형태 모두 인정되는 예들도 있다.

부나비/불나비, 소나무/솔나무 (복수 표준어)
무소(코뿔소)/물소 (별개의 단어)

제29항 끝소리가 'ㄹ'인 말과 딴 말이 어울릴 적에 'ㄹ' 소리가 'ㄷ' 소리로 나는 것은 'ㄷ'으로 적는다.

반짇고리(바느질~)	사흗날(사흘~)	삼짇날(삼질~)
섣달(설~)	숟가락(술~)	이튿날(이틀~)
잗주름(잘~)	푿소(풀~)	섣부르다(설~)
잗다듬다(잘~)	잗다랗다(잘~)	

[해설] 제29항은 'ㄹ'이 [ㄷ]으로 바뀌어 발음되는 역사적인 현상에 관한 것이다. 'ㄹ' 받침을 가진 단어(나 어간)가 다른 단어(나 접미사)와 결합할 때, 'ㄹ'이 [ㄷ]으로 바뀌어 발음되는 것은 'ㄷ'으로 적는다. 이 경우 역시 합성어나, 자음으로 시작된 접미사가 결합하여 된 파생어의 경우 실질 형태소의 본 모양을 밝히어 적는 것이 원칙이다. 그러나 역사적 현상으로서 'ㄷ'으로 바뀌어 굳어져 있는 단어는 어원적인 형태를 밝히어 적지 않고 소리 나는 대로 적는다.

예를 들어, '이튿날'은 '이틀'과 '날'이 결합한 것인데, 중세 국어에서는 '이틀'과 '날'이 결합하여 합성어를 이루는 경우 사이시옷을 쓴 '이틄날'과 함께 'ㄹ'이 탈락한 '이틋날'도 나타난다. 그러므로 '이튿날'의 'ㄷ'은 '이틀'의 'ㄹ'이 변한 것이 아니라 '이틋날'의 받침을 소리 나는 대로 적은 관습에서 비롯된 것임을 알 수 있다.

이틀+날 → 이틄날/이틋날 → 이튿날
나흘+날 → 나흜날/나흣날 → 나흗날

이 외에 다음과 같은 말도 끝소리 'ㄹ'이 'ㄷ' 소리로 변한 것을 반영하여 'ㄷ'으로 적는다.

잗갈다(잘갈다) 잗갈리다(잘갈리다)
잗널다(잘널다) 잗달다(잘다랗다) 잗타다(잘타다)

제30항 사이시옷은 다음과 같은 경우에 받치어 적는다.

1. 순우리말로 된 합성어로서 앞말이 모음으로 끝난 경우

(1) 뒷말의 첫소리가 된소리로 나는 것

고랫재	귓밥	나룻배	나뭇가지	냇가
댓가지	뒷갈망	맷돌	머릿기름	모깃불
못자리	바닷가	뱃길	볏가리	부싯돌
선짓국	쇳조각	아랫집	우렁잇속	잇자국
잿더미	조갯살	찻집	쳇바퀴	킷값
핏대	햇볕	혓바늘		

(2) 뒷말의 첫소리 'ㄴ, ㅁ' 앞에서 'ㄴ' 소리가 덧나는 것

멧나물	아랫니	텃마당	아랫마을	뒷머리
잇몸	깻묵	냇물	빗물	

(3) 뒷말의 첫소리 모음 앞에서 'ㄴㄴ' 소리가 덧나는 것

도리깻열	뒷윷	두렛일	뒷일	뒷입맛
베갯잇	욧잇	깻잎	나뭇잎	댓잎

2. 순우리말과 한자어로 된 합성어로서 앞말이 모음으로 끝난 경우

(1) 뒷말의 첫소리가 된소리로 나는 것

귓병	머릿방	뱃병	봇둑	사잣밥
샛강	아랫방	자릿세	전셋집	찻잔
찻종	촛국	콧병	탯줄	텃세
핏기	햇수	횟가루	횟배	

(2) 뒷말의 첫소리 'ㄴ, ㅁ' 앞에서 'ㄴ' 소리가 덧나는 것

곗날　제삿날　훗날　툇마루　양칫물

(3) 뒷말의 첫소리 모음 앞에서 'ㄴㄴ' 소리가 덧나는 것

가욋일　사삿일　예삿일　훗일

3. 두 음절로 된 다음 한자어

곳간(庫間)　셋방(貰房)　숫자(數字)　찻간(車間)
툇간(退間)　횟수(回數)

[해설] 제30항은 사이시옷을 받쳐 적는 조건을 규정하고 있다. 사이시옷을 받쳐 적으려면 다음 세 가지 조건을 만족시켜야 한다.

첫째, 합성명사를 이루어야 한다. 단일어나 파생어에서는 사이시옷 현상이 나타나지 않는다. 합성어가 아닌 단일어나 파생어에서는 사이시옷이 나타나지 않는다. 예를 들어 '해님'은 명사 '해'에 접미사 '-님'이 결합한 파생어이므로 '햇님'이 아닌 '해님'이 된다.

둘째, 합성명사를 이룰 때, 다음과 같은 음운론적 현상이 나타나야 한다. 뒷말의 첫소리가 된소리로 나는 경우, 뒷말의 첫소리 'ㄴ, ㅁ' 앞에서 [ㄴ] 소리가 덧나는 경우, 뒷말의 첫소리 모음 앞에서 [ㄴㄴ] 소리가 덧나는 경우가 이에 해당한다.

가. 뒷말의 첫소리가 된소리로 날 때

① 귓밥, 나룻배, 나뭇가지, 머릿기름, 아랫집, 선짓국, 조갯살, 햇볕

② 귓병, 샛강, 아랫방, 전셋집, 콧병, 탯줄, 핏기, 햇수, 횟가루

나. 뒷말의 첫소리 'ㄴ, ㅁ' 앞에서 [ㄴ] 소리가 덧날 때

① 아랫니, 뒷머리, 잇몸, 냇물, 빗물

② 곗날, 제삿날, 훗날, 수돗물, 툇마루

다. 뒷말의 첫소리 모음 앞에서 [ㄴㄴ] 소리가 덧날 때

① 뒷일, 베갯잇, 깻잎, 나뭇잎

② 가욋일, 예삿일, 훗일

셋째, 합성명사를 이루면서 이와 같은 음운론적 현상이 나타나는 경우에는 사이시옷을 사용하여 표기하는데, 이때 합성명사를 이루는 구성 요소 중에 적어도 하나는 고유어여야 하고, 구성 요소 중에 외래어가 없어야 한다. 구성 요소 중에 외래어가 하나라도 있으면 '핑크빛[핑크삗]', '로마자[로마짜]'처럼 사이시옷을 받치어 적을 다른 조건을 모두 갖추고 있다고 하더라도 사이시옷이 들어가지 않는다.

① * 전세집/전셋집, 전세방/ * 전셋방

② 곳간(庫間), 셋방(貰房), 숫자(數字), 찻간(車間), 툇간(退間), 횟수(回數)

③ 내과(內科), 이과(理科), 총무과(總務課), 장미과(薔薇科

④ 나릿과, 말선두릿과

①의 경우 '전세'와 '집'이 결합된 '전셋집'은 한자어와 고유어의 합성명사로 사이시옷을 받쳐서 '전셋집'으로 적지만, '전세'와 '방'이 연결된 '전세방'은 다른 조건을 갖추었어도 한자어로만 구성된 합성명사이므로 사이시옷을 받치어 적지 않는다. 그러나 ②의 6개의 한자어는 예외적으로 사이시옷을 받치어 적는다. 이에 따르면, '내과(內科), 이과(理科), 총무과(總務課), 장미과(薔薇科)' 등은 3에서 다루어진 6개 이외의 한자어이므로 사이시옷을 붙이지 않으며, '나리－과(科), 말선두리－과(科)' 등은, '과'가 비교적 독립성이 약한 형태소이긴 하지만, 앞의 고유어와의 사이에 경계가 인식되는 구조이므로 '나릿과, 말선두릿과'로 적는다.

다음은 사이시옷이 들어가지 않은 형태가 눈에 익지만, '사이시옷 규정'에 따라 사이시옷이 들어가는 예이다.

값: 절댓값[절때깝/절땐깝], 덩칫값[덩치깝/덩친깝], 죗값[죄:깝/줸:깝]

길: 등굣길[등교낄/등굗낄], 혼삿길[혼사낄/혼삳낄], 고갯길[고개낄/고갣낄]

집: 맥줏집[맥쭈찝/맥쭏찝], 횟집[회:찝/휃:찝], 부잣집[부:자찝/부:잗찝]

빛: 장밋빛[장미삗/장믿삗], 보랏빛[보라삗/보랃삗] 햇빛[해삗/핻삗]

말: 혼잣말[혼잔말], 시쳇말[시첸말], 노랫말[노랜말]

국: 만둣국[만두꾹/만둗꾹], 고깃국[고기꾹/고긷꾹], 북엇국[부거꾹/부걷꾹]

한편, '茶盞, 茶鍾'의 경우는 한자어 구성이므로 사이시옷이 들어가지 않는 것이 원칙이라 할 수 있다. 그러나 예로부터 '茶'자의 새김(訓)을 '차'로 한 것을 보면, 한자어 '다(茶)'와는 구별하여 고유어로 해석한 것으로 볼 수 있다. '차'를 고유어라고 하면 '茶盞, 茶鍾'의 경우는 '고유어+한자어' 구성이므로 사이시옷을 넣어야 한다. 현재는 '찻잔, 찻종'과 같이 적는다.[50]

제31항 두 말이 어울릴 적에 'ㅂ' 소리나 'ㅎ' 소리가 덧나는 것은 소리대로 적는다.

1. 'ㅂ' 소리가 덧나는 것

댑싸리(대ㅂ싸리)	멥쌀(메ㅂ쌀)	볍씨(벼ㅂ씨)
입때(이ㅂ때)	입쌀(이ㅂ쌀)	접때(저ㅂ때)
좁쌀(조ㅂ쌀)	햅쌀(해ㅂ쌀)	

2. 'ㅎ' 소리가 덧나는 것

머리카락(머리ㅎ가락)	살코기(살ㅎ고기)	수캐(수ㅎ개)
수컷(수ㅎ것)	수탉(수ㅎ닭)	안팎(안ㅎ밖)
암캐(암ㅎ개)	암컷(암ㅎ것)	암탉(암ㅎ닭)

50 이번 규정의 내용이 이전보다 구체적이다 보니 언중들의 문자 생활에 혼란을 주게 되었다. 더욱이 2006년 5월, 교육부와 국립국어원이 교과서의 표기를 「표준국어대사전」에 맞추기로 협정을 맺어 2009년 개정 교과서부터는 '최댓값, 최솟값, 학굣길, 고양잇' 등과 같이 이전 세대들에게는 낯선 사이시옷 표기가 사용되고 있다. 일상생활에서 한자의 이용이 적어 지금 세대에게는 한자어와 고유어의 구분이 어렵고, 많은 단어에서 발음과 일치하지 않는 등의 여러 이유로 규범과 현실이 일치하지 않는 혼란스러운 모습을 보이게 되었다. 「한글 맞춤법」은 언중들이 편리하게 실생활에서 사용할 수 있어야 의미가 있는 만큼 사이시옷을 일상적으로 지키기가 어렵다면 근본적인 문제점을 파악하여 개선해 나갈 필요가 있다.

[해설] **제31항**에서는 단어가 형성될 때 'ㅂ'이나 'ㅎ' 소리가 덧나는 것은 소리 나는 대로 적는다고 규정하고 있다.

'싸리(荊), 쌀(米), 씨(種),때(時)'의 옛말은 각각 'ᄡᅡ리, ᄡᆞᆯ, ᄡᅵ, ᄣᅢ(ᄣᅢ)'이다. 이들은 모두 단어 첫머리에 'ㅂ'음을 가지고 있던 단어다. 이들은 후에 단일어에서 모두 'ㅂ'이 탈락되었는데 합성어에서는 'ㅂ'이 탈락되지 않고 남게 된 것이다. 이러한 경우 '싸리, 쌀, 씨, 때'의 형태는 고정시키고, 첨가되는 'ㅂ'은 앞 형태소의 받침으로 붙여 적는다.

'ㅎ'의 경우도 마찬가지이다. '머리(頭), 살(肌), 수(雄), 암(雌), 안(內)' 등은 본래 '머리ㅎ', '살ㅎ', '수ㅎ'와 같이 'ㅎ'을 지닌 말이었다. 이 'ㅎ'이 단일어에서는 탈락하였지만 복합어에서는 일부 남게 된 것이다. 즉 '머리ㅎ', '살ㅎ', '수ㅎ' 등에 다른 단어가 결합하여 합성어가 되는 경우 [ㅎ]음이 첨가되어 발음되는 단어는 소리 나는 대로, 뒤 단어의 첫소리를 거센소리로 적는다. 예를 들어, '머리+가락'은 'ㅎ'이 살아나 '머리카락'이 되며, '살+고기'는 '살코기'로, '수+개'는 '수캐'로, '암+개'는 '암캐'로, '안+밖'은 '안팎'으로 된다. 이러한 것을 'ㅎ' 곡용어라 한다.

다음은 'ㅂ'과 'ㅎ'의 흔적이 남아 있는 것들의 예이다.

가. ㅂ이 덧나는 단어

댑싸리(대ㅂ싸리)[51] 멥쌀(메ㅂ쌀) 볍씨(벼ㅂ씨) 입때이ㅂ때)

부릅뜨다 휩싸다 휩쓸다

나. ㅎ이 덧나는 단어

머리카락(머리ㅎ가락) 살코기(살ㅎ고기) 수캐(수ㅎ개)

안팎(안ㅎ밖) 암탉(암ㅎ닭)

다만, '수[雄]－'가 붙은 말이 모두 'ㅎ' 소리가 덧나는 것은 아니다. 「표준어 규정」 제7항에는 'ㅎ' 소리가 덧나는 것이 명시되어 있다. 여기에 없는 '수고양이' 등은 '수코양이'로 적지 않는다.

가. 수캉아지, 수캐, 수컷, 수키와, 수탉, 수탕나귀, 수톨쩌귀, 수퇘지, 수평아리

나. 암캉아지, 암캐, 암컷, 암키와, 암탉, 암탕나귀, 암톨쩌귀, 암퇘지, 암평아리

51 '댑싸리'는 사전에서 '대싸리'로 다루어지던 단어인데, 표준어 규정(제17항)에서 '댑싸리'로 정하였다

제32항 단어의 끝모음이 줄어지고 자음만 남은 것은 그 앞의 음절에 받침으로 적는다.

(본말)	(준말)
기러기야	기럭아
어제그저께	엊그저께
어제저녁	엊저녁
가지고, 가지지	갖고, 갖지
디디고, 디디지	딛고, 딛지

[해설] 단어의 어근이나 어간에서 끝 음절 모음이 줄어들고 자음만 남는 경우 남은 자음 표기 방식에는 두 가지가 있다.

첫째, 줄어드는 음절의 첫소리 자음을 앞 음절의 받침으로 적는다.[52] 예를 들어 본말 '기러기야'는 호격 조사 '야'를 뺀 '기러기'의 끝 음절 모음 'ㅣ'가 줄어 '기럭'이 되고 호격조사 '아'가 붙어 '기럭아'로 적게 된다. '어제저녁'에서는 '어제'의 끝 음절 모음 'ㅔ'가 줄어 '엊'이 되어 '엊저녁'으로 줄여 적는다. '엊저녁'은 [얻쩌녁]으로 발음하는데 발음으로만 보면 '언저녁', '엇저녁', '엊저녁' 등으로 쓸 가능성이 있다. 그중에서 '엊그제'로 적은 것은 '엊'이 '어제'에서 줄어든 것임을 보여 줄 수 있기 때문이다.

기러기야→기럭아　　　　어제저녁→엊저녁
어제그저께→엊그저께

그런데 '가지다'의 준말 '갖다'는 '-아서/-어서, -(으)면, -아라/-어라'처럼 모음으로 시작하는 어미가 결합할 수 없다.

가지다→가져서(○), 가지면(○), 가져라(○),
갖다→갖아서(×), 갖으면(×), 갖아라(×)

52 이 규정을 적용하면 '아기야'에서 '아기'의 'ㅣ'가 줄면 '악아'가 된다. 그러나 일반적으로 '아가, 이리 오너라'처럼 표현하는 경우의 '아가'는 '아가야'에서 호격조사 '야'가 줄어든 형태로 설명할 수 있다.

'가지다'의 준말 '갖다'처럼 모음으로 시작하는 어미와 결합할 수 없는 준말은 '디디고/딛고', '머무르다/머물다', '서두르다/서둘다', '서투르다/서툴다' 등이 있다. 이 밖의 준말이 모음으로 시작하는 어미와 결합할 수 있는지는 사전을 찾아 확인해야 한다.

- 디디다(본말)→디뎌서(○), 디디면(○), 디뎌(○),
  딛다(준말)→딛어서(×), 딛으면(×), 딛어(×),
- 머무르다(본말)→머물러서(○), 머무르면(○), 머물러(○)
  머물다(준말)→머물어서(×), 머물으면(×), 머물어(×)
- 서두르다(본말)→서둘러서(○), 서두르면(○), 서둘러(○)
  서둘다(준말)→서둘어서(×), 서둘으면(×), 서둘어(×)
- 서투르다(본말)→서툴러서(○), 서투르면(○), 서툴러(○)
  서툴다(준말)→서툴어서(×), 서툴으면(×), 서툴어(×)

둘째, 줄어드는 음절의 받침소리를 앞 음절의 받침으로 적는다. 준말 '밭사돈, 밭부모, 밭벽, 밭쪽에서 '밭'은 '바깥'과의 연관성을 드러낸다.

어긋－매끼다→엇매끼다[53]　　바둑－장기→박장기
바깥－사돈→밭사돈　　바깥－벽→밭벽
바깥－부모→밭부모　　바깥－쪽→밭쪽

제33항 체언과 조사가 어울려 줄어지는 경우에는 준 대로 적는다.

(본말)	(준말)
그것은	그건
그것이	그게

53 **제32항 어휘 풀이**
- 어긋매끼다[어근매끼다]: 한쪽으로 치우치지 아니하도록 서로 어긋나게 걸치거나 맞추다
- 박장기[박짱기]: 바둑과 장기를 아울러 이르는 말
- 밭사돈[받싸돈]: 바깥사돈
- 밭벽[받뼉]: 바깥벽을 이르는 말
- 밭부모[받뿌모]: 바깥부모. 늘 집 바깥에 계신 부모라는 뜻으로, '아버지'를 달리 이르는 말 ≒ 바깥어버이·밭부모·밭어버이
- 밭쪽[받쪽]: 바깥쪽

그것으로	그걸로
나는	난
나를	날
너는	넌
너를	널
무엇을	뭣을/무얼/뭘
무엇이	뭣이/무에

[해설] 체언과 조사가 결합할 때 어떤 음이 줄어지거나 음절의 수가 줄어들면 준 대로 적는다.

'이것은→이건', '그것을→그걸', '나는→난'처럼 줄어들어 사용되는데 줄어드는 음절의 받침소리가 앞 음절의 받침으로 올라붙어 줄어든다. 또한 '이것', '저것'에 주격 조사 '이' 또는 부사격 조사 '으로'가 붙어 줄어들 때는 조사가 다음과 같은 형태로 줄어든다.

이것은→이건　그것은→그건　저것은→저건　나는→난
이것을→이걸　그것을→그걸　저것을→저걸　나를→날
이것이→이게　그것이→그게　저것이→저게
이것으로→이걸로　그것으로→그걸로　저것으로→저걸로

'무엇을'은 '뭣을' 또는 '무얼'로 줄어든다. '뭣을'은 '무엇'의 준말 '뭣'에다가 목적격 조사를 그대로 붙인 것이다. '무얼'은 '무엇을'에서 목적격 조사 '을'이 앞 음절의 받침으로 올라붙어 줄어든 것이다. '무엇을'이 줄어든 말인 '뭣을'과 '무얼'은 다시 '뭘'로 줄어들 수 있다. 그리고 '무엇'이 줄어든 형태인 '뭣'에 주격 조사 '이'를 결합하면 '뭣이' 또는 '무에'가 된다.

무엇→뭣　무엇을→뭣을, 무얼→뭘
무엇이→뭣이, 무에

한편, 체언과 조사가 결합할 때 외에 부사 '그리, 이리, 저리, 조리'에 조사 '로'가 결합할 때에도 구어에서 말이 줄어드는 현상이 나타난다. 부사 '그리, 이리, 저리, 조리'에서 줄어드는 음절의 첫소리 자음이 앞 음절의 받침으로 올라붙어 줄어든다.

그리로→글로(○)　　　이리로→일로(○)
저리로→절로(○)　　　조리로→졸로(○)

그러나 '아래로'는 모음 'ㅐ'가 줄지 않는다.

아래로→알로(×)

제34항 모음 'ㅏ, ㅓ'로 끝난 어간에 '-아/-어, -았-/-었-'이 어울릴 적에는 준 대로 적는다.

(본말)	(준말)	(본말)	(준말)
가아	가	가았다	갔다
나아	나	나았다	났다
타아	타	타았다	탔다
서어	서	서었다	섰다
켜어	켜	켜었다	켰다
펴어	펴	펴었다	폈다

[붙임 1] 'ㅐ, ㅔ' 뒤에 '-어, -었-'이 어울려 줄 적에는 준 대로 적는다.

(본말)	(준말)	(본말)	(준말)
개어	개	개었다	갰다
내어	내	내었다	냈다
베어	베	베었다	벴다
세어	세	세었다	셌다

[붙임 2] '하여'가 한 음절로 줄어서 '해'로 될 적에는 준 대로 적는다.

(본말)	(준말)	(본말)	(준말)
하여	해	하였다	했다
더하여	더해	더하였다	더했다
흔하여	흔해	흔하였다	흔했다

[해설] 모음 'ㅏ, ㅓ'로 끝나는 어간에 어미 '-아/-어, -았-/-었-'이 결합할 때 'ㅏ/ㅓ'가 줄어든다. 이 경우에는 동일한 두 모음이 반드시 하나로 줄어든다. 따라서 본말이 아닌 준말이 규범에 맞는 표기이다. 예를 들어, 용언 '가다', '서다'에 어미 'ㅏ/ㅓ'가 결합하면 '가아, 서어'가 아닌 '가, 서'로 줄어든 형태가 된다.

가-+-아→가(○)/가아(×)　　　가-+-았-+-다→갔다(○)/가았다(×)
서-+-어→서(○)/서어(×)　　　서-+-었-+-다→섰다(○)/서었다(×)
만나-+-아서→만나서(○)/만나아서(×)
만나-+-아→만나(○)/만나아(×)

다만, '낫다, 젓다'와 같은 'ㅅ'불규칙 용언의 어간에서 'ㅅ'이 줄어든 경우에는 '나아서, 나았고, 저어도, 저어야, 저었다'처럼 '-아/-어'가 줄지 않는다.

낫다: 나아, 나아서, 나아도, 나아야, 나았다
젓다: 저어, 저어서, 저어도, 저어야, 저었다

특히 '병이 나다'와 '병이 낫다'는 구분되어야 한다. '병이 나다'는 '병 따위가 발생하다'라는 의미로 '-아/-어, -았-/-었-'과 결합할 때 '병이 나-+-았-+-다'가 '병이 났다'로 줄어든다. 이와는 달리 '병이 낫다'는 '병이나 상처 따위가 고쳐져 본래대로 되다.'라는 의미로 'ㅅ'불규칙 용언[54]인 '낫다'가 '-아/-어, -았-/-었-'과 결합할 때 'ㅅ'이 탈락하여 '병이 낫-+-았-+-다'가 '병이 나았다'가 된다. 'ㅅ'이 표면적으로는 탈락했으나 원래는 어간 끝 자음 자리에 있었기 때문에 'ㅏ/ㅓ'로 끝나는 어간에 해당되지 않아 '낫다'가 '-아/-어, -았-/-었-'과 결합할 때 'ㅏ/ㅓ'가 줄어들지 않는다.

병이 나다→병이 나-+-았-+-다→병이 나았다(×)/병이 났다(○)
병이 낫다→병이 낫-+-았-+-다→병이 나았다(○)/병이 났다(×)

이 조항의 '어울릴 적에는'과 '어울려 줄 적에는'이라는 표현은 의미 차이가 있어 주의해야 한다. 본항에서 '어울릴 적에는 준 대로 적는다.'는 늘 줄여 쓴다는 의미이고, [붙임

54 'ㅅ'불규칙 용언: 어간의 끝소리 'ㅅ'이 모음으로 시작하는 어미 앞에서 탈락하는 용언. '짓다'가 '지어', '젓다'가 '저어', '낫다'가 '나아'로 바뀌는 따위이다.

1]에서 '어울려 줄 적에는 준 대로 적는다.'는 것은 줄어든 형태로 쓸 수도 있고 그렇지 않을 수도 있다는 의미이다. 본항에 따르면 '가아→가'에서 '가'만 쓸 수 있지만, [붙임 1]에 따르면 '매어→매'에서는 '매어/매'를 모두 쓸 수 있다.

[본 항]	가아(×)→가(○),	가았다(×)→갔다(○)
[붙임 1]	매어(○)→매(○),	매어라(○)→매라(○)

[붙임 1] 어간의 끝 모음 'ㅐ/ㅔ' 뒤에 '-아/-어, -았-/-었-'이 붙을 때 '넥타이를 매어라/매라'처럼 모음 '-어'가 줄어들 수 있고 그렇지 않을 수도 있다. 본말과 준말 모두 쓸 수 있다.

매어라→매라	매어→매
개어서→개서	개었다→갰다

한편, 모음이 줄어들어서 'ㅐ'가 된 경우에는 '-어'가 결합하더라도 다시 줄어들지는 않는다. 동사 '짜다'에 모음 '-이어'가 붙으면 피동 의미인 '짜이어'가 되고 이것을 줄이면 '째어' 또는 '짜여'가 된다. 이미 준말 형태가 된 '째어'를 다시 줄여 쓰지 않는다.

옷감이 빈틈없이 째어(○), 짜여(○)/째(×)(←짜이어) 있다.[55]
도로가 이곳저곳 패어(○), 파여(○)/패(×)(←파이어) 있다.

[붙임 2] '하다'의 활용형인 '하여'가 '해'로 줄어들면 준 대로 적는다. 이 경우에도 '하여'와 '해' 모두 쓸 수 있다.

하여→해	하여라→해라
하여서→해서	하였다→했다

---

55 **제38항 어휘 풀이**
- '짜다': '실이나 끈 따위를 씨와 날로 결어서 천 따위를 만들다.'라는 뜻을 가진 동사이다. '짜다'에 모음 '-이어'를 붙이면 피동의 의미인 '짜이어'가 되고, '짜이어'의 준말은 '째어' 또는 '짜여'이다.
- '파다': '구멍이나 구덩이를 만들다.'라는 뜻의 동사이다. '파다'에 모음 '-이어'를 붙이면 피동의 의미인 '파이어'가 되고, '파이어'를 줄이면 '패어' 또는 '파여'가 된다.

제35항 모음 'ㅗ, ㅜ'로 끝난 어간에 '－아/－어, －았－/－었－'이 어울려 'ㅘ/ㅝ, ㅘㅆ/ㅝㅆ' 될 적에는 준 대로 적는다.

(본말)	(준말)	(본말)	(준말)
꼬아	꽈	꼬았다	꽜다
보아	봐	보았다	봤다
쏘아	쏴	쏘았다	쐈다
두어	둬	두었다	뒀다
쑤어	쒀	쑤었다	쒔다
주어	줘	주었다	줬다

[붙임 1] '놓아'가 '놔'로 줄 적에는 준 대로 적는다.

[붙임 2] 'ㅚ' 뒤에 '－어, －었－'이 어울려 'ㅙ, ㅙㅆ'으로 될 적에도 준 대로 적는다.

(본말)	(준말)	(본말)	(준말)
괴어	괘	괴었다	괬다
되어	돼	되었다	됐다
뵈어	봬	뵈었다	뵀다
쇠어	쇄	쇠었다	쇘다
쐬어	쐐	쐬었다	쐤다

[해설] 모음 'ㅗ, ㅜ'로 끝난 어간에 어미 '－아/－어', '－았－/－었－'이 붙어서 'ㅘ/ㅝ', 'ㅘㅆ/ㅝㅆ'으로 주는 것은 'ㅘ/ㅝ', 'ㅘㅆ/ㅝㅆ'으로 적는다. 예를 들어, '보다, 주다'처럼 'ㅗ/ㅜ'로 끝난 어간에 '－아/－어, －았－/－었－'이 붙어서 '봐/줘, 봤/줬'으로 줄면 준대로 적는다. 이때는 본말과 준말 모두 규범에 맞는 표기로, '영화를 보았다', '영화를 봤다'와 같이 적는다.

보아→봐　　보아서→봐서　　보아도→봐도　　보았다→봤다
주어→줘　　주어서→줘서　　주어야→줘야　　주었다→줬다

다만, '오다, 비우다'처럼 '오-/비우-'와 같이 어간의 끝 음절이 초성이나 종성 없이 중성으로 끝나는 경우는 어미 '-아/-어', '-았-/-었-'을 결합한 형태에서 줄어든 형태만 인정한다.

오아(×)→와(○)	오았다(×)→왔다(○)
비우어(×)→비워(○)	비우었다(×)→비웠다(○)
싸우어(×)→싸워(○)	싸우었다(×)→싸웠다(○)
세우어(×)→세워(○)	세우었다(×)→세웠다(○)

참고로, 용언 '푸다'는 어미 '-어'와 결합하면 어간 모음 'ㅜ'가 탈락되고 '퍼'가 되므로 이 조항의 적용을 받지 않는다. (「한글맞춤법」 제18항 제4호 참고.)

[붙임 1] '놓다'는 어미 '-아'와 결합할 때 어간 받침 'ㅎ'이 줄면서 두 음절이 하나로 줄어질 수 있다.

놓다(→노아)→놔
놓아라(→노아라)→놔라
놓았다(→노았다)→놨다

한편, '좋아, 좋았다'는 '놓아'와 같은 음운적 조건이지만 '좌, 좠다'로 줄지 않는다는 점에서 예외적인 현상이라고 할 수 있다. 그러나 '놓다' 뒤에 어미 '은, 을, 음, 으면' 등이 오는 경우에는 '놓은, 놓을, 놓음, 놓으면'처럼 'ㅎ'이 탈락되지 않는다.

[붙임 2] 어간 모음 'ㅚ' 뒤에 어미 '-어/-었-'이 결합하여 'ㅙ/ㅙㅆ'으로 줄어드는 경우는 준 형태로 적는다. '되다'의 경우 '되' 뒤에 어미 '-아/-어, -았-/-었-'이 올 때 '되어→돼, 되어서→돼서, 되어야→돼야, 되었다→됐다'처럼 줄여 적을 수 있다. '뵈다, 외다, 꾀다, 죄다, 쬐다'와 '되뇌다, 사뢰다, 선뵈다, 아뢰다, 앳되다, 참되다' 등도 여기에 해당한다.

되다 내일은 시간이 돼요(←되어요).
만나게 돼서(←되어서) 기쁘다.

일이 잘 돼야(←되어야) 한다.
일을 하게 됐다(←되었다).

뵈다　내일 봬요(←뵈어요).
오랜만에 선생님을 봬서(←뵈어서) 기뻤다.
은퇴하신 교수님을 찾아 뵀다(뵈었다).

외다　긴 글을 다 왜서(←외어서) 깜짝 놀랐다.
시험 전에 단어를 모두 왜야(←외어야) 한다.
오늘 배운 내용을 다 왰다(←외었다).

제36항 ' ㅣ' 뒤에 '-어'가 와서 'ㅕ'로 줄 적에는 준 대로 적는다.

(본말)	(준말)	(본말)	(준말)
가지어	가져	가지었다	가졌다
견디어	견뎌	견디었다	견뎠다
다니어	다녀	다니었다	다녔다
막히어	막혀	막히었다	막혔다
버티어	버텨	버티었다	버텼다
치이어	치여	치이었다	치였다

[해설] ' ㅣ'로 끝나는 용언의 어간 뒤에 '-어'가 붙어 줄어들 경우 다음과 같이 준 대로 적는다.

녹이어→녹여　먹이어서→먹여서　숙이었다→숙였다
업히어→업혀　입히어서→입혀서　잡히었다→잡혔다
굶기어→굶겨　남기어야→남겨야　옮기었다→옮겼다
굴리어→굴려　날리어야→날려야　돌리었다→돌렸다
다치어→다쳐　손뼉치어→손뼉쳐　일으키어→일으켜
돌이키어→돌이켜

'다치어→다쳐', '(손뼉을)치어→쳐'의 '쳐'는 [처]로 소리가 나지만 본말 '다치-어',

'치-어'와의 연관성이 나타나도록 '쳐'로 적는다. (「표준발음법」 제5항 다만 1. 참고.)

한편, '고양이가 내 차에 치였다.'에서 '치였다'는 '치다'의 피동사 '치이다'가 '치이었다→치였다'로 줄어든 것이다. 반면 능동의 의미인 '치다'는 '내 차 운전사가 고양이를 치었다'와 같이 '치다'가 어미 '-었-'과 결합하여 '치었다'로 적는다.

고양이가 내 차에 치였다(←치이었다). (피동)
내 차 운전사가 고양이를 치었다. (능동)

제37항 'ㅏ, ㅕ, ㅗ, ㅜ, ㅡ'로 끝난 어간에 '-이-'가 와서 각각 'ㅐ, ㅖ, ㅚ, ㅟ, ㅢ'로 줄 적에는 준 대로 적는다.

(본말)	(준말)	(본말)	(준말)
싸이다	쌔다[56]	누이다	뉘다
펴이다	폐다	뜨이다	띄다
보이다	뵈다	쓰이다	씌다

[해설] 용언의 어간 끝 모음 'ㅏ, ㅕ, ㅗ, ㅜ, ㅡ'에 파생 접미사 '-이-'가 결합하여 'ㅐ, ㅖ, ㅚ, ㅟ, ㅢ'로 줄어든 경우에는 준 대로 적는다. 이때 줄어든 형태와 줄어들지 않은 형태 모두 옳은 표기이다.[57]

까이다→깨다 차이다→채다 모이다→뫼다
꾸이다→뀌다 트이다→틔다 쏘이다→쐬다

56 **제37항 어휘 풀이**
- 쌔다: '싸이다'의 준말. '싸이다'는 '물건을 안에 넣고 보이지 않게 씌워 가리거나 둘러 말다.'라는 뜻인 '싸다'의 피동형이다. '어머니가 끼시던 가락지가 새하얀 한지에 꽁꽁 쌔어 있었다.'
- 폐다: '펴이다'의 준말. '펴이다'는 '접히거나 개킨 것을 젖히어 벌리다.', '구김이나 주름 따위를 없애어 반반하게 하다.'라는 뜻인 '펴다'의 피동형이다.

57 '-스럽다'로 끝나는 형용사에 부사를 만드는 접미사 '-이'가 붙어서 '-스레'가 되는 경우에는 줄어드는 대로 적는다. 예 새삼스레(새삼스럽-+-이), 천연스레(천연스럽-+-이)

제38항 'ㅏ, ㅗ, ㅜ, ㅡ' 뒤에 '-이어'가 어울려 줄어질 적에는 준 대로 적는다.

(본말)	(준말)	(본말)	(준말)
싸이어	쌔어 싸여	뜨이어	띄어
보이어	뵈어 보여	쓰이어	씌어 쓰여
쏘이어	쐬어 쏘여	트이어	틔어 트여
누이어	뉘어 누여		

[해설] 용언의 어간 끝 모음 'ㅏ, ㅗ, ㅜ, ㅡ' 뒤에 '-이어'가 결합하여 줄어들 때는 '싸이어→쌔어'처럼 파생 접미사 '이'가 앞 음절로 올라붙어 'ㅐ, ㅚ, ㅟ, ㅢ'로 줄어들기도 하고, '싸여' 처럼 뒤 음절로 내려가 '-여'로 줄어들기도 한다. 여기에 속하는 예들로는 다음과 같은 것들이 있다.

싸이어→쌔어/싸여　보이어→뵈어/보여　쏘이어→쐬어/쏘여
까이어→깨어/까여　꼬이어→꾀어/꼬여　누이어→뉘어/누여
쓰이어→씌어/쓰여　트이어→틔어/트여　뜨이어→띄어

이 조항에서 특이한 점은 '뜨이어'의 준말로 '띄어'만 인정하고 있다는 점이다. 여기에서 '띄다'는 사이를 벌린다는 뜻으로 사용된 경우로 '의자를 띄어 놓았다, 단어는 띄어 쓴다.'는 인정하지만 '의자를 뜨여 놓다, 단어는 뜨여 쓴다.'는 인정하지 않기 때문에 '뜨여'를 준말로 인정하지 않는 것이다.

뜨이어: 의자를 띄어 놓았다(○), 의자를 뜨여 놓았다(×)
　　　　단어는 띄어 쓴다(○), 단어는 뜨여 쓴다(×)

그러나 '뜨이다/띄다'가 '감았던 눈을 벌리다, 눈에 보이다, 남보다 훨씬 두드러지다' 등의 의미로 사용된 경우에는 피동형 '뜨이어'를 '뜨여'로도 줄여 쓸 수 있다. 예를 들어, '간밤에 늦게 잤더니 아침 늦게야 눈이 뜨였다(뜨이었다/띄었다).', '사람들이 드문드문 눈에 뜨였다(뜨이었다/띄었다).', '그는 염색한 머리로 인해 유독 눈에 뜨였다.'처럼 사용된다.

간밤에 늦게 잤더니 아침 늦게야 눈이 뜨였다(○)/띄었다(○).
사람들이 드문드문 눈에 뜨였다(○)/띄었다(○).
그는 염색한 머리로 인해 유독 눈에 뜨였다.(○)/띄었다(○).

한편, '뜨이다/띄다', '쓰이다/씌다', '트이다/틔다'에 사동 접미사 '우'가 결합할 때에는 '뜨이우다, 쓰이우다, 트이우다'와 같이 쓰지 않고, '띄우다, 씌우다, 틔우다'의 형태로만 쓴다. '띄우다'는 '뜨다'의 사동사로 '물속이나 지면 따위에서 가라앉거나 내려앉지 않고 물 위나 공중에 있거나 위쪽으로 솟아오르다, 편지나 소포 따위를 부치거나 전하여 줄 사람을 보내다, 공간적으로 거리가 꽤 멀다' 등의 의미로 사용된다. '강물 위에 배를 띄우다.', '친구에게 편지를 띄우다', '잘 띄운 메주', '책상과 의자를 좀 더 띄워라'와 같이 사용한다. '띄우다'는 '띄워'로 줄여 쓰고 '뜨여'로는 줄여 쓸 수 없다.

제39항 어미 '－지' 뒤에 '않－'이 어울려 '－잖－'이 될 적과 '－하지' 뒤에 '않－'이 어울려 '－찮－'이 될 적에는 준 대로 적는다.

(본말)	(준말)	(본말)	(준말)
그렇지 않은	그렇잖은	만만하지 않다	만만찮다
적지 않은	적잖은	변변하지 않다	변변찮다

[해설] '－지 않－'이 준 것은 '－잖－'으로 쓰고, '－하지 않－'이 준 것은 '－찮－'으로 적는다. 예를 들어, '적지 않다'는 '적잖다'로, 만만하지 않다'는 '만만찮다'로 적는다.

「한글맞춤법」 제36항에 따르면, '가지어→가져', '그치어→그쳐'와 같이 '적지 않다→적쟎다'와 '만만하지 않다→만만챦다'로 써야 한다. 그렇지만 줄어든 말이 한 단어로 굳어진 경우 굳이 본말의 형태를 밝힐 필요가 없고, '－쟎－, －챦－'으로 표기하여도 한국어 음운의 특성상 '－잖－, －찮－'의 소리와 다르지 않다. 따라서 소리 나는 대로 '－잖－', '－찮－'으로 적는 것이 합리적이라 할 수 있다.

아래의 예들은 사전에서 한 단어로 다루고 있는 말들로, 이 조항이 적용되어 있다.

같잖다(←같지 않다)　　달갑잖다(←달갑지 않다)
당찮다(←당하지 않다)　　마뜩잖다(←마뜩하지 않다)

시답잖다(←시답지 않다)　　올곧잖다(←올곧지 않다)
편찮다(←편하지 않다)

그런데 '-지 않-'과 '-치 않-'이 줄어든 말 가운데 사전에 제시되어 있는 말과는 다르게 한 단어가 아닌 것들이 있다. 이 경우 한 단어가 아니라고 해서 '-쟎-'이나 '-챦-'으로 적는다면 단어와 단어가 아닌 것을 구별해야 하는 어려움이 뒤따르게 된다. 따라서 본말과 준말의 경우 표기의 효율성과 일관성을 위하여 동일하게 '-잖-, -찮-'으로 적도록 한다.

-잖-: 깨끗하지 않다→깨끗잖다　　그렇지 않다→그렇잖다
두렵지 않다→두렵잖다　　많지 않다→많잖다
서슴지 않다→서슴잖다[58]
-찮-: 편안하지 않다→편안찮다　　허술하지 않다→허술찮다
성실하지 않다→성실찮다　　평범하지 않다→평범찮다

제40항 어간의 끝음절 '하'의 'ㅏ'가 줄고 'ㅎ'이 다음 음절의 첫소리와 어울려 거센소리로 될 적에는 거센소리로 적는다.

(본말)	(준말)	(본말)	(준말)
간편하게	간편케	다정하다	다정타
연구하도록	연구토록	정결하다	정결타
가하다	가타	흔하다	흔타

[붙임 1] 'ㅎ'이 어간의 끝소리로 굳어진 것은 받침으로 적는다.

않다	않고	않지	않든지
그렇다	그렇고	그렇지	그렇든지
아무렇다	아무렇고	아무렇지	아무렇든지
어떻다	어떻고	어떻지	어떻든지

58 '서슴다'는 '결단을 내리지 못하고 머뭇거리며 망설이다.'라는 뜻의 동사이다. '서슴지 않다'는 '서슴다'의 어간에 어미 '-지'가 붙은 형태로 '서슴치 않다'로 쓰지 않는다.

이렇다	이렇고	이렇지	이렇든지
저렇다	저렇고	저렇지	저렇든지

[붙임 2] 어간의 끝음절 '하'가 아주 줄 적에는 준 대로 적는다.

(본말)	(준말)	(본말)	(준말)
거북하지	거북지	넉넉하지 않다	넉넉지 않다
생각하건대	생각건대	못하지 않다	못지않다
생각하다 못해	생각다 못해	섭섭하지 않다	섭섭지 않다
깨끗하지 않다	깨끗지 않다	익숙하지 않다	익숙지 않다

[붙임 3] 다음과 같은 부사는 소리대로 적는다.

결단코	결코	기필코	무심코	아무튼	요컨대
정녕코	필연코	하마터면	하여튼	한사코	

[해설] '하다'류 용언의 끝 음절인 '하'가 줄어들면 줄어드는 대로 적는다. 어간의 끝음절 '하'가 줄어드는 경우는 두 가지로 나뉜다.

<'하'가 줄어드는 경우>

○ 소리 나는 대로 적는다. – 본항, [붙임 2], [붙임 3]

○ 원형을 밝히어 적는다. – [붙임 1]

본항은 '하'가 통째로 줄지 않고 'ㅏ'만 탈락한 후 'ㅎ'이 뒤에 오는 첫소리와 어울려 거센소리 [ㅊ, ㅋ, ㅌ]이 되어 줄어드는 경우이다. 즉, '하' 앞에 붙는 말의 끝이 모음이나 공명음 [ㄴ, ㄹ, ㅁ, ㅇ]으로 끝날 때는 'ㅏ'만 탈락한다. 이럴 때는 소리 나는 대로 적는다.

[모음]	연구하게→연구케	가(可)하다 부(否)하다→가타부타[59]
[ㄴ]	실천하도록→실천토록	감탄하게→감탄케
	결근하고자→결근코자	추진하도록→추진토록

59 가타부타: 합성명사로, '어떤 일에 대하여 옳다느니 그르다느니 함'을 뜻한다.

[ㄹ]　분발하도록→분발토록　　정결하다→정결타
[ㅁ]　무심하다→무심타　　무심하지→무심치
사임하고자→사임코자
[ㅇ]　실망하게→실망케　　청하건대→청컨대
달성하고자→달성코자　　회상하건데→회상컨대

[붙임 2] '하'가 통째로 줄어드는 경우로 '하' 앞에 붙는 말의 끝소리가 [ㄱ, ㄷ, ㅂ]으로 끝날 때는 '하' 전체가 탈락한다. 이럴 때도 소리 나는 대로 적는다.

[ㄱ]　생각하건대→생각건대
생각하다 못해→생각다 못해
거북하지 않다→거북지 않다→거북잖다
[ㄷ]　떳떳하지 않다→떳떳지 않다→떳떳잖다[60]
[ㅂ]　답답하지 않게→답답지 않게→답답잖게

[붙임 1] 준말에서 'ㅎ'이 어간의 끝소리로 굳어져 있는 것은 받침으로 적는다. 대체로 지시 형용사 '이러하다, 저러하다, 그러하다, 아무러하다, 어떠하다'와 보조 용언 '아니하다'는 '이렇다, 저렇다, 그렇다, 아무렇다, 어떻다, 않다' 등과 같이 원형을 밝히어 적는다.

이러하다→이렇다　　저러하다→저렇다
그러하다→그렇다　　아무러하다→아무렇다
어떠하다→어떻다　　아니하다→않다

또한, 준말이 활용하는 경우에도 'ㅎ'을 받침으로 적는다.

그렇다→그렇게, 그렇고, 그렇지, 그렇지만
않다→않게, 않고, 않은, 않지만, 않아서, 않도록

60 '떳떳하다'는 받침이 'ㅅ'이지만 [ㄷ]으로 소리가 난다. '-하다'류 용언의 준말에서 앞 음절 받침소리가 [ㄱ, ㄷ, ㅂ]이면 '하'가 탈락하고, 나머지 받침은 'ㅎ' 소리를 만나 거센소리가 된다.

[붙임 3] '아무튼'은 '아무러하든'의 준말로 '아뭏든'을 소리 나는 대로 적은 것이다. 어원적으로 용언의 활용형으로 볼 수 있더라도 현재 부사로 굳어진 것은 원형을 밝혀 적지 않는다. 그러므로 '아무튼, 하여튼'은 '아뭏든, 하옇든'으로 적지 않는다. 이와는 달리 '이렇다, 저렇다, 그렇다'의 어간에 어미 '－든'[61]이 결합할 때에는 '이러튼, 저러튼, 그러튼'으로 적지 않고 원형을 밝혀 '이렇든, 저렇든, 그렇든'으로 적는다. 형용사 '어떻다'도 어미 '－든'이 결합하면 '어떠튼'으로 적지 않고 원형을 밝혀 '어떻든'으로 적는다.

부사로 굳어진 것(원형을 밝혀 적지 않음): 아무튼, 하여튼
용언의 활용형(원형을 밝혀 적음): 이렇든, 저렇든, 그렇든, 어떻든

제6장 그 밖의 것

제51항 부사의 끝음절이 분명히 '이'로만 나는 것은 '－이'로 적고, '히'로만 나거나 '이'나 '히'로 나는 것은 '－히'로 적는다.[62]

1. '이'로만 나는 것

가붓이	깨끗이	나붓이	느긋이	둥긋이
따뜻이	반듯이	버젓이	산뜻이	의젓이
가까이	고이	날카로이	대수로이	번거로이
많이	적이	헛되이	겹겹이	번번이
일일이	집집이	틈틈이		

2. '히'로만 나는 것

극히	급히	딱히	속히	작히
족히	특히	엄격히	정확히	

61 －든: '－든지'의 준말로, 1) 나열된 동작이나 상태, 대상들 중에서 어느 것이든 선택될 수 있음, 2) 실제로 일어날 수 있는 여러 가지 중에서 어느 것이 일어나도 뒤 절의 내용이 성립하는 데 아무런 상관이 없음을 뜻하는 연결어미이다.

3. '이, 히'로 나는 것

솔직히	가만히	간편히	나른히	무단히
각별히	소홀히	쓸쓸히	정결히	과감히
꼼꼼히	심히	열심히	급급히	답답히
섭섭히	공평히	능히	당당히	분명히
상당히	조용히	간소히	고요히	도저히

[해설] 제51항은 접미사 '－이'나 '－히'로 파생된 부사의 끝음절을 어떻게 구별하여 적을 것인지를 발음을 기준으로 규정해 놓은 것이다. 부사의 끝음절이 분명히 '이'로만 소리가 나는 것은 '이'로 적고, '히'로만 소리가 나거나 '이'나 '히'로 나는 것은 '히'로 적는다. 그러나 현실적으로 '이'와 '히'를 명확히 구분하는 것은 쉽지 않다. 이 둘을 구별하여 적을 수 있는 몇 가지 다음과 같은 기준을 참고하되, 정확하게 구분하기 위해서는 사전을 확인하는 것이 좋다.

1. '이'로만 적는 경우

① '－하다'가 붙지 않은 용언의 어간 뒤: 같이, 많이, 적이, 헛되이 등

② 'ㅅ' 받침 뒤: 깨끗이, 느긋이, 따뜻이, 반듯이, 지긋이, 산뜻이, 버젓이

③ 'ㅂ' 불규칙 용언 어간 뒤: 가까이, 날카로이, 대수로이, 번거로이

④ 'ㄱ' 받침으로 끝난 일부 어근 뒤: 깊숙이, 고즈넉이, 끔찍이, 길쭉이, 멀찍이, 느직이, 두둑이, 수북이

⑤ 명사 뒤(첩어 또는 준첩어) : 겹겹이, 번번이, 일일이, 집집이, 틈틈이

⑥ 부사 뒤: 곰곰이, 더욱이, 생긋이, 오뚝이, 일찍이

---

62 **제51항 어휘 풀이**

- 가붓이: 조금 가벼운 듯하게.
- 나붓이: '조금 나부죽하게'의 의미로 '나부죽하다'에서 파생된 부사. '작은 것이 좀 넓고 평평한 듯하게'의 뜻.
- 둥긋이: '둥글다'에서 파생된 부사로 '둥근 듯하게'의 의미(흐릿한 봄 달이 동산 저쪽에서 동긋이 떠오른다).
- 작히: 주로 의문문에 쓰여 '어찌 조금만큼만', '얼마나'의 뜻으로 희망이나 추측을 나타내는 말. 주로 혼자 느끼거나 묻는 말에 쓰인다.
- 나른히: 맥이 풀리거나 고단하여 기운이 없이.
- 무단히: 사전에 허락이 없이. 또는 사유를 말함이 없이(남에 물건에 무단히 손을 대다, 사람을 무단히 괴롭히다).

한편, '–하다'가 붙은 어간에 '–히'나 '–이'가 붙어서 부사가 되거나, 부사에 접미사 '–이'가 붙어서 뜻을 더하는 경우에는 그 어근이나 부사의 원형을 밝혀 적는다. 따라서 '반듯하다'의 어근 '반듯'에 접미사 '–이'가 붙은 부사 '반듯이'는 '그는 몸을 반듯이 누이고'와 같이 원형을 밝혀서 쓴다. 반면에 '반듯하다'와는 관련이 없이 '틀림없이 꼭'의 뜻으로 쓰이는 부사 '반드시'는 '언행은 반드시 일치해야 한다.'와 같이 소리가 나는 대로 쓴다. '지긋하다'의 경우도 어근 '지긋'에 접미사 '–이'가 붙은 부사 '지긋이'는 '나이가 지긋이 들어 보이는'과 같이 쓴다. 반면에 '슬며시 힘을 주는 모양'이나 '조용히 참고 견디는 모양'의 뜻으로 쓰이는 부사 '지그시'는 '눈을 지그시 감다'와 같이 소리 나는 대로 쓴다.

가. 반듯이(←반듯하다): 그는 몸을 반듯이 누이고는 잠이 들었다.
　　반드시(틀림없이 꼭): 언행은 반드시 일치해야 한다.
나. 지긋이(←지긋하다): 그는 나이가 지긋이 들어 보였다.
　　지그시(슬며시 힘을 주는 모양): 눈을 지그시 감고 생각에 잠겼다.

2. '히'로만 적는 경우

① '하다'가 붙는 어근 뒤('ㅅ' 받침은 제외):
극히, 급히, 딱히, 속히, 족히, 특히, 엄격히, 정확히, 공평히, 꼼꼼히, 능히, 간편히, 고요히, 과감히, 나른히, 답답히, 급급히, 솔직히, 간소히

② '하다'가 붙는 어근에 '히'가 결합하여 된 부사가 줄어든 형태
익히(←익숙히)　　　특히(←특별히)

③ 어원적으로 '하다'가 붙지 않은 어근에 접미사 '–히'가 결합한 형태라도 어근의 본뜻이 유지되지 않는 경우에는 익어진 발음대로 적음: 작히

한편, '간간이'와 '간간히', '번번이'와 '번번히'는 구별되어야 한다. 각각 '이따금'과 '매 때마다'의 뜻을 지닌 '간간이', '번번이'는 '간간, 번번'이 어근인 부사로 '–하다'가 붙을 수 없다. '간간이 들려오는 소식', '약속을 번번이 어기다'와 같이 쓴다. 반면 '간간히'는 '약간 짠 듯이', '번번히'는 '번듯하게, 쓸 만하게'의 뜻을 지닌 부사로 '간간하다, 번번하다'처럼 '–하다'가 붙을 수 있다. '음식은 간간히 조리해야 맛있다', '논 전체를 번번히 골랐다'와 같이 사용한다.

가. 간간이(이따금): 간간이 들려오는 소식이 반가웠다.
간간히(←간간하다): 음식은 간간히 조리해야 맛있다.

나. 번번이(매 때마다): 그는 약속을 번번이 어겨서 신뢰할 수가 없다.
번번히(←번번하다): 농지 정리를 하여 논 전체를 번번히 골랐다.

제52항 한자어에서 본음으로도 나고 속음으로도 나는 것은 각각 그 소리에 따라 적는다.

(본음으로 나는 것)	(속음으로 나는 것)
승낙(承諾)	수락(受諾), 쾌락(快諾), 허락(許諾)
만난(萬難)	곤란(困難), 논란(論難)
안녕(安寧)	의령(宜寧), 회령(會寧)
분노(忿怒)	대로(大怒), 희로애락(喜怒哀樂)
토론(討論)	의논(議論)
오륙십(五六十)	오뉴월, 유월(六月)
목재(木材)	모과(木瓜)
십일(十日)	시방정토(十方淨土), 시왕(十王), 시월(十月)
팔일(八日)	초파일(初八日)

[해설] '속음'은 한자의 음을 읽을 때, 일부 단어에서 본음과는 달리 일반 사회에서 널리 굳어져 쓰이는 음이다. '六月'을 '육월'로 읽지 않고 '유월'로 읽는 경우가 이에 해당한다. 이러한 소리는 현실적으로 널리 쓰이는 경우에 소리 나는 대로 '유월'로 적는다. **제52항**은 동일한 한자(漢字)라도 모든 한자어에서 동일한 소리로 읽는 것은 아니기 때문에 본음뿐만 아니라 현실적으로 널리 퍼져 통용되고 있는 소리도 표준어로 삼아 그 소리에 따라 적도록 한 것이다. 이러한 이유로 '속음'을 '통용음'이라고도 한다. 예를 들어, '승낙(承諾)'의 '낙(諾)'은 '수락(受諾)'의 '락(諾)'과 한자는 같으나 소리가 다르다. 그러나 '수낙'이 아니라 '수락'으로 굳어져 널리 사용되고 있으므로 '수락'을 표준어로 삼고, 이를 소리 나는 대로 적도록 한다. 하나의 한자가 단어에 따라 본음과 속음으로 달리 소리 나는 예로는 다음과 같은 것들이 있다.

[본음으로 소리 나는 것]	–	[속음으로 소리 나는 것][63]
제공(提供), 제기(提起)	–	보리(菩提), 보리수(菩提樹)
도장(道場)	–	도량(道場)
공포(公布)	–	보시(布施)
자택(自宅)	–	본댁(本宅), 시댁(媤宅)
단심(丹心), 단풍(丹楓)	–	모란(牡丹)
동굴(洞窟)	–	통찰(洞察), 통촉(洞燭)
당분(糖分), 혈당(血糖)	–	사탕(砂糖), 설탕(雪糖), 탕수육(糖水肉)

第53항 다음과 같은 어미는 예사소리로 적는다.(ㄱ을 취하고, ㄴ을 버림.)

ㄱ	ㄴ
-(으)ㄹ거나	-(으)ㄹ꺼나
-(으)ㄹ걸	-(으)ㄹ껄
-(으)ㄹ게	-(으)ㄹ께
-(으)ㄹ세	-(으)ㄹ쎄
-(으)ㄹ세라	-(으)ㄹ쎄라
-(으)ㄹ수록	-(으)ㄹ쑤록
-(으)ㄹ시	-(으)ㄹ씨
-(으)ㄹ지	-(으)ㄹ찌
-(으)ㄹ지니라	-(으)ㄹ찌니라
-(으)ㄹ지라도	-(으)ㄹ찌라도
-(으)ㄹ지어다	-(으)ㄹ찌어다
-(으)ㄹ지언정	-(으)ㄹ찌언정
-(으)ㄹ진대	-(으)ㄹ찐대
-(으)ㄹ진저	-(으)ㄹ찐저
-올시다	-올씨다

63 **第52항 어휘 풀이**
- 보리(菩提): 불교 최고의 이상인 불타 정각의 지혜. 불타 정각의 지혜를 얻기 위하여 닦는 도.
- 도량(道場): 불도를 닦는 곳.
- 보시(布施): 자비심으로 남에게 재물이나 불법(佛法)을 베풂.
- 단심(丹心): 속에서 우러나오는 정성스러운 마음.

다만, 의문을 나타내는 다음 어미들은 된소리로 적는다.

-(으)ㄹ까?	-(으)ㄹ꼬?	-(스)ㅂ니까?
-(으)리까?	-(으)ㄹ쏘냐?	

[해설] 「표준 발음법」 제27항에는 관형사형 '-(으)ㄹ' 뒤에 연결되는 'ㄱ, ㄷ, ㅂ, ㅅ, ㅈ'은 된소리로 발음한다고 밝히고 있다. 「한글 맞춤법」 **제53항**에 제시된 예들은 실제로 'ㄹ' 뒤에서 경음화되는 현상이 일어나는 것들이다. 위 조항의 예시어인 '할걸, 갈게, 자면 잘수록, 갈지 말지'는 경음화 규칙에 의해 [할껄, 갈께, 자면 잘쑤록, 갈찌 말찌]와 같이 된소리로 발음된다. 그러나 표기할 때에는 소리 나는 대로 적지 아니하고 예사소리로 적는다. 즉, [할껄, 갈께, 자면 잘쑤록, 갈찌 말찌]로 발음하지만 '할걸, 갈게, 자면 잘수록, 갈지 말지'로 적는다. 이는 관형사형 어미 '-(으)ㄹ'과 어울려 쓰일 때만 된소리가 나고, '한걸, 했는지, 가는지'처럼 다른 관형사형 어미와 어울릴 적에는 예사소리(평음)로 발음되기 때문에 일관성을 유지한다는 면에서 표기에는 된소리를 적용하지 않는 것이다.

먼저 갈게요.(○)	먼저 갈께요.(×)
어디로 갈거나?(○)	어디로 갈꺼나?(×)
아마 집에 있을걸.(○)	아마 집에 있을껄.(×)
늦을세라 택시를 탔다.(○)	늦을쎄라 택시를 탔다.(×)
힘들지라도 끝까지 한다.(○)	힘들찌라도 끝까지 한다.(×)

[다만] 의문을 나타내는 어미 '-(으)ㄹ까?, -(으)ㄹ꼬?, -(스)ㅂ니까? -(으)리까?, -(으)ㄹ쏘냐?' 등은 된소리로 적는다. 이는 의문을 나타내는 어미가 '갑니까?, 어찌 하오리까?'와 같이 'ㄹ' 받침 뒤가 아닌 환경에서도 [까]라는 된소리가 나기 때문에 이를 모두 된소리로 적도록 한 것이다.

의문을 나타내는 어미 ➜	된소리로 표기
어찌해야 할꼬?	내가 너에게 질쏘냐?
늦었는데 집에 갈까?	매일 출근합니까?
제가 무엇을 하리까?	

제54항 다음과 같은 접미사는 된소리로 적는다.(ㄱ을 취하고, ㄴ을 버림.)

ㄱ	ㄴ	ㄱ	ㄴ
심부름꾼	심부름군	귀때기	귓대기
익살꾼	익살군	볼때기	볼대기
일꾼	일군	판자때기	판잣대기
장꾼	장군	뒤꿈치	뒷굼치
장난꾼	장난군	팔꿈치	팔굼치
지게꾼	지겟군	이마빼기	이맛배기
때깔	땟갈	코빼기	콧배기
빛깔	빛갈	객쩍다	객적다
성깔	성갈	겸연쩍다	겸연적다

[해설] 제54항은 '－꾼, －깔, －때기, －꿈치, －빼기, －쩍다'처럼 된소리 나는 접미사를 소리 나는 대로 적는다는 규정이다.

• '－군/－꾼'은 '－꾼'으로 통일하여 적는다. '－꾼'은 '어떤 일을 직업적, 습관적으로 하는 사람'이라는 의미를 지니는 접미사이다. 개정 전에는 '지겟군, 나뭇군'처럼 접미사 앞에 사이시옷을 받침으로 적고 뒤에 '－군'으로 적어왔으나 개정 후에는 '지게꾼, 나무꾼'과 같이 '－꾼'으로 통일하여 적는다.

구경꾼 나무꾼 낚시꾼 난봉꾼 노름꾼 농사꾼 땅꾼
말썽꾼 사기꾼 사냥꾼 살림꾼 소리꾼 술꾼 심부름꾼
씨름꾼 익살꾼 일꾼 잔소리꾼 장꾼 장난꾼 주정꾼
지게꾼 짐꾼 재주꾼 훼방꾼

• '－갈/－깔'은 '상태' 또는 '바탕'의 뜻을 더하는 접미사로 '때깔, 빛깔, 성깔, 맛깔' 등과 같이 '－깔'로 통일하여 적는다. 이때 '－깔'에 사이시옷을 넣어 '땟갈 /땟깔'로 적지 않는다.
• '－대기/－때기'는 '때기'로 적는다. '－때기'는 몇몇 명사 뒤에 붙어 '비하'의 뜻을 더하는 접미사로 '배때기, 귀때기, 볼때기, 이불때기, 송판때기, 표때기'처럼 적는다.

• '–굼치/–꿈치'는 '–꿈치'로 적는다.

동생은 형의 발뒤꿈치도 못 따라간다.
발꿈치가 닳도록 뛰어다녔다.

• '–배기/–빼기'는 구분하여 적는다.

가. '–배기'[64]

첫째, '–배기'는 ① 그 나이를 먹은 아이(두 살배기, 다섯 살배기), ② 그것이 들어 있거나 차 있음(나이배기), ③ 그런 물건의 뜻을 더하는 접미사(공짜배기, 대짜배기, 진짜배기)이다.

둘째, [배기]로 발음되는 경우는 '배기'로 적는다.

두 살배기, 다섯 살배기, 나이배기, 공짜배기, 대짜배기, 진짜배기

셋째, '뚝배기, 학배기'와 같이 한 단어 안에서 'ㄱ, ㅂ' 받침 뒤에서 [빼기]로 발음되는 경우는 '–배기'로 적는다.(「한글 맞춤법」 제5항 참고[65])

나. '–빼기'

첫째, '–빼기'는 '그런 특성이 있는 사람이나 물건' 또는 '비하'의 뜻을 더하는 접미사이다.

둘째, 한 단어가 아니라 다른 형태소(명사+접미사) 뒤에서 [빼기]로 발음되는 것은 모두 '–빼기'로 적는다.

고들빼기	그루빼기	대갈빼기
머리빼기	악착빼기	억척빼기
곱빼기(○)/곱배기(×)	밥빼기(○)/밥배기(×)	코빼기(○)/콧배기(×)

64 **제54항 어휘 풀이**
• 뚝배기: 찌개 따위를 끓이거나 설렁탕 따위를 담을 때 쓰는 오지그릇.
• 학배기: 잠자리의 애벌레를 이르는 말.
• 괘다리적다: 사람됨이 멋없고 거칠다. 성미가 무뚝뚝하고 퉁명스럽다.
• 열퉁적다: 말이나 행동이 조심성이 없고 거칠며 미련스럽다.
• 맛적다: 재미나 흥미가 거의 없어 싱겁다.

65 한 단어 안에서 'ㄱ, ㅂ' 받침 뒤에서 나는 된소리는 된소리로 적지 않는다는 규정.

그리고 본항의 예문에는 제시되지 않았지만 '－배기'와 '－박이'도 구분하여 적는다. '박다'의 의미가 살아 있으면 '－박이'가 되고, 그렇지 않으면 '－배기'가 된다. '붙박이, 오이소박이, 차돌박이'처럼 '박다'의 의미가 살아있으면 '박이'가 되지만 '두 살배기, 다섯 살배기'와 같이 '박다'의 의미가 없으면 '－배기'로 적는다.

[박이] 점박이 외눈박이 붙박이 오이소박이 차돌박이
[배기] 두 살배기 다섯 살배기

• '－적다/－쩍다'는 구분하여 적는다.

가. [적다]로 발음되는 경우는 '－적다'로 적는다.
괘다리적다 열퉁적다
나. '－적다(少)'의 뜻이 유지되고 있는 합성어의 경우는 '－적다'로 적는다.
맛적다
다. '－적다(少)'의 뜻이 없이 [쩍다]로 발음되는 경우는 '－쩍다'로 적는다.[66]
맥쩍다 멋쩍다
해망쩍다 행망쩍다
객쩍다 겸연쩍다

제55항 두 가지로 구별하여 적던 다음 말들은 한 가지로 적는다.(ㄱ을 취하고, ㄴ을 버림.)

ㄱ	ㄴ
맞추다(입을 맞춘다. 양복을 맞춘다.)	마추다
뻗치다(다리를 뻗친다. 멀리 뻗친다.)	뻐치다

66 **제54항 어휘 풀이**
• 맥쩍다: 심심하고 재미가 없다.
• 멋쩍다: 하는 짓이나 모양이 격에 어울리지 않다. 어색하고 쑥스럽다.
• 해망쩍다: 영리하지 못하고 아둔하다.
• 행망쩍다: 주의력이 없고 아둔하다.
• 객쩍다: 행동이나 말, 생각이 쓸데없고 싱겁다.
• 겸연쩍다: 쑥스럽거나 미안하여 어색하다.

[해설] '주문하다'라는 뜻을 지닌 '마추다'와 '맞게 하다'라는 뜻을 가진 '맞추다'를 구분하여 써왔으나 이들을 구분하는 것이 쉽지 않고 의미적으로 서로 연관성이 있으므로 하나로 통일하여 '맞추다'로 적는다.[67]

양복을 맞춘다.	줄을 맞춘다.
다른 부서와 보조를 맞춘다.	다른 사람과 의견을 맞춘다.
음악에 맞추어 춤을 춘다.	시간에 맞추어 전화를 했다.
깨진 조각을 맞추었다.	물품과 장부를 일일이 맞춘다.

한편, 이전에는 '한 쪽 끝에서 다른 쪽 끝까지 닿다'라는 뜻의 '뻐치다'와 '뻗다'의 강세어로 '뻗치다'를 구분하여 써 왔으나 현재는 구분하지 않고 '뻗치다'로 적는다. 사전에서 '뻐치다'를 찾으면 별다른 설명 없이 '→뻗치다(동사)' 표시만 되어 있다. 이렇게 '뻐치다'와 '뻗치다'도 의미적으로 연관되어 있고 구분도 쉽지 않기 때문에 하나의 표기로 통일하여 적게 된 것이다.

덩굴장미가 가지를 이웃집 담까지 뻗쳤다.	다리를 뻗친다.
태백산맥은 남북으로 길게 뻗쳐 있다.	태풍이 전 지역으로 뻗쳤다.

제56항 '-더라, -던'과 '-든지'는 다음과 같이 적는다.

1. 지난 일을 나타내는 어미는 '-더라, -던'으로 적는다.(ㄱ을 취하고, ㄴ을 버림.)

ㄱ	ㄴ
지난겨울은 몹시 춥더라.	지난겨울은 몹시 춥드라.
깊던 물이 얕아졌다.	깊든 물이 얕아졌다.
그렇게 좋던가?	그렇게 좋든가?
그 사람 말 잘하던데!	그 사람 말 잘하든데!
얼마나 놀랐던지 몰라.	얼마나 놀랐든지 몰라.

67 '맞추다'와 '맞히다'는 구분되어야 한다. '맞추다'는 '기준이나 다른 것에 같게 하다, 다른 대상과 견주어 본다'라는 의미이고, '맞히다'는 '여럿 중에 하나를 골라내다'라는 의미이다. 따라서 '퀴즈의 답을 맞히다, 과녁을 맞히다' 또는 '옷을 맞추다, 답안지를 정답과 맞추어 보다'로 써야 한다.

2. 물건이나 일의 내용을 가리지 아니하는 뜻을 나타내는 조사와 어미는 '(−)든지'로 적는다.(ㄱ을 취하고, ㄴ을 버림.)

ㄱ	ㄴ
배든지 사과든지 마음대로 먹어라	배던지 사과던지 마음대로 먹어라
가든지 오든지 마음대로 해라.	가던지 오던지 마음대로 해라.

[해설] 제56항은 '−더−'와 '−던', '−든지'를 구분해 적는다는 규정이다. '−더−'는 회상의 시제 선어말 어미로, 과거 어느 때에 직접 경험하여 알게 된 사실을 현재의 말하는 장면에 그대로 옮겨 와서 전달할 때 쓰인다. '−던'은 '−더−'에 관형사형 어미 '−ㄴ−'이 붙어서 된 형태이다. '−든지'는 어느 것이 선택되어도 차이가 없는 둘 이상의 일을 나열할 때 사용하는 조사 또는 어미이다.

'−더라, −던'과 '−든지'를 구분하려면 문장의 의미가 과거의 일을 회상하는 시제와 관련이 있는지 없는지를 따져보면 된다. 흔히 구어에서는 '가던지 말던지, 가든지 말든지' 혹은 '내가 입던 옷, 내가 입든 옷'과 같이 소리가 비슷해서 혼동하는 일이 많은데, 이들은 구별하여 적어야 한다.

1. '−더−', '−더라', '−던'처럼 '−더−'가 들어 있는 말들은 지난 일을 나타낼 때 쓴다.

지난 겨울은 몹시 춥**더**라(○)	춥드라(×)
깊**던** 물이 얕아졌다(○)	깊든 물(×)
그렇게 좋**던**가?(○)	그렇게 좋든가?(×)
그 사람 말 잘하**던**데!(○)	말 잘하든데!(×)
얼마나 놀랐**던**지 몰라.(○)	놀랐든지 몰라(×)

2. '든'은 물건이나 일의 내용을 가리지 않는다는 뜻을 나타내는 연결 어미 '−든가'나 '−든지'가 줄어든 말이다. '−던지'는 '이다'의 어간, 용언의 어간 또는 어미 '−으시−', '−었−', '−겠−' 뒤에 붙어 막연한 의문이 있는 채로 그것을 뒤 절의 사실과 관련시키는 데 쓰는 연결 어미이다. '−든지'의 '지'는 생략할 수 있지만 '−던지'의 '지'는 생략할 수 없다. '−던지'는 과거, '−든지'는 선택의 의미가 있으므로 문장의 의미에 맞게 이

둘을 구별하여 적는다.

배든지 사과든지 마음대로 먹어라(○)
배던지 사과던지 마음대로 먹어라(×)
가든지 오든지 마음대로 해라.(○)
가던지 오던지 마음대로 해라.(×)

제57항 다음 말들은 각각 구별하여 적는다.

가름	둘로 가름.
갈음	새 책상으로 갈음하였다.
거름	풀을 썩힌 거름.
걸음	빠른 걸음.
거치다	영월을 거쳐 왔다.
걷히다	외상값이 잘 걷힌다.
걷잡다	걷잡을 수 없는 상태.
겉잡다	겉잡아서 이틀 걸릴 일.
그러므로(그러니까)	그는 부지런하다. 그러므로 잘 산다.
그럼으로(써) (그렇게 하는 것으로)	그는 열심히 공부한다. 그럼으로(써) 은혜에 보답한다.
노름	노름판이 벌어졌다.
놀음(놀이)	즐거운 놀음.
느리다	진도가 너무 느리다.
늘이다	고무줄을 늘인다.
늘리다	수출량을 더 늘린다.

다리다	옷을 다린다.
달이다	약을 달인다.
다치다	부주의로 손을 다쳤다.
닫히다	문이 저절로 닫혔다.
닫치다	문을 힘껏 닫쳤다.
마치다	벌써 일을 마쳤다.
맞히다	여러 문제를 더 맞혔다.
목거리	목거리가 덧났다.
목걸이	금목걸이, 은목걸이.
바치다	나라를 위해 목숨을 바쳤다.
받치다	우산을 받치고 간다.
	책받침을 받친다.
받히다	쇠뿔에 받혔다.
밭치다	술을 체에 밭친다.
반드시	약속은 반드시 지켜라.
반듯이	고개를 반듯이 들어라.
부딪치다	차와 차가 마주 부딪쳤다.
부딪히다	마차가 화물차에 부딪혔다.
부치다	힘이 부치는 일이다.
	편지를 부친다.
	논밭을 부친다.
	빈대떡을 부친다.
	식목일에 부치는 글.
	회의에 부치는 안건.
	인쇄에 부치는 원고.
	삼촌 집에 숙식을 부친다.

붙이다	우표를 붙인다.
	책상을 벽에 붙였다.
	흥정을 붙인다.
	불을 붙인다.
	감시원을 붙인다.
	조건을 붙인다.
	취미를 붙인다.
	별명을 붙인다.
시키다	일을 시킨다.
식히다	끓인 물을 식힌다.
아름	세 아름 되는 둘레.
알음	전부터 알음이 있는 사이.
앎	앎이 힘이다.
안치다	밥을 안친다.
앉히다	윗자리에 앉힌다.
어름	두 물건의 어름에서 일어난 현상.
얼음	얼음이 얼었다.
이따가	이따가 오너라.
있다가	돈은 있다가도 없다.
저리다	다친 다리가 저린다.
절이다	김장 배추를 절인다.
조리다	생선을 조린다. 통조림, 병조림.
졸이다	마음을 졸인다.
주리다	여러 날을 주렸다.
줄이다	비용을 줄인다.

하노라고	하노라고 한 것이 이 모양이다.
하느라고	공부하느라고 밤을 새웠다.
-느니보다(어미)	나를 찾아오느니보다 집에 있거라.
-는 이보다(의존 명사)	오는 이가 가는 이보다 많다.
-(으)리만큼(어미)	나를 미워하리만큼 그에게 잘못한 일이 없다.
-(으)ㄹ 이만큼(의존 명사)	찬성할 이도 반대할 이만큼이나 많을 것이다.
-(으)러(목적)	공부하러 간다.
-(으)려(의도)	서울 가려 한다.
-(으)로서(자격)	사람으로서 그럴 수는 없다.
-(으)로써(수단)	닭으로써 꿩을 대신했다.
-(으)므로(어미)	그가 나를 믿으므로 나도 그를 믿는다.
(-ㅁ, -음)으로(써)(조사)	그는 믿음으로(써) 산 보람을 느꼈다.

[해설] 제57항은 '가름, 갈음', '거치다, 걷히다'와 같이 발음이 같거나 '-(으)러, -(으)려'처럼 발음이 비슷해 혼동하여 잘못 사용하는 경우가 있는 말들을 의미와 쓰임에 따라 구별하여 적는다는 규정이다. 유사한 발음이라도 그 어원이 각각 다르고 뜻이 다른 말이므로 혼란을 피하기 위해 구별하여 적어야 한다.

- 가름: 둘로 가름(나누는 것)
  누가 승자인지를 가름(승부나 등수 따위를 정하는 일)
  갈음: 새 책상으로 갈음하였다.(다른 것으로 바꾸어 대신함)
- 거름: 풀을 썩인 거름, 거름을 주다(식물이 잘 자라도록 땅을 기름지게 하기 위하여 주는 물질)
  걸음: 빠른 걸음('걷다'의 명사형, 두 발을 번갈아 옮겨 놓는 동작)

• 거치다: 영월을 거쳐 왔다.('경유하다'의 뜻, 오가는 도중에 어디를 지나거나 들르다)
걷히다: 외상값이 잘 걷힌다.('걷다'의 피동사)

• 걷잡다: 걷잡을 수 없는 사태, 불길이 걷잡을 수 없이 번져 나갔다, 걷잡을 수 없이 흐르는 눈물(한 방향으로 치우쳐 흘러가는 형세 따위를 붙들어 잡다, 마음을 진정하거나 억제하다)
겉잡다: 겉잡아서 이틀 걸릴 일(겉으로 보고 대강 짐작하여 헤아리다)

• 그러므로: 앞의 내용이 뒤의 내용의 이유나 원인, 근거가 될 때 쓰는 접속 부사이다. '그러므로'에는 '써'가 결합하지 못하고, '그럼으로'에는 써가 결합할 수 있다. '그는 부지런하다. 그러므로(○)/그럼으로써(×) 잘 산다'
그럼으로써: '그는 열심히 공부한다. 그럼으로써 은혜에 보답한다'는 열심히 공부하는 것으로 은혜에 보답한다는 뜻이다.

• 노름: '놀다'의 어간에 접미사 '-음'이 결합하여 이루어졌으나 어간의 본뜻과는 멀어진 형태로 '도박'을 의미한다.
놀음(놀이): '놀다'의 어간에 접미사 '-음'이 결합한 형태이다. '즐거운 놀음'과 같이 어간의 본뜻이 살아 있다.

• 느리다: '움직임이 빠르지 못하다'는 뜻이다.
늘이다: 동사 '늘다'에 접미사 '-이-'가 결합한 파생어로 원형을 밝혀 적는다. '바짓단을 늘이다' 같이 '처음보다 더 길어지게 하다, 보다 더 길게, 더 많이, 더 크게 하다'의 뜻으로 사용한다.

• 다리다: 옷이나 천 따위의 주름이나 구김을 펴고 줄을 세우기 위하여 다림질을 하는 것을 의미한다.
달이다: '한약을 달이다'와 같이 액체 따위를 끓여서 진하게 만든다는 뜻이다.

• 다치다: '상처를 입다, 부상을 당하다'의 뜻으로 파생어가 아니므로 어간을 소리대로 적는다.
닫히다: '(문을) 닫다'의 어간에 피동 접미사 '-히'가 결합하여 파생어가 된 형태이다. '문이 닫혀 있다, 문이 저절로 닫혔다, 병뚜껑이 너무 꼭 닫혀서 열 수가 없다'와 같이 사용한다.
닫치다: '(문을) 닫다'의 어간에 강세의 접미사 '-치-'가 결합하여 파생어가 된 형태이다. 열린 문짝, 뚜껑, 서랍 따위를 꼭꼭 또는 세게 닫는 것을 뜻하는데 '그는 화가 나서 문을 탁 닫치고 나갔다'와 같이 사용한다.

• 마치다: '끝내다'와 의미가 같은 동사이며 파생어가 아니므로 어간을 소리대로 적는

다. '벌써 일을 마쳤다(끝냈다)'

맞히다: '맞다'에 사동의 접미사 '–히–'가 결합하여 파생어가 된 형태로 원형을 밝혀 적은 것이다. '정답을 맞힌다, 열 문제 중 겨우 세 개만 맞혔다'와 같이 쓴다.

• 목거리: '거리'가 '걸다' 동사의 어간에 파생 접미사 '–이–'가 결합한 것이지만 어간의 본뜻과 멀어진 것으로 원형을 밝혀 적지 않는다. '목이 붓고 아픈 병'을 뜻하는 것으로 '목거리가 덧났다'와 같이 쓴다.

목걸이: '목에 거는 물건이나 장식품'을 의미한다. '걸이'는 '걸다'에 파생 접미사 '–이'가 결합한 형태로 '걸다'의 본뜻이 살아 있으므로 원형을 밝혀 적은 것이다.

• 바치다: '신이나 웃어른께 정중하게 드리다, 마음과 몸을 내놓다, 세금 따위를 내다'를 의미하는 동사이다. '나라를 위해 목숨을 바쳤다, 신께 송아지 한 마리를 바쳤다'와 같이 쓴다.

받치다: '(우산을) 받다'의 어간에 강세의 접미사 '–치–'를 결합하여 파생어가 된 형태로 '우산을 받치고 간다, 책받침을 받친다, 쟁반에 커피를 받쳐들고 조심조심 걸어온다, 치마에 받쳐 입을 블라우스를 샀다'와 같이 쓴다.

• 받히다: '(쇠뿔로) 받다'에서 파생 접미사 '–히–'가 결합한 형태로 원형을 밝혀 적은 것이다. '마을 이장이 소한테 받혀서 꼼짝을 못한다'와 같이 쓴다.

밭치다: '(체로) 받다'의 어간에 강세의 접미사 '–치–'가 결합한 형태로 '씻어 놓은 상추를 채반에 밭쳤다, 삶은 국수를 헹궈 채반에 밭쳐 물기를 빼놓는다'와 같이 쓴다.

• 반드시: '꼭, 틀림없이'의 뜻을 지닌 부사로 '반드시 그가 온다, 열심히 노력하니 반드시 성공할 것이다'와 같이 쓴다.

반듯이: '반듯하다'의 어근에 접미사 '–이'가 결합한 파생어로 '비뚤어지거나 기울거나 굽지 않고 바르게'라는 뜻이다. '몸을 반듯이 누인 채로 잠이 들었다, 선을 반듯이(반듯하게) 그어라'와 같이 쓴다.

• 부딪치다: '무엇과 무엇이 서로 힘 있게 마주 닿다'는 뜻의 동사 '부딪다'의 어간에 강세의 접미사 '–치–'가 결합한 파생어로 '부딪다'를 강조하는 말이다. '길을 가다가 자전거와 부딪쳤다, 파도가 바위에 부딪쳤다, 학교 정문에서 그와 부딪쳤다' 등과 같이 쓴다.

부딪히다: '부딪다'의 어간에 피동의 접미사 '–히–'가 결합된 파생어로 '배가 세찬 파도에 부딪혔다, 냉혹한 현실에 부딪혔다'와 같이 쓴다.

• 부치다: '모자라거나 힘이 미치지 못하다. 편지나 물건 따위를 보내다, 바람을 일으키다, 어떤 문제를 다른 곳이나 다른 기회로 넘기어 맡기다, 어떤 일을 거론하거나 문제 삼지 않다, 논밭을 소작하다, 부침개 등을 익혀 만들다, 몸이나 식사 따위를 의탁하다' 등의 뜻으로 쓰이는 동사이다. '그 일은 힘에 부친다, 소포를 부쳤다, 부채를 부치니 시원하다, 안건을 회의에 부친다, 여행 계획을 비밀에 부쳐라, 부쳐 먹을 내 땅 한 평이 없다, 명절에 호박전, 생선전 등을 프라이팬에 부쳤다, 삼촌 집에 숙식을 부쳤다' 등과 같이 쓴다.

붙이다: '붙다'의 어간에 사동 접미사 '-이-'가 결합한 파생어로 '붙게 하다'의 의미가 있다. '우표를 붙이다, 불을 붙이다, 소매를 걷어 붙이다, 학생에게 도우미를 붙여주다, 경례를 올려 붙이다, 사람을 밀어붙이다' 등으로 쓴다.

• 시키다: '어떤 일을 하게 하다'의 뜻으로 '점원에게 일을 시켰다, 공부를 시키다, 자장면 두 그릇을 시켰다' 등으로 쓴다.

식히다: '식다'의 어간에 사동 접미사 '-히-'가 결합한 파생어로 원형을 밝혀 적은 것이다. '끓인 물을 식히다, 열정을 식히다' 등으로 쓴다.

• 아름: '두 팔을 둥글게 모아서 만든 둘레'라는 뜻으로 '세 아름 되는 나무의 둘레, 꽃을 한 아름 사오다'와 같이 쓴다. 본래는 '알다'의 어간에 접미사 '-음'이 결합한 파생어지만 '알다'의 본뜻과는 멀어졌기 때문에 소리대로 적은 것이다.

알음: '알다'의 어간에 접미사 '-음'이 결합한 파생어로 '사람끼리 서로 아는 것'을 뜻하는 말이다. '전부터 서로 알음이 있는 사이'와 같이 쓴다.

앎: '알다'의 어간에 어미'-ㅁ'이 붙은 명사형으로 '아는 것'이라는 뜻인데, 이 형태는 명사로 아주 굳어졌다.

• 안치다: '밥, 떡, 찌개 따위를 만들기 위하여 그 재료를 솥이나 냄비 따위에 넣고 불 위에 올리다'라는 뜻의 동사로 '시루에 떡을 안쳤다, 냄비에 고구마를 안쳤다'와 같이 쓴다.

앉히다: '앉다'에 사동의 접미사 '-히-'가 결합한 사동사로 '아이를 무릎에 앉혔다, 사장이 자기 아들을 부장 자리에 앉혔다' 등으로 쓴다.

• 어름: '두 물건의 끝이 닿는 데, 물건과 물건의 한 가운데, 구역과 구역의 경계점' 등을 뜻하는 말로 '눈두덩과 광대뼈 어름에 멍이 들었다, 지리산을 경상남도, 전라남도, 전라북도 어름에 있다' 등으로 쓴다.

얼음: '얼다'의 어간에 접미사 '-음'이 결합한 파생어로 원형을 밝혀 적은 것이다. '얼음이 얼었다, 얼음을 넣은 주스를 마셨다' 등으로 쓴다.

• 이따가: '조금 지난 뒤에'를 뜻하는 부사로 '이따가 갈게, 조금 이따가 만나' 등으로 쓴다.

있다가: '있다'의 어간에 어미 '－다가'가 결합한 형태로 '돈은 있다가도 없는 법이다'와 같이 쓴다.

• 저리다: '뼈마디나 몸의 일부가 오래 눌려서 피가 잘 통하지 못하다, 뼈마디나 몸의 일부가 쑥쑥 쑤시다, 가슴이나 마음 따위가 못 견딜 정도로 아픈 느낌이 들다' 등의 의미로 '다리가 저리고 아파서 잠도 못 잤다, 머리가 바늘로 후비듯 저려왔다' 등으로 쓴다.

절이다: '절다'에 사동 접미사 '－이－'가 결합한 형태로 '배추를 소금물에 절이다, 생선을 소금에 절이다, 오이를 식초에 절이다' 등으로 쓴다.

• 조리다: '양념을 한 고기나 생선, 채소 따위를 국물에 넣고 바짝 끓여서 양념이 배어들게 하다'라는 의미로 '생선을 조렸다, 멸치와 고추를 간장에 조렸다, 장조림, 통조림' 등으로 쓴다.

졸이다: '졸다(찌개, 국, 한약 따위의 물의 분량이 적어지게 한다)'의 사동사로 '국물을 졸인다'와 같이 사용되고, '속을 태우다시피 초조해하다'의 뜻으로 '마음을 졸이며 발표를 기다리고 있다'와 같이 사용된다.

• 주리다: '제대로 먹지 못해 배를 곯다'는 뜻으로 '여러 날을 주렸기에 허겁지겁 먹었다, 물로 주린 배를 달래며 사흘을 걸었다' 등으로 쓴다.

줄이다: '줄다'의 어간에 접미사 '－이－'가 결합한 사동사로 '집을 줄여 이사를 했다, 식사량을 줄여야 한다, 과소비를 줄이자, 피해를 줄이도록 노력했다' 등으로 쓴다.

• 하노라고: 자기 나름대로 꽤 노력했음을 나타내는 연결 어미로 말하는 사람이 자신의 행동에 대한 의도나 목적을 나타내는 말이다. '하노라고 했는데 마음에 드실지 모르겠습니다'와 같이 쓴다.

하느라고: 앞말이 뒷말에서 벌어지는 일의 목적이나 원인이 됨을 뜻하는 연결 어미로 '영희는 웃음을 참느라고 딴 데를 보았다, 철수는 어제 책을 읽느라고 밤을 새웠다, 먼 길을 오느라고 힘들었겠구나' 등과 같이 쓴다.

• －느니보다(어미): '－느니 차라리, －느니 아예'의 뜻으로 '앞 상황이나 행위보다는 뒤 상황이나 행위가 차라리 더 나음'을 나타내는 연결 어미로 '나를 찾아오느니보다 (차라리) 집에 있거라'와 같이 쓴다.

－는 이보다(의존 명사): '－는 사람보다'의 뜻으로 여기에서 '이'는 사람을 가리키는

의존 명사로 앞말과 띄어 쓴다. '오는 이(사람)보다 가는 이(사람)보다 더 많다'와 같이 쓴다.

- −(으)리만큼(어미): 'ㄹ'을 제외한 받침 있는 용언의 어간이나 어미 '−었−' 뒤에 붙어서 '−을 정도로'의 뜻을 나타내는 연결 어미로 '−(으)리만치'와 같은 의미이다. '밥도 못 먹으리만큼 기운이 없다, 나를 미워하리만큼 내가 그에게 잘못한 일이 없다' 등으로 쓴다.

 −(으)ㄹ 이만큼(의존 명사): '−(으)ㄹ 사람만큼'의 뜻으로 여기에서 '이'는 사람을 가리키는 의존 명사로 앞말과 띄어 쓴다. '찬성할 이도 반대할 이만큼이나 많을 것이다'와 같이 쓴다.

- −(으)러(목적): '가다, 오다, 나가다, 나오다' 등의 이동하는 말 앞에 쓰여서, 동작의 직접적인 목적을 나타내는 연결 어미로 '체육관에 운동하러 왔다, 한국어를 배우러 왔다' 등으로 쓴다.

 −(으)려(의도): 어떤 행위의 의도를 나타내거나 곧 일어날 움직임이나 상태의 변화를 나타내는 연결 어미이다. '의사가 되려고 공부한다, 시간만 나면 놀려고 한다, 날씨가 추워지려고 한다' 등으로 쓴다.

 '−(으)려고'와 목적이나 의도를 나타낸다는 점에서는 비슷하지만 '−(으)러' 뒤에는 '가다, 오다, 다니다'와 같은 이동에 관한 동사를 쓰는 반면, '−(으)려고'는 모든 동사를 쓸 수 있다. 그리고 '−(으)러'에는 '−고'나 '−하다'가 붙을 수 없지만 '−(으)려고'는 둘 다 가능하다. 또 '−(으)려고' 뒤에는 명령이나 권유로 끝나는 문장에 쓰일 수 없지만 '−(으)러'는 그런 제약이 없다.

- −(으)로서(자격): 'ㄹ'을 제외한 받침 있는 체언에 붙어 지위나 신분 또는 자격을 나타내는 격 조사로 '−이다, 그래서'로 바꿔 문장을 만들어 보면 쉽게 이해할 수 있다. '자식으로서 부모님께 마땅히 할 일을 할 뿐이다, 사람으로서 어찌 그런 일을 할 수 있나?' 등으로 쓴다.

 −(으)로써(수단): 어떤 물건의 재료나 원료를 나타내거나 어떤 일의 수단이나 도구를 나타내는 격 조사이다. '콩으로써 메주를 쑨다고 해도 네 말은 안 믿겠다, 감금죄는 다른 사람의 신체적 활동의 자유를 제한함으로써 성립하는 범죄이다, 그는 우스갯소리를 툭툭 던짐으로써 딱딱한 분위기를 풀어 주었다' 등으로 쓴다.

- −(으)므로(어미): 'ㄹ'을 제외한 받침 있는 용언의 어간이나 어미 '−었−', '−겠−' 뒤에 붙어 까닭이나 근거를 나타내는 연결 어미이다. '−기 때문에'로 바꾸어 놓을 수 있다. '강물이 깊으므로 배 없이는 건널 수 없다, 그는 모범 학생이었

으므로 늘 칭찬을 받았다, 그가 나를 믿음으로 나도 그를 믿는다'와 같이 쓴다.

(-ㅁ, 음)으로(써)(조사): 명사형 전성 어미 '-(으)ㅁ'에 수단이나 방법, 재료 등을 뜻하는 조사 '-(으)로써'가 결합한 형태이다. 여기에서 '-써'는 생략이 가능하다. '그는 믿음으로(써) 산 보람을 느꼈다'와 같이 쓴다.

부록 문장 부호

문장 부호는 글에서 문장의 구조를 드러내거나 글쓴이의 의도를 전달하기 위하여 사용하는 부호이다. 문장 부호의 이름과 사용법은 다음과 같이 정한다.

1. 마침표(.)

(1) 서술, 명령, 청유 등을 나타내는 문장의 끝에 쓴다.

예 젊은이는 나라의 기둥입니다.
예 제 손을 꼭 잡으세요.
예 집으로 돌아갑시다.
예 가는 말이 고와야 오는 말이 곱다.

[붙임 1] 직접 인용한 문장의 끝에는 쓰는 것을 원칙으로 하되, 쓰지 않는 것을 허용한다.(ㄱ을 원칙으로 하고, ㄴ을 허용함.)

예 ㄱ. 그는 "지금 바로 떠나자."라고 말하며 서둘러 짐을 챙겼다.
ㄴ. 그는 "지금 바로 떠나자"라고 말하며 서둘러 짐을 챙겼다.

[붙임 2] 용언의 명사형이나 명사로 끝나는 문장에는 쓰는 것을 원칙으로 하되, 쓰지 않는 것을 허용한다.(ㄱ을 원칙으로 하고, ㄴ을 허용함.)

예 ㄱ. 목적을 이루기 위하여 몸과 마음을 다하여 애를 씀.
ㄴ. 목적을 이루기 위하여 몸과 마음을 다하여 애를 씀
예 ㄱ. 결과에 연연하지 않고 끝까지 최선을 다하기.
ㄴ. 결과에 연연하지 않고 끝까지 최선을 다하기

예 ㄱ. 신입 사원 모집을 위한 기업 설명회 개최.
ㄴ. 신입 사원 모집을 위한 기업 설명회 개최

예 ㄱ. 내일 오전까지 보고서를 제출할 것.
ㄴ. 내일 오전까지 보고서를 제출할 것

다만, 제목이나 표어에는 쓰지 않음을 원칙으로 한다.

예 압록강은 흐른다 예 꺼진 불도 다시 보자
예 건강한 몸 만들기

(2) 아라비아 숫자만으로 연월일을 표시할 때 쓴다.

예 1919. 3. 1. 예 10. 1.~10. 12.

(3) 특정한 의미가 있는 날을 표시할 때 월과 일을 나타내는 아라비아 숫자 사이에 쓴다.

예 3.1 운동 예 8.15 광복

[붙임] 이때는 마침표 대신 가운뎃점을 쓸 수 있다.

예 3·1 운동 예 8·15 광복

(4) 장, 절, 항 등을 표시하는 문자나 숫자 다음에 쓴다.

예 가. 인명 예 ㄱ. 머리말
예 Ⅰ. 서론 예 1. 연구 목적

[붙임] '마침표' 대신 '온점'이라는 용어를 쓸 수 있다.

2. 물음표(?)

(1) 의문문이나 의문을 나타내는 어구의 끝에 쓴다.

예 점심 먹었어? 예 이번에 가시면 언제 돌아오세요?

예 제가 부모님 말씀을 따르지 않을 리가 있겠습니까?

예 남북이 통일되면 얼마나 좋을까?

예 다섯 살짜리 꼬마가 이 멀고 험한 곳까지 혼자 왔다?

예 지금? 예 뭐라고?

예 네?

[붙임 1] 한 문장 안에 몇 개의 선택적인 물음이 이어질 때는 맨 끝의 물음에만 쓰고, 각 물음이 독립적일 때는 각 물음의 뒤에 쓴다.

예 너는 중학생이냐, 고등학생이냐?

예 너는 여기에 언제 왔니? 어디서 왔니? 무엇하러 왔니?

[붙임 2] 의문의 정도가 약할 때는 물음표 대신 마침표를 쓸 수 있다.

예 도대체 이 일을 어쩐단 말이냐.

예 이것이 과연 내가 찾던 행복일까.

다만, 제목이나 표어에는 쓰지 않음을 원칙으로 한다.

예 역사란 무엇인가 예 아직도 담배를 피우십니까

(2) 특정한 어구의 내용에 대하여 의심, 빈정거림 등을 표시할 때, 또는 적절한 말을 쓰기 어려울 때 소괄호 안에 쓴다.

예 우리와 의견을 같이할 사람은 최 선생(?) 정도인 것 같다.

예 30점이라, 거참 훌륭한(?) 성적이군.

예 우리 집 강아지가 가출(?)을 했어요.

(3) 모르거나 불확실한 내용임을 나타낼 때 쓴다.

예 최치원(857~?)은 통일 신라 말기에 이름을 떨쳤던 학자이자 문장가이다.

예 조선 시대의 시인 강백(1690?~1777?)의 자는 자청이고, 호는 우곡이다.

3. 느낌표(!)

(1) 감탄문이나 감탄사의 끝에 쓴다.

예 이거 정말 큰일이 났구나! 예 어머!

[붙임] 감탄의 정도가 약할 때는 느낌표 대신 쉼표나 마침표를 쓸 수 있다.

예 어, 벌써 끝났네. 예 날씨가 참 좋군.

(2) 특별히 강한 느낌을 나타내는 어구, 평서문, 명령문, 청유문에 쓴다.

예 청춘! 이는 듣기만 하여도 가슴이 설레는 말이다.
예 이야, 정말 재밌다!
예 지금 즉시 대답해!
예 앞만 보고 달리자!

(3) 물음의 말로 놀람이나 항의의 뜻을 나타내는 경우에 쓴다.

예 이게 누구야! 예 내가 왜 나빠!

(4) 감정을 넣어 대답하거나 다른 사람을 부를 때 쓴다.

예 네! 예 네, 선생님!
예 흥부야! 예 언니!

4. 쉼표(,)

(1) 같은 자격의 어구를 열거할 때 그 사이에 쓴다.

예 근면, 검소, 협동은 우리 겨레의 미덕이다.
예 충청도의 계룡산, 전라도의 내장산, 강원도의 설악산은 모두 국립 공원이다.
예 집을 보러 가면 그 집이 내가 원하는 조건에 맞는지, 살기에 편한지, 망가진 곳은 없는지 확인해야 한다.
예 5보다 작은 자연수는 1, 2, 3, 4이다.

다만, (가) 쉼표 없이도 열거되는 사항임이 쉽게 드러날 때는 쓰지 않을 수 있다.

예 아버지 어머니께서 함께 오셨어요.
예 네 돈 내 돈 다 합쳐 보아야 만 원도 안 되겠다.

(나) 열거할 어구들을 생략할 때 사용하는 줄임표 앞에는 쉼표를 쓰지 않는다.

예 광역시: 광주, 대구, 대전……

(2) 짝을 지어 구별할 때 쓴다.

예 닭과 지네, 개와 고양이는 상극이다.

(3) 이웃하는 수를 개략적으로 나타낼 때 쓴다.

예 5, 6세기　　예 6, 7, 8개

(4) 열거의 순서를 나타내는 어구 다음에 쓴다.

예 첫째, 몸이 튼튼해야 한다.
예 마지막으로, 무엇보다 마음이 편해야 한다.

(5) 문장의 연결 관계를 분명히 하고자 할 때 절과 절 사이에 쓴다.

예 콩 심은 데 콩 나고, 팥 심은 데 팥 난다.
예 저는 신뢰와 정직을 생명과 같이 여기고 살아온바, 이번 비리 사건과는 무관하다는 점을 분명히 밝힙니다.
예 떡국은 설날의 대표적인 음식인데, 이걸 먹어야 비로소 나이도 한 살 더 먹는다고 한다.

(6) 같은 말이 되풀이되는 것을 피하기 위하여 일정한 부분을 줄여서 열거할 때 쓴다.

예 여름에는 바다에서, 겨울에는 산에서 휴가를 즐겼다.

(7) 부르거나 대답하는 말 뒤에 쓴다.

예 지은아, 이리 좀 와 봐.　　　예 네, 지금 가겠습니다.

(8) 한 문장 안에서 앞말을 '곧', '다시 말해' 등과 같은 어구로 다시 설명할 때 앞말 다음에 쓴다.

예 책의 서문, 곧 머리말에는 책을 지은 목적이 드러나 있다.
예 원만한 인간관계는 말과 관련한 예의, 즉 언어 예절을 갖추는 것에서 시작된다.
예 호준이 어머니, 다시 말해 나의 누님은 올해로 결혼한 지 20년이 된다.
예 나에게도 작은 소망, 이를테면 나만의 정원을 가졌으면 하는 소망이 있어.

(9) 문장 앞부분에서 조사 없이 쓰인 제시어나 주제어의 뒤에 쓴다.

예 돈, 돈이 인생의 전부이더냐?
예 열정, 이것이야말로 젊은이의 가장 소중한 자산이다.
예 지금 네가 여기 있다는 것, 그것만으로도 나는 충분히 행복해.
예 저 친구, 저러다가 큰일 한번 내겠어.
예 그 사실, 넌 알고 있었지?

(10) 한 문장에 같은 의미의 어구가 반복될 때 앞에 오는 어구 다음에 쓴다.

예 그의 애국심, 몸을 사리지 않고 국가를 위해 헌신한 정신을 우리는 본받아야 한다.

(11) 도치문에서 도치된 어구들 사이에 쓴다.

예 이리 오세요, 어머님.　　　예 다시 보자, 한강수야.

(12) 바로 다음 말과 직접적인 관계에 있지 않음을 나타낼 때 쓴다.

예 갑돌이는, 울면서 떠나는 갑순이를 배웅했다.
예 철원과, 대관령을 중심으로 한 강원도 산간 지대에 예년보다 일찍 첫눈이 내렸습니다.

(13) 문장 중간에 끼어든 어구의 앞뒤에 쓴다.

예 나는, 솔직히 말하면, 그 말이 별로 탐탁지 않아.
예 영호는 미소를 띠고, 속으로는 화가 치밀어 올라 잠시라도 견딜 수 없을 만큼 괴로웠지만, 그들을 맞았다.

[붙임 1] 이때는 쉼표 대신 줄표를 쓸 수 있다.

예 나는 — 솔직히 말하면 — 그 말이 별로 탐탁지 않아.
예 영호는 미소를 띠고 — 속으로는 화가 치밀어 올라 잠시라도 견딜 수 없을 만큼 괴로웠지만 — 그들을 맞았다.

[붙임 2] 끼어든 어구 안에 다른 쉼표가 들어 있을 때는 쉼표 대신 줄표를 쓴다.

예 이건 내 것이니까 — 아니, 내가 처음 발견한 것이니까 — 절대로 양보할 수 없다.

(14) 특별한 효과를 위해 끊어 읽는 곳을 나타낼 때 쓴다.

예 내가, 정말 그 일을 오늘 안에 해낼 수 있을까?
예 이 전투는 바로 우리가, 우리만이, 승리로 이끌 수 있다.

(15) 짧게 더듬는 말을 표시할 때 쓴다.

예 선생님, 부, 부정행위라니요? 그런 건 새, 생각조차 하지 않았습니다.

[붙임] '쉼표' 대신 '반점'이라는 용어를 쓸 수 있다.

5. 가운뎃점(·)

(1) 열거할 어구들을 일정한 기준으로 묶어서 나타낼 때 쓴다.

예 민수 · 영희, 선미 · 준호가 서로 짝이 되어 윷놀이를 하였다.
예 지금의 경상남도 · 경상북도, 전라남도 · 전라북도, 충청남도 · 충청북도 지역을 예부터 삼남이라 일러 왔다.

(2) 짝을 이루는 어구들 사이에 쓴다.

예 한(韓) · 이(伊) 양국 간의 무역량이 늘고 있다.
예 우리는 그 일의 참 · 거짓을 따질 겨를도 없었다.
예 하천 수질의 조사 · 분석
예 빨강 · 초록 · 파랑이 빛의 삼원색이다.

다만, 이때는 가운뎃점을 쓰지 않거나 쉼표를 쓸 수도 있다.

예 한(韓) 이(伊) 양국 간의 무역량이 늘고 있다.
예 우리는 그 일의 참 거짓을 따질 겨를도 없었다.
예 하천 수질의 조사, 분석
예 빨강, 초록, 파랑이 빛의 삼원색이다.

(3) 공통 성분을 줄여서 하나의 어구로 묶을 때 쓴다.

예 상 · 중 · 하위권 예 금 · 은 · 동메달
예 통권 제54 · 55 · 56호

[붙임] 이때는 가운뎃점 대신 쉼표를 쓸 수 있다.

예 상, 중, 하위권 예 금, 은, 동메달
예 통권 제54, 55, 56호

6. 쌍점(:)

(1) 표제 다음에 해당 항목을 들거나 설명을 붙일 때 쓴다.

예 문방사우: 종이, 붓, 먹, 벼루
예 일시: 2014년 10월 9일 10시
예 흔하진 않지만 두 자로 된 성씨도 있다.(예: 남궁, 선우, 황보)
예 올림표(#): 음의 높이를 반음 올릴 것을 지시한다.

(2) 희곡 등에서 대화 내용을 제시할 때 말하는 이와 말한 내용 사이에 쓴다.

예 김 과장: 난 못 참겠다.
예 아들: 아버지, 제발 제 말씀 좀 들어 보세요.

(3) 시와 분, 장과 절 등을 구별할 때 쓴다.

예 오전 10:20(오전 10시 20분)
예 두시언해 6:15(두시언해 제6권 제15장)

(4) 의존명사 '대'가 쓰일 자리에 쓴다.

예 65:60(65 대 60)　　예 청군:백군(청군 대 백군)

[붙임] 쌍점의 앞은 붙여 쓰고 뒤는 띄어 쓴다. 다만, (3)과 (4)에서는 쌍점의 앞뒤를 붙여 쓴다.

7. 빗금(/)

(1) 대비되는 두 개 이상의 어구를 묶어 나타낼 때 그 사이에 쓴다.

예 먹이다/먹히다　　예 남반구/북반구
예 금메달/은메달/동메달
예 (　)이/가 우리나라의 보물 제1 호이다.

(2) 기준 단위당 수량을 표시할 때 해당 수량과 기준 단위 사이에 쓴다.

예 100미터/초　　예 1,000원/개

(3) 시의 행이 바뀌는 부분임을 나타낼 때 쓴다.

예 산에 / 산에 / 피는 꽃은 / 저만치 혼자서 피어 있네

다만, 연이 바뀜을 나타낼 때는 두 번 겹쳐 쓴다.

예 산에는 꽃 피네 / 꽃이 피네 / 갈 봄 여름 없이 / 꽃이 피네 // 산에 / 산에 / 피는 꽃은 / 저만치 혼자서 피어 있네

[붙임] 빗금의 앞뒤는 (1)과 (2)에서는 붙여 쓰며, (3)에서는 띄어 쓰는 것을 원칙으로 하되 붙여 쓰는 것을 허용한다. 단, (1)에서 대비되는 어구가 두 어절 이상인 경우에는 빗금의 앞뒤를 띄어 쓸 수 있다.

8. 큰따옴표(“ ”)

(1) 글 가운데에서 직접 대화를 표시할 때 쓴다.

예 “어머니, 제가 가겠어요.”
“아니다. 내가 다녀오마.”

(2) 말이나 글을 직접 인용할 때 쓴다.

예 나는 “어, 광훈이 아니냐?” 하는 소리에 깜짝 놀랐다.
예 밤하늘에 반짝이는 별들을 보면서 “나는 아무 걱정도 없이 가을 속의 별들을 다 헬 듯합니다.”라는 시구를 떠올렸다.
예 편지의 끝머리에는 이렇게 적혀 있었다.
“할머니, 편지에 사진을 동봉했다고 하셨지만 봉투 안에는 아무것도 없었어요.”

9. 작은따옴표(‘ ’)

(1) 인용한 말 안에 있는 인용한 말을 나타낼 때 쓴다.

예 그는 “여러분! ‘시작이 반이다.’라는 말 들어 보셨죠?”라고 말하며 강연을 시작했다.

(2) 마음속으로 한 말을 적을 때 쓴다.

예 나는 ‘일이 다 틀렸나 보군.’ 하고 생각하였다.
예 ‘이번에는 꼭 이기고야 말겠어.’ 호연이는 마음속으로 몇 번이나 그렇게 다짐하며 주먹을 불끈 쥐었다.

10. 소괄호(( ))

(1) 주석이나 보충적인 내용을 덧붙일 때 쓴다.

예 니체(독일의 철학자)의 말을 빌리면 다음과 같다.
예 2014. 12. 19.(금)
예 문인화의 대표적인 소재인 사군자(매화, 난초, 국화, 대나무)는 고결한 선비 정신을 상징한다.

(2) 우리말 표기와 원어 표기를 아울러 보일 때 쓴다.

예 기호(嗜好), 자세(姿勢)　　예 커피(coffee), 에티켓(étiquette)

(3) 생략할 수 있는 요소임을 나타낼 때 쓴다.

예 학교에서 동료 교사를 부를 때는 이름 뒤에 '선생(님)'이라는 말을 덧붙인다.
예 광개토(대)왕은 고구려의 전성기를 이끌었던 임금이다.

(4) 희곡 등 대화를 적은 글에서 동작이나 분위기, 상태를 드러낼 때 쓴다.

예 현우: (가쁜 숨을 내쉬며) 왜 이렇게 빨리 뛰어?
예 "관찰한 것을 쓰는 것이 습관이 되었죠. 그러다 보니, 상상력이 생겼나 봐요." (웃음)

(5) 내용이 들어갈 자리임을 나타낼 때 쓴다.

예 우리나라의 수도는 (　　)이다.
예 다음 빈칸에 알맞은 조사를 쓰시오.
민수가 할아버지(　) 꽃을 드렸다.

(6) 항목의 순서나 종류를 나타내는 숫자나 문자 등에 쓴다.

예 사람의 인격은 (1) 용모, (2) 언어, (3) 행동, (4) 덕성 등으로 표현된다.
예 (가) 동해, (나) 서해, (다) 남해

11. 중괄호({ })

(1) 같은 범주에 속하는 여러 요소를 세로로 묶어서 보일 때 쓴다.

예 주격 조사 { 이 / 가 }

예 국가의 성립 요소 { 영토 / 국민 / 주권 }

(2) 열거된 항목 중 어느 하나가 자유롭게 선택될 수 있음을 보일 때 쓴다.

예 아이들이 모두 학교{에, 로, 까지} 갔어요.

12. 대괄호([ ])

(1) 괄호 안에 또 괄호를 쓸 필요가 있을 때 바깥쪽의 괄호로 쓴다.

예 어린이날이 새로 제정되었을 당시에는 어린이들에게 경어를 쓰라고 하였다. [윤석중 전집(1988), 70쪽 참조]

예 이번 회의에는 두 명[이혜정(실장), 박철용(과장)]만 빼고 모두 참석했습니다.

(2) 고유어에 대응하는 한자어를 함께 보일 때 쓴다.

예 나이[年歲] 예 낱말[單語]

예 손발[手足]

(3) 원문에 대한 이해를 돕기 위해 설명이나 논평 등을 덧붙일 때 쓴다.

예 그것[한글]은 이처럼 정보화 시대에 알맞은 과학적인 문자이다.

예 신경준의 ≪여암전서≫에 "삼각산은 산이 모두 돌 봉우리인데, 그 으뜸 봉우리를 구름 위에 솟아 있다고 백운(白雲)이라 하며 [이하 생략]"

예 그런 일은 결코 있을 수 없다.[원문에는 '업다'임.]

13. 겹낫표(『 』)와 겹화살괄호(≪ ≫)

책의 제목이나 신문 이름 등을 나타낼 때 쓴다.

예 우리나라 최초의 민간 신문은 1896년에 창간된 『독립신문』이다.
예 『훈민정음』은 1997년에 유네스코 세계 기록 유산으로 지정되었다.
예 ≪한성순보≫는 우리나라 최초의 근대 신문이다.
예 윤동주의 유고 시집인 ≪하늘과 바람과 별과 시≫에는 31편의 시가 실려 있다.

[붙임] 겹낫표나 겹화살괄호 대신 큰따옴표를 쓸 수 있다.

예 우리나라 최초의 민간 신문은 1896년에 창간된 "독립신문"이다.
예 윤동주의 유고 시집인 "하늘과 바람과 별과 시"에는 31편의 시가 실려 있다.

14. 홑낫표(「 」)와 홑화살괄호(〈 〉)

소제목, 그림이나 노래와 같은 예술 작품의 제목, 상호, 법률, 규정 등을 나타낼 때 쓴다.

예 「국어 기본법 시행령」은 「국어 기본법」에서 위임된 사항과 그 시행에 필요한 사항을 규정함을 목적으로 한다.
예 이 곡은 베르디가 작곡한 「축배의 노래」이다.
예 사무실 밖에 「해와 달」이라고 쓴 간판을 달았다.
예 <한강>은 사진집 ≪아름다운 땅≫에 실린 작품이다.
예 백남준은 2005년에 <엄마>라는 작품을 선보였다.

[붙임] 홑낫표나 홑화살괄호 대신 작은따옴표를 쓸 수 있다.

예 사무실 밖에 '해와 달'이라고 쓴 간판을 달았다.
예 '한강'은 사진집 "아름다운 땅"에 실린 작품이다.

15. 줄표(—)

제목 다음에 표시하는 부제의 앞뒤에 쓴다.

예 이번 토론회의 제목은 '역사 바로잡기 — 근대의 설정 —'이다.
예 '환경 보호 — 숲 가꾸기 —'라는 제목으로 글짓기를 했다.

다만, 뒤에 오는 줄표는 생략할 수 있다.

예 이번 토론회의 제목은 '역사 바로잡기 — 근대의 설정'이다.
예 '환경 보호 — 숲 가꾸기'라는 제목으로 글짓기를 했다.

[붙임] 줄표의 앞뒤는 띄어 쓰는 것을 원칙으로 하되, 붙여 쓰는 것을 허용한다.

16. 붙임표(-)

(1) 차례대로 이어지는 내용을 하나로 묶어 열거할 때 각 어구 사이에 쓴다.

예 멀리뛰기는 도움닫기-도약-공중 자세-착지의 순서로 이루어진다.
예 김 과장은 기획-실무-홍보까지 직접 발로 뛰었다.

(2) 두 개 이상의 어구가 밀접한 관련이 있음을 나타내고자 할 때 쓴다.

예 드디어 서울-북경의 항로가 열렸다.
예 원-달러 환율 예 남한-북한-일본 삼자 관계

17. 물결표(~)

기간이나 거리 또는 범위를 나타낼 때 쓴다.

예 9월 15일~9월 25일 예 김정희(1786~1856)
예 서울~천안 정도는 출퇴근이 가능하다.
예 이번 시험의 범위는 3~78쪽입니다.

[붙임] 물결표 대신 붙임표를 쓸 수 있다.

예 9월 15일-9월 25일 예 김정희(1786-1856)
예 서울-천안 정도는 출퇴근이 가능하다.

예 이번 시험의 범위는 3－78쪽입니다.

18. 드러냄표(˙)와 밑줄(____)

문장 내용 중에서 주의가 미쳐야 할 곳이나 중요한 부분을 특별히 드러내 보일 때 쓴다.

예 한글의 본디 이름은 훈민정음이다.
예 중요한 것은 왜 사느냐가 아니라 어떻게 사느냐이다.
예 지금 필요한 것은 지식이 아니라 실천입니다.
예 다음 보기에서 명사가 아닌 것은?

[붙임] 드러냄표나 밑줄 대신 작은따옴표를 쓸 수 있다.

예 한글의 본디 이름은 ‘훈민정음’이다.
예 중요한 것은 ‘왜 사느냐’가 아니라 ‘어떻게 사느냐’이다.
예 지금 필요한 것은 ‘지식’이 아니라 ‘실천’입니다.
예 다음 보기에서 명사가 ‘아닌’ 것은?

19. 숨김표(○, ×)

(1) 금기어나 공공연히 쓰기 어려운 비속어임을 나타낼 때, 그 글자의 수효만큼 쓴다.

예 배운 사람 입에서 어찌 ○○○란 말이 나올 수 있느냐?
예 그 말을 듣는 순간 ×××란 말이 목구멍까지 치밀었다.

(2) 비밀을 유지해야 하거나 밝힐 수 없는 사항임을 나타낼 때 쓴다.

예 1차 시험 합격자는 김○영, 이○준, 박○순 등 모두 3명이다.
예 육군 ○○ 부대 ○○○ 명이 작전에 참가하였다.
예 그 모임의 참석자는 김×× 씨, 정×× 씨 등 5명이었다.

20. 빠짐표(□)

(1) 옛 비문이나 문헌 등에서 글자가 분명하지 않을 때 그 글자의 수효만큼 쓴다.

예 大師爲法主□□賴之大□薦

(2) 글자가 들어가야 할 자리를 나타낼 때 쓴다.

예 훈민정음의 초성 중에서 아음(牙音)은 □□□의 석 자다.

21. 줄임표(……)

(1) 할 말을 줄였을 때 쓴다.

예 "어디 나하고 한번……." 하고 민수가 나섰다.

(2) 말이 없음을 나타낼 때 쓴다.

예 "빨리 말해!"
"……."

(3) 문장이나 글의 일부를 생략할 때 쓴다.

예 '고유'라는 말은 문자 그대로 본디부터 있었다는 뜻은 아닙니다. …… 같은 역사적 환경에서 공동의 집단생활을 영위해 오는 동안 공동으로 발견된, 사물에 대한 공동의 사고방식을 우리는 한국의 고유 사상이라 부를 수 있다는 것입니다.

(4) 머뭇거림을 보일 때 쓴다.

예 "우리는 모두…… 그러니까…… 예외 없이 눈물만…… 흘렸다."

[붙임 1] 점은 가운데에 찍는 대신 아래쪽에 찍을 수도 있다.

예 "어디 나하고 한번......" 하고 민수가 나섰다.

예 "실은...... 저 사람...... 우리 아저씨일지 몰라."

[붙임 2] 점은 여섯 점을 찍는 대신 세 점을 찍을 수도 있다.

예 "어디 나하고 한번…." 하고 민수가 나섰다.
예 "실은... 저 사람... 우리 아저씨일지 몰라."

[붙임 3] 줄임표는 앞말에 붙여 쓴다. 다만, (3)에서는 줄임표의 앞뒤를 띄어 쓴다.

제2장

띄어쓰기론

2.1. '띄어쓰기' 기본 원리와 개정 과정

2.2. 「한글 맞춤법」(1988)의 '띄어쓰기' 규정 해설

제1절 조사

제2절 의존 명사, 단위를 나타내는 명사 및 열거하는 말 등

제3절 보조 용언

제4절 고유 명사 및 전문 용어

2.1. '띄어쓰기' 기본 원리와 개정 과정

한글 띄어쓰기는 우리나라만의 독특한 글쓰기 방식이다. 띄어쓰기가 우리의 언어생활에 있어 매우 중요하다는 것은 누구나 다 알고 있는 사실이다. 극단적이기는 하지만, 띄어쓰기의 중요성을 확인할 수 있는 예를 제시하면 다음과 같다.

가. 아기다리 고기다리던 개강이다. 우리 함께 모이자.
나. 아버지 가방에 들어가신다.

위 예문은 '아, 기다리고 기다리던 개강이다', '아버지가 방에 들어가신다'를 장난스럽게 일부러 띄어쓰기를 변형시킨 것이지만 띄어쓰기의 중요성을 상징적으로 보여 준다. 물론 위와 같은 경우는 금방 잘못된 것임을 알아차릴 수 있어 크게 문제가 되지는 않지만 아래와 같이 띄어 쓸 때와 띄어 쓰지 않을 때의 의미가 모두 성립할 수 있는 것은 큰 문제가 된다.

가. 수정이는 큰 집으로 들어갔다.
나. 수정이는 큰집으로 들어갔다.

(가)에서 '큰'은 '집'을 꾸며 주는 관형어로, 문장의 의미는 겉모양이 큰 집에 들어갔다는 것이다. (나)에서 '큰집'은 합성어로, 큰아버지 댁으로 들어갔다는 뜻이 된다. '큰 집'은 구(句) 구성이고, '큰집'은 하나의 합성어이다. 합성어라면 그 구성 성분들을 붙여 써야 하지만, 구(句)라면 그 구성 성분들을 모두 띄어 써야 한다.

위의 예들을 통해 띄어쓰기의 중요성은 쉽게 인식할 수 있으나 실제 글쓰기에서 정확하게 띄어 쓰는 것은 그리 간단하지도 쉽지도 않다. 특히 의미 변화에 큰 영향을 주지 않는 경우는 더욱 혼동되기도 한다. 이에 언중들이 글을 읽을 때 보다 쉽게 의미를 이해하는 것을 돕도록 한글 맞춤법의 띄어쓰기 규정이 제정되었고, 이후 여러 차례 개정되었다.

띄어쓰기 역사는 크게 무규범기와 규범기로 나누어 살펴볼 수 있다. 무규범기의 띄어쓰기는 개화기 때 선교사들의 회화 학습서들에서 단편적으로 보이기 시작하다가 '독립신문'의 창간호(1896. 4. 7.)부터 본격적으로 나타난 후에 「한글 마춤법 통일안」(1933)이 나타나기까지의 기간이다. 규범기는 조선어학회에서 정한 「한글 마춤법 통일안」(1933)의 띄어쓰기 규정에서 시작되어 몇 차례의 개정과 광복 후 정부 최초의 띄어쓰기 규정인 「한글 띄어쓰기」(1949)를 거쳐 현행 규정인 「한글 맞춤법」(1988)에 이르는 기간이다.

1933년 「한글 마춤법 통일안」 (1933. 10. 29.)

일제 강점기인 1912년에 공포된 「보통 학교용 언문 철자법」을 한층 발전시킨 것으로, 총론 3장에 "문장의 각 단어는 띄어 쓰되, 토는 윗말에 붙여 쓴다."라는 '띄어쓰기' 규정을 두었다. 이 규정으로 우리의 문자 생활은 이전과 크게 달라지게 되었다. 전체가 총론 3개항과 각론 7장(총 65개항), 2개 부록으로 되어 있는데 그중에 총론 삼(三)과 제7장의 61~65항까지가 띄어쓰기 규정이고, 부록 2에 문장 부호 16개항도 나와 있다. 의존 명사와 보조 용언류를 붙여 쓴다는 규정이 특징적이다. 그러나 고유 명사, 합성어, 전문 용어의 띄어쓰기는 언급이 없었다.

1946년 수정안

광복 후 통일안을 일부 수정한 것으로 1988년 「한글 맞춤법」이 나오기까지 「한글 맞춤법」의 근간이 되었다. 띄어쓰기에서 일부 내용을 변경하고 새 규정을 신설하여 1933년 「한글 마춤법 통일안」의 골격이 크게 변하였다.

고유 명사의 띄어쓰기가 처음으로 언급되고, 의존 명사와 보조 용언을 띄어 쓰도록 간접적, 비명시적으로 선언하고 있다. 그러나 합성어 전반에 걸친 문제는 다루지 않았다. 다만 '이곳 저 곳→이곳저곳'처럼 1음절어가 이어질 때는 붙여 쓸 수 있도록 허용하는 규정을 두었다. 또한 '제 이십 일 항'에서 '항'을 '제 이십 일항'으로 붙여 쓸 수 있게 하여 띄어 쓰는 것을 원칙으로 하지만 붙임도 허용했다. 이때 '제(第)'는 뒤에 오는 수사와 띄어 쓰게 하였다.

'열 술 밥'의 경우도 '술'이 단위 명사이므로 1933년 「한글 마춤법 통일안」에서는 당연히 붙여 써야 하지만 1946년 수정안에서는 띄어 쓰는 것을 원칙으로 하고 붙여 쓰는 것을 허용하였다.

1949년 한글 띄어쓰기 규정

1949년 이전에는 조선어학회(한글학회) 주도로 맞춤법, 띄어쓰기 규정이 이루어졌다면, 1949년부터는 정부가 주도하여 규정을 제정하고 정비하였다. 1949년에 제정된 규범은 총칙

2개항과 세칙 18개항으로 구성되었다. 이때 18개 항목은 띄어쓰기의 쟁점이 되는 항목들로, 의존 명사, 보조 용언, 고유 명사, 수, 접미사, 전문어, 합성어 부분이 거론되었다. 의존 명사인 '뻔(당시는 번), 체, 듯, 만, 법, 양…'은 접미사로 다루어 띄어 쓸 수 있도록 허용하였지만, 보조 용언은 띄어쓰기만 허용하였다.

1964년 교정 편람

교정 편람에서는 통일안을 제시하고 세칙을 총 10개항으로 만들었는데 1988년 한글 맞춤법 규정이 나오기까지 이 띄어쓰기 규정이 널리 사용되었다. 세칙 내용은 다음과 같다.

① 체언이나 부사에 붙는 조사는 띄어 쓴다.
② 용언의 어미 또는 어미처럼 굳어버린 숙어는 붙여 쓴다.
③ 불완전 명사는 띄어 쓴다.
④ 수량을 나타내는 명수사(名數詞)는 띄어 쓴다.
⑤ 보조 용언은 띄어 씀을 원칙으로 한다.
⑥ 복합어는 한 덩어리 되게 붙여 쓴다.
⑦ 파생어는 한 덩어리 되게 붙여 쓴다.
⑧ 첩어 또는 준첩어는 한 덩어리 되게 붙여 쓴다.
⑨ 여러 개의 단어로 이루어진 고유 명사나 술어는 띄어 씀을 원칙으로 한다.
⑩ 수를 우리글로 적을 때에는 십진법에 따라 띄어 쓴다.

이 규정은 전체적으로 본문 규정 외에 '다만'과 '참고', ㅇ표로 된 '그러나' 등이 예외 규정으로 제시되어 있어 띄어쓰기 규정이 복잡하고 어렵다는 비판을 받았다. 지나치게 의존 명사를 세분화한 것이나 보조 용언이나 합성 용언을 다룬 규정이 까다롭고, 관형사와 접두사의 구별, 고유 명사와 전문 용어의 인정 여부도 역시 어렵다는 지적을 받았다.

1988년 「한글 맞춤법」

정부 수립 후 최초로 국어연구소를 통해 나온 현행 「한글 맞춤법」은 총론 3개항과 각론 6장으로 되어 있다. 제5장에 띄어쓰기 규칙이 제시되어 있는데, 조사, 의존 명사, 단위 명사, 수, 보조 용언, 고유 명사와 전문 용어 부분을 중심으로 규칙이 제시되어 있다. 반면에 합성어, 파생어와 같은 복합어는 언급되어 있지 않다.

2.2. 「한글 맞춤법」(1988)의 '띄어쓰기' 규정 해설

제1절 조사(제41항)

제2절 의존 명사, 단위를 나타내는 명사 및 열거하는 말 등(제42항~제46항)

제3절 보조 용언(제47항)

제4절 고유 명사 및 전문 용어(제48항~50항)

제1절 조사

제41항 조사는 그 앞말에 붙여 쓴다.

꽃이	꽃마저	꽃밖에	꽃에서부터	꽃으로만
꽃이나마	꽃이다	꽃입니다	꽃처럼	어디까지나
거기도	멀리는	웃고만		

[해설] 조사는 단어이다. 하지만 자립성이 없어 다른 말에 의존해서만 나타나기 때문에 앞말에 붙여 쓴다. 조사는 한국어의 품사 가운데 유일한 의존 형태이므로, 자립성이 있는 체언이나 용언, 부사 뒤에 붙여 쓴다.[1] 또한 '여기에서만은'처럼 조사가 둘 이상 겹치거나 어미 뒤에 올 때도 붙여 쓴다.[2]

1 품사는 단어를 기능, 형태, 의미로 나눈 갈래이다. 품사는 명사, 대명사, 수사, 조사, 부사, 관형사, 동사, 형용사, 감탄사로 나뉜다. 자립성이 있는 말은 체언(명사, 대명사, 수사), 용언(동사, 형용사), 부사를 가리킨다.

2 조사의 종류

가. 격조사: 앞말의 문장성분을 드러내는 역할을 하며 체언과 결합한다. 주격 조사(이/가, 께서), 보격 조사('되다, 아니다' 앞의 이/가), 목적격 조사(을/를/ㄹ), 서술격 조사(-이다), 관형격 조사(의), 부

가. 체언+조사

꽃이　　　　꽃마저　　　　꽃밖에

꽃이나마　　　　꽃처럼　　　　꽃입니다

나. 부사+조사

멀리는　　　　몹시도

다. 체언+조사의 겹침

꽃에서부터(꽃－에서－부터)　　　　꽃으로만(꽃－으로－만)

어디까지나(어디－까지－나)　　　　여기에서만은(여기－에서－만－은)

라. 용언+어미+조사

웃고만(웃－고－만)　　　　갈게요(가－ㄹ게－요)

들어가기는커녕(들어가－기－는커녕)

나가면서까지도(나가－면서－까지－도)

일하면서부터였다(일하－면서－부터－였－다)

제2절 의존 명사, 단위를 나타내는 명사 및 열거하는 말 등

제42항 의존 명사는 띄어 쓴다.

아는 것이 힘이다.　　　　나도 할 수 있다.

먹을 만큼 먹어라.　　　　아는 이를 만났다.

네가 뜻한 바를 알겠다.　　　　그가 떠난 지가 오래다.

사격 조사(에, 에게, 한테, 께, 더러, 보고, 에서, 에게서, 한테서, (으)로, (으)로써, 처럼, 만큼, 보다, 와/과, 같이 등), 호격 조사(아/야)

나. 접속조사: 두 단어를 접속하여 하나의 문장성분이 되게 하는 조사로 체언과 결합한다.(와/과, 하고, (이)며, (이)랑 등)

다. 보조사: 문장성분과 관계없이 의미를 더해 주는 기능을 하는데 체언뿐 아니라 부사나 어미와도 결합하는 특수성을 지닌다.(은/는, 도, 만, 뿐, 부터, 까지, 조차, 마저, 마다, (이)나, (이)나마, (이)라도, (이)든지, (이)야(말로), 은커녕/는커녕, 요, 그려, 마는 등)

[해설] 의존 명사는 명사의 기능을 하지만 단독으로 쓰일 수 없고 앞말에 의존해서 쓰이는 것으로 '것, 데, 분, 바, 리, 수, 따름, 뿐, 이, 지' 등이 있다. 의존 명사는 반드시 그 앞에 꾸며주는 말이 있어야만 쓸 수 있는 의존적인 말이다. 하지만 자립 명사와 같은 기능을 하므로 아래와 같이 앞말과 띄어 쓴다.[3]

먹을 음식이 없다. / 먹을 것이 없다.
좋은 사람이 많다. / 좋은 이가 많다.

그런데 의존 명사가 조사, 어미의 일부, 접미사 등과 형태가 같아 띄어쓰기를 판단할 때 어려운 경우가 있다. 일반적으로 의존 명사인지 아닌지를 판단할 때는 우선 의존 명사 앞에 용언의 관형사형 어미 '－는, －(으)ㄴ, － (으)ㄹ, －던'이 있는지 확인해 보고 있다면 띄어 쓴다.[4]

(1) 의존 명사와 조사

'대로'가 '마음대로, 약속대로'처럼 체언 뒤에 붙어 '그와 같이'라는 뜻을 나타내는 경우에는 조사이므로 붙여 쓰지만, '아는 대로 말하다, 약속한 대로 하다.'와 같이 용언의 관형사형[5] 뒤에 나타나는 경우에는 의존 명사이므로 띄어 쓴다.

마음대로 해. 약속대로 그 시간에 만나요. (조사)
아는 대로 말해 주세요. (의존 명사)
약속한 대로 그 시간에 만나요.

'만큼'이 '하늘만큼 땅만큼, 너만큼 나도 할 수 있다'처럼 체언 뒤에 붙어 '앞말과 비슷한 정도나 한도'라는 뜻을 나타내는 경우에는 조사이므로 붙여 쓴다. 그러나 '노력한 만큼 얻는다, 주는 만큼 받아 왔다'와 같이 용언의 관형사형 뒤에 위치하여 '앞의 내용에 상당한 수량이나 정도임'이라는 뜻을 나타내는 경우에는 의존 명사이므로 띄어 쓴다.

---

3 의존 명사는 관형어의 수식을 받고, 조사와 결합할 수 있으며, 생략할 수 없다는 점에서 명사와 같은 기능을 한다.

4 관형사형 어미는 문장에서 용언(동사, 형용사)의 어간에 붙어 관형사처럼 뒤에 오는 말을 꾸며주는 기능을 하게 하는 어미로 '－ㄴ', '－는', '－던', '－ㄹ' 따위가 있다.

5 관형사형: 동사, 형용사가 활용을 하여 관형사처럼 체언을 꾸미는 역할을 할 수 있다. '－(으)ㄴ'이 붙은 '먹은', '본', '－(으)ㄹ'이 붙은 '갈', '잡을', '－는'이 붙은 '아는'따위이다.

하늘<u>만큼</u> 땅<u>만큼</u> 사랑해. (조사)
너<u>만큼</u> 나도 할 수 있다.
노력한 <u>만큼</u> 얻는다. (의존 명사)
주는 <u>만큼</u> 받아 왔다.

'뿐'이 '너뿐이다, 셋뿐이다'처럼 체언 뒤에 붙어 '그것만이고 더는 없음'을 나타내는 경우에는 조사이므로 앞말과 붙여 쓴다. 그러나 '웃고만 있을 뿐, 소문으로만 들었을 뿐'과 같이 용언의 관형사형 뒤에 위치하여 '다만 어떠하거나 어찌할 따름'이라는 뜻을 나타낼 때는 의존 명사이므로 띄어 쓴다.

사랑하는 사람은 오직 너<u>뿐</u>이야. (조사)
식구가 셋<u>뿐</u>이다.
그저 웃고만 있을 <u>뿐</u>이었다. (의존 명사)
소문으로만 들었을 <u>뿐</u>이네.

'만'이 '하나만, 이것은 그것만 못하다'처럼 체언에 붙어서 '비교나 한정'의 뜻을 나타내는 경우에는 조사이므로 붙여 쓴다. 하지만 '사흘 만에 끝냈다, 화를 낼 만도 하다'와 같이 기간, 시간 등을 나타내는 명사(사흘)나 용언의 관형사형(낼) 뒤에 붙어 '경과한 시간이나 횟수' 또는 '앞말이 뜻하는 동작이나 행동에 타당한 이유가 있음'이라는 뜻을 나타낼 때에는 의존 명사이므로 띄어 쓴다.

하나<u>만</u> 알고 둘은 모른다.(한정) (조사)
이것은 그것<u>만</u> 못하다.(비교)
사흘 <u>만</u>에 모든 일을 끝냈다.(기간, 시간) (의존 명사)
화를 낼 <u>만</u>도 했다.(앞의 동작, 행동에 타당한 이유 있음)

(2) 의존 명사와 어미

의존 명사 '지'는 '어떤 일이 있었던 때로부터 지금까지의 동안'을 나타내는 것으로 주로 '시간의 경과'를 뜻한다. 한편, 어미 '-(으)ㄴ지'는 '얼마나 큰지'를 '얼마나 큰가'로 바꾸어 볼 때 이 둘의 의미가 같고 띄어쓰기도 같다는 사실을 기억한다면 구별하기 쉬울 것이다. 의존 명사 '지'는 띄어 쓰고 어미 '지'는 붙여 쓴다.

그가 언제 떠났는지 모른다. (어미)
집이 얼마나 큰지 모르겠다.
한국에 온 지 20년이 되었다. (의존 명사)
결혼한 지 십 년이 넘었다.

'듯'은 '그는 물 쓰듯이 돈을 쓴다, 생김새가 다르듯이 성격도 다르다'처럼 용언의 어간 '쓰-, 다르-' 뒤에 붙어서 '뒤 절의 내용이 앞 절의 내용과 비슷하거나 같은 정도로 그러함'이라는 뜻을 나타내는 경우에는 어미이므로 앞말에 붙여 쓴다.[6] 그러나 '비가 올 듯 말 듯 하다. 어머니를 빼다 박은 듯 닮았다'처럼 용언의 관형사형 뒤에 위치하여 '유사하거나 같은 정도' 또는 '짐작이나 추측', '어떤 행동이나 일이 일어날 것처럼 보임'이라는 뜻을 나타내는 경우에는 의존 명사이므로 띄어 쓴다.

그는 물 쓰듯이 돈을 쓴다. (어미)
사람마다 생김새가 다르듯이 성격도 다르다.
비가 올 듯 말 듯 하다. (의존 명사)
그는 어머니를 빼다 박은 듯 닮았다.[7]
뛸 듯이 기뻤다.

'-ㄴ바'는 '서류를 검토한바 몇 가지 문제점이 발견되었다'처럼 용언의 어간 뒤에 붙어서 '뒤 절에서 어떤 사실을 말하기 위하여 그 사실이 있게 된 것과 관련된 과거의 어떤 상황을 미리 제시하는 기능을 담당하는 연결 어미이므로 앞말에 붙여 쓴다. 하지만 '뜻한 바를 이루시기 바랍니다, 내가 알던 바와는 다르다'처럼 용언의 관형사형 뒤에 위치하여 '앞에서 말한 내용 그 자체나 일 따위를 나타내는 말'이라는 뜻을 나타내는 경우에는 의존 명사이므로 띄어 쓴다.

서류를 검토한바 몇 가지 문제점이 발견되었다. (어미)
뜻한 바를 이루시기 바랍니다. (의존 명사)
내가 알던 바와는 다르다.
평소에 느낀 바를 말씀해 주십시오.

---

6 '듯'이 '이다'의 어간, 용언의 어간, 어미 '-으시, -었-, -겠-' 뒤에 붙는 경우는 어미이므로 앞말에 붙여 쓴다.
7 이 문장에서 '듯'은 '듯이'의 준말이다.

(3) 의존 명사와 접미사

'차(次)'가 '연구차, 인사차, 사업차'처럼 일부 명사 뒤에 붙을 경우는 '목적'의 뜻을 더하는 접미사이므로 붙여 쓴다. 그러나 '제일 차 세계 대전, 선생님 댁을 수십 차 방문했다'처럼 한자어 뒤에 붙어 '번, 차례'를 나타내거나, '잠이 막 들려던 차에 전화가 왔다'처럼 용언의 관형사형 뒤에 위치하여 '어떠한 일을 하던 기회나 순간'을 뜻할 때, 그리고 '입사 3년 차, 결혼 10년 차'처럼 기간을 나타내는 명사구 뒤에 나타날 때는 의존 명사이므로 띄어 쓴다.

연구차 그 대학을 방문했다.(목적) (접미사)
인사차 들렀다.(목적)
사업차 외국에 출장을 다녀왔다.(목적)
제일 차 세계 대전.(번, 차례) (의존 명사)
선생님 댁을 수십 차 방문했다.(번, 차례)
잠이 막 들려던 차에 전화가 왔다.(기회나 순간)
입사 3년 차에 진급했다.(기간 뒤)
결혼 10년 차에 아이를 낳았다.(기간 뒤)

'식'은 '이게 한국식이지, 현대식으로 지은 집, 수료식, 송별식'처럼 명사 뒤에 붙어 '방식, 의식'이라는 뜻을 더하는 경우는 접미사이므로 붙여 쓴다. 그러나 '그런 식으로 하면 곤란해, 농담하는 식으로 말하면 믿음이 안 간다'와 같이 용언의 관형사형 뒤에서 일정한 방식이나 투를 의미하는 경우는 의존 명사이므로 띄어 쓴다.

이게 한국식이지.(방식) (접미사)
현대식으로 지은 집이네.(방식)
수료식, 송별식, 개업식(의식)
그런 식으로 말하면 곤란해. (의존 명사)
농담하는 식으로 말하면 믿음이 안 간다.

'들'은 '학생들, 친구들'처럼 복수의 뜻을 나타낼 때는 접미사이므로 붙여 쓰고, '콩나물, 시금치, 고사리 들을 넣어 비빔밥을 만들었다'와 같이 둘 이상의 명사 뒤에 위치하여 '등'이라는 의미를 나타내는 경우에는 의존 명사이므로 띄어 쓴다.

학생들이 모두 모였다. (접미사)

친구들과 여행을 가기로 했다.

콩나물, 시금치, 고사리 들을 넣어 비빔밥을 만들었다. (의존 명사)

(4) 1음절 한자어 의존 명사

'초(初), 중(中), 말(末), 간(間), 시(時), 내(內), 측(側)'와 같은 1음절 한자어는 의존 명사이므로 띄어 쓴다. 그러나 한 단어로 굳어져 사용되는 경우는 '그중, 전후, 평상시, 필요시'처럼 붙여 쓴다.

초(初): 학기 초, 올해 초, 21세기 초

중(中): 공사 중, 재학 중, 시험 기간 중, 여행하던 중 / 그중[8]

말(末): 학기 말, 세기 말, 고려 말

내(內): 구역 내, 학교 내 / 연내(年內)

시(時): 외출 시, 위반 시 / 평상시, 유사시, 필요시

간(間): 노사 간, 지역 간, 양국 간 / 모자간, 형제간, 사흘간[9]

측(側): 병원 측, 반대하는 측, 학교 측

1음절 한자어 중에서 '약(約)'과 '총(總)'은 '명, 개, 시간, 원'과 같은 단위성 의존 명사 앞에 쓰이는 관형사로서 '약 300명, 총 20개'처럼 띄어 써야 한다. 또한 '전(前)'은 명사로 '수업 전, 사흘 전, 조금 전'처럼 띄어 쓰고, '전(前)'이 관형사로 쓰인 경우도 '전 방송국 아나운서, 전 학기' 등으로 띄어 쓴다. 후(後)도 '뒤나 다음'을 의미하는 명사로 '경기 후, 수업 후'처럼 앞말과 띄어 쓴다. 다만 '전후(前後)'는 '앞과 뒤' 또는 '일정한 때나 수량에 약간 모자라거나 넘는 것'을 의미하는 한 단어로 '경기 전후, 전후 사정을 살펴라, 30세 전후로 보인다.'처럼 붙여 써야 한다.

약(約): 약 300명, 약 두 시간, 약 2만 명, 생활비의 약 60%가 식비이다.

총(總): 총 20개, 총 백여 명, 총 5천만 원

전(前): 수업 전, 사흘 전, 조금 전

전 방송국 아나운서, 전 학기

---

8 '책을 세 권 샀는데 그중의 한 권이 파본이다.'처럼 '범위가 정해진 여럿 가운데 하나'라는 의미로 사용될 때는 붙여 쓴다.

9 '기간+간(間)'은 '사흘간, 열흘간'처럼 붙여 쓴다.

후(後): 경기 후, 수업 후, 졸업 후

전후(前後): 경기 전후, 전후 사정을 살펴라, 30세 전후로 보인다.

제43항 단위를 나타내는 명사는 띄어 쓴다.

한 개	차 한 대	금 서 돈	소 한 마리
옷 한 벌	열 살	조기 한 손	연필 한 자루
버선 한 죽	집 한 채	신 두 켤레	북어 한 쾌

다만, 순서를 나타내는 경우나 숫자와 어울리어 쓰이는 경우에는 붙여 쓸 수 있다.

두시 삼십분 오초	제일과	삼학년
육층	1446년 10월 9일	2대대
16동 502호	제1실습실	80원
10개	7미터	

[해설] 단위를 나타내는 명사 '개, 명, 권, 장, 송이, 자루, 마리, 벌, 채, 대, 돈, 켤레, 살, 시, 분, 년, 월, 일, 과, 층, 동, 호, 원, 미터' 등은 수량 단위의 의미를 가지고 있는 단위성 의존 명사로서 그 앞의 수 관형사 '한, 두, 세, 네' 등과 띄어 쓴다.[10]

사과 두 개	친구 세 명	책 열 권	나무 한 그루
꽃 한 송이	옷 한 벌	집 두 채	고양이 두 마리
차 한 대	금 서 돈	스무 살	운동장 열 바퀴
북어 한 쾌	구두 한 켤레	조기 한 손	버선 한 죽[11]

10 수 관형사는 단위를 나타내는 말 앞에서 사물의 수나 양을 나타내는 관형사를 말한다. 예를 들어 '사과 한 개 주세요.'에서 '한'은 수 관형사이고 '개'는 단위성 의존 명사(단위명사)이다. 한편 '사과 하나 주세요. 내가 좋아하는 숫자는 칠이다'에서 '하나, 칠'은 체언 중 수사에 해당한다.

11 **제43항 어휘 풀이**
- 돈: 무게의 단위로 귀금속이나 한약재 따위의 무게를 잴 때 쓴다.
- 쾌: 북어를 묶어 세는 단위로 한 쾌는 북어 스무 마리를 이른다.
- 손: 한 손에 잡을 만한 분량을 세는 단위이다. 조기, 고등어, 배추 따위의 한 손은 큰 것 하나와 작은 것 하나를 합한 것을 이르고, 미나리나 파 따위의 한 손은 한 줌 분량을 이른다.
- 죽: 수량을 나타내는 말 뒤에 쓰여 옷, 그릇 따위의 열 가지나 열 개를 묶어 세는 단위이다.

[다만] 수 관형사 뒤에 단위 명사가 붙어서 차례나 순서를 나타내는 경우에는 붙여 쓸 수 있다.[12]

제일 과(원칙) / 제일과(허용)[13] 제삼 장(원칙) / 제삼장(허용)
제6 항(원칙) / 제6항(허용) 제10 조(원칙) / 제10조(허용)

'제'가 생략된 경우라도 차례를 나타내는 말일 때는 앞말과 붙여 쓸 수 있다.

(제)십오 대(원칙) / 십오대(허용) (제)팔십칠 회(원칙) / 팔십칠회(허용)
(제)삼십 차(원칙) / 삼십차(허용) (제)육백 번(원칙) / 육백번(허용)
(제)2 대대(원칙) / 2대대(허용) (제)17 사단(원칙) / 17사단(허용)

다음과 같은 경우에도 앞말과 붙여 쓸 수 있다.

(제)일 학년(원칙) / 일학년(허용) (제)육 급(원칙) / 육급(허용)
제1 연구실(원칙) / 제1연구실(허용) 1 연구실(원칙) / 1연구실(허용)
제69 번지(원칙) /제69번지(허용) 69 번지(원칙) / 69번지(허용)

또 연월일, 시각 등도 차례나 순서를 의미하기 때문에 붙여 쓸 수 있다.

이천십팔 년 사 월 오 일(원칙) / 이천십팔년 사월 오일(허용)
네 시 삼십 분(원칙) / 네시 삼십분(허용)

그리고 아라비아 숫자 뒤에 단위 명사가 올 때도 붙여 쓸 수 있다. 아라비아 숫자와 명사를 붙여 쓰는 것이 읽기에 편하고 실제로 붙여 쓰는 사람이 많기 때문에 붙여 쓰는 것을 허용한 것이다. 아라비아 숫자 뒤에 오는 명사는 '시간, 문장'과 같은 자립 명사일 수도 있고, '개, 명, 권'과 같은 의존 명사일 수도 있다.

12 '한글 맞춤법' 제5장의 띄어쓰기 규정 10개 조항 중 제43항과 제46항부터 제50항까지 총 6개 조항에서 붙여 쓰는 것을 허용하는 예를 제시하고 있다.

13 '제(第)'는 한자어 수사 앞에 붙어 '그 숫자에 해당되는 차례'의 뜻을 더하는 접사이다. 접두사는 붙여 써야 하므로 '제 일과, 제 1과'는 틀린 표기이다. 비슷한 예로 '범태평양, 초강대국, 탈대중화' 등은 범(凡), 초(超), 탈(脫)이 접사이기 때문에 붙여 써야 한다.

2 시간(원칙) / 2시간(허용)	10 문장(원칙) / 10문장(허용)
4 학년(원칙) / 4학년(허용)	7 미터(원칙) / 7미터(허용)
200 명(원칙) / 200명(허용)	10 명(원칙) / 10명(허용)
30 병(원칙) / 30병(허용)	6 층(원칙) / 6층(허용)
7 시 20 분(원칙) / 7시 20분(허용)	

이 밖에도 숫자와 함께 자주 사용되는 '－가량, －여, －어치, －짜리, －쯤'은 접미사이므로 앞말과 붙여 써야 한다.

1,000명가량　　200여 명　　천 원어치
십 원짜리　　열 명쯤

반면, 수와 같이 자주 사용하는 관형사 '약'이나 명사 '정도'와 '동안'은 모두 띄어 써야 한다.

약 세 시간 정도 걸린다.　　약 삼 년 동안 배웠다.

제44항 수를 적을 적에는 '만(萬)' 단위로 띄어 쓴다.

십이억 삼천사백오십육만 칠천팔백구십팔
12억 3456만 7898

[해설] 1933년의 「한글 마춤법 통일안」에서는 수의 한글 표기를 십진법 단위로 띄어 쓰도록 했다. 그러나 십 단위로 띄어 쓰는 것은 지나치게 많이 띄어 쓰게 되어 의미 파악이 쉽지 않고 '천' 단위는 우리말의 수 체계와 맞지 않는다. 또한 일반적으로 수를 읽을 때의 단위 구획과도 맞지 않는다. 이런 문제점을 해소하기 위해 읽을 때 가장 자연스러운 '만' 단위로 띄어 쓰도록 정하게 되었다.

(십 단위) 오백 사십 삼만 육천 칠백 구십 이
(천 단위) 오백 사십삼만육천 칠백구십이
(만 단위) 오백사십삼만 육천칠백구십이

수를 표기할 때 한글로만 적는 방법과 한글과 숫자를 섞어 적는 방법이 있다. 수를 한글로만 표기할 때 '만, 억, 조, 경' 등과 같이 만 단위로 띄어 적고, 한글과 숫자를 섞어 적을 때도 만 단위마다 단위 명사 '만, 억, 조, 경'을 적는다.

십삼조 오천육백이십칠억 삼천사백칠십팔만 이천구백오십
7경 5432조 9876억 7265만 6342
7경 5천4백3십2조 9천8백7십6억 7천2백6십5만 6천3백4십2

한편, 아라비아 숫자로만 적을 때는 숫자를 모두 붙여 쓰고, 천 단위마다 반점을 찍는다.

13,562,734,782,950

은행과 같이 특수한 상황에서는 숫자의 위조나 변조를 막기 위해 전체를 붙여 쓰는 것이 관례로 되어 있다.

금113,560원(금일십일만삼천오백육십원)[14]

제45항 두 말을 이어 주거나 열거할 적에 쓰이는 다음의 말들은 띄어 쓴다.

국장 겸 과장	열 내지 스물	청군 대 백군
책상, 걸상 등이 있다	이사장 및 이사들	사과, 배, 귤 등등
사과, 배 등속	부산, 광주 등지	

[해설] '겸(兼)'은 '아침 겸 점심, 강당 겸 체육관'처럼 둘 이상의 명사 사이에 쓰여 그 명사들이 나타내는 의미를 아울러 지니고 있음을 나타내는 경우에는 의존 명사이므로 띄어 쓴다. 또한, '부모님도 뵐 겸 친구도 만날 겸 고향에 다녀왔다'처럼 용언의 관형사형 뒤에 위치하여 두 가지 이상의 동작이나 행위를 아울러 함을 나타내는 경우도 의존 명사이므로 띄어 쓴다.

---

14 금액을 적을 때 '천'이 아니라 '일천'으로 적은 것은 '천' 앞에 다른 숫자를 써넣어 금액이 변조되는 것을 막기 위한 것이다.

아침 겸 점심　　　　　　　강당 겸 체육관
부모님도 뵐 겸 친구도 만날 겸 고향에 다녀왔다.

'내지(乃至)'는 '열 명 내지 스무 명'처럼 수량을 나타내는 말 사이에 쓰여 '얼마에서 얼마까지'의 뜻을 나타내는 부사로 다음과 같이 띄어 쓴다.

열 명 내지 스무 명　　　　만 원 내지 이만 원
백 평 내지 이백 평　　　　하루 내지 이틀만 기다려 보세요.

'내지(乃至)'는 '그렇지 않으면, 또는'의 의미로도 사용되는 부사로 모두 띄어 쓴다.

산 내지 들에서만 자라는 식물이다.
그 공연은 매년 서울 내지 부산에서 열린다.

'대(對)'는 '청군 대 백군'처럼 사물과 사물의 대비나 대립을 나타내는 의존 명사이므로 띄어 쓴다. 반면, '대(對)'가 '대국민 담화문, 대중국(對中國) 정책, 대일(對日) 무역'처럼 고유 명사를 포함하는 대다수 명사 앞에 붙어 '그것을 상대로 한' 또는 '그것에 대항하는'의 뜻을 더하는 경우는 접두사이므로 붙여 쓴다.

남자 대 여자	청군 대 백군	4 대 3	(의존 명사)
대국민 담화문	대중국(對中國) 정책	대일(對日) 무역	(접두사)

'및'은 '그리고', '그 밖에', '또'의 뜻으로, 문장에서 같은 종류의 성분을 연결할 때 쓰는 부사로 앞말과 띄어 쓴다.

원서 교부 및 접수
서울, 경기 및 경남 일부 지역에 호우 경보
자원 절약 정신을 학교, 가정 및 지역 사회에 뿌리내리게 해야 한다.

이 외에도 두 말을 이어 주는 말로서 둘 이상의 것 중 하나임을 나타내는 '또는, 혹은'과 같은 말들이 있다. 이들은 '그렇지 아니하면 , 그것이 아니라면, 더러는'의 의미를 지닌 부사로 앞말과 띄어 쓴다.

수요일 또는 금요일에 만나자
집 또는 학교에서 공부한다.
아들 혹은 딸
10년 혹은 20년 동안 외국에 나가 있을 생각이다.

'등(等), 등등'은 명사나 어미 '-는' 뒤에 쓰여 그 밖에도 같은 종류의 것이 더 있음을 나타내는 의존 명사이므로 앞말과 띄어 쓴다.

울산, 구미, 창원 등과 같은 공업 도시
강과 도로가 빠져 있는 등 허술하기 짝이 없는 지도
농산물 시장에는 사과, 배, 귤 등등의 온갖 과일이 넘친다.

'등속(等屬)'은 명사나 어미 '-는' 뒤에 쓰여 나열한 사물과 같은 종류의 것들을 몰아서 이르는 말이고, '등지(等地)'는 지명 뒤에 쓰여 그 밖의 곳들을 줄임을 나타내는 말로 둘 다 의존 명사이므로 띄어 쓴다.

손에 집히는 대로 은수저 다발과 돈뭉치, 금비녀 등속을 꺼내 놓았다.
경주, 부산 등지에서 공연이 열릴 예정이다.
커피는 브라질, 베트남, 콜롬비아 등지에서 많이 난다.

제46항 단음절로 된 단어가 연이어 나타날 적에는 붙여 쓸 수 있다.[15]

좀더 큰것 이말 저말 한잎 두잎

[해설] 단어는 띄어 쓰는 것을 원칙으로 하지만 띄어쓰기의 가장 큰 목적은 글을 읽는 사람

15 2017년 이전에는 제46항의 예시어로 제시되었던 '그 때, 그 곳, 이 곳, 저 곳, 이 곳 저 곳'과 같은 단음절 단어들이 현재는 합성어(한 단어)로 인정을 받아 '그때, 그곳, 이곳, 저곳, 이곳저곳'처럼 붙여 쓰게 되었다.

이 의미를 빠르고 정확하게 이해하는 데 있다. 그런데 1음절 단어를 모두 띄어 쓰면 의미를 파악하기가 더 어렵다. 그래서 의미를 보다 분명하게 전달하기 위해 붙여 쓰는 것을 허용하는 규정을 둔 것이다.

좀 더 큰 것(원칙)→좀더∨큰것(허용)
이 말 저 말(원칙)→이말∨저말(허용)
한 잎 두 잎(원칙)→한잎∨두잎(허용)
내 것 네 것(원칙)→내것∨네것(허용)
물 한 컵(원칙)→물∨한컵(허용)

그런데 단음절로 된 단어가 연이어 나올 때 붙여 쓰는 것을 허용하는 범위에는 제약이 있다.

첫째, '좀더큰∨ 것', '좀∨더큰것, 물한컵'처럼 세 개 이상의 음절을 붙여 쓰지 않는다. 단음절로 된 단어가 연이어 나올 때 두 개의 음절은 붙일 수 있지만, 세 개 이상의 음절을 붙이는 것은 적절하지 않다.

둘째, 연속되는 단음절어가 연이어 나올 때 의미 단위를 고려하여 붙여 쓸 수 있다. 예를 들어, '좀∨더∨큰∨것/좀더∨큰것'에서 '좀'과 '더'는 '부사+부사'이고, '큰'과 '것'은 '관형어+명사'의 구조를 갖는다. 이와 같이 의미가 자연스럽게 이어지는 경우 붙여 쓸 수 있다. 그러나 '좀∨더큰∨것'처럼 '부사+관형어'의 구조는 붙여 쓸 수 없다.

셋째, '부사+부사'의 구조라도 의미상 한 덩어리로 묶이기 어려운 말은 붙여 쓰지 않는다. '다∨못∨먹는다.'를 '다못∨먹는다.'로 붙여 쓴다면 뒷말을 꾸며주는 '못'의 역할과 맞지 않기 때문에 앞말과 붙여 쓸 수 없다. '물∨한∨컵'은 '물∨한컵'으로 붙여 적으면 의미적으로 자연스럽지만 '물한∨컵'으로 적는다면 뒤에 오는 명사를 꾸며주는 수 관형사 '한'의 역할과 맞지 않아 자연스럽지 않다.

넷째, '관형어+관형어'의 구조 또한 붙여 쓸 수 없다. '이∨새∨옷'은 의미로 볼 때 '이∨새옷'으로 붙여 쓸 수 있다. 그러나 관형사인 '이'와 '새'를 붙여 써서 '이새∨옷'이라고 적을 경우 의미가 분명하게 전달되지 않고 부자연스럽다.

제3절 보조 용언

제47항 보조 용언은 띄어 씀을 원칙으로 하되, 경우에 따라 붙여 씀도 허용한다.(ㄱ을 원칙으로 하고, ㄴ을 허용함.)

ㄱ	ㄴ
불이 꺼져 간다.	불이 꺼져간다.
내 힘으로 막아 낸다.	내 힘으로 막아낸다.
어머니를 도와 드린다.	어머니를 도와드린다.
그릇을 깨뜨려 버렸다.	그릇을 깨뜨려버렸다.
비가 올 듯하다.	비가 올듯하다.
그 일은 할 만하다.	그 일은 할만하다.
일이 될 법하다.	일이 될법하다.
비가 올 성싶다.	비가 올성싶다.
잘 아는 척한다.	잘 아는척한다.

다만, 앞말에 조사가 붙거나 앞말이 합성 용언인 경우, 그리고 중간에 조사가 들어갈 적에는 그 뒤에 오는 보조 용언은 띄어 쓴다.

잘도 놀아만 나는구나!
네가 덤벼들어 보아라.
그가 올 듯도 하다.
책을 읽어도 보고…….
이런 기회는 다시없을 듯하다.
잘난 체를 한다.

[해설] 본용언은 문장에서 의미의 중심이 되는 용언으로서 스스로 자립하여 실질적인 의미를 나타내는 용언을 말하고, 보조 용언은 자립성이 없어 반드시 다른 용언의 뒤에 붙어서 그 의미를 더하여 주는 용언을 말한다. 보조 용언에는 보조 동사와 보조 형용사가 있다. 보조 동사는 '가다, 내다, 드리다, 버리다' 등과 같이 '－아/－어' 뒤에 붙는 동사를 말한다. 보조 형용사는 '듯하다, 만하다, 성싶다' 등과 같이 의존 명사에 '하다'나 '싶다'가 붙어서 된 보조 용언을 말한다. 이러한 보조 용언은 실질적인 의미가 없고 자립적이지 않지만 단어에 속하므로 띄어 쓰는 것이 원칙이나 붙여 쓰는 것을 허용하기도 한다.

제47항에서는 보조 용언을 붙여 쓸 수 있는 세 가지 규정에 대해 밝히고 있다.

첫째, '본용언+－아/－어+보조 용언'으로 구성된 경우는 붙여 쓸 수 있다.

끝나 간다(원칙) / 끝나간다(허용)
내 힘으로 이겨 냈다(원칙) / 내 힘으로 이겨냈다(허용)
잃어 버렸다(원칙) / 잃어버렸다(허용)

본용언에 결합되는 어미는 '－아/－어'로 한정되며 어미 '－게, －지, －고'와 연결된 보조 용언은 반드시 띄어 써야 한다.

바쁘게 산다(원칙) / 바쁘게산다(×)
가지 마세요(원칙) / 가지마세요(×)
보고 싶군요(원칙) / 보고싶군요(×)

또한 본용언과 보조 용언의 구성에서 어미 '－아/－어'는 '－아서/－어서'로 바꾸어 쓸 수 없다. '－아서/－어서'가 붙는 경우는 뒤의 단어가 보조 용언이 아니다. 본용언에 다른 어미가 결합하거나 다른 성분의 단어가 삽입될 수 있으면 '본용언+본용언' 구성이다.

(본용언+보조 용언)	(본용언+본용언)
끝나 간다/끝나간다	끝나서 간다
이겨 냈다/이겨냈다	이겨서 냈다
찢어 버렸다/찢어버렸다	찢어서 버렸다

둘째, '관형사형(－은/ㄴ, －는, －을/ㄹ, －던)+보조 용언(의존 명사+－하다/싶다)으로 구성된 경우 붙여 쓸 수 있다. 의존명사 '양, 척, 체, 만, 법, 듯, 성, 뻔' 등과 '하다, 싶다'가 결합한 보조 용언의 경우 앞의 관형사형 어미와 붙여 쓸 수 있다.

비가 올 듯하다(원칙) / 비가 올듯하다(허용)
일이 될 법하다(원칙) / 일이 될법하다(허용)
모르는 체하다(원칙) / 모르는체하다(허용)
좋을 성싶다(원칙) / 좋을성싶다(허용)

다칠 뻔했다(원칙) / 다칠뻔했다(허용)

그러나 보조 용언의 중간에 조사가 들어가면 띄어 써야 한다.

비가 올 듯도 하다(○) / 비가 올듯도하다(×)
일이 될 법도 하다(○) / 일이 될법도하다(×)
모르는 체를 하다(○) / 모르는체를하다(×)
만나는 보았다(○) / 만나는보았다(×)

셋째, '명사형(-ㅁ/음)+보조 용언(직하다)'의 구성으로 쓰이는 경우도 붙여 쓸 수 있다. 명사형(-ㅁ/음) 뒤에 오는 보조 용언으로는 '직하다'가 유일하다.

믿었음 직한데 속지 않는다(원칙) / 믿었음직한데 속지 않는다(허용)
새가 모이를 먹었음 직하다(원칙) / 새가 모이를 먹었음직하다(허용)
사표를 낸 게 사실임 직하다(원칙) / 사표를 낸 게 사실임직하다(허용)

[다만] 다음의 두 가지 경우는 붙여 쓸 수 없다.
첫째, 보조 용언 앞에 '-(으)ㄴ가, -나, -는가, -(으)ㄹ까, -지' 등의 종결 어미가 있는 경우에는 보조 용언을 그 앞말에 붙여 쓸 수 없다.

꿈인가 싶다(○) / 꿈인가싶다(×)
이 일을 왜 시작했나 싶다(○) / 이 일을 왜 시작했나싶다(×)
언제 오는가 싶어 전화했다.(○) / 언제 오는가싶어 전화했다.(×)
시험에서 떨어질까 싶어 조마조마했다.(○)
시험에서 떨어질까싶어 조마조마했다.(×)
아무래도 힘들겠지 싶었다.(○) / 아무래도 힘들겠지싶었다.(×)

둘째, 앞말에 조사가 붙거나 앞말이 합성 용언인 경우는 보조 용언을 붙여 쓰지 않는다.

가. 조사가 붙은 경우
놀아만 나는구나 / 책을 읽어도 보고

나. 앞말이 합성 용언

덤벼+들다→덤벼들어 보아라(○)　덤벼들어보아라(×)

한편, 합성 용언이라도 두 음절이 넘지 않는 경우는 붙여 쓸 수 있다. 또한 보조 용언이 연속되는 경우는 앞의 보조 용언만 붙여 쓸 수 있다.

가. 짧은 합성 용언

나가 버렸다.(○) / 나가버렸다(○)

빛나 보인다.(○) / 빛나보인다(○)

나. 보조 용언의 연속

읽어 볼 만하다(○) / 읽어볼 만하다(○) / 읽어 볼만하다(×)

반면에, '－아/－어 지다'와 '－아/－어 하다'가 붙는 경우는 보조 용언을 앞말에 붙여 쓴다. '지다'와 '하다'는 사전에서 보조 용언으로 다루고 있어서 띄어쓰기해야 할 것으로 생각할 수 있다. 하지만 '－아/－어 지다'가 붙어서 타동사나 형용사가 자동사처럼 쓰이고 '－아/－어 하다'가 붙어서 형용사가 타동사처럼 쓰인다는 점에서 붙여 쓴다.

가. '－아/－어 지다'가 붙는 경우

마음이 따뜻해진다.　　한국 생활에 익숙해졌다.

새로운 말이 만들어졌다.　　저녁 약속이 늦춰졌다.

나. '－아/－어 하다'가 붙는 경우

결혼 생활을 행복해한다.　　아이를 예뻐한다.

모임을 즐거워한다.

다만, '아/어 하다'가 '먹고 싶다, 마음에 들다, 내키지 않다' 등의 구(句)[16]와 결합하는 경우에는 띄어 쓴다.

16 '구(句)'란 둘 이상의 단어가 모여 절이나 문장의 일부분을 이루는 토막. 종류에 따라 명사구, 동사구, 형용사구, 관형사구, 부사구 따위로 구분한다. 절(節)은 주어와 서술어를 갖추었으나 독립하여 쓰이지 못하고 다른 문장의 한 성분으로 쓰이는 단위를 말하는데, 구(句)는 단어와 단어의 구성으로 절이나 문장의 일부분을 이루는 단위이다.(문장>절>구)

가. '－아/－어 하다'가 구(句)와 결합하는 경우

쉬고 싶어 했다.(○) / 쉬고 싶어했다.(×)

마음에 들어 한다.(○) / 마음에 들어한다.(×)

그 일을 내키지 않아 했다.(○) / 그 일을 내키지 않아했다.(×)

제4절 고유 명사 및 전문 용어

제48항 성과 이름, 성과 호 등은 붙여 쓰고, 이에 덧붙는 호칭어, 관직명 등은 띄어 쓴다.

김양수(金良洙)	서화담(徐花潭)	채영신 씨
최치원 선생	박동식 박사	충무공 이순신 장군

다만, 성과 이름, 성과 호를 분명히 구분할 필요가 있을 경우에는 띄어 쓸 수 있다.

남궁억/남궁 억　　독고준/독고 준

황보지봉(皇甫芝峰) / 황보 지봉

[해설] 1989년 '한글 맞춤법'이 개정되기 전에는 성과 이름을 띄어 썼다. 성과 이름은 '김 선생님'이나 '양수 씨'처럼 각각 독립적으로 사용될 수 있고 고유한 의미를 지니고 있다. 성은 혈통을 표시하며, 이름은 특정한 개인에게 부여된 식별 부호이므로 성과 이름을 띄어 쓰는 것이 합리적이라고 볼 수 있다. 그런데 우리나라 성(姓)은 대부분이 한 글자로 되어 있어 하나의 단어로 인식되지 않는다. 그리고 성과 이름은 개별적인 단어이면서 하나의 고유 명사이기도 하다. 이러한 이유로 성과 이름을 붙여 쓰기로 한 것이다.

이름과 마찬가지 성격을 지닌 호(號)나 자(字)가 성에 붙는 형식도 이에 준한다. 예를 들어, 성과 이름은 '이순신'처럼 붙여 쓰고, 성과 호(號)[17]나 자(字)[18]도 이름에 붙여 '이충무공'처럼 적는다. 단, 호(號)나 자(字) 등이 성명 앞에 놓이면 '충무공 이순신'처럼 띄어 쓴다. 성명 뒤에

17 호(號)는 본명이나 자 이외에 쓰는 이름으로 별명, 별호라고도 하는데 허물없이 쓰기 위하여 지은 이름이다.

18 자(字)는 본이름 외에 부르는 이름. 예전에, 이름을 소중히 여겨 함부로 부르지 않았던 관습이 있어서 흔히 관례(冠禮) 뒤에 본이름 대신으로 불렀다.

붙는 호칭어나 관직명 등은 고유 명사와[19] 구별되는 별개의 보통 명사[20]이므로 '이순신 장군'처럼 띄어 쓴다.

이순신(성+이름) 이충무공(성+호) 이율곡(성+호)
충무공 이순신 장군(호+성명+관직명) 율곡 이이(호+성명)
총장 이현구 박사(관직명+성명+호칭) 황희 정승(성명+관직명)
박현우 과장, 박 과장, 김은영 씨, 은영 씨, 김형식 군, 최경희 양

[다만] 성과 이름을 혼동의 쉽거나 성과 이름을 명확히 구분할 필요가 있을 경우에는 띄어 쓸 수 있다. '남궁, 독고, 황보, 제갈'처럼 성이 두 글자 이상이면 다른 사람이 이름과 성을 명확히 구분하기 어려워진다. 예를 들어, '남궁수, 황보성' 같은 성명은 '남-궁수, 황-보영'인지 '남궁-수, 황보-영'인지 혼동의 우려가 있다(가). 규정에서는 '남궁, 독고, 황보'와 같이 두 글자 성만을 제시하고 있으나, 성과 이름의 경계가 혼동될 여지가 있는 경우에도 한 글자 성과 이름을 띄어 쓸 수 있다(나). 또한 성과 호를 구분할 필요가 있을 때도 띄어 쓸 수 있다(다).

가. 서문탁 / 서문 탁 독고영재 / 독고 영재(성+이름)
황보성 / '황'씨인 '보성', '황보'씨인 '성'
나. 선우진 / 선우 진('선우'씨인 '진') / 선 우진('선'씨인 '우진')
다. 황보지봉(皇甫芝峰)/황보 지봉(성+호)

제49항 성명 이외의 고유 명사는 단어별로 띄어 씀을 원칙으로 하되, 단위별로 띄어 쓸 수 있다.(ㄱ을 원칙으로 하고, ㄴ을 허용함.)

ㄱ	ㄴ
대한 중학교	대한중학교
한국 대학교 사범 대학	한국대학교 사범대학

19 고유 명사는 인명, 지명처럼 특정한 사물이나 사람을 다른 것들과 구별하여 부르기 위하여 고유의 기호를 붙인 이름이다. 세상에서 유일하게 존재하는 '해, 달' 따위는 다른 것과 구별할 필요가 없기 때문에 고유 명사에 속하지 않는 반면, '홍길동'과 같은 인명은 동명이인(同名異人)이 있는 경우라도 고유 명사에 속한다. 한편 '홍길동'이 신비한 능력이 있는 사람을 의미하게 되는 경우라면 고유 명사가 아니라 보통 명사화한 것으로 간주되기도 한다.
20 보통 명사는 같은 종류의 모든 사물에 두루 쓰이는 명사로 '사람', '나라', '도시', '강', '지하철' 따위가 있다.

[해설] 성명 이외의 고유 명사는 '한국 대학교 사범 대학'처럼 단어별로 띄어 쓰되, '한국대학교 사범대학'과 같이 단위별로 띄어 쓰는 것을 허용하고 있다. 이는 둘 이상의 단어로 이루어진 고유 명사가 하나의 대상이라는 사실을 분명히 드러내기 위해 단어가 아닌 단위별로 묶어 쓰도록 허용한 것이다. '단위'란 고유 명사를 이루고 있는 구성 요소의 구조적인 묶음이고 서로 접한 관련이 있는 구성 요소의 묶음이다. 즉 고유 명사의 구성 요소를 의미적으로 묶을 수 있는 것에 한하여 붙여 쓸 수 있다는 말이다. '한국 대학교사범 대학'처럼 띄어 쓴다면 의미적으로 자연스럽지 않다.[21]

국립 중앙 박물관(원칙),
국립 중앙박물관 / 국립중앙박물관(허용)
국립중앙 박물관(×)

'용언의 관형사형+명사' 혹은 '명사+조사+명사' 형식으로 된 고유 명사도 다음과 같이 붙여 쓸 수 있다.

착한 어린이집(원칙) / 착한어린이집(허용)
근로자의 날(원칙) / 근로자의날(허용)

또한 '부설(附設), 부속(附屬), 직속(直屬), 산하(傘下)' 따위는 고유 명사가 아니므로 원칙적으로 앞뒤의 말과 띄어 쓴다. 다만, '부속 학교, 부속 초등학교, 부속 중학교, 부속 고등학교, 부속 병원'과 같이 교육 기관 등에 딸린 학교나 병원은 하나의 단위로 다루어 붙여 쓸 수 있다.

한국 대학교 사범 대학 부속 중학교(원칙)
한국대학교 사범대학 부속중학교(허용)
한국대학교사범대학부속중학교(×)

한편 '산, 강, 산맥, 섬, 고원, 평야 이름'처럼 합성어로 굳어진 지명이므로 붙여 쓰며, 지명과 관련된 말들이 외래어에 붙어도 고유어나 한자어와 동일하게 붙여 쓴다.[22]

---

21 둘 이상의 단어가 결합한 고유 명사나 제50항에 나오는 전문 용어의 띄어쓰기를 허용할 때 기준이 보다 명확할 필요가 있다.

22 2017년 3월 개정 후 앞말에 붙여 쓰는 말들: 가(街), 강(江), 고원(高原), 곶(串), 관(關), 궁(宮), 만(灣),

설악산, 에베레스트산
두만강, 나일강
태백산맥, 우랄산맥
남이섬, 발리섬,
개마고원, 데칸고원
김포평야, 도카치평야

제50항 전문 용어는 단어별로 띄어 씀을 원칙으로 하되, 붙여 쓸 수 있다.(ㄱ을 원칙으로 하고, ㄴ을 허용함.)

ㄱ	ㄴ
만성 골수성 백혈병	만성골수성백혈병
중거리 탄도 유도탄	중거리탄도유도탄

[해설] '전문 용어'란 특정한 전문 분야에서 사용하는 용어로 학술 용어나 기술 용어 등을 말한다. 전문 용어는 원칙적으로 '만성 골수성 백혈병'처럼 단어별로 띄어 쓴다. 그런데 전문 용어는 하나의 개념을 둘 이상의 단어가 연속되어 나타내는 경우가 많으므로 '만성골수성백혈병'처럼 편의상 붙여 쓸 수 있도록 허용한 것이다. 다만, '만성골수성 백혈병'이나 '만성 골수성백혈병'처럼 일부는 붙이고 일부는 띄어 쓰지 않도록 주의해야 한다.

만성 골수성 백혈병(원칙)　만성골수성백혈병(허용)
만성골수성 백혈병(×)　만성 골수성백혈병(×)

전문 용어는 일반인들이 이해하기 어려운 전문적인 내용을 담고 있어서 의미를 파악하기가 쉽지 않으므로 되도록 사전을 참고하는 것이 바람직하다. 사전에 없다면 비슷한 용례를 찾아 그것을 기준으로 띄어쓰기를 결정해야 한다. 사전을 찾아보면 '국제^음성^기호(國際

반도(半島), 부(府), 사(寺), 산(山), 산맥(山脈), 섬, 성(城), 성(省), 어(語), 왕(王), 요(窯), 인(人), 족(族), 주(州), 주(洲), 평야(平野), 해(海), 현(縣), 호(湖) (총 26항목)
'표준국어대사전'에 등재되어 있지 않더라도 고유어나 한자어에 붙여 써온 지명과 관련된 말들은 외래어 뒤에도 일관되게 붙여 쓸 수 있다.(예: 서울시, 수원시, 뉴욕시 등)

音聲記號)'처럼 표기된 것을 볼 수 있는데 이 '^' 표시는 띄어 쓰는 것이 원칙이나 붙여 쓸 수도 있다는 뜻이다.[23]

한편, 전문 용어 중에서 '한자로 된 고전 책'의 이름은 합성어이므로 다음과 같이 붙여 쓴다.

삼강행실도, 동의보감, 두시언해, 사씨남정기

그러나 구와 문장 형식으로 된 서양의 고전 또는 현대 책명이나 작품명은 단어별로 띄어 쓴다.

젊은 베르테르의 슬픔　　바람과 함께 사라지다
메밀꽃 필 무렵　　우리들의 일그러진 영웅

또 두 개 이상의 전문 용어가 접속 조사로 이어지는 경우는 전문 용어 단위로 붙여 쓸 수 있다.

자음 동화와 모음 동화(원칙) / 자음동화와 모음동화(허용)

23 '표준국어대사전'에서도 같은 역사적 사건을 '삼일 운동'은 띄어 쓰고, '기미운동'은 붙여 쓰는 등 띄어쓰기와 관련해 명확하지 않은 부분들이 있다.

제3장

표준어론

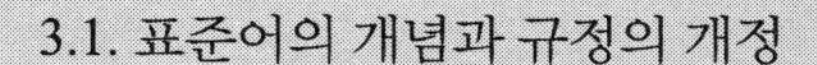

3.1. 표준어의 개념과 규정의 개정

3.2. 「표준어 사정 원칙」(1988) 세칙 해설
제1장 총칙
제2장 발음 변화에 따른 표준어 규정
제3장 어휘 선택의 변화에 따른 표준어 규정
[부록] 추가된 표준어 목록

3.1. 표준어의 개념과 규정의 개정

'개구리'는 지역에 따라 '개구락지', '깨구락지', '깨오락지', '개굴태기', '머구리', '개구래기', '가개비' 등으로 다양하게 불린다. 하나의 사물을 지칭하는 다양한 소리로 인하여 의사소통하는 데 혼란이 발생하게 된다. 표준어는 방언의 차이로 말미암아 나타나는 의사소통의 장벽을 허물기 위해 제정한 공통어(共通語)이면서 공용어(公用語)이다. 공통어(共通語)란 여러 지역 방언이 쓰이는 나라에서 공통으로 쓰이는 언어를 말하며, 공용어(公用語)란 어떤 나라에서 공식적으로 사용되는 언어를 말한다. 그러므로 표준어란 지역 방언에 반대되는 개념으로 각 지역의 구성원들이 서로 원활한 의사소통을 할 수 있도록 선정한 공식적이고 대표성을 띠는 언어라고 할 수 있다.

'표준어'와 '한글 맞춤법'은 매우 밀접한 관계를 가진다. 여러 방언 중 대표적인 입말을 선정한 것이 '표준어'이고, 글말을 어법에 맞게 적는 규칙을 정한 것이 바로 '한글 맞춤법'이다. 표준어가 무엇인지 알고 그 발음을 제대로 익히면 바르게 쓸 수 있다는 점에서 '표준어' 선정은 규범의 기초가 된다고 할 수 있다.

「표준어 규정」의 시초는 1936년에 조선어학회(현 한글학회)가 만든 「조선어 표준말 모음」이다. 조선어학회는 일제강점기에 우리말을 지키기 위한 노력의 일환으로, 국어사전을 편찬하려고 했다. 이를 위해 1933년에 먼저 글말을 적는 방법인 「한글 마춤법 통일안」을 마련하였고, 1936년에 「조선어 표준말 모음」을 펴냈다. 현재 시행되고 있는 「표준어 규정」은 1988년에 고시되었는데, 이 시초인 「조선어 표준말 모음」은 세부 규정이 없는 단어 모음집 형태였기 때문에 1988년에 새로 규정을 만들었다.

이때, 1988년 「표준어 규정」에서 사정의 대상으로 삼은 것은 다음과 같다.

가. 그동안 자연스러운 언어 변화에 의해 1933년에 표준어로 규정하였던 형태가 고형(古形)이 된 것.

나. 그때 미처 사정의 대상이 되지 않아 표준어로서의 자격을 인정받을 기회가 없었던 것.

다. 각 사전에서 달리 처리하여 정리가 필요한 것.

라. 방언, 신조어 등이 세력을 얻어 표준어 자리를 굳혀 가던 것.

하지만 1988년에 고시된 「표준어 규정」 역시 일부 규칙과 몇 가지 사례들을 집약해 놓은 것으로, 모든 표준어를 다 담아내기에는 사실상 불가능했다. 이에 표준어 등재 여부와 자세한 의미와 용례에 대한 필요성이 대두되었고, 1999년에 『표준국어대사전』이 출판되었다. 이후, 2008년에 개정판을 발간하였으며 국립국어원 누리집[1](http://www.korean.go.kr)에도 『표준국어대사전』 검색 엔진이 탑재되어 손쉽게 단어를 찾아볼 수 있게 되었다. 검색 시, '화살표(→)'로 다른 단어를 제시하거나, '방언', '북한어'이면 표준어가 아니다.

언중이 사용하는 언어는 시대와 함께 변화하는데 이에 따라 표준어 사정도 이루어졌다. 사정 결과, 2011년, 2014년, 2015년, 2016년 총 4차례에 걸쳐 복수 표준어가 발표되었고 이들이 반영된 일부 개정안을 문화체육관광부가 2017년에 최종 고시하였다.

1 국립국어원에서 편찬하여 현재 누리집에서 제공하고 있는 『표준국어대사전』은 표준어와 방언, 북한어, 옛말 등 우리말을 망라하여 약 51만 단어 규모로 구축되어 있으며, 맞춤법과 띄어쓰기가 수록되어 있다.

3.2. 「표준어 사정 원칙」(1988) 세칙 해설

제1장 총칙

제1항 표준어는 교양 있는 사람들이 두루 쓰는 현대 서울말로 정함을 원칙으로 한다.

[해설] 제1항은 표준어를 결정하는 원칙을 제시하고 있다. 「한글 마춤법 통일안」(1933) 총론 제2항에서 표준말을 '현재 중류 사회에서 쓰는 서울말'로 정했는데, 이는 지금의 표준어 정의와 비슷하다.

가. 「한글 마춤법 통일안」(1933) 총론 제2항
　표준말은 대체로 현재 중류사회에서 쓰는 서울말로 한다.

나. 「표준어규정」(1988) 제1항
　표준어는 교양 있는 사람들이 두루 쓰는 현대 서울말로 정함을 원칙으로 한다.

지금의 표준어 규정 역시 계층(교양 있는 사람), 시대(현대), 지역(서울)이라는 3가지 기준을 제시했다. 먼저 '교양이 있다'는 표현이 상대적으로 막연한 기준처럼 보이나 이를 반대로 생각해 보면 그 의미가 명확해진다. '교양이 없다'는 것은 비속어나 은어처럼, 공식적인 자리에서 어울리지 않는 언어를 사용하는 것을 의미한다. 둘째, 시대는 '현대'로 '고대나 중세, 근대'로부터 명확히 시간의 흐름이 구분된다. 이는 「한글 마춤법 통일안」에서 정한 '현재'라는 상대적인 시간의 개념보다 명확해졌다고 볼 수 있다. 셋째, 지역은 정치, 경제, 문화 등 모든 것의 중심이 되는 서울로 정하였다.

여기에서 중요하게 인식해야 하는 것은, 서울말 역시 여러 방언 중 하나였으나 편의상의 이유로 대표말로 선정됐다는 것이다. 학문적으로 서울말이 여느 지역 방언보다 뛰어나다는 어떠한 근거도 없으므로 지역 방언을 구사하는 것을 부끄럽게 여기거나 열등하게 여길 필요가 없다. 방언은 그 지역의 고유한 역사와 정신이 서려 있는 문화유산으로 우리말에 풍부함을 제공한다. 표준어와 방언은 서로 배척해서는 안 되며 상호보완적인 관계를 유지해야 하는데, 이러한 노력의 일환으로 방언을 수집해 방언지도, 방언집 등을 제작하고 유포하는 움직임들이 있다.

제 2 항 외래어는 따로 사정한다.

[해설] 외래어란 국내에서 널리 쓰이는 외국어 중 일부를 한국어의 범주 안으로 편입시켜 우리말로서 관리의 대상이 된 언어를 말한다. 이런 외래어를 한국어로 어떻게 통일성 있게 표기할 것인지 규정한 것이 바로 「외래어 표기법」(1986)이다. **제2항**에서 외래어는 일반적인 한국어와는 동떨어진 면이 있으므로 표준어와 별개로 보고 따로 사정한다.

제2장 발음 변화에 따른 표준어 규정

제1절 자음

제 3 항 다음 단어들은 거센소리를 가진 형태를 표준어로 삼는다.(ㄱ을 표준어로 삼고, ㄴ을 버림.)

ㄱ	ㄴ	비 고
끄나풀	끄나불	동~, 들~, 새벽~, 동틀~.
나팔-꽃	나발-꽃	
녘	녁	
부엌	부억	
살-쾡이	삵-괭이	

칸	간	1. ~막이, 빈~, 방 한~. 2. '초가삼간, 윗간'의 경우 에는 '간'임.
털어-먹다	떨어-먹다	재물을 다 없애다.

[해설] 제3항은 한 단어의 자음이 거센소리와 예사소리로 발음되다가 이 중, 거센소리 [ㅋ, ㅌ, ㅍ, ㅊ]로 굳어진 것을 표준어로 선택한 것들이다.

- '끄나불'은 북한어로 표준어는 '끄나풀'이다.
- '녘'은 '쪽', '어떤 때의 무렵'이라는 의미로 전자의 의미로는 '들녘', 후자의 의미로는 '동녘, 새벽녘'이 있다. '동틀 녘'처럼 어미 '-을' 뒤에 함께 사용되기도 한다.
- '부억'이 아니라 표준어가 '부엌'이므로, '부엌'이 '이, 은, 을' 등의 조사와 결합될 때 [부어키], [부어큰], [부어클] 등으로 발음됨을 유의해야 한다.
- '살쾡이'는 '들고양이'와 유의어로 단어의 결합 정보는 '삵+괴+앙이'이다. 결합 정보상으로는 '삵괭이'가 어원에 충실하나 [살쾡이]라는 발음 그대로 널리 불리어 표준어로 지정되었다. '살쾡이'는 '삵'과 함께 복수 표준어이다.
- '칸'은 사이, 공간의 의미인 '간(間)'에서 온 말로, '칸막이, 빈칸, 방 한 칸'등으로 사용된다. 그러나 '초가삼간, 윗간'은 관습적으로 '간'의 형태가 남아 있다.
- '털어먹다'는 '재물을 다 없애다'의 의미로, '떨어먹다'는 비표준어이다. '털다'는 '달려 있는 것, 붙어 있는 것 따위가 떨어지게 흔들거나 치거나 하다'는 의미이고, '떨다'는 '달려 있거나 붙어 있는 것을 쳐서 떼어 내다'의 의미인데, '재물을 다 없애다'는 재물을 직접 쳐 내는 것이 아니기 때문에 '털어먹다'로 쓰는 것이다. 참고로 '재떨이'나 '먼지떨이'는 물리적으로 붙어 있는 것을 쳐서 떼어내는 것이므로 '재떨이, 담뱃재떨이, 먼지떨이'가 맞다.

털다: 털어먹다
떨다: 재떨이, 담뱃재떨이, 먼지떨이

제4항 다음 단어들은 거센소리로 나지 않는 형태를 표준어로 삼는다.(ㄱ을 표준어로 삼고, ㄴ을 버림.)

ㄱ	ㄴ	비고
가을-갈이[2]	가을-카리	
거시기[3]	거시키	
분침	푼침	

[해설] 제4항은 제3항과 달리, 한 단어의 자음이 거센소리와 예사소리로 발음되다가 이 중, 예사소리 [ㄱ, ㄷ, ㅂ, ㅈ]가 표준어로 굳어진 예들이다.

- '가을갈이'는 다음 해의 농사에 대비하여 가을에 논밭을 미리 갈아 두는 일이다. '갈이'는 '낡거나 못 쓰게 된 부분을 떼어 내고 새것으로 바꾸어 대는 일'로 '가을갈이'에 그 의미와 형태가 그대로 남아 있다.
- '거시기'는 바로 생각나지 않거나 말하기 어려울 때 사용하는 대명사, 혹은 감탄사로 방언으로 알려져 있지만, 널리 사용되므로 표준어로 인정받았다.

제5항 어원에서 멀어진 형태로 굳어져서 널리 쓰이는 것은, 그것을 표준어로 삼는다.(ㄱ을 표준어로 삼고, ㄴ을 버림.)

ㄱ	ㄴ	비고
강낭-콩	강남-콩	
고삿[4]	고샅[5]	겉~, 속~.
사글-세	삭월-세	'월세'는 표준어임.
울력-성당	위력-성당	떼를 지어서 으르고 협박하는 일.

2 가을갈이: 다음 해의 농사에 대비하여, 가을에 논밭을 미리 갈아 두는 일
3 거시기: 1) 이름이 얼른 생각나지 않거나 바로 말하기 곤란한 사람 또는 사물을 가리키는 대명사. 2) 하려는 말이 얼른 생각나지 않거나 바로 말하기가 거북할 때 쓰는 군소리.
4 고삿: 초가지붕을 일 때 쓰는 새끼.
5 고샅: 1) 시골 마을의 좁은 골목길. 또는 골목 사이. 2) 좁은 골짜기의 사이.

다만, 어원적으로 원형에 더 가까운 형태가 아직 쓰이고 있는 경우에는, 그것을 표준어로 삼는다.(ㄱ을 표준어로 삼고, ㄴ을 버림.)

ㄱ	ㄴ	비고
갈비	가리	~구이, ~찜, 갈빗-대.
갓모	갈모	1. 사기 만드는 물레 밑 고리. 2. '갈모'는 갓 위에 쓰는, 유지로 만든 우비.
굴-젓[6]	구-젓	
말-곁[7]	말-겻	
물-수란[8]	물-수랄	
밀-뜨리다[9]	미-뜨리다	
적-이[10]	저으기	적이-나, 적이나-하면.
휴지[11]	수지	

[해설] 어원적으로 원형에 가까운 것이 표준어로 선정되기도 하고 원형에서 멀어진 것이 선정되기도 한다. **제5항**은 어원적으로 원형에 먼 것이 채택된 것이고, 다만은 어원과 가까운 것들이다. 이는 언중의 사용 빈도에 달린 것으로, 학문적이고 언어적인 기준보다 언중의 선택이 표준어 사정에 중요한 영향을 끼침을 알 수 있다.

어원에서 먼 것이 선정된 표준어는 다음과 같다.

- '강남콩'은 강남(江南)에서 온 콩이라는 의미인데, 언중이 이 어원과 상관없이 자음이 위치동화하여 발음하였기에 '강낭콩'이 표준어로 선정되었다.
- '고샅'과 '고삿'은 의미가 다른 개별 어휘로 모두 표준어이다. '고샅'은 시골 마을의 좁은 골목길을 뜻한다. 그러나 초가지붕 새끼의 의미인 '겉고삿, 속고삿'일 때는 '고삿'이 표준어이다.
- '삭월세(朔月貰)'에서 '삭(朔)'은 개월의 의미를 가진 의존명사로 한자 어원을 가지고 있

6 굴젓: 생굴로 담근 젓.
7 말곁: 남이 말하는 옆에서 덩달아 참견하는 말.
8 물수란: 달걀을 깨뜨려 그대로 끓는 물에 넣어 반쯤 익힌 음식.
9 밀뜨리다: 갑자기 힘 있게 밀어 버리다.
10 적이: 꽤 어지간한 정도로.
11 휴지(休紙): 1) 쓸모없는 종이. 2) 밑을 닦거나 코를 푸는 데 허드레로 쓰는 얇은 종이.

으나 언중의 발음이 '사글세'로 굳어져 이가 표준어가 되었다.

- '위력성당(威力成黨)' 역시 한자어로 이루어졌으나 '울력성당'으로 더 많이 발음하므로 이가 표준어로 선정되었다.

[다만] 언중에게 어원에 대한 인식이 뚜렷하게 남아 널리 사용되는 표준어들은 다음과 같다.

- '갈비'는 언중에게 '가리'라는 발음보다 '갈비'라는 어원이 확실하게 남아 있는 단어이다. '갈비구이, 갈비찜, 갈빗대'로 활용된다.
- '갓모'와 '갈모' 역시 의미가 다른 표준어이다. '갓모'는 사기그릇을 만드는 돌림판의 밑 구멍에 끼우는, 사기로 된 고리를 뜻하며, '갈모'는 예전에, 비가 올 때 갓 위에 덮어 쓰던 고깔과 비슷하게 생긴 물건으로 비에 젖지 않도록 기름종이로 만들었다.

'굴젓(*구젓)'은 '굴+젓'으로, '말겯(*말겻)'은 '말+겯', '물수란(*물수랄)'은 '물+수란', '밀뜨리다(*미뜨리다)'는 '밀다'는 어원 의식이 뚜렷하게 남아 있어 발음 변화에 큰 영향을 받지 않았다.

- '적이'는 '꽤 어지간한 정도로'라는 의미로, 어원인 '적다'와는 반대되는 개념이다. 하지만 '적이'는 '적다'와의 의미적 관련성을 완전히 부정할 수 없기 때문에 **제5항**에 포함된 좀 특별한 사례이다. '적다 '적이나'는 '얼마간이라도', '적이나하면'은 '형편이 다소나마 된다면'이라는 의미로 '적이'의 활용형이라 볼 수 있다.
- '휴지(休紙)' 역시 한자어로 그 어원이 명확해 '수지' 대신 표준어로 선정되었다.

제6항 다음 단어들은 의미를 구별함이 없이, 한 가지 형태만을 표준어로 삼는다.(ㄱ을 표준어로 삼고, ㄴ을 버림.)

ㄱ	ㄴ	비고
돌	돐	생일, 주기.
둘-째	두-째	'제2, 두 개째'의 뜻.
셋-째	세-째	'제3, 세 개째'의 뜻.
넷-째	네-째	'제4, 네 개째'의 뜻.
빌리다	빌다	1. 빌려주다. 빌려 오다. 2. '용서를 빌다'는 '빌다'임.

다만, '둘째'는 십 단위 이상의 서수사에 쓰일 때에 '두째'로 한다.

ㄱ	ㄴ	비 고
열두-째 스물두-째		열두 개째의 뜻은 '열둘째'로. 스물두 개째의 뜻은 '스물둘째'로.

[해설] 기존에는 의미를 분화하여 형태도 다르게 사용되던 단어들이, 언중에게 혼란을 주었기에 **제6항**에서는 이들 중, 하나의 형태만을 표준어로 취하기로 한다.

- '돌'은 '생일', '돐'은 '훈민정음 반포 573돐'처럼 '주기'의 의미로 사용되었다. 그러나 언중이 이를 잘 구별하여 사용하지 못할 뿐 아니라 발음 역시 '돐이[돌씨], 돐을[도쓸]'로 실현되지 않아, 지금은 '생일'과 '주기'의 의미 모두를 '돌'로 정하였다.

  가. 생일: 돐잔치, 돐사진 → 돌잔치, 돌사진
  나. 주기: 훈민정음 반포 537돐 → 훈민정음 반포 537돌

- '둘째, 셋째, 넷째…'는 이전에 서수사, 즉 차례의 의미로, '두째, 세째, 네째…'는 양수사, 수량의 의미로 사용되어 그 쓰임이 달랐다. 그러나 이에 대해 명확한 구분이 어려워 현재는 차례와 수량 모두 '둘째, 셋째, 넷째…'로 사용한다.

  가. 차례: 둘째 줄에 앉은 사람
  나. 수량: 벌써 사과를 두째 먹는다. → 벌써 사과를 둘째 먹는다.

- '빌리다'는 과거에 '빌려주다'라는 임대(賃貸)의 의미로, '빌다'는 '빌어 오다'의 차용(借用)의 의미로 분화되어 있었다. 그러나 그 의미 구분이 쉽지 않아 혼란이 많았다. 이에 현재는 '빌리다'만이 표준어로 남게 되어, 임대의 의미는 '빌려주다', 차용의 의미는 '빌려오다'로 바뀌었다. 현재 '빌다'는 '乞: 남의 물건을 공짜로 달라고 호소하여 얻다'는 의미와 '祝: 바라는 바를 이루게 하여 달라고 신이나 사람, 사물 따위에 간청하다'는 뜻으로 사용된다. 흔히 '이 자리를 빌어 감사의 말씀을 드립니다.'라는 인사를 관용적으로 하는데,

이때는 '빌다'가 적절하지 않으므로 '이 자리를 빌려 감사의 말씀을 드립니다.'라고 하는 것이 맞다.

가. 임대(賃貸)의 의미

예 친구에게 급전을 빌려주었다.

나. 차용(借用)의 의미

예 식량을 빌어 왔다.

→ 식량을 빌려 왔다.

예 이 자리를 빌어 감사의 말씀을 드립니다.

→ 이 자리를 빌려 감사의 말씀을 드립니다.

[다만] 제6항에서 차례와 수량 모두 '첫째, 둘째, 셋째…'로 통일하여 사용하기로 했으나 차례의 의미에서 십 단위 이상인 '둘째'는 다시 의미를 분화해 사용한다. 차례의 의미일 때 언중이 '열둘째, 스물둘째, 서른둘째 …'로 발음하지 않고 'ㄹ'을 탈락시켜 발음하는 경향이 있는데, 이를 인정해 '열두째, 스물두째, 서른두째'를 표준어로 정한 것이다. 즉, '열둘째 줄'이 아니라 '열두째 줄', '스물두째 줄'처럼 '－두째'를 사용해야 한다.

가. 차례: 열두째 줄, 스물두째 줄, 서른두째 줄 …

나. 수량: 벌써 귤을 열둘째 먹는다.

제7항 수컷을 이르는 접두사는 '수－'로 통일한다.(ㄱ을 표준어로 삼고, ㄴ을 버림.)

ㄱ	ㄴ	비고
수－꿩	수－퀑/숫－꿩	'장끼'도 표준어임.
수－나사[12]	숫－나사	
수－놈	숫－놈	
수－사돈[13]	숫－사돈	
수－소	숫－소	'황소'.
수－은행나무[14]	숫－은행나무	

다만 1. 다음 단어에서는 접두사 다음에서 나는 거센소리를 인정한다. 접두사 '암-'이 결합되는 경우에도 이에 준한다.(ㄱ을 표준어로 삼고, ㄴ을 버림.)

ㄱ	ㄴ	비 고
수-캉아지	숫-강아지	
수-캐	숫-개	
수-컷	숫-것	
수-키와[15]	숫-기와	
수-탉	숫-닭	
수-탕나귀	숫-당나귀	
수-톨쩌귀[16]	숫-돌쩌귀	
수-퇘지	숫-돼지	
수-평아리	숫-병아리	

다만 2. 다음 단어의 접두사는 '숫-'으로 한다.(ㄱ을 표준어로 삼고, ㄴ을 버림.)

ㄱ	ㄴ	비 고
숫-양	수-양	
숫-염소	수-염소	
숫-쥐	수-쥐	

[해설] 제7장은 수컷을 이르는 접두사에 대해 규정한 조항이다. 수컷을 이르는 접두사는 크게 '수-, 수ㅎ-, 숫-'으로 나눌 수 있는데, 기본적으로 '수-'가 대표적이다. 이때 발음도 사이시옷이 현상과 무관하게 표기 그대로 소리 난다는 점에 주의해야 한다.

수나사: [순나사] (×), [수나사] (○)
수놈: [순놈] (×), [수놈] (○)

---

12 수나사: 암나사와 함께 두 물체를 죄거나 붙이는 데 쓰는, 육각이나 사각의 머리를 가진 나사. 볼트와 유의어. 너트와 반의어.
13 수사돈: 사위 쪽의 사돈.
14 수은행나무: 수꽃만 피고 열매는 맺지 못하는 은행나무.
15 수키와: 두 암키와 사이를 엎어 잇는 기와. 속이 빈 원기둥을 세로로 반을 쪼갠 모양이다.
16 수톨쩌귀: 문짝에 박아서 문설주에 있는 암톨쩌귀에 꽂게 되어 있는, 뾰족한 촉이 달린 돌쩌귀.

수사돈: [수싸돈] (×), [수사돈] (○)
수소: [수쏘] (×), [수소] (○)

[다만 1] 역사적으로 '수'는 '수ㅎ'의 형태를 가지는데, 이를 'ㅎ종성체언'[17]이라 한다. 지금은 이 'ㅎ종성'이 다만 1에서와 같이 9개의 단어에만 그 영향이 남아 있다. 음성학적으로 'ㅎ[h]'와 평음 'ㄱ[g], ㄷ[d], ㅂ[b]'가 만나면 격음 'ㅋ[k], ㅌ[t], ㅍ[p]'로 발음되는데, '수ㅎ'와 '강아지, 개, 것, 기와, 닭, 당나귀, 돌쩌귀, 돼지, 병아리'가 결합돼 발음과 표기 모두 '수캉아지, 수캐, 수컷, 수키와, 수탉, 수탕나귀, 수톨쩌귀, 수퇘지, 수평아리'가 되는 것이다. 이외 단어에는 'ㅎ종성'의 영향이 없다.

[다만 2] 마지막으로 접두사 '숫'이 결합하는 단어는 '양, 염소, 쥐'이다. 사이시옷 현상의 영향으로 '숫'이 결합된다. 앞서 한글 맞춤법에서 제시된 것처럼 사이시옷을 적는 것은 순우리말이 포함된 합성명사에서만 허용되나 접두사 '수컷'을 나타내는 '수'와의 결합에서도 예외적으로 허용된다. '수+양', '수+염소', '수+쥐'의 발음은 [순냥], [순념소], [숟쮜]로, 'ㄴㄴ' 소리가 덧나거나 뒤에 있는 단어가 된소리로 나기 때문에, 이 세 단어에는 사이시옷을 받쳐 적는다.

접두사 '수, 수ㅎ, 숫' 대신에 '암'으로 교체해 결합시킬 수 있다. 예를 들면 '수소 – 암소, 수놈 – 암놈, 수탉 – 암탉, 수캐 – 암캐, 숫양 – 암양, 숫쥐 – 암쥐'로 교체할 수 있다.

수캉아지, 수캐, 수컷, 수키와, 수탉, 수탕나귀, 수톨쩌귀, 수퇘지, 수평아리
암캉아지, 암캐, 암컷, 암키와, 암탉, 암탕나귀, 암톨쩌귀, 암퇘지, 암평아리

제2절 모음

제8항 양성 모음이 음성 모음으로 바뀌어 굳어진 다음 단어는 음성 모음 형태를 표준어로 삼는다.(ㄱ을 표준어로 삼고, ㄴ을 버림.)

17 한국어에는 'ㅎ'을 종성으로 가지고 있는 체언이 있었다. 예를 들어 '수ㅎ, 암ㅎ, 살ㅎ, 머리ㅎ, 안ㅎ'는 ㅎ종성체언으로 지금까지 그 영향이 남아 수ㅎ+개→수캐, 암ㅎ+닭→암탉, 살ㅎ+고기→살코기, 머리ㅎ+가락→머리카락이 되었다.

18 보통이: 물건을 보에 싸서 꾸려 놓은 것.

ㄱ	ㄴ	비고
깡충-깡충	깡총-깡총	큰말은 '껑충껑충'임.
-둥이	-동이	←童-이, 귀-, 막-, 선-, 쌍-, 겁-, 바람-, 흰-.
발가-숭이	발가-송이	센말은 '빨가숭이', 큰말은 '벌거숭이, 뻘거숭이'임.
보퉁이[18]	보통이	
봉죽[19]	봉족	←俸足, ~꾼, ~들다.
뻗정-다리	뻗장-다리	
아서, 아서라	앗아, 앗아라	하지 말라고 금지하는 말.
오뚝-이	오똑-이	부사도 '오뚝-이'임.
주추	주초	←柱礎. 주춧-돌.

다만, 어원 의식이 강하게 작용하는 다음 단어에서는 양성 모음 형태를 그대로 표준어로 삼는다. (ㄱ을 표준어로 삼고, ㄴ을 버림.)

ㄱ	ㄴ	비고
부조	부주	~금, 부좃-술.
사돈	사둔	밭~, 안~.
삼촌	삼춘	시~, 외~, 처~.

[해설] 한국어는 터키어와 몽골어와 마찬가지로 우랄 알타이어 계통의 언어이다. 이 언어들의 특징은 모음조화가 강하다는 것이다. 모음조화란 두 음절 이상의 단어에서 뒤의 모음이 앞 모음의 영향으로 그와 가깝거나 같은 소리로 되는 언어현상으로 'ㅏ, ㅗ' 따위의 양성모음은 양성모음끼리, 'ㅓ, ㅜ' 따위의 음성모음은 음성모음끼리 결합하려는 성질을 지닌다.

양성모음: 어감(語感)이 밝고 산뜻한 모음. 'ㅏ, ㅗ, ㅑ, ㅛ, ㅘ, ㅚ, ㅐ'.
음성모음: 어감(語感)이 어둡고 큰 모음. 'ㅓ, ㅜ, ㅕ, ㅠ, ㅔ, ㅝ, ㅟ, ㅖ'.
중성모음: 모음조화가 있는 언어에서 어떤 모음과도 잘 어울리는 모음. 'ㅣ'.

19 봉죽: 일을 꾸려 나가는 사람을 곁에서 거들어 도와줌.

쉬운 예로 '가다, 보다'처럼 어근에 'ㅏ, ㅗ'의 모음이 있는 경우, 같은 양성모음 어미인 '아요'가 결합하여 '가+아요=가아요→가요', '보+아요=보아요→봐요'가 되는 것이다. 양성모음이 어근에 없는 '먹다, 가르치다'는 음성모음 어미인 '어요'가 결합하여 '먹+어요=먹어요', '가르치+어요→가르쳐요'가 된다.

제8항은 모음조화가 약화되어 발음의 변화가 생긴 것을 그대로 수용하여 표준어로 삼은 것들이다. 양성모음이 음성모음화되는 경향을 보이는 것이 특징적이다.

- '깡총깡총'이 양성모음끼리 모음조화를 이룬 것이나 음성모음인 'ㅜ' 발음이 우세해 '깡충깡충'이 표준어가 되었다. 'ㅜ'가 삽입된 강중강중', '껑충껑충', '겅중겅중' 모두 표준어이다.
- '둥이'는 한자어 동(童)에서 온 것으로 이 역시 양성모음 'ㅜ' 의 우세로 '둥이'가 표준어가 되었다. 이에 따라 '귀둥이[20], 막둥이, 선둥이[21], 쌍둥이, 겁둥이, 바람둥이, 흰둥이'도 표준어이다.
- '발가송이', '보통이'도 '발가숭이', '보퉁이'로 'ㅜ' 가 더 널리 발음되므로 이들이 표준어로 추가되었고, 한자어로 봉족(俸足) 역시 이런 맥락에서 '봉죽'이 표준어가 되었다.
- '오뚝이'는 밑을 무겁게 하여 아무렇게나 굴려도 오뚝오뚝 일어서는 어린 아이들의 장난감으로 '오뚝하다'의 용언과 접미사 '－이'가 결합된 단어이다. 보통 '코가 오똑하다'로 잘못 사용하는 경우가 많은데, '오똑하다'는 표준어가 아니며 '작은 물건이 도드라지게 높이 솟아 있는 상태'를 말할 때는 '오뚝하다'로 사용해야 한다.

오뚝이: 실망하지 말고 오뚝이처럼 다시 일어서서 새로 시작해 봐.
오뚝하다: 바위가 오뚝하다. 콧날이 조금 오뚝하다.

- '주추'는 한자어 주초(柱礎)에서 온 말이었으나 'ㅜ' 발음이 우세하여 주추가 표준어로 선정되었고 '주추+돌'의 합성명사는 [주춘똘]로 발음되므로 사이시옷이 삽입돼 '주춧돌'로 표기한다.

[다만] '부조(扶助), 사돈(査頓), 삼촌(三寸)'는 중부지방 방언의 일종으로 '부주, 사둔, 삼춘'으로 발음되는 경향이 있으나, 아직도 언중에게 한자 어원 의식이 강하게 작용해 그것을 표준어로 삼는다.

20 귀둥이: 특별히 귀염을 받는 아이.
21 선둥이: 쌍둥이 중에서 먼저 태어난 아이.

제9항 'ㅣ' 역행 동화 현상에 의한 발음은 원칙적으로 표준 발음으로 인정하지 아니하되, 다만 다음 단어들은 그러한 동화가 적용된 형태를 표준어로 삼는다.(ㄱ을 표준어로 삼고, ㄴ을 버림.)

ㄱ	ㄴ	비 고
-내기	-나기	서울-, 시골-, 신출-, 풋-.
냄비	남비	
동댕이-치다[22]	동당이-치다	

[붙임 1] 다음 단어는 'ㅣ' 역행 동화가 일어나지 아니한 형태를 표준어로 삼는다.(ㄱ을 표준어로 삼고, ㄴ을 버림.)

ㄱ	ㄴ	비 고
아지랑이	아지랭이	

[붙임 2] 기술자에게는 '-장이', 그 외에는 '-쟁이'가 붙는 형태를 표준어로 삼는다.(ㄱ을 표준어로 삼고, ㄴ을 버림.)

ㄱ	ㄴ	비 고
미장이[23]	미쟁이	
유기장이[24]	유기쟁이	
멋쟁이	멋장이	
소금쟁이	소금장이	
담쟁이-덩굴	담장이-덩굴	
골목쟁이[25]	골목장이	
발목쟁이[26]	발목장이	

22 동댕이치다: 1) 들어서 힘껏 내던지다. 2) 하던 일을 딱 잘라 그만두다.
23 미장이:건축 공사에서 벽이나 천장, 바닥 따위에 흙, 회, 시멘트 따위를 바르는 일을 직업으로 하는 사람.
24 유기장이: 키버들로 고리짝이나 키 따위를 만들어 파는 일을 직업으로 하는 사람. 유의어는 고리장이.
25 골목쟁이: 골목에서 좀 더 깊숙이 들어간 좁은 곳.
26 발목쟁이: 유의어는 발모가지

[해설] 제9항은 'ㅣ 모음 역행 동화'에 대해 규정한 내용이다. 'ㅣ 모음 역행 동화'는 'ㅏ, ㅓ, ㅗ, ㅜ'가 'ㅣ'모음의 영향으로 'ㅐ, ㅔ, ㅚ, ㅟ' 등으로 변하는 현상을 말한다. 예를 들어, 아비[애비], 어미[에미], 손잡이[손재비], 아기[애기] 등이 그렇다. 'ㅣ 모음 역행 동화'는 발음의 편리를 위한 것이다. 'ㅏ'는 후설모음이고 저모음인데, 전설모음이며 중모음인 'ㅐ'로 발음하는 것이 편하기 때문이다. 'ㅔ' 발음 역시 전설모음이므로 후설모음인 'ㅓ'보다 발음을 쉽게 할 수 있다. 그러나 이는 표준발음으로 인정되지 않을 뿐 아니라, 표준어로도 인정되지 않는다. 그러나 제9항에서 '–내기, 냄비, 내동댕이치다'는 표준어로 인정되었는데 그 이유는 이 발음의 변화가 공시적인 것이 아니라 오랜 기간 통시적으로 변화가 완료된 것으로 보기 때문이다.

[붙임 1] '아지랑이'는 처음 1936년 「표준말 모음」에서 표준어로 사정되었다가 한때는 '아지랭이'에 표준어 자리를 내주었었다. 하지만 현재 「표준어 규정」에서는 다시 '아지랑이'가 표준어이다.

[붙임 2] '–장이'와 '–쟁이'를 구분하여 표준어를 정하였다. 수공업적 기술을 가진 사람을 '장인(匠人)'이라고 하는데, 이때의 '장(匠)'의 단어를 그대로 보존하여 수공업적 기술을 가진 사람들을 '–장이', 이외의 것들을 모두 '–쟁이'로 정하였다.

먼저 기술자라는 의미로 '미장이, 유기장이'가 제시되었는데, 이외에도 '가구장이, 감투장이, 갓장이, 고리장이' 등이 있다.

'쟁이'는 '그것이 나타내는 속성을 많이 가진 사람'을 뜻하는 접미사로 '겁쟁이, 고집쟁이, 거짓말쟁이, 떼쟁이, 멋쟁이, 무식쟁이, 갓난쟁이' 등이 있다. 또한 '그것과 관련된 일을 직업으로 하는 사람'의 뜻을 더하는 접미사로, 약간 낮잡아 부를 때 사용하는데 '관상쟁이, 그림쟁이, 이발쟁이, 가게쟁이'가 그러하다. 이외에도 '소금쟁이, 담쟁이, 골목쟁이, 발목쟁이'처럼 동식물 및 무생물을 이를 때도 사용된다.

제10항 다음 단어는 모음이 단순화한 형태를 표준어로 삼는다.(ㄱ을 표준어로 삼고, ㄴ을 버림.)

ㄱ	ㄴ	비고
괴팍–하다	괴퍅–하다/괴팩–하다	
–구먼	–구면	

미루-나무	미류-나무	←美柳~.
미륵	미력	←彌勒. ~보살, ~불, 돌~.
여느	여늬	
온-달	왼-달	만 한 달.
으레	으례	
케케-묵다	켸켸-묵다	
허우대	허위대	
허우적-허우적	허위적-허위적	허우적-거리다.

[해설] 제10항은 'ㅑ, ㅕ, ㅖ, ㅠ, ㅚ, ㅟ, ㅢ' 등의 이중모음이 단순화된 형태를 표준어로 삼은 것이다. '미루나무, 미륵, 으레'는 '미류(美柳), 미력(彌勒), 의례(依例)'의 한자 어원을 가지고 있으나 단순화된 발음에 따라 '미루나무, 미륵, 으레'로 표준어가 선정되었다.

- '-구먼'은 '-군', '-구나'와 같은 의미의 어미로 '-구면'으로 발음할 때도 있지만 '-구먼'이 표준어이다.
- '괴팍하다'는 한자어 '괴퍅(乖愎)'에서 왔으나 발음이 단순해져 현재는 '괴팍하다'가 표준어로 인정받았다. 그러나 아직도 '강퍅(剛愎)하다, 암퍅(暗愎)[27]하다, 퍅(愎)하다[28]'의 단어들에는 '퍅(愎)'이 남아 있으므로 이를 유의해야 한다.
- '으레'는 '두말할 것 없이 당연히, 틀림없이 언제나'의 의미인데 한자어 의례(依例)에서 온 단어로, '의전례', '전례에 의함'이라는 본래 의미와도 멀어지고 발음도 단순화되었다.

제11항 다음 단어에서는 모음의 발음 변화를 인정하여, 발음이 바뀌어 굳어진 형태를 표준어로 삼는다.(ㄱ을 표준어로 삼고, ㄴ을 버림.)

ㄱ	ㄴ	비고
-구려	-구료	
깍쟁이	깍정이	1. 서울~, 알~, 찰~. 2. 도토리, 상수리 등의

27 암퍅하다: 성질이 엉큼하면서 까다롭고 고집이 세다.
28 퍅하다: 갑자기 성을 내다.

		받침은 '깍정이'임.
나무라다	나무래다	
미수[29]	미시	미숫-가루.
바라다	바래다	'바램 [所望]'은 비표준어임.
상추	상치	~쌈.
시러베-아들[30]	실업의-아들	
주책	주착	←住著. ~망나니, ~없다.
지루-하다	지리-하다	←支離.
튀기[31]	트기	
허드레	허드래	허드렛-물, 허드렛-일.
호루라기	호루루기	

[해설] 제8항은 '음성 모음화', 제9항은 'ㅣ 모음 역행 동화', 제10항은 '이중모음의 단순화'와 관련된 조항이었다면 **제11항**은 그 발음 변화를 한 가지로 규정할 수 없는 제각각인 사례들을 모아 놓은 조항이다.

- '-구려'는 '-구료'와 미묘한 어감 차이가 있는 것 같지만 이 차이가 확연하지 않아 '-구려'만을 표준어로 삼는다.
- '깍쟁이'는 '이기적이고 인색한 사람 또는 아주 약빠른 사람'이란 의미로 '서울깍쟁이, 알깍쟁이[32], 찰깍쟁이[33]'와 결합할 수 있다. 그러나 '밤나무, 떡갈나무 따위의 열매를 싸고 있는 술잔 모양의 받침'이라는 의미로 '깍정이' 역시 표준어이다.
- '나무라다'와 '바라다'는 원형 그대로보다 활용형에 주의해야 하는 단어이다. '-아/어요'나 '-았/었어요'와 같은 어미와 결합할 경우, '나무라요, 나무랐어요, 바라요, 바랐어요'로 활용되는데, '나무래요, 나무랬어요, 바래요, 바랬어요' 등으로 잘못 활용하는 경우가 빈번하기 때문이다. 소망(所望)을 나타내는 '바라다'의 명사형도 '바램'이 아니라

29 미수: 설탕물이나 꿀물에 미숫가루를 탄 여름철 음료
30 시러베아들: 실없는 사람을 낮잡아 이르는 말. 시러베자식과 유의어.
31 튀기: 1) 종(種)이 다른 두 동물 사이에서 난 새끼. 2) 수탕나귀와 암소 사이에서 나는 동물. 3) '혼혈인'을 낮잡아 이르는 말.
32 알깍쟁이: 1) 성질이 다부지고 모진 사람. 2) 얄밉도록 깜찍하거나 성질이 다부진 아이. 또는 어려서부터 그런 사람.
33 찰깍쟁이: 아주 지독한 깍쟁이.

'바람'이므로 주의해야 한다.

나무라다: 누나가 동생을 나무라요.
바라다: 축복이 가득하기를 바라요. 그것은 우리의 바람이었어.

- '미수', '미숫가루'를 '미시, 미싯가루'로 잘못 발음하는 경우가 많다. 치찰음(ㅅ, ㅈ, ㅊ, ㅆ, ㅉ) 다음의 모음이 'ㅣ' 모음화되는 이러한 '전설모음화' 현상은 방언에서 종종 일어난다. 예를 들어 '*고치장(고추장), *진직(진즉, 진작)이 그러하다. 그러나 이러한 현상은 표준어로 인정되지 않는다.
- '상추'도 '전설모음화' 현상으로 '상치'로 발음하는 경우가 있으나 '상추'가 표준어이다.
- '시러베아들'의 어원은 '실(實)+없-+-의+아들'의 결합이었으나 발음대로 형태도 굳어졌다.
- '주책'은 '일정한 곳에 머물러 있다'는 의미의 주착(住着)의 한자에서 온 단어이다. 그러나 이것이 음운 변화를 일으켜 지금의 주책이 되었다. '주책없다', '주책이다' 등으로 활용되었는데 과거 '주책이다'가 비표준어였다가 2016년 말에 표준어로 인정받아 현재는 '주책없다, 주책이다'가 복수 표준어이다.

제12항 '웃-' 및 '윗-'은 명사 '위'에 맞추어 '윗-'으로 통일한다.(ㄱ을 표준어로 삼고, ㄴ을 버림.)

ㄱ	ㄴ	비고
윗-넓이	웃-넓이	
윗-눈썹	웃-눈썹	
윗-니	웃-니	
윗-당줄[34]	웃-당줄	
윗-덧줄[35]	웃-덧줄	
윗-도리	웃-도리	
윗-동아리[36]	웃-동아리	준말은 '윗동'임.

34 윗당줄: 망건당에 꿴 당줄.
35 윗덧줄: 악보의 오선(五線) 위에 덧붙여 그 이상의 음높이를 나타내기 위하여 짧게 긋는 줄.
36 윗동아리: 1) 긴 물체의 위쪽 부분. 2) 둘로 갈라진 토막의 위쪽 동아리.

윗-막이[37]	웃-막이	
윗-머리	웃-머리	
윗-목	웃-목	
윗-몸	웃-몸	~운동.
윗-바람	웃-바람	
윗-배	웃-배	
윗-벌[38]	웃-벌	
윗-변	웃-변	수학 용어.
윗-사랑[39]	웃-사랑	
윗-세장[40]	웃-세장	
윗-수염	웃-수염	
윗-입술	웃-입술	
윗-잇몸	웃-잇몸	
윗-자리	웃-자리	
윗-중방[41]	웃-중방	

다만 1. 된소리나 거센소리 앞에서는 '위-'로 한다.(ㄱ을 표준어로 삼고, ㄴ을 버림.)

ㄱ	ㄴ	비고
위-짝[42]	웃-짝	
위-쪽	웃-쪽	
위-채[43]	웃-채	
위-층	웃-층	
위-치마[44]	웃-치마	
위-턱	웃-턱	~구름[上層雲].
위-팔[45]	웃-팔	

37 윗막이: 물건의 위쪽 머리를 막은 부분.
38 윗벌: 한 벌로 된 옷에서 윗도리에 입는 옷.
39 윗사랑: 위채에 있는 사랑.
40 윗세장: 지게나 걸채 따위에서 윗부분에 가로질러 박은 나무.
41 윗중방: 창문 위 또는 벽의 위쪽 사이에 가로지르는 인방. 창이나 문틀 윗부분 벽의 하중을 받쳐 준다. 상인방과 동의어.
42 위짝: 위아래가 한 벌을 이루는 물건의 위쪽 짝.
43 위채: 여러 채로 된 집에서 위쪽에 있는 채.
44 위치마: 갈퀴의 앞초리 쪽으로 대나무를 가로 대고 철사나 끈 따위로 묶은 코.
45 위팔: 어깨에서 팔꿈치까지의 부분.

다만 2. '아래, 위'의 대립이 없는 단어는 '웃-'으로 발음되는 형태를 표준어로 삼는다.
(ㄱ을 표준어로 삼고, ㄴ을 버림.)

ㄱ	ㄴ	비고
웃-국[46]	윗-국	
웃-기[47]	윗-기	
웃-돈	윗-돈	
웃-비[48]	윗-비	~걷다.
웃-어른	윗-어른	
웃-옷	윗-옷	

[해설] 제12항에서는 '아래'의 반의어로서 '위'가 단어 머리에 위치하는 합성명사가 될 때, 기본적으로 '윗'을 쓴다. 제12항**의** 단어들이 '윗입술↔아랫입술, 윗잇몸↔아랫잇몸, 윗변↔아랫변'처럼 의미상 위, 아래의 대립이 있는 것을 확인할 수 있다. 발음 역시 윗입술[윈닙술], 윗잇몸[윈닌몸], 윗변[위뼌]처럼 뒷말 첫소리가 된소리가 되거나 ㄴ소리 혹은 ㄴㄴ소리가 덧난다.

[다만 1] '위쪽↔아래쪽, 위층↔아래층, 위턱↔아래턱'처럼 다만 1도 의미상으로는 위, 아래의 대립이 있다. 하지만 형태상으로 제12항과는 '사이시옷' 유무에 차이가 있다. '위층, 위쪽, 위턱'처럼 뒷말 첫소리가 된소리나 거센소리일 때는 사이시옷이 첨가되지 않는다. 이는 명사의 결합 즉, 사이시옷 소리 현상 때문인지, 뒤에 결합하는 단어가 본래 가지고 있는 음가 때문인지 명확하지 않기 때문이다.

[다만 2] 제12항과 다만 1의 예와 달리, 다만 2는 '아래, 위'의 대립이 없는 경우로, '웃'과 결합한다.

- '웃돈'은 '구하기 힘든 약이라 웃돈을 주고 특별히 주문해서 사 왔다.'처럼 본래의 값에 덧붙이는 돈으로, '아랫돈'이란 개념은 존재하지 않는다.

---

46 웃국: 1) 간장이나 술 따위를 담가서 익힌 뒤에 맨 처음에 떠낸 진한 국. 2) 뜨물, 구정물, 빗물 따위의 받아 놓은 물에서 찌꺼기가 가라앉고 남은 윗부분의 물.
47 웃기: 1) 웃기떡. 2) 떡, 포, 과일 따위를 괸 위에 모양을 내기 위하여 얹는 재료, 주악, 화전 따위가 있다.
48 웃비: 아직 우기(雨氣)는 있으나 좍좍 내리다가 그친 비.

• '웃어른'도 마찬가지로 '아랫어른'은 없기 때문에 '웃'과 결합한다. 그러나 '윗사람'과 '아랫사람'의 대립은 존재하므로 사이시옷이 첨가됨을 주의해야 한다.

'윗/위/웃'을 정리하면 다음과 같다.

가. '위, 아래'의 대립이 있을 경우 '윗'이나 '위'를 쓴다. 이때 결합하는 뒤의 단어가 거센소리나 된소리로 시작하면 '위'를 쓴다.

나. '위, 아래'의 대립이 없을 경우는 '웃'을 쓴다.

'웃옷'과 '윗옷'은 각각 그 의미를 가지는 표준어인데, '웃옷'은 '날씨가 추워서 웃옷을 걸쳐 입었다'처럼 맨 겉에 입는 옷으로 반의어는 '속옷'이라고 볼 수 있다. '윗옷' 은 위에 입는 상의로 반의어는 '아래옷[49]', 즉 하의이다. 예를 들어 한복의 '웃옷'은 두루마기이며, '윗옷'은 저고리가 된다.

제13항 한자 '구(句)'가 붙어서 이루어진 단어는 '귀'로 읽는 것을 인정하지 아니하고, '구'로 통일한다.(ㄱ을 표준어로 삼고, ㄴ을 버림.)

ㄱ	ㄴ	비고
구법(句法)	귀법	
구절(句節)	귀절	
구점(句點)	귀점	
결구(結句)	결귀	
경구(警句)[50]	경귀	
경인구(警人句)[51]	경인귀	
난구(難句)	난귀	
단구(短句)	단귀	
단명구(短命句)[52]	단명귀	
대구(對句)	대귀	~법(對句法).
문구(文句)	문귀	

49 윗옷의 반대말인 아래옷에는 사이시옷이 첨가되지 않는데, 이는 [윋옫→위돋]으로 발음되는 '윗옷'과 달리 '아래옷'은 [아랟옫→아래돋]이 아니라 [아래옫]으로 발음되기 때문이다.

50 경구(警句): 진리나 삶에 대한 느낌이나 사상을 간결하고 날카롭게 표현한 말.

51 경인구(驚人句): 사람을 놀라게 할 만큼 잘 지은 시구.

52 단명구(短命句): 글쓴이의 목숨이 짧으리라는 징조가 드러나 보이는 글귀.

성구(成句)	성귀	~어(成句語).
시구(詩句)	시귀	
어구(語句)	어귀	
연구(聯句)[53]	연귀	
인용구(引用句)	인용귀	
절구(絕句)	절귀	

다만, 다음 단어는 '귀'로 발음되는 형태를 표준어로 삼는다.(ㄱ을 표준어로 삼고, ㄴ을 버림.)

ㄱ	ㄴ	비고
귀-글	구-글	
글-귀	글-구	

[해설] 한자어 구(句)는 훈이 '글귀'이고, 음이 '구'이다. **제13항**에서는 그동안 '구'와 '귀'를 혼동하여 사용하였던 것을 '구'로 통일하여 표준어로 삼았다.

[다만] 한시(漢詩) 따위에서 두 마디가 한 덩이씩 되게 지은 '귀글'과 구(句)의 훈을 지칭하는 '글귀'를 쓸 때는 그대로 '귀'를 남겨 표준어로 삼았다.

제3절 준말

제14항 준말이 널리 쓰이고 본말이 잘 쓰이지 않는 경우에는, 준말만을 표준어로 삼는다.(ㄱ을 표준어로 삼고, ㄴ을 버림.)

ㄱ	ㄴ	비고
귀찮다	귀치 않다	
김	기음	~매다.
똬리	또아리	

53 연구(聯句): 한 사람이 각각 한 구씩을 지어 이를 합하여 만든 시. 중국 한나라 무제 때부터 시작되었다고 한다.

무	무우	~강즙, ~말랭이, ~생채, 가랑~, 갓~, 왜~, 총각~.
미다	무이다	1. 털이 빠져 살이 드러나다. 2. 찢어지다.
뱀	배암	
뱀-장어	배암-장어	
빔	비음	설~, 생일~.
샘	새암	~바르다, ~바리.
생-쥐	새앙-쥐	
솔개	소리개	
온-갖	온-가지	
장사-치	장사-아치	

[해설] 제14항은 준말과 본말 중에 준말이 더 널리 사용되어 표준어로 채택된 것들이다.

- '똬리'는 '짐을 머리에 일 때 머리에 받치는 고리 모양의 물건'이나 '구렁이가 똬리를 틀고 있다.'처럼 '둥글게 빙빙 틀어 놓은 것은 것이나 그런 모양'을 말한다. 그러나 '갈퀫발의 다른 끝을 모아 휘감아 잡아맨 부분'이라는 뜻으로 '또아리'라는 표준어도 있다.
- '무' 역시 본말인 '무우'보다 더 널리 쓰여 표준어로 인정받았으므로 '무강즙, 무말랭이, 무생채, 가랑무[54], 갓무[55], 왜무[56], 총각무'로 써야 한다.
- '미다'는 '살이 드러날 만큼 털이 빠진다'는 의미와 '팽팽한 가죽이나 종이 따위를 잘못 건드려 구멍을 내다'라는 의미가 있다.
- '뱀'은 '배암'의 준 말로 표준어이므로, '뱀장어, 뱀띠, 뱀술, 도마뱀' 등으로 결합하여 사용한다.
- '빔'은 명절이나 잔치 때에 새 옷을 차려입거나 그 옷을 뜻하는 말로, 본말은 '비임'보다 널리 쓰여 표준어이다. '설빔, 생일빔, 까치설빔' 등으로 쓰인다.
- '샘'은 '남의 처지나 물건을 탐내거나 자기보다 나은 처지에 있는 사람이나 적수를 미워하는 마음'으로, '샘바르다[57], 샘바리[58]' 등으로 활용된다.

54 가랑무: 제대로 굵게 자라지 못하고 밑동이 두세 가랑이로 갈라진 무.
55 갓무: 무의 하나. 잎은 갓처럼 생기고 뿌리는 배추와 비슷하다.
56 왜무: 굵고 길쭉하며 녹말이 적고 수분이 많아 살이 연한 개량종 무이다.
57 샘바르다: 샘이 심하다.
58 샘바리: 샘이 많아서 안달하는 사람.

• '생쥐'는 '새앙쥐'의 준말로, '생쥐'만이 표준어로 인정받았다. 그러나 '사향뒤쥐'는 '생쥐'와 비슷하나 조금 다른 종으로, '새앙쥐'로 불리는데, 이 역시 표준어로 인정된다.
• '온갖'은 '온가지'의 준말로 '온갖'만 표준어로 인정된다. '갖가지, 갖갖'은 '가지가지'에서 온 말로 이들은 모두 표준어이다.
• '장사치'는 '장사아치'가 준 말로, '장사치'만 표준어로 인정받았다. '장사아치'는 '장사+아치'의 결합인데, 이때 '아치'는 몇몇 명사 뒤에 붙어 '그 일에 종사하는 사람'을 뜻하는 접미사이다. 그 예로 '벼슬아치, 동냥아치' 등이 있다.

제15항 준말이 쓰이고 있더라도, 본말이 널리 쓰이고 있으면 본말을 표준어로 삼는다. (ㄱ을 표준어로 삼고, ㄴ을 버림.)

ㄱ	ㄴ	비고
경황-없다	경-없다	
궁상-떨다	궁-떨다	
귀이-개	귀-개	
낌새	낌	
낙인-찍다	낙-하다/낙-치다	
내왕-꾼[59]	냉-꾼	
돗-자리	돗	
뒤웅-박[60]	뒝-박	
뒷물-대야[61]	뒷-대야	
마구-잡이	막-잡이	
맵자-하다[62]	맵자다	모양이 제격에 어울리다.
모이	모	
벽-돌	벽	
부스럼	부럼	정월 보름에 쓰는 '부럼'은 표준어임.
살얼음-판	살-판	

59 내왕꾼: 절에서 심부름하는 일반 사람.
60 뒤웅박: 박을 쪼개지 않고 꼭지 근처에 구멍만 뚫어 속을 파낸 바가지. 마른 그릇으로 쓴다.
61 뒷물대야: 사람의 국부나 항문을 씻을 때 쓰는 대야.
62 맵자하다: 모양이 제격에 어울려서 맞다.

수두룩-하다	수둑-하다	
암-죽[63]	암	
어음	엄	
일구다	일다	
죽-살이[64]	죽-살	
퇴박-맞다[65]	퇴-맞다	
한통-치다[66]	통-치다	

[붙임] 다음과 같이 명사에 조사가 붙은 경우에도 이 원칙을 적용한다.(ㄱ을 표준어로 삼고, ㄴ을 버림.)

ㄱ	ㄴ	비 고
아래-로	알-로	

[해설] 제15항은 제14항과 달리, 본말과 준말 중에 본말이 더 널리 쓰여 표준어로 인정된 것들이다.

- '귀이개'는 '귀개'의 본말로, 본말만이 표준어로 인정된다. '귀이개'와 같은 말로 '귀지개, 귀파개, 귀후비개, 귀쑤시개' 등이 사용되나 이들은 모두 비표준어이다. 또한 귓구멍 속에 낀 때를 '귓밥, 귀창' 등으로 부르기도 하나 이는 지역 방언들로, 표준어는 '귀지'이다.
- '낌새'도 '낌'으로 줄여 말하지 않는다. 그러므로 '낌새채다, 낌새를 맡다, 낌새가 보이다' 등으로 말한다.
- '낙인찍다'를 '낙하다, 낙치다'로 줄여 말하지 않아, '낙하다, 낙치다'는 비표준어이다. 그러나 이와는 다른 의미의 '낙하다'는 '대 따위의 표면을 불에 달군 쇠로 지져서 글자를 쓰거나 그림을 그리다'는 의미로 표준어로 인정된다.
- '부스럼'은 '부럼'으로 줄여 말하지 않기 때문에 '부스럼'만이 표준어이다. 그러나 음력 정월 대보름날 새벽에 깨물어 먹는 딱딱한 견과류인 '부럼'은 표준어이다.
- '한통치다'는 '나누지 않고 한곳에 합치다'의 의미로 '통치다'로 줄여 쓰지 않는다. 이때 '통치다'와 전혀 다른 의미이나 발음이 비슷한 '퉁치다'는 서로 셈할 것을 비겨 더 이상

63 암죽: 곡식이나 밤의 가루로 묽게 쑨 죽. 어린아이에게 젖 대신 먹인다.
64 죽살이: 1) 생사. 2) 죽고 사는 것을 다투는 정도의 고생.
65 퇴박맞다: 마음에 들지 아니하여 거절당하거나 물리침을 받다.
66 한통치다: 나누지 아니하고 한곳에 합치다.

빛이 없을 때 자주 사용되는 말이다. 그러나 이는 표준어로 등재되어 있지 않으므로 주의해야 한다. '퉁치다'와 비슷한 의미의 표준어로는 '삭치다[67], 에끼다[68]'가 있는데, 상황에 따라 이 단어들을 적절히 활용할 수 있다.

[붙임] '아래로'의 준말인 '알로'는 언중이 많이 사용하지 않아 표준어로 인정되지 않았다. 그러나 '이리로, 저리로, 그리로'의 준말 형태인 '일로, 절로, 글로'는 많이 사용되기 때문에 모두 표준어로 인정되었다. 이와 마찬가지로 '요리로, 조리로, 고리로'의 준말인 '욜로, 졸로, 골로'도 모두 표준어이다.

제16항 준말과 본말이 다 같이 널리 쓰이면서 준말의 효용이 뚜렷이 인정되는 것은, 두 가지를 다 표준어로 삼는다.(ㄱ은 본말이며, ㄴ은 준말임.)

ㄱ	ㄴ	비고
거짓-부리	거짓-불	작은말은 '가짓부리, 가짓불'임.
노을	놀	저녁~.
막대기	막대	
망태기[69]	망태	
머무르다	머물다	모음 어미가 연결될 때에는 준말의 활용형을 인정하지 않음.
서두르다	서둘다	
서투르다	서툴다	
석새-삼베[70]	석새-베	
시-누이	시-뉘/시-누	
오-누이	오-뉘/오-누	
외우다	외다	외우며, 외워: 외며, 외어.
이기죽-거리다[71]	이죽-거리다	
찌꺼기	찌끼	'찌꺽지'는 비표준어임.

67 삭치다: 1) 뭉개거나 지워서 없애 버리다. 2) 셈할 것을 서로 비기다.
68 에끼다: 1) 서로 주고받을 물건이나 일 따위를 비겨 없애다.
69 망태기: 물건을 담아 들거나 어깨에 메고 다닐 수 있도록 만든 그릇. 주로 가는 새끼나 노 따위로 엮거나 그물처럼 떠서 성기게 만든다.
70 석새삼베: 240올의 날실로 짠 베라는 뜻으로, 성글고 굵은 베를 이르는 말.
71 이기죽거리다: 자꾸 밉살스럽게 지껄이며 짓궂게 빈정거리다.

[해설] 제16항은 준말과 본말이 다 같이 널리 쓰여 두 가지 모두 표준어로 인정받은 것들이다.

- '노을, 놀'은 모두 표준어로 '저녁노을, 저녁놀', '아침노을, 아침놀'도 모두 표준어이다. 그러나 '까치놀'[72]의 본말인 '까치노을'은 표준어가 아니므로 주의해야 한다.
- '머무르다, 서두르다, 서투르다'와 그의 준말인 '머물다, 서둘다, 서툴다'는 모두 표준어로 인정된다. 그러나 준말이 모음과 결합될 때 불가한 활용이 있다. 엄밀히 따지면 모든 모음으로 시작하는 어미와의 활용이 불가한 것이 아니라 특히 '아/어'계 모음 어미(－아/어요, －아/어서, －았/었다 등)과의 결합이 불가하다.

(본말) 머무르다: 머물러요(○), 머물러서(○), 머물렀다(○),
(준말) 머물다:　 머물어요(×), 머물어서(×), 머물었다(×)

(본말) 서두르다: 서둘러요(○), 서둘러서(○), 서둘렀다(○)
(준말) 서둘다:　 서둘어요(×), 서둘어서(O), 서둘렀다(×)

(본말) 서투르다: 서툴러요(○), 서툴러서(○), 서툴렀다(×)
(준말) 서툴다:　 서툴어요(×), 서툴어서(×), 서툴었다(×)

이뿐만 아니라 '가지다, 갖다', '건드리다, 건들다'도 같은 양상을 보이는데, '갖아요, 갖아서, 갖았다', '건들어요, 건들어서, 건들었다'도 모두 비표준어가 된다.

- '시누이, 시뉘/시누', '오누이, 오뉘/오누' 모두 표준어이다. 그러나 '누이'의 준말인 '뉘'는 표준어이고, '누'는 비표준어이다. 그러므로 '큰누이, 큰뉘'는 표준어이고, '큰누'는 표준어가 아니므로 주의해서 사용해야 한다.
- '외우다'와 그의 준말인 '외다'는 모두 표준어이다. 앞서 '머무르다, 서두르다, 서투르다'의 준말인 '머물다, 서둘다, 서툴다'는 모음으로 시작하는 어미와의 결합에 있어 제한적이었다. 그러나 '외다'는 '외어요, 외어서, 외었다'처럼 활용이 자유롭다.

---

72 까치놀: 1) 석양을 받은 먼바다의 수평선에서 번득거리는 노을. 2) 울긋불긋한 노을.

제17항 비슷한 발음의 몇 형태가 쓰일 경우, 그 의미에 아무런 차이가 없고, 그중 하나가 더 널리 쓰이면, 그 한 형태만을 표준어로 삼는다.(ㄱ을 표준어로 삼고, ㄴ을 버림.)

ㄱ	ㄴ	비고
거든-그리다[73]	거둥-그리다	1. 거든하게 거두어 싸다. 2. 작은말은 '가든-그리다'임.
구어-박다[74]	구워-박다	사람이 한 군데에서만 지내다.
귀-고리	귀엣-고리	
귀-띔	귀-틤	
귀-지	귀에-지	
까딱-하면	까땍-하면	
꼭두-각시	꼭둑-각시	
내색	나색	감정이 나타나는 얼굴빛.
내숭-스럽다	내흉-스럽다	
냠냠-거리다	얌냠-거리다	냠냠-하다.
냠냠-이[75]	얌냠-이	
너[四]	네	~돈, ~말, ~발, ~푼.
넉[四]	너/네	~냥, ~되, ~섬, ~자.
다다르다	다닫다	
댑-싸리[76]	대-싸리	
더부룩-하다	더뿌룩-하다/듬뿌룩-하다	
-던	-든	선택, 무관의 뜻을 나타내는 어미는 '-든'임. 가-든(지) 말-든(지), 보-든(가) 말-든(가).

73 거든그리다: 거든하게 거두어 싸다.

74 구어박다: 1) 한곳에서 꼼짝 못 하고 지내다. 혹은 그렇게 하다. 2) 쐐기 따위를, 단단히 끼어 있게 하기 위하여 불에 쬐어서 박다. 3) 이자 놓는 돈을 한곳에 잡아 두고 더 이상 늘리지 않다.

75 냠냠이: 1) 어린아이의 말로, 먹고 싶은 음식을 이르는 말. 2) 맛있는 음식을 먹고 싶어 하는 일을 비유적으로 이르는 말.

76 댑싸리: 명아줏과의 한해살이풀. 한여름에 연한 녹색의 꽃이 피며 줄기는 비를 만드는 재료로 쓰인다.

－던가	－든가	
－던걸	－든걸	
－던고	－든고	
－던데	－든데	
－던지	－든지	
－(으)려고	－(으)ㄹ려고/－(으)ㄹ라고	
－(으)려야	－(으)ㄹ려야/－(으)ㄹ래야	
망가－뜨리다	망그－뜨리다	
멸치	며루치/메리치	
반빗－아치[77]	반비－아치	'반빗' 노릇을 하는 사람. 찬비(饌婢). '반비'는 밥 짓는 일을 맡은 계집종.
보습[78]	보십/보섭	
본새[79]	뽄새	
봉숭아	봉숭화	'봉선화'도 표준어임.
뺨－따귀	뺌－따귀/뺨－따구니	'뺨'의 비속어임.
뻐개다[斫]	뻐기다	두 조각으로 가르다.
뻐기다[誇]	뻐개다	뽐내다.
사자－탈	사지－탈	
상－판대기	쌍－판대기	
서[三]	세/석	~돈, ~말, ~발, ~푼.
석[三]	세	~냥, ~되, ~섬, ~자.
설령(設令)	서령	
－습니다	－읍니다	먹습니다, 갔습니다, 없습니다, 있습니다, 좋습니다. 모음 뒤에는 '－ㅂ니다'임.
시름－시름	시늠－시늠	
씀벅－씀벅[80]	썸벅－썸벅	

77 반빗아치: 예전에, 반찬을 만드는 일을 맡아 하던 여자 하인.
78 보습: 쟁기, 극젱이, 가래 따위 농기구의 술바닥에 끼우는, 넓적한 삽 모양의 쇳조각.
79 본새: 1) 본디의 빛깔이나 생김새. 2) 본디의 특색이나 정체.
80 씀벅씀벅: 1) 눈꺼풀을 움직이며 눈을 자꾸 감았다 떴다 하는 모양. 2) 눈이나 살 속이 찌르듯이 자꾸 시근시근한 모양.

아궁이	아궁지	
아내	안해	
어-중간	어지-중간	
오금-팽이[81]	오금-탱이	
오래-오래	도래-도래	돼지 부르는 소리.
-올시다	-올습니다	
옹골-차다[82]	공골-차다	
우두커니	우두머니	작은말은 '오도카니'임.
잠-투정	잠-투세/잠-주정	
재봉-틀	자봉-틀	발~, 손~.
짓-무르다	짓-물다	
짚-북데기[83]	짚-북세기	
쪽	짝	편(便). 이~, 그~, 저~. 다만, '아무-짝'은 '짝'임.
천장(天障)	천정	'천정부지(天井不知)'는 '천정'임.
코-맹맹이	코-맹녕이	
흉-업다[84]	흉-헙다	

[해설] 제17항은 발음이 비슷한 단어 중, 더 널리 사용되는 것 하나만을 표준어로 삼은 것들이다. 이를 통해 언어생활의 혼란을 줄일 수 있다.

- '귀고리'는 지금 잘 사용하지 않는 옛말인 '귀엣고리'를 대신해 표준어가 되었다. '귀고리'와 더불어 많이 사용되는 '귀걸이'도 표준어이다. 그러나 귓속말을 뜻하는 '귀엣말'과 귀 뒤로 넘겨 땋은 머리라는 의미의 '귀엣머리'도 표준어로 남아 있다.
- '냠냠거리다', '냠냠이'는 음절 혹은 어근이 반복되는 시늉말인데, 시늉말은 두음법칙이 적용되지 않으므로 '얌냠거리다', '얌냠이'는 비표준어이다.
- '너(四)'는 '돈, 말, 발, 푼'과 결합하고, '넉(四)'은 '냥, 되, 섬, 자'와 결합한다. '명, 개, 사

81 오금팽이: 1) 구부러진 물건에서 오목하게 굽은 자리의 안쪽. 2) 오금이나, 오금처럼 오목하게 팬 곳을 낮잡아 이르는 말.
82 옹골차다: 실속이 있게 속이 매우 꽉 차 있다.
83 짚북데기: 짚이 아무렇게나 엉킨 뭉텅이.
84 흉업다: 말이나 행동 따위가 불쾌할 정도로 흉하다.

람, 가지'는 '네(四)와 어울린다.

- '다다르다'는 본말이고 '다닫다'는 준말이다. 「표준어 규정」 제16항에서 '머무르다/머물다, 서두르다/서둘다, 서투르다/서툴다'처럼 본말과 준말 모두 인정한 것과 달리 '다다르다'의 준말인 '다닫다'는 인정하지 않는다.
- '댑사리'는 '대'와 '사리'가 결합한 것인데 이전에 앞 체언인 '대'에 'ㅂ'이 남아 있었기 때문에 이때 'ㅂ'이 드러난 것이다. 이와 같은 예로 '멥쌀(메+쌀), 좁쌀(조+쌀), 찹쌀(차+쌀), 볍씨(벼+씨), 접때(저+때)를 들 수 있다.
- '−던'은 '과거 회상'의 문법이고 '−든'은 '선택, 무관'의 의미가 있기 때문에 잘 구별하여 사용해야 한다.

가. 과거 회상의 '−던'

㉠ 어떤 일을 하던 사람이야?
어제 정말 아름답던걸!
아이가 혼자 가던데 괜찮을까?
영화가 얼마나 감동스럽던지 눈물을 많이 흘렸어.

나. 선택, 무관의 '−든'

㉠ 밥을 먹든지 말든지 해.
열심히 하든가 말든가 알아서 해.

- '아내'는 체언인 '안ㅎ(内)'과 파생접미사 '−애'가 결합한 것으로, 통시적 변화를 거쳐 현대 국어에서는 '아내'가 널리 쓰여 표준어가 되었다.
- '−(으)려고'를 '−(으)ㄹ려고, −(으)ㄹ라구'로 발음하고 표기하는 경우가 많은데, 이는 비표준어이므로 주의해야 한다.
- '−(으)려야' 역시 '−(으)려고'처럼 '−(으)ㄹ려야, −(으)ㄹ래야'로 많이 사용하는데 '−(으)려야'로 발음하고 써야 한다.

떼려야 뗄 수 없는 관계(○)
뗄려야 뗄 수 없는 관계(×)
떼려야 뗄 수 없는 관계(×)

- ‘봉숭아’는 ‘봉숭화’와 발음이 비슷해서 헷갈리기 쉬우나 ‘봉숭아’와 ‘봉선화’만 표준어이다.
- ‘서(三)’는 ‘돈, 말, 발, 푼’과 결합하고, ‘석(三)’은 ‘냥, 되, 섬, 자’와 결합한다. ‘서, 너’가 쓰이는 곳에는 ‘석, 넉’이 쓰일 수 없고 ‘석, 넉’이 쓰이는 곳에는 ‘서, 너’가 쓰일 수 없다.

금 서 돈(○), 금 석 돈(×)

- ‘－습니다’와 ‘－읍니다’는 1988년 이전에 모두 표준어였다. ‘－습니다’가 ‘－읍니다’보다 더 공손한 표현으로 의미의 차이가 있었으나 지금은 ‘－습니다’만을 표준어로 삼는다. 또한 ‘있슴, 없슴’으로 명사형을 오용하는 경우가 많은데 ‘있음, 없음’으로 쓰는 것이 옳다.
- ‘천장’과 ‘천정’ 중에 표준어는 ‘천장’이다. 그러나 ‘천장을 알지 못하다’의 의미로 ‘천정부지’가 널리 쓰이므로 ‘천정부지’는 그대로 표준어로 남았다.

제5절 복수 표준어

제18항 다음 단어는 ㄱ을 원칙으로 하고, ㄴ도 허용한다.

ㄱ	ㄴ	비고
네	예	
쇠－	소－	－가죽, －고기, －기름, －머리, －뼈.
괴다	고이다	물이 ~, 밑을 ~.
꾀다	꼬이다	어린애를 ~, 벌레가 ~.
쐬다	쏘이다	바람을 ~.
죄다	조이다	나사를 ~.
쬐다	쪼이다	볕을 ~.

[해설] 제18항에서는 비슷한 발음의 두 형태가 널리 쓰일 경우, 두 형태 모두 표준어로 인정한다. 복수 표준어는 어휘를 폭넓게 사용할 수 있게 해 언어생활을 풍요롭게 한다는 장점이 있다.

- '네/예'는 복수 표준어이다. 예전에는 '예'만 표준어였으나 '네'가 더 널리 쓰이게 돼 현재는 모두 사용할 수 있다.
- '쇠-/소-' 역시 모두 사용이 가능하다. '쇠-'는 '쇼+ㅣ'의 결합으로, 'ㅣ'는 관형격 조사이다. 즉, '쇼+ㅣ+고기'가 '쇠고기'가 된 것인데, 이때 '쇠'를 대신해 '소고기'로도 쓸 수 있다.
- '괴다/고이다, 꾀다/꼬이다, 쐬다/쏘이다, 죄다/조이다, 쬐다/쪼이다'는 본말과 준말의 관계인데, 특히 표기에 주의해야 한다.

친구를 꼬이다+어서 → 꼬여(이+어)서, 꾀(꼬+이)어서, 꽤(꼬+이+어)서
바람을 쏘이다+었다 → 쏘였(이+었)다, 쐬(쏘+이)었다, 쐤(쏘+이+었)다
불을 좀 쪼이+어 → 쪼여(이+어), 쬐(쪼+이)어, 쫴(쪼+이+어)

제19항 어감의 차이를 나타내는 단어 또는 발음이 비슷한 단어들이 다 같이 널리 쓰이는 경우에는, 그 모두를 표준어로 삼는다.(ㄱ, ㄴ을 모두 표준어로 삼음.)

ㄱ	ㄴ	비고
거슴츠레-하다[85]	게슴츠레-하다	
고까[86]	꼬까	~신, ~옷.
고린-내	코린-내	
교기(驕氣)[87]	갸기	교만한 태도.
구린-내	쿠린-내	
꺼림-하다[88]	께름-하다	
나부랭이[89]	너부렁이	

85 거슴츠레하다: 졸리거나 술에 취해서 눈이 정기가 풀리고 흐리멍덩하며 거의 감길 듯하다.
86 고까: 어린아이의 말로, 알록달록하게 곱게 만든 아이의 옷이나 신발 따위를 이르는 말.
87 교기: 남을 업신여기고 잘난 체하며 뽐내는 태도.
88 꺼림하다: 마음에 걸려서 언짢은 느낌이 있다.
89 나부랭이: 1) 종이나 헝겊 따위의 자질구레한 오라기. 2) 어떤 부류의 사람이나 물건을 낮잡아 이르는 말.

[해설] 모음과 자음이 바뀌는 것만으로도 어감의 차이가 있다. **제19항**은 어감의 차이가 있다는 것은 별개 단어로 볼 수도 있으나 그 어감의 차이가 작아서 복수 표준어로 인정한 것들이다.

- '거슴츠레하다/게슴츠레하다' 모두 표준어이며, '가슴츠레하다'도 '거슴츠레하다'의 작은말로 표준어이다.
- '고까/꼬까'가 복수 표준어이며 '때때'도 표준어이다. 그래서 '고까신, 고까옷, 꼬까옷, 꼬까신 때때신, 때때옷' 모두 맞는 단어이다.
- '고린내/코린내/구린내/쿠린내'가 모두 표준어이나, '꼬린내/꾸린내'는 표준어가 아니므로 주의해야 한다.
- '꺼림하다/께름하다'가 복수 표준어로, '꺼림칙하다/께름칙하다/꺼림직하다/께름직하다'로 활용할 수 있다. 그러나 '꺼림찍하다/께름찍하다'는 표준어가 아니므로 맞는 표기가 아니다.

제3장 어휘 선택의 변화에 따른 표준어 규정[90]

제1절 고어

제20항 사어(死語)가 되어 쓰이지 않게 된 단어는 고어로 처리하고, 현재 널리 사용되는 단어를 표준어로 삼는다.(ㄱ을 표준어로 삼고, ㄴ을 버림.)

ㄱ	ㄴ	비 고
난봉	봉	1) 허랑방탕한 짓. 2) =난봉꾼.
낭떠러지	낭	깎아지른 듯한 언덕.
설거지-하다	설겆다	
애달프다	애닯다	1) 마음이 안타깝거나 쓰라리다. 2) 애처롭고 쓸쓸하다
오동-나무	머귀-나무	
자두	오얏	

90 제3장부터는 본항 비고란에 단어 뜻풀이를 직접 서술하도록 하였다. 기존에 비고란에 기술된 내용은 앞에 '*'를 첨가하였다.

[해설] 제3항부터 제19항까지는 약간의 발음 차이가 있는 어형에 관한 것이었다면, 제20항부터 제26항까지는 형태가 완전히 다른 단어들에 관한 것이다.

제20항은 언중이 더 이상 사용하지 않는 고어를 대신해, 현재 널리 사용되는 단어를 표준어로 삼았다.

- '설거지하다'는 '설겆다'의 어원에서 온 듯하나, '설겆어요, 설겆어라, 설겆으니' 등의 어간 활용을 찾아볼 수 없으므로, '설겆'은 사어로 처리하고 이미 굳어진 '설거지'에 '하다'가 결합된 것으로 본다.
- '애달프다'의 고어는 '애닯다'로, '애닯다 어이하리'처럼 노랫말에서 간혹 볼 수 있다. 그러나 '애닯다'를 어간으로 한 '애닯아요, 애닯으니, 애닯은' 등의 활용이 없어 '애달프다'를 비표준어로 삼았다.
- '머귀나무'는 '오동나무'를 가리킬 때에는 비표준이지만, '운향과에 딸린 갈잎큰키나무'를 가리킬 때에는 '오동나무'와는 별개의 표준어이다.

제2절 한자어

제21항 고유어 계열의 단어가 널리 쓰이고 그에 대응되는 한자어 계열의 단어가 용도를 잃게 된 것은, 고유어 계열의 단어만을 표준어로 삼는다.(ㄱ을 표준어로 삼고, ㄴ을 버림.)

ㄱ	ㄴ	비고
가루-약	말-약	가루로 된 약.
구들-장	방-돌	방고래 위에 깔아 방바닥을 만드는 얇고 넓은 돌.
길품-삯	보행-삯	남이 갈 길을 대신 가고 받는 삯. ≒보행료
까막-눈	맹-눈	1) 글을 읽을 줄 모르는 무식한 사람의 눈. 2) =까막눈이 3) 어떤 일에 대하여 아무것도 모르는 사람의 눈 또는 그런 사람을 비유적으로 이르는 말.
꼭지-미역	총각-미역	한 줌 안에 들어올 만큼을 모아서 잡아맨 미역.
나뭇-갓	시장-갓	나무를 가꾸는 말림갓.

늙-다리	노닥-다리	1) 늙은 짐승. 2) '늙은이'를 낮잡아 이르는 말.
두껍-닫이	두껍-창	미닫이를 열 때, 문짝이 옆벽에 들어가 보이지 아니하도록 만든 것. ≒두껍집.
떡-암죽	병-암죽	말린 흰무리를 빻아 묽게 쑨 죽.
마른-갈이	건-갈이	마른논에 물을 넣지 않고 논을 가는 일.
마른-빨래	건-빨래	1) 흙 묻은 옷을 말려서 비벼 깨끗하게 하는 일. 2) 휘발유, 벤젠 따위의 약품으로 옷의 때를 지워 빼는 일. 3) 새 옷을 입은 사람 곁에서 잠으로써, 자기 옷의 이를 옮기게 하여 없애는 일. 4) 물에 적시지 않은 빨랫감이나 빨아서 말린 빨래.
메-찰떡	반-찰떡	찹쌀과 멥쌀을 섞어서 만든 시루떡.
박달-나무	배달-나무	자작나뭇과의 낙엽 활엽 교목.
밥-소라	식-소라	큰 놋그릇.
사래-논	사래-답	*묘지기나 마름이 부쳐 먹는 땅.
사래-밭	사래-전	묘지기나 마름이 수고의 대가로 부쳐 먹는 밭.
삯-말	삯-마	삯을 주고 빌려 쓰는 말. 또는 삯을 받고 빌려주는 말.
성냥	화-곽	마찰에 의하여 불을 일으키는 물건.
솟을-무늬	솟을-문(~紋)	피륙 따위에 조금 도드라지게 놓은 무늬.
외-지다	벽-지다	외따로 떨어져 있어 으슥하고 후미지다.
움-파	동-파	1) 겨울에 움 속에서 자란, 빛이 누런 파. 2) 베어 낸 줄기에서 다시 줄기가 나온 파.
잎-담배	잎-초	썰지 아니하고 잎사귀 그대로 말린 담배.
잔-돈	잔-전	단위가 작은 돈.
조-당수	조-당죽	좁쌀을 물에 불린 다음 갈아서 묽게 쑨 음식.
죽데기	피-죽	*'죽더기'도 비표준어임. 통나무의 표면에서 잘라 낸 널조각. 주로 땔감으로 쓴다.
지겟-다리	목-발	지게 몸체의 맨 아랫부분에 있는 양쪽 다리.
짐-꾼	부지-군 (負持-)	짐을 지어 나르는 사람.

푼-돈	분-전/푼-전	1) 많지 아니한 몇 푼의 돈. 2) 적은 액수로 나뉜 돈.
흰-말	백-말/ 부루-말	*'백마'는 표준어임. 털빛이 흰 말. 부루-말: [명사]『옛말』'흰말'의 옛말.
흰-죽	백-죽	1) =쌀죽. 2) 흰쌀을 물에 불리어 갈고 난 후에 물을 붓고 다시 심쌀을 넣고 끓인 죽.

[해설] 제21항은 고유어와 한자어가 함께 쓰일 때, 언중이 고유어를 더 널리 사용하여 표준어로 삼은 것들을 모은 것이다.

- '가루약'은 '말약'보다 널리 사용돼 표준어인데, '가루차/말차, 계핏가루/계피말, 용담가루/용담말'처럼 한자어와 고유어가 모두 표준어인 경우도 있다.
- '까막눈'과 더불어 '까막눈이', '문맹'은 모두 표준어이다.
- '잔돈'은 '잔전'보다 널리 쓰여 표준어인데, '잔전푼'도 '잔돈푼'으로 바꾸어 써야 한다.
- '지겟다리'의 한자어인 '목발'은 비표준어이고 '다리가 불편한 사람이 겨드랑이에 끼고 걷는 지팡이'의 의미인 '목발'은 표준어이다.
- '흰말'은 '백말'보다 널리 쓰여 표준어이다. '백마' 역시 표준어이다. 그러나 '흰색/백색, 흰나비/백나비'의 같은 경우는 모두 표준어이다.
- '흰죽'과' 쌀죽'은 표준어이고 '백죽'은 비표준어이다.

제22항 고유어 계열의 단어가 생명력을 잃고 그에 대응되는 한자어 계열의 단어가 널리 쓰이면, 한자어 계열의 단어를 표준어로 삼는다.(ㄱ을 표준어로 삼고, ㄴ을 버림.)

ㄱ	ㄴ	비고
개다리-소반	개다리-밥상	상다리 모양이 개의 다리처럼 휜 막치 소반.
겸-상	맞-상	둘 또는 그 이상의 사람이 함께 음식을 먹을 수 있도록 차린 상. 또는 그렇게 차려 먹음.
고봉-밥	높은-밥	그릇 위로 수북하게 높이 담은 밥.

단-벌	홑-벌	1) 오직 한 벌의 옷. 2) 오직 그것 하나뿐인 물건이나 재료.
마방-집	마바리-집	*馬房~. 말을 두고 삯짐 싣는 일을 업으로 하는 집.
민망-스럽다 /면구-스럽다	민주-스럽다	낯을 들고 대하기에 부끄러운 데가 있다.
방-고래	구들-고래	방의 구들장 밑으로 나 있는, 불길과 연기가 통하여 나가는 길.
부항-단지	뜸-단지	부항을 붙이는 데 쓰는 작은 단지.
산-누에	멧-누에	산누에나방과의 나방의 애벌레.
산-줄기	멧-줄기/ 멧-발	큰 산에서 길게 뻗어 나간 산의 줄기.
수-삼	무-삼	말리지 아니한 인삼.
심-돋우개	불-돋우개	등잔의 심지를 돋우는 쇠꼬챙이.
양-파	둥근-파	백합과의 두해살이풀.
어질-병	어질-머리	머리가 어지럽고 혼미하여지는 병.
윤-달	군-달	윤년에 드는 달. 달력의 계절과 실제 계절과의 차이를 조절하기 위하여, 1년 중의 달수가 어느 해보다 많은 달을 이른다.
장력-세다	장성-세다	씩씩하고 굳세어 무서움을 타지 아니하다.
제석	젯-돗	제사를 지낼 때 까는 돗자리.
총각-무	알-무/ 알타리-무	무청째로 김치를 담그는, 뿌리가 잔 무.
칫-솔	잇-솔	이를 닦는 데 쓰는 솔.
포수	총-댕이	1) 총으로 짐승을 잡는 사냥꾼. 2) 총포를 가진 군사.

[해설] **제22항**은 **제21항**과 달리, 고유어와 한자어가 함께 쓰일 때, 언중이 한자어를 더 널리 사용하여 표준어로 삼은 것들을 모은 것이다.

- '개다리소반'과 '개다리밥상' 중 더 널리 쓰이는 '개다리소반'이 표준어이다. 그러나 '개다리'가 빠진, '소반', '밥상'은 모두 표준어이다.
- '단벌'이 '홑벌'보다 널리 쓰여 '단벌'만이 표준어이나, '단수/홑수, 단세포/홑세포'는 모

두 표준어로 인정된다.

- '민망스럽다, 면구스럽다'는 표준어이며, 이의 활용형인 부사 '민망스레, 면구스레'도 표준어이다.
- '총각무'는 표준어이나 '알무, 알타리무'는 비표준어이다. 이와 마찬가지로'총각김치'는 표준어이고 '알타리김치'는 비표준어이다.
- '산누에, 산줄기'는 표준어이나 '멧누에, 멧줄기, 멧발'은 비표준어이다. 그러나 '멧-'이 포함된 '멧부리, 멧기슭, 멧돼지, 멧비둘기, 멧짐승' 등은 표준어이므로 주의해서 사용해야 한다.

제3절 방언

제23항 방언이던 단어가 표준어보다 더 널리 쓰이게 된 것은, 그것을 표준어로 삼는다. 이 경우, 원래의 표준어는 그대로 표준어로 남겨 두는 것을 원칙으로 한다.(ㄱ을 표준어로 삼고, ㄴ도 표준어로 남겨 둠.)

ㄱ	ㄴ	비고
멍게	우렁쉥이	멍겟과의 원삭동물.
물-방개	선두리	물방갯과의 곤충을 통틀어 이르는 말.
애-순	어린-순	나무나 풀의 새로 돋아나는 어린싹.

[해설] 제23항은 종래에 비표준어이던 지역 방언 중에서 표준어보다 더 널리 쓰이게 된 것을 표준어로 삼기로 한 규정이다. '멍게, 물방개, 애순'과 같은 방언이 표준어인 '우렁쉥이, 선두리, 어린순'보다 더 널리 쓰이게 됨에 따라 기존 표준어와 함께 추가로 표준어로 삼은 것이다.

- '애순/어린순'이 모두 표준어인 것과 달리, '애벌레'는 표준어이고, '어린벌레'는 표준어가 아니다.

제24항 방언이던 단어가 널리 쓰이게 됨에 따라 표준어이던 단어가 안 쓰이게 된 것은, 방언이던 단어를 표준어로 삼는다.(ㄱ을 표준어로 삼고, ㄴ을 버림.)

ㄱ	ㄴ	비고
귀밑-머리	귓-머리	1) 이마 한가운데를 중심으로 좌우로 갈라 귀 뒤로 넘겨 땋은 머리. 2) 뺨에서 귀의 가까이에 난 머리털.
까-뭉개다	까-무느다	1) 높은 데를 파서 깎아 내리다. 2) 인격이나 문제 따위를 무시해 버리다.
막상	마기	어떤 일에 실지로 이르러.
빈대-떡	빈자-떡	전(煎)의 하나.
생인-손	생안-손	*준말은 '생-손'임. 손가락 끝에 종기가 나서 곪는 병.
역-겹다	역-스럽다	역정이 나거나 속에 거슬리게 싫다.
코-주부	코-보	코가 큰 사람을 놀림조로 이르는 말.

[해설] 제24항은 제23항과 마찬가지로, 표준어보다 더 널리 쓰이는 방언을 표준어로 삼았다. 그러나 잘 사용되지 않는 기존 표준어는 비표준어로 처리하였다는 데 차이점이 있다.

- '귀밑머리'가 '귓머리'보다 더 널리 쓰여 표준어이므로, 이와 관련된 명사인 '귀밑, 귀밑머리' 등도 모두 표준어이다.
- '까뭉개다'는 표준어이고 '까무느다'는 비표준어이다. 그러나 '쌓여 있는 것을 흩어지게 한다'는 뜻의 '무느다'는 표준어이다.
- '생인손'은 '손가락 끝에 종기가 나서 곪는 병'을 뜻한다. 표준어이던 '생안손'보다 지역 방언으로 비표준어였던 '생인손'이 널리 쓰여 '생인손'을 표준어로 삼고, '생안손'을 비표준어로 처리하였다.
- '코주부'는 본래 방언이었으나 신문에 연재되던 만화의 주인공 이름으로 널리 알려지면서 표준어가 되었다.

제25항 의미가 똑같은 형태가 몇 가지 있을 경우, 그중 어느 하나가 압도적으로 널리 쓰이면, 그 단어만을 표준어로 삼는다.(ㄱ을 표준어로 삼고, ㄴ을 버림.)

ㄱ	ㄴ	비고
-게끔	-게끔	앞의 내용이 뒤에서 가리키는 사태의 목적이나 결과, 방식, 정도 따위가 됨을 나타내는
겸사-겸사	겸지-겸지/겸두-겸두	한 번에 여러 가지 일을 하려고, 이 일도 하고 저 일도 할 겸 해서.
고구마	참-감자	메꽃과의 여러해살이풀.
고치다	낫우다	*병을 ~. 1) 고장이 나거나 못 쓰게 된 물건을 손질하여 제대로 되게 하다. 2) 병 따위를 낫게 하다. 3) 잘못되거나 틀린 것을 바로잡다. 4) 모양이나 내용 따위를 바꾸다. 5) 처지를 바꾸다.
골목-쟁이	골목-자기	골목에서 좀 더 깊숙이 들어간 좁은 곳.
광주리	광우리	1) 대, 싸리, 버들 따위를 재료로 하여 바닥은 둥글고 촘촘하게, 전은 성기게 엮어 만든 그릇. 일반적으로 바닥보다 위쪽이 더 벌어졌다. 2) ((수량을 나타내는 말 뒤에 쓰여)) 물건을 '1)'에 담아 그 분량을 세는 단위.
괴통	호구	*자루를 박는 부분. 괭이, 삽, 쇠스랑, 창 따위의 쇠 부분에 자루를 박도록 만든 통.
국-물	멀-국/말-국	1) 국, 찌개 따위의 음식에서 건더기를 제외한 물. 2) 어떤 일의 대가로 다소나마 생기는 이득이나 부수입을 속되게 이르는 말.
군-표	군용-어음	전지(戰地)나 점령지에서 군대에 필요한 물품을 구입할 때 사용하는 긴급 통화(通貨).

길-잡이	길-앞잡이	*'길라잡이'도 표준어임. 1) 길을 인도해 주는 사람이나 사물. 2) 나아갈 방향이나 목적을 실현하도록 이끌어 주는 지침을 비유적으로 이르는 말.
까치-발	까치-다리	*선반 따위를 받치는 물건. 선반이나 탁자 따위의 널빤지를 버티어 받치기 위하여 수직면에 대는 직각 삼각형 모양의 나무나 쇠. 빗변이 널빤지에서 누르는 힘을 받도록 되어 있다.
꼬창-모	말뚝-모	*꼬챙이로 구멍을 뚫으면서 심는 모. 강모의 하나. 논에 물이 없어 흙이 굳었을 때에 꼬챙이로 구멍을 파고 심는다.
나룻-배	나루	*'나루[津]'는 표준어임. 1) 나루와 나루 사이를 오가며 사람이나 짐 따위를 실어 나르는 작은 배. 2) 큰 배가 닿기 어려운 작은 나루에서 사람이나 짐 따위를 큰 배까지 옮겨 싣는 작은 배.
납-도리	민-도리	모가 나게 만든 도리.
농-지거리	기롱-지거리	*다른 의미의 '기롱지거리'는 표준어임. 점잖지 아니하게 함부로 하는 장난이나 농담을 낮잡아 이르는 말.
다사-스럽다	다사-하다	*간섭을 잘하다. 점잖지 아니하게 함부로 하는 장난이나 농담을 낮잡아 이르는 말.
다오	다구	*이리 ~. 하오할 자리에 쓰여, 화자가 이미 알고 있는 것을 객관화하여 청자에게 일러 줌을 나타내는 종결 어미. 친근하게 가르쳐 주거나 자랑하는 따위의 뜻이 비칠 때가 있다
담배-꽁초	담배-꼬투리/ 담배-꽁치/ 담배-꽁추	피우다가 남은 작은 담배 도막.
담배-설대	대-설대	담배통과 물부리 사이에 끼워 맞추는 가느다란 대.

대장－일	성냥－일	수공업적인 방법으로 쇠를 달구어 연장 따위를 만드는 일.
뒤져－내다	뒤어－내다	샅샅이 뒤져서 들춰내거나 찾아내다.
뒤통수－치다	뒤꼭지－치다	1) 바라던 일이 이루어지지 아니하여 매우 낙심하다. 2) 믿음이나 의리를 저버리고 돌아서다.
등－나무	등－칡	콩과의 낙엽 덩굴성 식물.
등－때기	등－떠리	*'등'의 낮은말. 등나무를 속되게 이르는 말.
등잔－걸이	등경－걸이	등잔을 걸어 놓는 기구.
떡－보	떡－충이	떡을 매우 좋아하여 즐겨 먹는 사람을 놀림조로 이르는 말.
똑딱－단추	딸꼭－단추	수단추와 암단추를 눌러 맞추어 채우는 단추. 주로 쇠붙이로 만든 단추로, 채우거나 뺄 때에 똑딱 소리가 난다.
매－만지다	우미다	1) 잘 가다듬어 손질하다. 2) 부드럽게 어루만지다.
먼－발치	먼－발치기	1) 조금 멀리 떨어진 곳. 2) (주로 '되다'와 함께 쓰여) 먼 인척 관계를 비유적으로 이르는 말.
며느리－발톱	뒷－발톱	1) 새끼발톱 뒤에 덧달린 작은 발톱. 2) 말이나 소 따위 짐승의 뒷발에 달린 발톱. 3) 새 수컷의 다리 뒤쪽에 있는 각질의 돌기물.
명주－붙이	주－사니	명주실로 짠 여러 가지 피륙.
목－메다	목－맺히다	기쁨이나 설움 따위의 감정이 북받쳐 솟아올라 그 기운이 목에 엉기어 막히다.
밀짚－모자	보릿짚－모자	밀짚이나 보릿짚으로 만들어 여름에 쓰는 모자. 위가 높고 둥글며 양태가 크다.
바가지	열－바가지 /열－박	1) 박을 두 쪽으로 쪼개거나 또는 나무나 플라스틱으로 그와 비슷하게 만들어 물을 푸거나 물건을 담는 데 쓰는 그릇. 2) 물 따위의 액체나 곡식을 '1)'에 담아 그 분량을 세는 단위. 3) 군인들의 은어로, '헌병01(憲兵)'을 이르는 말. 4) 요금이나 물건값이 실제 가격보다 훨씬 더 비쌈.

바람-꼭지	바람-고다리	*튜브의 바람을 넣는 구멍에 붙은, 쇠로 만든 꼭지.
반-나절	나절-가웃	1) 한나절의 반. 2) 한나절=하루낮의 반
반두	독대	*그물의 한 가지.
버젓-이	뉘연-히	1) 남의 시선을 의식하여 조심하거나 굽히는 데가 없이. 2) 남의 축에 빠지지 않을 정도로 번듯하게.
본-받다	법-받다	본보기로 하여 그대로 따라 하다.
부각	다시마-자반	다시마 조각, 깻잎, 고추 따위에 찹쌀 풀을 발라 말렸다가 기름에 튀긴 반찬.
부끄러워-하다	부끄리다	1) 부끄러운 태도를 나타내다. 2) 어떤 것을 부끄럽게 여기다.
부스러기	부스러기	1) 잘게 부스러진 물건. 2) 쓸 만한 것을 골라내고 남은 물건. 3) 하찮은사람이나물건을비유적으로이르는말.
부지깽이	부지깽이	아궁이 따위에 불을 땔 때에, 불을 헤치거나 끌어내거나 거두어 넣거나 하는 데 쓰는 가느스름한 막대기.
부항-단지	부항-항아리	*부스럼에서 피고름을 빨아내기 위하여 부항을 붙이는 데 쓰는, 자그마한 단지. 부항을 붙이는 데 쓰는 작은 단지.
붉으락-푸르락	푸르락-붉으락	몹시 화가 나거나 흥분하여 얼굴빛 따위가 붉게 또는 푸르게 변하는 모양.
비켜-덩이	옆-사리미	*김맬 때에 흙덩이를 옆으로 빼내는 일, 또는 그 흙덩이.
빙충-이	빙충-맞이	*작은말은 '뱅충이'. 똘똘하지 못하고 어리석으며 수줍음을 잘 타는 사람.
빠-뜨리다	빠-치다	*'빠트리다'도 표준어임. 1) 물이나 허방이나 또는 어떤 깊숙한 곳에 빠지게 하다. 2) 어려운 지경에 놓이게 하다. 3) 부주의로 물건을 흘리어 잃어버리다.

뻣뻣-하다	왜긋다	1) 물체가 굳고 꿋꿋하다. 2) 풀기가 아주 세거나 팽팽하다. 3) 태도나 성격이 아주 억세다.
뽐-내다	느물다	1) 의기가 양양하여 우쭐거리다. 2) 자신의 어떠한 능력을 보라는 듯이 자랑하다.
사로-잠그다	사로-채우다	*자물쇠나 빗장 따위를 반 정도만 걸어 놓다.
살-풀이	살-막이	1) 타고난 살(煞)을 풀기 위하여 하는 굿. 2) =살풀이춤.
상투-쟁이	상투-꼬부랑이	*상투 튼 이를 놀리는 말.
새앙-손이	생강-손이	손가락 모양이 생강처럼 생긴 사람.
샛-별	새벽-별	'금성(金星)'을 일상적으로 이르는 말.
선-머슴	풋-머슴	차분하지 못하고 매우 거칠게 덜렁거리는 사내아이.
섭섭-하다	애운-하다	[1] 1)서운하고 아쉽다. 2)없어지는 것이 애틋하고 아깝다. [2] 기대에 어그러져 마음이 서운하거나 불만스럽다.
속-말	속-소리	*국악 용어 '속소리'는 표준어임. 속마음에서 우러나오는 말
손목-시계	팔목-시계 /팔뚝-시계	손목에 차는 작은 시계.
손-수레	손-구루마	*'구루마'는 일본어임. 사람이 직접 손으로 끄는 수레.
쇠-고랑	고랑-쇠	'수갑(手匣)'을 속되게 이르는 말.
수도-꼭지	수도-고동	수돗물을 나오게 하거나 막는 장치.
숙성-하다	숙-지다	(형용사) 나이에 비하여 지각이나 발육이 빠르다. (동사) 1) 충분히 이루어지다. 2) 효소나 미생물의 작용에 의하여 발효된 것이 잘 익다.
순대	골-집	1) 돼지의 창자 속에 고기붙이, 두부, 숙주나물, 파, 선지, 당면, 표고버섯 따위를 이겨서 양념을 하여 넣고 양쪽 끝을 동여매고 삶아 익힌 음식. 2) 오징어, 명태, 가지 같은 것에 양념한 속을 넣고 찐 음식.

술-고래	술-꾸러기 /술-부대 /술-보 /술-푸대	술을 아주 많이 마시는 사람을 비유적으로 이르는 말.
식은-땀	찬-땀	1) 몸이 쇠약하여 덥지 아니하여도 병적으로 나는 땀. 2) 몹시 긴장하거나 놀랐을 때 흐르는 땀.
신기-롭다	신기-스럽다	*'신기하다'도 표준어임. 신비롭고 기이한 느낌이 있다.
쌍동-밤	쪽-밤	한 껍데기 속에 두 쪽이 들어 있는 밤.
쏜살-같이	쏜살-로	쏜 화살과 같이 매우 빠르게.
아주	영판	1) 보통 정도보다 훨씬 더 넘어선 상태로. 2) 어떤 행동이나 작용 또는 상태가 이미 완전히 이루어져 달리 변경하거나 더 이상 어찌할 수 없는 상태에 있음을 나타내는 말.
안-걸이	안-낚시	*씨름 용어. 안다리걸기
안다미-씌우다	안다미-시키다	*제가 담당할 책임을 남에게 넘기다. 자기의 책임을 남에게 지우다.
안쓰럽다	안-슬프다	1) 손아랫사람이나 약자에게 도움을 받거나 폐를 끼쳤을 때 마음에 미안하고 딱하다. 2) 손아랫사람이나 약자의 딱한 형편이 마음이 아프고 가엽다.
안절부절-못하다	안절부절-하다	마음이 초조하고 불안하여 어찌할 바를 모르다.
앉은뱅이-저울	앉은-저울	바닥에 놓은 채 받침판 위에 물건을 올려놓고 위쪽에 있는 저울대에서 저울추로 무게를 다는 저울.
알-사탕	구슬-사탕	알처럼 작고 둥글둥글하게 생긴 사탕.
암-내	곁땀-내	체질적으로 겨드랑이에서 나는 고약한 냄새.
앞-지르다	따라-먹다	[1] 1) 남보다 빨리 가서 앞을 차지하거나 어떤 동작을 먼저 하다. 2) 발전, 능력 따위가 남보다 높은 수준에 있거나 남을 능가하다. [2] 예정한 시간보다 먼저 이르다.

애-벌레	어린-벌레	알에서 나온 후 아직 다 자라지 아니한 벌레.
얇은-꾀	물탄-꾀	속이 들여다보이는 꾀.
언뜻	펀뜻	1) 지나는 결에 잠깐 나타나는 모양. 2) 생각이나 기억 따위가 문득 떠오르는 모양.
언제나	노다지	1) 모든 시간 범위에 걸쳐서. 또는 때에 따라 달라짐이 없이 항상. 2) 어느 때가 되어야.
얼룩-말	워라-말	털빛이 얼룩얼룩한 말.
열심-히	열심-으로	어떤 일에 온 정성을 다하여 골똘하게.
입-담	말-담	말하는 솜씨나 힘.
자배기	너벅지	둥글넓적하고 아가리가 넓게 벌어진 질그릇.
전봇-대	전선-대	전선이나 통신선을 늘여 매기 위하여 세운 기둥.
쥐락-펴락	펴락-쥐락	남을 자기 손아귀에 넣고 마음대로 부리는 모양.
-지만	-지만서도	*←-지마는. '지마는'의 준말.
짓고-땡	지어-땡 /짓고-땡이	1) 화투 노름의 하나. 다섯 장의 패 가운데 석 장으로 열 또는 스물을 만들고, 남은 두 장으로 땡 잡기를 하거나 끗수를 맞추어 많은 쪽이 이긴다. 2) 하는 일이 뜻대로 잘되어 가는 것을 속되게 이르는 말.
짧은-작	짜른-작	길이가 짧은 화살. 주로 단궁(短弓)에 쓴다.
찹-쌀	이-찹쌀	찰벼를 찧은 쌀.
청대-콩	푸른-콩	=푸르대콩.
칡-범	갈-범	몸에 칡덩굴 같은 어룽어룽한 줄무늬가 있는 범.
주책-없다	주책-이다	복수 표준어로 인정

[해설] 제25항은 제17항과 마찬가지로, 좀더 일반적으로 쓰이는 한 형태를 표준어로 삼았다. 제17항은 발음이 달라진 단어들 중의 선택이라면, 제25항은 어휘 자체가 다른 언어들 중의 선택이다.

- '나룻배'는 '나루'를 대신해 표준어로 선정되었는데 '강이나 내 등에서 배가 건너다니

는 일정한 곳'의 의미인 '나루' 역시 표준어이다.

- '반나절'은 '나절가웃'을 대신해 표준어이다. 그러나 '나절가웃'은 '하루낮의 4분의 3쯤 되는 동안'이라는 다른 뜻을 가진 표준어이기도 하다.
- '부각'은 '다시마자반'보다 널리 쓰여 표준어가 되었다. 그러나 '김부각, 김자반'은 복수 표준어로 이를 모두 사용할 수 있다.
- '붉으락푸르락'은 표준어이며 어순이 뒤바뀐 '푸르락붉으락'은 비표준어이다. 이와 마찬가지로 어순 변화가 인정되지 않는 것으로는 '울긋불긋, 오르락내리락' 등이 있으며, '엎치락뒤치락/뒤치락엎치락'은 어순 변화가 인정돼 모두 표준어이다.
- '빙충이'와 비슷한 의미로, '아둔하고 어리석은 사람을 놀림조로 이르는 말'인 '멍청이, 멍텅구리'는 표준어이나 '멍충이'는 표준어가 아니다.
- '새앙손이'는 '손가락 모양이 생강처럼 생긴 사람'을 뜻하는데, '생강손이'는 비표준어이다. 그러나 '생강'과 동의어로 '새앙, 생'을 쓸 수 있다.
- '안다미씌우다'는 '자기의 책임을 남에게 지우다'는 의미로 표준어이다. '안다미'는 '남의 책임을 맡아 짐'이라는 의미의 한자어 안담(按擔)에서 왔는데, '다미'로도 바꿔 쓸 수 있다. 그래서 '안다미씌우다'는 '다미씌우다'로 바꿔 쓸 수 있으며, 발음이 조금 바뀌어 '더미씌우다'로도 사용할 수 있다.
- '안절부절못하다'를 '안절부절하다'로 오용하는 경우가 많은데, 띄어쓰기 없이 한 단어로 취급되는 단어이므로 주의해서 사용해야 한다. '안절부절 어쩔 줄을 모르다.'처럼 '마음이 초조하고 불안하여 어찌할 바를 모르는 모양'이라는 뜻으로 '안절부절'이 부사로도 사용된다.
- '쥐락펴락'은 표준어인데, '붉으락푸르락'처럼 어순 변화가 인정되지 않아 '펴락쥐락'은 비표준어이다,
- '주책없다'의 '주책'은 '주착(住著)'에서 모음이 변화한 것으로, 이전에는 '주책없다'만 표준어였다. 그러나 언중이 '주책이다'를 널리 사용하므로 2016년에 '주책없다'와 '주책이다'가 복수 표준어로 인정받았다.

제26항 한 가지 의미를 나타내는 형태 몇 가지가 널리 쓰이며 표준어 규정에 맞으면, 그 모두를 표준어로 삼는다.

복수 표준어	비 고
가는-허리/잔-허리	잘록 들어간, 허리의 뒷부분.
가락-엿/가래-엿	둥근 모양으로 길고 가늘게 뽑은 엿.
가뭄/가물	오랫동안 계속하여 비가 내리지 않아 메마른 날씨.
가엾다/가엽다	*가엾어/가여워, 가엾은/가여운. 마음이 아플 만큼 안되고 처연하다.
감감-무소식/감감-소식	소식이나 연락이 전혀 없는 상태.
개수-통/설거지-통	*'설겆다'는 '설거지하다'로. 음식 그릇을 씻을 때 쓰는, 물을 담는 통.
개숫-물/설거지-물	음식 그릇을 씻을 때 쓰는 물.
갱-엿/검은-엿	푹 고아 여러 번 켜지 않고 그대로 굳혀 만든, 검붉은 빛깔의 엿.
-거리다/-대다	*가물-, 출렁-. '그런 상태가 잇따라 계속됨'의 뜻을 더하고 동사를 만드는 접미사.
거위-배/횟-배	회충으로 인한 배앓이.
것/해	*내 ~, 네 ~, 뉘 ~. 그 사람의 소유물임을 나타내는 말.
게을러-빠지다/ 게을러-터지다	몹시 게으르다.
고깃-간/푸줏-간	예전에, 쇠고기나 돼지고기 따위의 고기를 끊어 팔던 가게. *'고깃-관, 푸줏-관, 다림-방'은 비표준어임.
곰곰/곰곰-이	여러모로 깊이 생각하는 모양.
관계-없다/상관-없다	1) 서로 아무런 관련이 없다. 2) 문제될 것이 없다.
교정-보다/준-보다	교정쇄와 원고를 대조하여 오자, 오식, 배열, 색 따위를 바로잡다.
구들-재/구재	방고래에 앉은 그을음과 재.

귀퉁-머리/귀퉁-배기	*'귀퉁이'의 비어임. '귀퉁이'를 낮잡아 이르는 말.
극성-떨다/극성-부리다	몹시 드세거나 지나치게 적극적으로 행동하다.
기세-부리다/기세-피우다	남에게 영향을 끼칠 기운이나 태도를 드러내 보이다.
기승-떨다/기승-부리다	1) 성미가 억척스럽고 굳세어 좀처럼 굽히려고 하지 않다. 2) 기운이나 힘 따위가 성해서 좀처럼 누그러들지 않다.
깃-저고리/배내-옷/배냇-저고리	깃과 섶을 달지 않은, 갓난아이의 옷.
꼬까/때때/고까	*~신, ~옷. 어린아이의 말로, 알록달록하게 곱게 만든 아이의 옷이나 신발 따위를 이르는 말.
꼬리-별/살-별	혜성(彗星).
꽃-도미/붉-돔	도밋과의 바닷물고기.
나귀/당-나귀	말과의 포유류.
날-걸/세-뿔	*윷판의 쨀밭 다음의 셋째 밭. 윷판에서 날밭의 세 번째 자리.
내리-글씨/세로-글씨	글줄을 위에서 아래로 써 내려가는 글씨.
넝쿨/덩굴	*'덩쿨'은 비표준어임. 길게 뻗어 나가면서 다른 물건을 감기도 하고 땅바닥에 퍼지기도 하는 식물의 줄기.
녘/쪽	*동~, 서~. 방향을 가리키는 말.
눈-대중/눈-어림/눈-짐작	눈으로 보아 어림잡아 헤아림.
느리-광이/느림-보/늘-보	행동이 느리거나 게으른 사람을 낮잡아 이르는 말.
늦-모/마냥-모	*← 만이앙-모. 제철보다 늦게 내는 모.
다기-지다/다기-차다	마음이 굳고 야무지다.
다달-이/매-달	달마다.
-다마다/-고말고	상대편의 물음에 대하여 긍정의 뜻을 강조하여 나타낼 때 쓰는 종결 어미.
다박-나룻/다박-수염	다보록하게 난 짧은 수염.
닭의-장/닭-장	닭을 가두어 두는 장.
댓-돌/툇-돌	집채의 낙숫물이 떨어지는 곳 안쪽으로 돌려 가며 놓은 돌.

덧-창/겉-창	창문 겉에 덧달려 있는 문짝.
독장-치다/독판-치다	어떠한 판을 혼자서 휩쓸다.
동자-기둥/쪼구미	들보 위에 세우는 짧은 기둥.
돼지-감자/뚱딴지	국화과의 여러해살이풀.
되우/된통/되게	아주 몹시.
두동-무니/두동-사니	*윷놀이에서, 두 동이 한데 어울려 가는 말.
뒷-갈망/뒷-감당	일의 뒤끝을 맡아서 처리함.
뒷-말/뒷-소리	일이 끝난 뒤에 뒷공론으로 하는 말.
들락-거리다/들랑-거리다	자꾸 들어왔다 나갔다 하다.
들락-날락/들랑-날랑	1) 자꾸 들어왔다 나갔다 하는 모양. 2) 정신 따위가 있다가 없다가 하는 모양
딴-전/딴-청	어떤 일을 하는 데 그 일과는 전혀 관계없는 일이나 행동.
땅-콩/호-콩	콩과의 한해살이풀.
땔-감/땔-거리	불을 때는 데 쓰는 재료.
-뜨리다/-트리다	*깨-, 떨어-, 쏟-. '강조'의 뜻을 더하는 접미사.
뜬-것/뜬-귀신	떠돌아다니는 못된 귀신.
마룻-줄/용총-줄	*돛대에 매어 놓은 줄. '이어줄'은 비표준어임. 돛대에 매어 놓은 줄. 돛을 올리거나 내리는 데 쓴다.
마-파람/앞-바람	뱃사람들의 은어로, '남풍(南風)'을 이르는 말.
만장-판/만장-중(滿場中)	많은 사람이 모인 곳. 또는 그 많은 사람.
만큼/만치	[1] 1) 앞의 내용에 상당한 수량이나 정도임을 나타내는 말. 2) 뒤에 나오는 내용의 원인이나 근거가 됨을 나타내는 말. [2] 앞말과 비슷한 정도나 한도임을 나타내는 격조사.
말-동무/말-벗	더불어 이야기할 만한 친구.
매-갈이/매-조미	벼를 매통에 갈아서 왕겨만 벗기고 속겨는 벗기지 아니한 쌀을 만드는 일.
매-통/목-매	곡물의 껍질을 벗기는 농기구. 주로 겉겨를 벗기는 데 쓴다.
먹-새/먹음-새	*'먹음-먹이'는 비표준어임. 음식을 먹는 태도.
멀찌감치/멀찌가니/멀찍이	사이가 꽤 떨어지게.

멱통/산－멱/산－멱통	살아 있는 동물의 목구멍
면－치레/외면－치레	체면이 서도록 일부러 어떤 행동을 함. 또는 그 행동.
모－내다/모－심다	*모－내기, 모－심기. 모를 못자리에서 논으로 옮겨 심다.
모쪼록/아무쪼록	될 수 있는 대로
목판－되/모－되	네 모가 반듯하게 된 되. 예전에 쓰던 되가 아니고 근래에 나왔다.
목화－씨/면화－씨	목화의 씨
무심－결/무심－중	아무런 생각이 없어 스스로 깨닫지 못하는 사이.
물－봉숭아/물－봉선화	봉선화과의 한해살이풀.
물－부리/빨－부리	담배를 끼워서 빠는 물건.
물－심부름/물－시중	세숫물이나 숭늉 따위를 떠다 줌. 또는 그런 잔심부름.
물추리－나무/물추리－막대	쟁기의 성에 앞 끝에 가로로 박은 막대기. 두 끝에 봇줄을 매어 끈다.
물－타작/진－타작	베어 말릴 사이 없이 물벼 그대로 이삭을 떨어서 낟알을 거둠. 또는 그 타작 방법.
민둥－산/벌거숭이－산	나무가 없는 산.
밑－층/아래－층	여러 층으로 된 것의 아래에 있는 층.
바깥－벽/밭－벽	건물 바깥쪽을 둘러싸고 있는 벽.
바른/오른[右]	*~손, ~쪽, ~편. 오른쪽을 이를 때 쓰는 말.
발－모가지/발－목쟁이	*'발목'의 비속어임. 1) '발'을 속되게 이르는 말. 2) '발목'을 속되게 이르는 말.
버들－강아지/버들－개지	버드나무의 꽃.
벌레/버러지	*'벌거지, 벌러지'는 비표준어임. 곤충을 비롯하여 기생충과 같은 하등 동물을 통틀어 이르는 말.
변덕－스럽다/변덕－맞다	이랬다저랬다 하는, 변하기 쉬운 태도나 성질이 있다.
보－조개/볼－우물	말하거나 웃을 때에 두 볼에 움푹 들어가는 자국.
보통－내기/여간－내기/예사－내기	*'행－내기'는 비표준어임. 만만하게 여길 만큼 평범한 사람.
볼－따구니/볼－퉁이/볼－때기	*'볼'의 비속어임. '볼'을 속되게 이르는 말.

부침개－질/부침－질/지짐－질	*'부치개－질'은 비표준어임. 부침개를 부치는 일.
불똥－앉다/등화－지다/등화－앉다	심지 끝에 등화가 생기다. 등화: 등잔불이나 촛불의 심지 끝이 타서 맺힌 불똥을 비유적으로 이르는 말.
불－사르다/사르다	1) 불에 태워 없애다. 2) 어떤 것을 남김없이 없애 버리다.
비발/비용(費用)	어떤 일을 하는 데 드는 돈.
뾰두라지/뾰루지	뾰족하게 부어오른 작은 부스럼.
살－쾡이/삵	*삵－피. 고양잇과의 포유류.
삽살－개/삽사리	개 품종의 하나.
상두－꾼/상여－꾼	*'상도－꾼, 향도－꾼'은 비표준어임. 상여를 메는 사람.
상－씨름/소－걸이	씨름판에서 결승을 다투는 씨름.
생/새앙/생강	생강과의 여러해살이풀.
생－뿔/새앙－뿔/생강－뿔	*'쇠뿔'의 형용. 1) 생강 뿌리의 삐죽삐죽 돋아 있는 부분. 2) 두 개가 모두 생강처럼 짧게 난 소의 뿔.
생－철/양－철	*1. '서양철'은 비표준어임. 2. '生鐵'은 '무쇠'임. 안팎에 주석을 입힌 얇은 철판. 통조림통이나 석유통 따위를 만드는 데에 쓰인다.
서럽다/섧다	*'설다'는 비표준어임. 원통하고 슬프다.
서방－질/화냥－질	자기 남편이 아닌 남자와 정을 통하는 일을 낮잡아 이르는 말.
성글다/성기다	1) 물건의 사이가 뜨다. 2) 반복되는 횟수나 도수(度數)가 뜨다. 3) 관계가 깊지 않고 서먹하다.
－(으)세요/－(으)셔요	'－시어요'의 준말.
송이/송이－버섯	송이과의 버섯.
수수－깡/수숫－대	수수의 줄기.
술－안주/안주	술을 마실 때에 곁들여 먹는 음식.
－스레하다/－스름하다	*거무－, 발그－. '빛깔이 옅거나 그 형상과 비슷하다'의 뜻을 더하는 접미사.

시늉－말/흉내－말	소리나 모양, 동작 따위를 흉내 내는 말. 의성어와 의태어로 나뉜다. 상징어.
시새/세사(細沙)	1) 가늘고 고운 모래. 2) 알갱이의 지름이 0.125~0.25mm인 가는 모래.
신/신발	땅을 딛고 서거나 걸을 때 발에 신는 물건을 통틀어 이르는 말.
신주－보/독보(櫝褓)	예전에, 신주를 모셔 두는 나무 궤를 덮던 보.
심술－꾸러기/심술－쟁이	심술이 매우 많은 사람을 귀엽게 이르는 말.
씁쓰레－하다/씁쓰름－하다	1) 조금 씁쓸한 듯하다. 2) 달갑지 아니하여 조금 싫거나 언짢은 듯하다.
아귀－세다/아귀－차다	마음이 굳세어 남에게 잘 꺾이지 아니하다.
아래－위/위－아래	아래와 위를 아울러 이르는 말.
아무튼/어떻든/어쨌든/하여튼/여하튼	의견이나 일의 성질, 형편, 상태 따위가 어떻게 되어 있든.
앉음－새/앉음－앉음	자리에 앉아 있는 모양새.
알은－척/알은－체	1) 어떤 일에 관심을 가지는 듯한 태도를 보임. 2) 사람을 보고 인사하는 표정을 지음.
애－갈이/애벌－갈이	논이나 밭을 첫 번째 가는 일.
애꾸눈－이/외눈－박이	*'외대－박이, 외눈－통이'는 비표준어임. 한쪽 눈이 먼 사람을 낮잡아 이르는 말
양념－감/양념－거리	양념으로 쓰는 재료.
어금버금－하다/어금지금－하다	서로 엇비슷하여 정도나 수준에 큰 차이가 없다.
어기여차/어여차	여럿이 힘을 합할 때 일제히 내는 소리.
어림－잡다/어림－치다	대강 짐작으로 헤아려 보다.
어이－없다/어처구니－없다	일이 너무 뜻밖이어서 기가 막히는 듯하다
어저께/어제	1) 오늘의 바로 하루 전날. 2) 오늘의 바로 하루 전에.
언덕－바지/언덕－배기	언덕의 꼭대기. 또는 언덕의 몹시 비탈진 곳.
얼렁－뚱땅/엄벙－뗑	어떤 상황을 얼김에 슬쩍 넘기는 모양. 또는 남을 엉너리로 슬쩍 속여 넘기게 되는 모양.
여왕－벌/장수－벌	알을 낳는 능력이 있는 암벌.
여쭈다/여쭙다	1) 웃어른에게 말씀을 올리다. 2) 웃어른에게 인사를 드리다.

여태/입때	*'여직'은 비표준어임. 지금까지. 또는 아직까지. 어떤 행동이나 일이 이미 이루어졌어야 함에도 그렇게 되지 않았음을 불만스럽게 여기거나 또는 바람직하지 않은 행동이나 일이 현재까지 계속되어 옴을 나타낼 때 쓰는 말이다.
여태-껏/이제-껏/입때-껏	*'여직-껏'은 비표준어임 '여태'를 강조하여 이르는 말.
역성-들다/역성-하다	*'편역-들다'는 비표준어임. 누가 옳고 그른지는 상관하지 아니하고 무조건 한 쪽 편만 들다.
연-달다/잇-달다	1) 움직이는 물체가 다른 물체의 뒤를 이어 따르다. 2) 어떤 사건이나 행동 따위가 이어 발생하다.
엿-가락/엿-가래	가래엿의 낱개.
엿-기름/엿-길금	보리에 물을 부어 싹이 트게 한 다음에 말린 것. 녹말을 당분으로 바꾸는 효소를 함유하고 있으며, 식혜나 엿을 만드는 데에 쓰인다.
엿-반대기/엿-자박	둥글넓적하게 반대기처럼 만든 엿.
오사리-잡놈/오색-잡놈	*'오합-잡놈'은 비표준어임. 온갖 못된 짓을 거침없이 하는 잡놈
옥수수/강냉이	*~떡, ~묵, ~밥, ~튀김. 볏과의 한해살이풀.
왕골-기직/왕골-자리	왕골을 굵게 쪼개어 엮어 만든 자리.
외겹-실/외올-실/홑-실	*'홑겹-실, 올-실'은 비표준어임. 단 한 올로 된 실.
외손-잡이/한손-잡이	두 손 가운데 어느 한쪽 손만 능하게 쓰는 사람.
욕심-꾸러기/욕심-쟁이	욕심이 많은 사람을 낮잡아 이르는 말.
우레/천둥	*우렛-소리, 천둥-소리. 뇌성과 번개를 동반하는 대기 중의 방전 현상.
우지/울-보	걸핏하면 우는 아이.
을러-대다/을러-메다	위협적인 언동으로 을러서 남을 억누르다.
의심-스럽다/의심-쩍다	확실히 알 수 없어서 믿지 못할 만한 데가 있다
-이에요/-이어요	'이다'나 '아니다'의 어간 뒤에 붙어 해요할 자리에 쓰며, 설명·의문의 뜻을 나타내는 종결 어미.

이틀－거리/당－고금	*학질의 일종임. 학질의 하나. 이틀을 걸러서 발작하며, 좀처럼 낫지 않는다.
일일－이/하나－하나	1) 하나씩 하나씩 2) 한 사람씩 한 사람씩
일찌감치/일찌거니	조금 이르다고 할 정도로 얼른.
입찬－말/입찬－소리	자기의 지위나 능력을 믿고 지나치게 장담하는 말.
자리－옷/잠－옷	잠잘 때 입는 옷.
자물－쇠/자물－통	여닫게 되어 있는 물건을 잠그는 장치.
장가－가다/장가－들다	*'서방－가다'는 비표준어임. 남자가 결혼하여 남의 남편이 되다.
재롱－떨다/재롱－부리다	어린아이나 애완동물이 귀여운 짓을 하다.
제－가끔/제－각기	저마다 따로따로.
좀－처럼/좀－체	*'좀－체로, 좀－해선, 좀－해'는 비표준어임. 여간하여서는.
줄－꾼/줄－잡이	1) 가래질을 할 때, 줄을 잡아당기는 사람. 2) 줄모를 심을 때, 줄을 대 주는 일꾼.
중신/중매	결혼이 이루어지도록 중간에서 소개하는 일. 또는 그런 사람.
짚－단/짚－뭇	볏짚을 묶은 단.
쪽/편	*오른~, 왼~. 1) 방향을 가리키는 말. 2) 서로 갈라지거나 맞서는 것 하나를 가리키는 말.
차차/차츰	어떤 사물의 상태가 시간의 흐름에 따라 일정한 방향으로 조금씩 진행하는 모양.
책－씻이/책－거리	글방 따위에서 학생이 책 한 권을 다 읽어 떼거나 다 베껴 쓰고 난 뒤에 선생과 동료들에게 한턱내는 일.
척/체	*모르는 ~, 잘난 ~. 그럴듯하게 꾸미는 거짓 태도나 모양.
천연덕－스럽다/천연－스럽다	1) 생긴 그대로 조금도 거짓이나 꾸밈이 없고 자연스러운 느낌이 있다. 2) 시치미를 뚝 떼어 겉으로는 아무렇지 않은 체하는 태도가 있다.

철-따구니/철-딱서니/ 철-딱지	*'철-때기'는 비표준어임. '철'을 속되게 이르는 말.
추어-올리다/추어-주다	실제보다 과장되게 칭찬하다.
축-가다/축-나다	1) 일정한 수나 양에서 모자람이 생기다. 2) 몸이나 얼굴 따위에서 살이 빠지다.
침-놓다/침-주다	병을 다스리려고 침을 몸의 혈에 찌르다.
통-꼭지/통-젖	*통에 붙은 손잡이. 통의 바깥쪽에 달린 손잡이.
파자-쟁이/해자-쟁이	*점치는 이. 한자의 자획을 나누거나 합하여 길흉을 점치는 사람.
편지-투/편지-틀	편지글의 격식이나 본보기. 또는 그것을 적은 책.
한턱-내다/한턱-하다	한바탕 남에게 음식을 대접하다.
해웃-값/해웃-돈	*'해우-차'는 비표준어임. 기생, 창기 따위와 관계를 가지고 그 대가로 주는 돈.
혼자-되다/홀로-되다	부부 가운데 한쪽이 죽어 홀로 남다.
흠-가다/흠-나다/흠-지다	흠이 생기다.

[해설] 제26항은 제19항과 마찬가지로 두 형태로 널리 쓰이는 단어들을 풍요로운 언어생활을 위해 복수 표준어로 인정한 것들이다. 제19항이 두 형태가 일부 음운이 다른 것이라면 제26항은 아예 어휘 형태가 다르다.

- '가뭄/가물'은 복수 표준어이다. '가뭄'이 더 우세하게 사용되는 경향이 있으나 '가물에 콩 나듯하다', '가물에 단비'처럼 아직 쓰임이 곳곳에 남아 있으므로 표준어로 인정된다.
- '가엾다/가엽다' 모두 표준어이나 '가엽다'는 'ㅂ 불규칙 용언'이기 때문에 활용형은 조금 다르다. '서럽다/섧다', '여쭙다/여쭈다'도 마찬가지이다.

가엾다: 가엾어, 가엾으니, 가엾은
가엽다: 가여워, 가여우니, 가여운

섧다: 섧어, 섧으니, 섧은
서럽다: 서러워, 서러우니, 서러운

여쭈다: 여쭤, 여쭈니, 여쭌

여쭙다: 여쭈워, 여쭈우니, 여쭈운

- '것/해'는 사람을 나타내는 대명사 뒤에 쓰이는 의존명사이다.

이건 내 것이다. 뉘 것이냐? = 이건 내 해이다. 뉘 해냐?

- '곰곰/곰곰이'는 '여러모로 깊이 생각하는 모양'이라는 의미의 부사이다. 「한글맞춤법」 제25항 2에 따르면 부사에 부사형 접미사를 붙여서 다시 부사를 만들 때 '이'를 덧붙인다. '곰곰'은 부사로 부사형 접미사 '–이'를 덧붙인 '곰곰이' 역시 부사가 된다. 이와 같은 예로 '더욱/더욱이, 생긋/생긋이, 오뚝/오뚝이, 일찍/일찍이, 해죽/해죽이'가 있다.
- '넝쿨/덩굴' 역시 복수 표준어로 '담쟁이넝쿨/담쟁이덩굴' 역시 모두 표준어이다. '덩쿨'로 잘못 표기하는 경우도 있어 주의가 필요하다.
- '느리광이/느림보/늘보'와 더불어 '느림뱅이'도 복수 표준어이다.
- '들락거리다/들랑거리다'는 '들락대다/들랑대다'로 바꿔 쓸 수 있다.
- '땔감/땔거리'의 '감/거리'는 '내용이 될 만한 재료'의 의미로 이와 관련해 '논문거리/논문감, 반찬감/반찬거리, 일감/일거리, 글감/글거리'와 같은 단어들이 있다.
- '–뜨리다/–트리다'는 '강조'의 뜻의 접미사로 약간의 어감 차이가 있는 듯하나 확연하지 않아 복수 표준어로 처리했다. 이에 따라 '넘어뜨리다/넘어트리다, 깨뜨리다/깨트리다, 떨어뜨리다/떨어트리다, 퍼뜨리다/퍼트리다' 등도 모두 맞다.
- '바깥벽/밭벽'은 본말과 준말의 관계로 모두 표준어이다. 「한글맞춤법」 제32항에 따르면 단어의 끝 모음이 줄어지고 자음만 남은 것은 그 앞의 음절에 받침으로 적는데, 이때 '바'에 본말의 받침 'ㅌ'을 적는 것이다. 같은 의미인 '외벽'도 표준어이다
- '어이없다/어처구니없다' 모두 표준어이다. 이때, '어이'와 '어처구니'를 맷돌을 돌리는 나무막대로 된 손잡이'나 '궁궐이나 성문 등의 기와 지붕에 있는 사람이나 갖가지 기묘한 동물 모양의 토우'로 보기도 하는데, 이들의 어원은 확실하지 않다. 그래서 『표준국어대사전』에서도 '어처구니'를 '엄청나게 큰 사람이나 사물'이라고만 풀이하고 있는데, 이 사전적 의미는 '어이/어처구니'가 '없다'와 결합했을 때와 의미 차이가 크다.
- '알은척/알은체'는 '관심을 가지는 듯한 태도, 사람을 보고 인사하는 표정'을 뜻한다. '알다'는 본래 'ㄹ 불규칙 용언'으로 '은척/은체'와 결합할 때는 '안척, 안체'로 활용되어야 한다. 그러나 발음이 이미 '알은척/알은체'로 굳어져 이를 반영해 그대로 표준어가 되었

다. 또한 '알다'와 '행동이나 상태를 거짓으로 그럴 듯하게 꾸밈을 나타내는' -는 척하다/체하다'와 결합한 '아는 척/아는 체'와는 의미가 다르다.

가. 알은척/알은체

예 복도에서 친구가 먼저 나에게 알은척을 했다.
다음에 만나 봐라, 알은체나 하나.

나. 아는 척/아는 체

예 잘 모르지만 애써 아는 척하는 것 같았다.

- '연달다/잇달다'와 더불어 '잇따르다'도 표준어이다.
- '우레/천둥'은 모두 표준어로, 「조선어 표준말 모음」(1936)에서는 '우뢰'가 표준어였다. 그러나 '우레'의 어원은 '비(雨:우)+낙뢰(雷:뢰)'의 결합이 아니다. 이전에는 '우레'의 어원을 용언 '울다'와 명사형 접미사 '에'가 결합한 것으로 보기도 하였으나, 현재는 '우르다'와 '에'가 결합한 것으로 보는 것이 정설이다. '우르다'는 '소리를 치다, 부르짖다'의 의미로 모음으로 시작하는 어미 앞에서는 '울-'로 나타난다.
- '이에요/이어요'로 모두 활용이 가능하나 받침의 유무에 따라 형태가 조금 다르다. 결합하는 체언의 마지막 음절에 받침이 있으면 '이에요/이어요'이고, 받침이 없으면 '예요/여요'와 결합한다.

가. 받침이 있는 인명

예 지영이 + 이에요 → 지영이이에요 → 지영이예요(준말)
지영이 + 이어요 → 지영이이어요 → 지영이여요(준말)
임지영 + 이에요 → 임지영이에요

나. 받침이 없는 인명

예 철수(받침 ×) + 이에요 → 철수이에요→철수예요(준말)
철수(받침 ×) + 이어요 → 철수이어요→철수여요(준말)

다. 받침이 있는 명사

예 학생 + 이에요 → 학생이에요

학생 + 이어요 → 학생이어요

라. 받침이 없는 명사

예 교사 + 이에요 → 교사이에요 → 교사예요(준말)

교사 + 이어요 → 교사이어요 → 교사여요(준말)

참고로 '아니다'를 '아니에요'가 아니라 '아니예요'로 잘못 표기하는 경우가 많다. '아니다'는 형용사이므로 '이에요/이어요', '예요/여요'와 결합하지 않고, 어간 '아니'에 종결어미인 '에요/어요'가 결합한다. 그러므로 '아니다'의 활용형은 '아니에요/아니어요'가 되고, 축약형은 '아녜요/아녀요'이다.

아니다

아니+어요 → 아니어요 → 아녀요(준말)

아니+에요 → 아니에요 → 아녜요(준말)

- '추어올리다/추어주다'는 '실제보다 과장되게 칭찬하다'의 의미로, '추켜올리다'로 바꾸어 쓸 수 있다.

[부록] 추가된 표준어 목록

1차(2011. 8. 31.)

2차(2014. 12. 15.)

3차(2014. 12. 14.)

4차(2016. 12. 27.)

■ 2011 추가된 표준어

2011년 8월 31일 국립국어원에서는 그동안 비표준어로 간주하던 39개 단어를 표준어로 인정하기로 한다고 공표하였다. 그것들은 (1) 현재 표준어와 표기 형태가 다른 단어 3개, (2) 현재 표준어와 같은 뜻을 가진 단어 11개, (3) 현재 표준어와 뜻이나 어감이 다른 단어 25개 등이다.

(1) 현재 표준어와 표기 형태가 다른 단어(3개)

표준어로 인정된 표기와 다른 표기 형태도 많이 쓰여서 두 가지 표기를 모두 표준어로 인정한 경우다. 현재 표준어의 이형동의어(異形同義語) 중에서 현재 표준어와 표기 형태가 다른 것으로 그동안 비표준어로 간주되었던 '택견', '품새', '짜장면' 등도 표준어로 인정하기로 한 것이다. 이형동의어란 형태는 다르지만 의미가 같은 단어를 뜻한다.

☞ 두 가지 표기를 모두 표준어로 인정한 것

추가된 표준어	현재 표준어	뜻
택견	태껸	우리나라 고유의 전통 무예 가운데 하나. 유연한 동작을 취하며 움직이다가 순간적으로 손질・발질을 하여 그 탄력으로 상대편을 제압하고 자기 몸을 방어한다. 중요 무형 문화재 제76호.
품새	품세	태권도에서, 공격과 방어의 기본 기술을 연결한 연속 동작.
짜장면	자장면	중화요리의 하나. 고기와 채소를 넣어 볶은 중국 된장에 국수를 비벼 먹는다.

(2) 현재 표준어와 같은 뜻을 가진 단어(11개)

현재 표준어의 이형동의어에 속하는 것이지만 그동안 비표준어로 간주한 것들이다. 이것들을 표준어로 인정하게 된 것은 기존의 표준어로 규정된 말 이외에 널리 쓰이기 때문이다.

☞ 현재 표준어와 같은 뜻으로 추가로 표준어로 인정한 것

추가된 표준어	현재 표준어	뜻
간지럽히다	간질이다	살갗을 문지르거나 건드려 간지럽게 하다.
남사스럽다	남우세스럽다	남에게 놀림과 비웃음을 받을 듯하다.
등물	목물	팔다리를 뻗고 엎드린 사람의 허리 위에서부터 목까지를 물로 씻어 주는 일.
맨날	만날	매일같이 계속하여서.
묫자리	묏자리	뫼를 쓸 자리. 또는 쓴 자리.
복숭아뼈	복사뼈	발목 부근에 안팎으로 둥글게 나온 뼈.
세간살이	세간	집안 살림에 쓰는 온갖 물건. *세간살이하다. = 살림을 꾸려 나가다.
쌉싸름하다	쌉싸래하다	조금 쓴 맛이 있는 듯하다.

토란대	고운대	토란의 줄기. 주로 국거리로 쓴다.
허접쓰레기	허섭스레기	좋은 것이 빠지고 난 뒤에 남은 허름한 물건.
흙담	토담	흙으로 쌓아 만든 담.

(3) 현재 표준어와 뜻이나 어감이 다른 단어(25개)

여기에서 '추가된 표준어'와 '현재 표준어'는 이형이의어(異形異義語)이다. 그동안 추가된 말을 전에는 '현재표준어'의 이형동의어(異形同義語)로 간주하여 비표준어로 처리하였다.

☞ 현재 표준어와 별도의 표준어로 추가로 인정한 것

추가된 표준어	현재 표준어	뜻 차이
-길래	-기에	**-길래:** (('이다'의 어간, 용언의 어간 또는 어미 '-으시-', '-었' 뒤어 붙어)) '-기에'를 구어적으로 이르는 말. **-기에:** (('이다'의 어간, 용언의 어간 또는 어미 '-으시-', '-었' 뒤어 붙어)) 원인이나 근거를 나타내는 연결어미.
개발새발	괴발개발	**개발새발:** 개의 발과 새의 발이라는 뜻으로, 글씨를 되는 대로 아무렇게나 써 놓은 모양을 이르는 말. **괴발개발:** 고양이의 발과 개의 발이라는 뜻으로, 글씨를 되는 대로 아무렇게나 써 놓은 모양을 이르는 말.
나래	날개	**나래:** 흔히 문학 작품 따위에서, '날개'를 이르는 말. '날개'보다 부드러운 어감을 준다. **날개:** 1. 새나 곤충의 몸 양쪽에 붙어서 날아다니는 데 쓰는 기관. 2. 공중에 잘 뜨게 하기 위하여 비행기의 양쪽 옆에 단 부분. 3. 선풍기 따위와 같이 바람을 일으키는 물건의 몸통에 달려 바람을 일으키도록 만들어 놓은 부분.
내음	냄새	**내음:** (흔히 다른 명사 뒤에 쓰여) 코로 맡을 수 있는 향기롭거나 나쁘지 않은 기운. 주로 문학적 표현에 쓰인다. ※ 향기롭거나 나쁘지 않은 냄새로 제한됨. **냄새:** 1. 코로 맡을 수 있는 온갖 기운. 2. 어떤 사물이나 분위기 따위에서 느껴지는 특이한 성질이나 낌새.
눈꼬리	눈초리	**눈꼬리:** 귀 쪽으로 가늘게 좁혀진 눈의 가장자리. **눈초리:** 1. 어떤 대상을 바라볼 때 눈에 나타나는 표정. 2. [같은 말] 눈꼬리.

추가된 표준어	현재 표준어	뜻 차이
떨구다	떨어뜨리다	**떨구다:** 1. 시선을 아래로 향하다. 2. 고개를 아래로 숙이다. **떨어뜨리다:** 1. 위에 있던 것을 아래로 내려가게 하다. 2. 가지고 있던 물건을 빠뜨려 흘리다. 3. 뒤에 처지게 하거나 남게 하다.
뜨락	뜰	**뜨락:** 1. =뜰 2. ((주로 '－의 뜨락' 구성으로 쓰여)) 앞말이 가리키는 것이 존재하거나 깃들어 있는 추상적 공간을 비유적으로 이르는 말. **뜰:** 집 안의 앞뒤나 좌우로 가까이 딸려 있는 빈터. 화초나 나무를 가꾸기도 하고, 푸성귀 따위를 심기도 한다.
먹거리	먹을거리	**먹거리:** 사람이 살아가기 위하여 먹는 온갖 것. **먹을거리:** 먹을 수 있거나 먹을 만한 음식 또는 식품.
메꾸다	메우다	**메꾸다:** 1. 시간을 적당히 또는 그럭저럭 보내다. 2. 부족하거나 모자라는 것을 채우다. ※ '무료한 시간을 적당히 또는 그럭저럭 흘러가게 하다.'라는 뜻이 있음. **메우다:** 구멍이나 빈 곳을 채우다.
손주	손자(孫子)	**손주:** 손자와 손녀를 아울러 이르는 말 **손자:** 아들의 아들. 또는 딸의 아들.
어리숙하다	어수룩하다	**어리숙하다:** 겉모습이나 언행이 치밀하지 못하여 순진하고 어리석은 데가 있다. **어수룩하다:** 겉모습이나 언행이 치밀하지 못하여 순진하고 어설픈 데가 있다. ※' '어리숙하다'는 '순박함/순진함'의 뜻이 강한 반면에, '어수룩하다'는 '어리석음'의 뜻이 강함.
연신	연방	**연신:** 잇따라 자꾸 **연방:** 연속해서 자꾸 ※ '연신''이 반복성을 강조한다면, '연방'은 연속성을 강조.
휭하니	힁허케	**휭하니:** 중도에서 지체하지 아니하고 곧장 빠르게 가는 모양. 힁허케: '휭하니'의 예스러운 표현

○ 자음과 모음의 차이로 인한 어감 및 뜻 차이 존재

걸리적거리다	거치적거리다	자음의 차이로 말미암은 어감과 뜻의 차이 **걸리적거리다:** 1. 거추장스럽게 자꾸 여기저기 걸리거나 닿다. 2. 거추장스럽거나 성가시어 자꾸 거슬리거나 방해가 되다. **거치적거리다:** 자꾸 여기저기 걸리고 닿다.

추가된 표준어	현재 표준어	뜻 차이
끄적거리다	끼적거리다	모음의 차이로 말미암은 어감과 뜻의 차이 **끄적거리다:** 글씨나 그림 따위를 아무렇게나 자꾸 막 쓰거나 그리다 **끼적거리다:** 1. 글씨나 그림 따위를 아무렇게나 자꾸 쓰거나 그리다. 2. 매우 달갑지 않은 음식을 자꾸 마지못해 굼뜨게 먹다.
두리뭉실하다	두루뭉술하다	모음의 차이로 말미암은 어감과 뜻의 차이 **두리뭉실하다:** 1. 특별히 모나거나 튀지 않고 둥그스름하다. 2.말이나 태도 따위가 확실하거나 분명하지 아니하다. **두루뭉술하다:** 1. 모나거나 튀지 않고 둥그스름하다. 2. 말이나 태도 따위가 확실하거나 분명하지 아니하다. ※ '두리뭉실하다'가 '두루뭉술하다'의 큰말이다.
맨숭맨숭/ 맹숭맹숭	맨송맨송	모음 또는 자음의 차이로 말미암은 어감과 뜻의 차이 **맨송맨송:** 1. 몸에 털이 없어 반반한 모양 2. 산에 나무나 풀이 없는 모양 3. 술을 마시고 취하지 않아 정신이 말짱한 모양 4 . 일거리가 없거나 아무것도 생기는 것이 없어 심심하고 멋쩍은 모양. **맨숭맨숭:** '맨송맨송'보다 큰 느낌을 주는 말 **맹숭맹숭:** 1. 몸에 털이 있어야 할 곳이 벗어져 반반한 모양 2.산 따위에 수풀이 우거지지 아니하여 반반한 모양 3. 술 따위에 취한 기분이 전혀 없이 정신이 멀쩡한 모양 4. 하는 일이나 태도가 겸연쩍고 싱거운 모양
바둥바둥	바동바동	모음의 차이로 말미암은 어감과 뜻의 차이 **바둥바둥:** '바동바동'의 큰말 **바동바동:** 1. 덩치가 작은 것이 매달리거나 자빠지거나 주저앉아서 자꾸 팔다리를 내저으며 움직이는 모양 2. 힘에 겨운 처지에서 벗어나려고 애를 바득바득 쓰는 모양
새초롬하다	새치름하다	모음의 차이로 말미암은 어감과 뜻의 차이 **새초롬하다:** [형용사] 조금 쌀쌀맞게 시치미를 떼는 태도가 있다. [동사] 짐짓 조금 쌀쌀한 기색을 꾸미다. **새치름하다:** '새초롬하다'의 큰말
아웅다웅	아옹다옹	모음의 차이로 말미암은 어감과 뜻의 차이 **아웅다웅:** '아옹다옹'의 큰말 **아옹다옹:** 조그마한 시빗거리로 서로 자꾸 다투는 모양

추가된 표준어	현재 표준어	뜻 차이
야멸차다	야멸치다	모음의 차이로 말미암은 어감과 뜻의 차이 **야멸차다:** 1. 자기만 생각하고 남의 사정을 돌볼 마음이 거의 없다. 2. 태도가 차고 야무지다. **야멸치다:** 1. 자기만 생각하고 남의 사정을 돌볼 마음이 없다. 2. 태도가 차고 여무지다.
오손도손	오순도순	모음의 차이로 말미암은 어감과 뜻의 차이 **오손도손:** 정답게 이야기하거나 의좋게 지내는 모양 **오순도순:** '오순도순'의 큰말
찌뿌둥하다	찌뿌듯하다	모음과 자음의 차이로 말미암은 어감과 뜻의 차이 **찌뿌둥하다:** 1.몸살이나 감기 따위로 몸이 무겁고 거북하다. 2.표정이나 기분이 밝지 못하고 언짢다. 3.비나 눈이 올 것같이 날씨가 궂거나 잔뜩 흐리다. **찌뿌듯하다:** (찌뿌둥하다의 유사어) 1.몸살이나 감기 따위로 몸이 조금 무겁고 거북하다. 2.표적이나 기분이 밝지 못하고 조금 언짢다. 3.비나 눈이 올 것같이 날씨가 조금 흐리다.
추근거리다	치근거리다	모음의 차이로 말미암은 어감과 뜻의 차이 **추근거리다:** 조금 성가실 정도로 은근히 자꾸 귀찮게 굴다. **치근거리다:** 추근거리다의 큰말이며 지근거리다의 거센말

■ **2014 추가된 표준어**

ㅇ 현재 표준어와 같은 뜻을 가진 표준어로 인정한 것(5개)

추가된 표준어	현재 표준어
구안와사	구안괘사
굽신*	굽실
눈두덩이	눈두덩
삐지다	삐치다
초장초	작장초

* '굽신'이 표준어로 인정됨에 따라, '굽신거리다, 굽신대다, 굽신하다, 굽신굽신, 굽신굽신하다' 등도 표준어로 함께 인정됨.

ㅇ 현재 표준어와 뜻이나 어감이 차이가 나는 별도의 표준어로 인정한 것(8개)

추가 표준어	현재 표준어	뜻 차이
개기다	개개다	**개기다:** (속되게) 명령이나 지시를 따르지 않고 버티거나 반항하다. **개개다:** 성가시게 달라붙어 손해를 끼치다.)
꼬시다	꾀다	**꼬시다:** '꾀다'를 속되게 이르는 말. **꾀다:** 그럴듯한 말이나 행동으로 남을 속이거나 부추겨서 자기 생각대로 끌다.)
놀잇감	장난감	**놀잇감:** 놀이 또는 아동 교육 현장 따위에서 활용되는 물건이나 재료. **장난감:** 아이들이 가지고 노는 여러 가지 물건.)
딴지	딴죽	**딴지:** ((주로 '걸다, 놓다'와 함께 쓰여)) 일이 순순히 진행되지 못하도록 훼방을 놓거나 어기대는 것. **딴죽:** 이미 동의하거나 약속한 일에 대하여 딴전을 부림을 비유적으로 이르는 말.)
사그라들다	사그라지다	**사그라들다:** 삭아서 없어져 가다. **사그라지다:** 삭아서 없어지다.)
섬찟*	섬뜩	**섬찟:** 갑자기 소름이 끼치도록 무시무시하고 끔찍한 느낌이 드는 모양. **섬뜩:** 갑자가 소름이 끼치도록 무섭고 끔찍한 느낌이 드는 모양.)
속앓이	속병	**속앓이:** 「1」 속이 아픈 병. 또는 속에 병이 생겨 아파하는 일. 「2」 겉으로 드러내지 못하고 속으로 걱정하거나 괴로워하는 일. **속병:** 「1」 몸속의 병을 통틀어 이르는 말. 「2」 '위장병01'을 일상적으로 이르는 말. 「3」 화가 나거나 속이 상하여 생긴 마음의 심한 아픔.
허접하다	허접스럽다	**허접하다:** 허름하고 잡스럽다. **허접스럽다:** 허름하고 잡스러운 느낌이 있다.)

* '섬찟'이 표준어로 인정됨에 따라, '섬찟하다, 섬찟섬찟, 섬찟섬찟하다' 등도 표준어로 함께 인정됨.

■ **2015 추가된 표준어**

○ 복수 표준어: 현재 표준어와 같은 뜻을 가진 표준어로 인정한 것(4개)

추가 표준어	현재 표준어	비고
마실	마을	'이웃에 놀러 다니는 일'의 의미에 한하여 표준어로 인정함. '여러 집이 모여 사는 곳'의 의미로 쓰인 '마실'은 비표준어임. ※ '마실꾼, 마실방, 마실돌이, 밤마실'도 표준어로 인정함. (예문) 나는 아들의 방문을 열고 이모네 마실 갔다 오마고 말했다.
이쁘다	예쁘다	'이쁘장스럽다, 이쁘장스레, 이쁘장하다, 이쁘디이쁘다'도 표준어로 인정함. (예문) 어이구, 내 새끼 이쁘기도 하지.
찰지다	차지다	사전에서 <'차지다'의 원말>로 풀이함. (예문) 화단의 찰진 흙에 하얀 꽃잎이 화사하게 떨어져 날리곤 했다.
-고프다	-고 싶다	사전에서 <'-고 싶다'가 줄어든 말>로 풀이함. (예문) 그 아이는 엄마가 보고파 앙앙 울었다.

○ 별도 표준어: 현재 표준어와 뜻이 다른 표준어로 인정한 것(5개)

추가 표준어	현재 표준어	뜻 차이
꼬리연	가오리연	**꼬리연:** 긴 꼬리를 단 연. **가오리연:** 가오리 모양으로 만들어 꼬리를 길게 단 연. 띄우면 오르면서 머리가 아래위로 흔들린다. (예문) 행사가 끝날 때까지 하늘을 수놓았던 대형 꼬리연도 비상을 꿈꾸듯 끊임없이 창공을 향해 날아올랐다.
의론	의논	**의론(議論):** 어떤 사안에 대하여 각자의 의견을 제기함. 또는 그런 의견. **의논(議論):** 어떤 일에 대하여 서로 의견을 주고 받음. ※ '의론되다, 의론하다'도 표준어로 인정함. (예문) 이러니저러니 의론이 분분하다.
이크	이키	**이크:** 당황하거나 놀랐을 때 내는 소리. '이키'보다 큰 느낌을 준다. **이키:** 당황하거나 놀랐을 때 내는 소리. '이끼'보다 거센 느낌을 준다. (예문) 이크, 이거 큰일 났구나 싶어 허겁지겁 뛰어갔다.

잎새	잎사귀	**잎새:** 나무의 잎사귀. 주로 문학적 표현에 쓰인다. **잎사귀:** 낱낱의 잎. 주로 넓적한 잎을 이른다. (예문) 잎새가 몇 개 남지 않은 나무들이 창문 위로 뻗어올라 있었다.
푸르르다	푸르다	**푸르르다:** '푸르다'를 강조할 때 이르는 말. **푸르다:** 맑은 가을 하늘이나 깊은 바다, 풀의 빛깔과 같이 밝고 선명하다. ※ '푸르르다'는 '으불규칙용언'으로 분류함. (예문) 겨우내 찌푸리고 있던 잿빛 하늘이 푸르르게 맑아 오고 어디선지도 모르게 흙냄새가 뭉클하니 풍겨 오는 듯한 순간 벌써 봄이 온 것을 느낀다.

ㅇ 복수 표준형: 현재 표준적인 활용형과 용법이 같은 활용형으로 인정한 것(2개)

추가 표준형	현재 표준형	비고
말아 말아라 말아요	마 마라 마요	'말다'에 명령형어미 '-아', '-아라', '-아요' 등이 결합할 때는 어간 끝의 'ㄹ'이 탈락하기도 하고 탈락하지 않기도 함. (예문) 내가 하는 말 농담으로 듣지 마/말아. 얘야, 아무리 바빠도 제사는 잊지 마라/말아라. 아유, 말도 마요/말아요.
노랗네 동그랗네 조그맣네 …	노라네 동그라네 조그마네 …	ㅎ불규칙용언이 어미 '-네'와 결합할 때는 어간 끝의 'ㅎ'이 탈락하기도 하고 탈락하지 않기도 함. ※ '그렇다, 노랗다, 동그랗다, 뿌옇다, 어떻다, 조그맣다, 커다랗다' 등 모든 ㅎ불규칙용언의 활용형에 적용됨. (예문) 생각보다 훨씬 노랗네/노라네. 이 빵은 동그랗네/동그라네. 건물이 아주 조그맣네/조그마네.

■ **2016 추가된 표준어**

ㅇ 추가 표준어(4항목)

추가 표준어	현재 표준어	뜻 차이
걸판지다	거방지다	**걸판지다:** ① 매우 푸지다. ¶ 술상이 걸판지다 / 마침 눈먼 돈이 생긴 것도 있으니 오늘 저녁은 내가 걸판지게 사지. ② 동작이나 모양이 크고 어수선하다. ¶ 싸움판은 자못 걸판져서 구경거리였다. / 소리판은 옛날이 걸판지고 소리할 맛이 났었지. **거방지다:** ① 몸집이 크다. ② 하는 짓이 점잖고 무게가 있다. ③ =걸판지다①.
겉울음	건울음	**겉울음:** ① 드러내 놓고 우는 울음. ¶ 꾹꾹 참고만 있다 보면 간혹 속울음이 겉울음으로 터질 때가 있다. ② 마음에도 없이 겉으로만 우는 울음. ¶ 눈물도 안 나면서 슬픈 척 겉울음 울지 마. **건울음:** 강울음. 물 없이 우는 울음, 또는 억지로 우는 울음.
까탈스럽다	까다롭다	**까탈스럽다:** ① 조건, 규정 따위가 복잡하고 엄격하여 적응하거나 적용하기에 어려운 데가 있다. '가탈스럽다①'보다 센 느낌을 준다. ¶ 까탈스러운 공정을 거치다 / 규정을 까탈스럽게 정하다 / 가스레인지에 길들여진 현대인들에게 지루하고 까탈스러운 숯 굽기 작업은 쓸데없는 시간 낭비로 비칠 수도 있겠다. ② 성미나 취향 따위가 원만하지 않고 별스러워 맞춰 주기에 어려운 데가 있다. '가탈스럽다②'보다 센 느낌을 준다. ¶ 까탈스러운 입맛 / 성격이 까탈스럽다 / 딸아이는 사 준 옷이 맘에 안 든다고 까탈스럽게 굴었다. ※ 같은 계열의 '가탈스럽다'도 표준어로 인정함. **까다롭다:** ① 조건 따위가 복잡하거나 엄격하여 다루기에 순탄하지 않다. ② 성미나 취향 따위가 원만하지 않고 별스럽게 까탈이 많다.
실뭉치	실몽당이	**실뭉치:** 실을 한데 뭉치거나 감은 덩이. ¶ 뒤엉킨 실뭉치 / 실뭉치를 풀다 / 그의 머릿속은 엉클어진 실뭉치같이 갈피를 못 잡고 있었다. **실몽당이:** 실을 풀기 좋게 공 모양으로 감은 뭉치.

ㅇ 추가 표준형(2항목)

추가 표준어	현재 표준어	뜻 차이
엘랑	에는	표준어 규정 제25항에서 '에는'의 비표준형으로 규정해 온 '엘랑'을 표준형으로 인정함. ※ '엘랑' 외에도 'ㄹ랑'에 조사 또는 어미가 결합한 '에설랑, 설랑, -고설랑, -어설랑, -질랑'도 표준형으로 인정함. ※ '엘랑, -고설랑' 등은 단순한 조사/어미 결합형이므로 사전 표제어로는 다루지 않음. (예문) 서울엘랑 가지를 마오. 교실에설랑 떠들지 마라. 나를 앞에 앉혀놓고설랑 자기 아들 자랑만 하더라.
주책이다	주책없다	표준어 규정 제25항에 따라 '주책없다'의 비표준형으로 규정해 온 '주책이다'를 표준형으로 인정함. ※ '주책이다'는 '일정한 줏대가 없이 되는대로 하는 짓'을 뜻하는 '주책'에 서술격조사 '이다'가 붙은 말로 봄. ※ '주책이다'는 단순한 명사+조사 결합형이므로 사전 표제어로는 다루지 않음. (예문) 이제 와서 오래 전에 헤어진 그녀를 떠올리는 나 자신을 보며 '나도 참 주책이군' 하는 생각이 들었다.

제4장

표준 발음법론

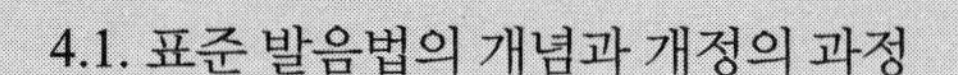
4.1. 표준 발음법의 개념과 개정의 과정

4.2. 「표준 발음법」(1988) 세칙 해설
- 제1장 총칙
- 제2장 자음과 모음
- 제3장 음의 길이
- 제4장 받침의 발음
- 제5장 음의 동화
- 제6장 경음화
- 제7장 음의 첨가

4.1. 표준 발음법의 개념과 개정의 과정

표준 발음법은 본래 「조선어 표준말 모음」(1936)에는 없던 내용인데, 「표준어 규정」(1988)에 제1부 표준어 사정 원칙과 함께 제2부에 포함되었다. 제1부 표준어 사정 원칙의 제2항에서 외래어 사정은 하지 않는다고 밝힌 것처럼, 표준 발음법 역시 외래어를 제외하고 고유어와 한자어의 범위 안에서 이루어졌다.

표준 발음법의 체계는 아래처럼 제7장으로 이루어졌다. 제1장은 표준 발음법을 정하는 원칙에 대한 것이고 제2장은 자음과 모음의 음소에 대한 기술이다. 제3장은 음의 길이, 즉 운소에 대한 것이며 제4장~제7장은 음운변동에 관한 것이다.

제1장 총칙
제2장 자음과 모음
제3장 음의 길이
제4장 받침의 발음
제5장 음의 동화
제6장 경음화
제7장 음의 첨가

4.2. 「표준 발음법」(1988) 세칙 해설

제1장 총칙

제 1 항 표준 발음법은 표준어의 실제 발음을 따르되, 국어의 전통성과 합리성을 고려하여 정함을 원칙으로 한다.

[해설] 제1항에서 표준 발음법은 '실제 발음'을 따르는 것을 주된 원칙으로 하되, '전통성'과 '합리성'도 함께 고려하여 정하였다.

먼저 '실제 발음'이란 '교양 있는 사람들이 두루 쓰는 현대 서울말의 발음'을 의미한다. 이는 표준어가 '교양 있는 사람들이 두루 쓰는 현대 서울말'이라는 정의와도 일맥상통하는 부분이다.

또한 표준 발음법을 정할 때에 지금까지의 역사적 '전통성'을 배제하지 않는데, 다음의 두 가지 예를 통해 살펴보자. 먼저 '말:(言)과 말(馬)'과 같은 '모음의 길이'에 관한 것들이다. 현재 어린 아이나 젊은이들은 소리의 길이를 구별하지 못하지만 장년층 이상은 '음의 길이'를 구별할 수 있다. 과거에서부터 내려오는 이러한 '전통성'을 보존하기 위해 제3장에 '음의 길이'를 수록한 것이다. 다음의 예는 'ㅐ'와 'ㅔ'를 구별하여 발음하는 조항이다. 현재는 장년층 이상의 일부만이 'ㅐ'와 'ㅔ'의 소리를 구별하여 쓸 수 있으나, 역사적으로 이 단모음들은 명확히 다른 음소로 인식하여 표기도 명확히 구별하여 써 왔다. 이러한 역사성을 수용하여 표준 발음법을 정하였다.

마지막으로 '합리성'은 「한글 맞춤법」의 '소리 나는 대로 적되 어법에 맞게 적는다'는 총칙과 관련된다. 문법에 맞게 적고 그 문법을 기준으로 일어나는 음운 변동에 따라 발음한다는 의미이다. 예를 들어, '맛있다/멋있다'의 받침 'ㅅ'은 대표음 'ㄷ'으로 변하여 연음되면 [마딛따/머딛따]로 발음해야 한다. 그러나 현실 발음은 [마싣따/머싣따]로 많이 발음된다. 이렇게 언어의 합리성과 현실 발음의 충돌이 있을 때는 복수 표준 발음을 인정하기도 한다. 그래서 '맛있다/멋있다'의 경우 합리성에 바탕을 두고 현실 발음도 인정하여 [마딛따/머딛따], [마싣따/머싣따]로 모두 발음할 수 있다.

제2장 자음과 모음

제 2 항 표준어의 자음은 다음 19개로 한다.

ㄱ ㄲ ㄴ ㄷ ㄸ ㄹ ㅁ ㅂ ㅃ ㅅ ㅆ ㅇ ㅈ ㅉ ㅊ ㅋ ㅌ ㅍ ㅎ

[해설] 제2항에 국어의 자음을 총 19개로 제시하였다. 자음은 조음위치, 조음방법, 발성방법에 따라 분류할 수 있다.

		양순음	치조음	경구개음	연구개음	후음
파열음	평음	ㅂ	ㄷ		ㄱ	
	경음	ㅃ	ㄸ		ㄲ	
	격음	ㅍ	ㅌ		ㅋ	
마찰음	평음		ㅅ			
	경음		ㅆ			ㅎ
	격음			ㅈ		
파찰음	평음			ㅉ		
	경음			ㅊ		
	격음					
비음		ㅁ	ㄴ		ㅇ	
유음			ㄹ			

먼저 조음위치에 따라, 두 입술이 만나는 양순음(입술소리), 혀의 끝을 치조 부위에 대어 내는 소리인 치조음(잇몸소리), 혀의 앞을 경구개에 대어 내는 소리인 경구개음(센입천장소리),

혀의 뒤를 연구개에 대어 내는 연구개음(여린입천장소리), 성문에서 나는 후음(목청소리)로 나뉜다.

또한 조음방법에 따라 파열음, 마찰음, 파찰음, 비음, 유음으로 분류된다. 파열음은 공기를 막았다가 터뜨리는 소리이고, 마찰음은 좁은 공간에서 공기를 마찰하여 내는 소리이며, 파찰음은 공기를 막았다가 마찰하여 내는 소리이다. 또한 코로 공기를 보내어 내는 비음, 공기의 흐름을 방해하지 않으며 내는 유음이 있다.

마지막으로 파열음, 마찰음, 파찰음은 발성방법에 따라 평음(예사소리), 경음(된소리), 격음(거센소리)으로 구분할 수 있다.

제3항 표준어의 모음은 다음 21개로 한다.

ㅏ ㅐ ㅑ ㅒ ㅓ ㅔ ㅕ ㅖ ㅗ ㅘ ㅙ ㅚ ㅛ ㅜ ㅝ ㅞ ㅟ ㅠ ㅡ ㅢ ㅣ

[해설] 제3항은 국어의 모음을 규정하고 있다. 국어의 모음은 단모음과 이중모음을 포함하여 총 21개이다. 단모음은 발음 중에 입 모양이나 혀의 위치가 변하지 않는 모음인데 반해, 이중 모음은 발음 중에 입 모양과 혀의 위치가 변하는 모음을 말한다.

단모음: ㅏ, ㅐ, ㅓ, ㅔ, ㅗ, ㅚ, ㅜ, ㅟ, ㅡ, ㅣ(10개)
이중 모음: ㅑ, ㅒ, ㅕ, ㅖ, ㅘ, ㅙ, ㅛ, ㅝ, ㅞ, ㅠ, ㅢ(11개)

제4항 'ㅏ ㅐ ㅓ ㅔ ㅗ ㅚ ㅜ ㅟ ㅡ ㅣ'는 단모음(單母音)으로 발음한다.

[붙임] 'ㅚ, ㅟ'는 이중 모음으로 발음할 수 있다.

[해설] 제4항은 국어의 단모음을 규정하고 있다. 단모음은 혀의 위치, 입술 모양에 따라 아래와 같이 구별된다.

	전설 모음		후설 모음	
	평순 모음	원순 모음	평순 모음	원순 모음
고모음	ㅣ	(ㅟ)	ㅡ	ㅜ
중모음	ㅔ	(ㅚ)	ㅓ	ㅗ
저모음	ㅐ		ㅏ	

단모음은 혀의 앞뒤 위치, 혀의 높낮이, 입술의 모양에 따라 나뉜다. 단모음은 혀의 앞뒤의 위치에 따라 전설모음과 후설모음으로 나뉜다. 전설모음은 혀의 위치가 앞쪽에 있는 모음이고, 후설모음은 혀의 위치가 뒤쪽인 모음이다. 'ㅣ, ㅔ, ㅐ, ㅚ, ㅟ'는 전설모음이고 'ㅡ, ㅓ, ㅏ, ㅜ, ㅗ'는 후설모음이다. 또한 혀의 높낮이에 따라 고모음, 중모음, 저모음으로 나뉜다. 고모음은 혀의 높이가 높은 모음이고, 중모음은 혀의 높이가 중간인 모음이고, 저모음은 혀의 높이가 낮은 모음을 말한다. 혀의 높이가 높을수록 입이 적게 벌어지고, 혀의 높이가 낮아질수록 입이 크게 벌어지므로 고모음을 폐모음, 저모음을 개모음이라고도 부른다. 'ㅣ, ㅚ, ㅡ, ㅜ'는 고모음이고, 'ㅔ, ㅚ, ㅓ, ㅗ'는 중모음, 'ㅐ, ㅏ'는 저모음이다. 그리고 입술의 모양에 따라 원순모음과 평순모음으로 나뉜다. 원순모음은 입술 모양이 동그랗게 모아지는 모음이고, 그렇지 않은 모음은 평순모음이다. 'ㅚ, ㅟ, ㅜ, ㅗ'는 원순모음이고, 'ㅏ, ㅓ, ㅡ, ㅣ, ㅔ, ㅐ'는 평순모음이다.

단모음 중에서 'ㅐ, ㅔ'는 현실에서 거의 동일하게 발음하여, 이를 구분해 내기가 쉽지 않다. 하지만 전통적으로 'ㅐ, ㅔ'는 별개의 모음으로 구별해왔을 뿐 아니라 아직도 이들의 소리를 구별하여 사용하는 기성세대가 있기 때문에 현행과 같은 체계를 유지하고 있다. 예를 들어, '내, 네'의 발음은 동일한데, 이때 의미를 구별하기 위해 '네'를 '니'로 바꾸어 쓰는 경우가 있으나 이는 어문 규범에 어긋난다.

[붙임] 'ㅚ, ㅟ'는 원칙적으로는 단모음으로 규정하고 있다. 전설의 원순 모음인 'ㅚ, ㅟ'를 단모음으로 발음한다는 것은, 입술을 둥글게 한 상태를 끝까지 유지한다는 것이다. 그러나 현실 발음에서는 이중 모음 [we, wi]로 발음하는 경우가 많다. 이중 모음으로 발음할 때 'ㅚ'는 반모음 'ㅜ'와 'ㅔ'를 연속하여 발음하는 것과 같아서 'ㅞ'와 음가가 동일하며, 'ㅟ'는 반모음 'ㅜ'와 'ㅣ'를 연속해서 발음하는 것이다, 즉, 끝까지 입술을 둥글게 유지하지 않고 마지막에는 입술을 평평하게 풀어, [ㅔ], [ㅣ] 소리를 내는 것이다. 이러한 언어생활의 현실 발음을 인정하여, 'ㅚ, ㅟ'를 이중 모음으로 발음하는 것을 규제하지 않고 허용하고 있다.

제5항 'ㅑ ㅒ ㅕ ㅖ ㅘ ㅙ ㅛ ㅝ ㅞ ㅠ ㅢ'는 이중 모음으로 발음한다.

다만 1. 용언의 활용형에 나타나는 '져, 쪄, 쳐'는 [저, 쩌, 처]로 발음한다.

가지어→가져[가저] 찌어→쪄[쩌] 다치어→다쳐[다처]

다만 2. '예, 례' 이외의 'ㅖ'는 [ㅔ]로도 발음한다.

계집[계:집/게:집] 계시다[계:시다/게:시다]
시계[시계/시게](時計) 연계[연계/연게](連繫)
메별[1][메별/메별](袂別) 개폐[개폐/개페](開閉)
혜택[혜:택/헤:택](惠澤) 지혜[지혜/지헤](智慧)

다만 3. 자음을 첫소리로 가지고 있는 음절의 'ㅢ'는 [ㅣ]로 발음한다.

늴리리 닁큼[2] 무늬 띄어쓰기
씌어 틔어 희어 희떱다[3]
희망 유희

다만 4. 단어의 첫음절 이외의 '의'는 [ㅣ]로, 조사 '의'는 [ㅔ]로 발음함도 허용한다.

주의[주의/주이] 협의[혀븨/혀비]
우리의[우리의/우리에] 강의의[강:의의/강:이에]

[해설] 단모음은 소리를 아무리 길게 내더라도 한 가지로만 나는 소리인데 반해, 이중 모음은 반모음과 단모음으로 이루어진 소리로 처음 소리와 뒤의 소리가 달라지는 모음이다. 모음 [i]나 [u] 위치에서 다른 모음의 위치로, 또는 다른 모음의 위치에서 각각 [i] 또는 [u] 모음의 위치로 이동하는 과정에서 만들어지는 소리를 말한다. 이중 모음은 구성 요소 가운데 하나인 반모음의 종류에 따라 'ㅣ'계 이중 모음과 'ㅗ/ㅜ'계 이중 모음으로 나뉜다.

---

1 메별: 소매를 잡고 헤어진다는 뜻으로, 섭섭히 헤어짐을 이르는 말.
2 닁큼: 머뭇거리지 않고 단번에 빨리.
3 희떱다: 1) 실속은 없어도 마음이 넓고 손이 크다. 2) 말이나 행동이 분에 넘치며 버릇이 없다.

가. 반모음 'ㅣ[j]'계 이중 모음
ㅑ(ㅣ+ㅏ), ㅒ(ㅣ+ㅐ), ㅕ(ㅣ+ㅓ), ㅖ(ㅣ+ㅔ),
ㅛ(ㅣ+ㅗ), ㅠ(ㅣ+ㅜ), ㅢ(ㅡ+ㅣ)

나. 반모음 'ㅗ/ㅜ[w]'계 이중 모음
ㅘ(ㅗ+ㅏ), ㅙ(ㅗ+ㅐ), ㅝ(ㅜ+ㅓ), ㅞ(ㅜ+ㅔ)

[다만 1] '지+-어, 찌+-어, 치+-어'처럼 용언의 활용형이 줄어들어 '져, 쪄, 쳐'가 된 경우, 표기는 그대로 두되 발음은 [저, 쩌, 처]가 된다. 또한 '잊혀, 부딪혀, 묻혀'처럼 표기가 '져, 쪄, 쳐'가 아닐지라도 [저, 쩌, 처]로 발음된다. 이와 같이 'ㅈ, ㅉ, ㅊ' 다음에 'ㅕ' 발음이 실현되지 않는 이유는 경구개음 뒤에 반모음 'ㅣ[j]'가 연이어 발음될 수 없기 때문이다. 그래서 '쟈, 져, 죠, 쥬, 쨔, 쪄, 쬬, 쮸, 챠, 쳐, 쵸, 츄'도 '자, 저, 조, 주, 짜, 쩌, 쪼, 쭈, 차, 처, 초, 추'로 발음된다.

외래어인 '주스, 텔레비전' 등을 '쥬스, 텔레비젼'으로 표기하지 않는 이유도 [다만 1]과 관련이 있다. '쥬스, 텔레비젼'으로 표기하더라도 어차피 표기 그대로 발음되지 않기 때문에 굳이 현실 발음과 동떨어지게 표기하지 않는 것이다.

가. 지+-어→져[저], 찌+-어→쪄[쩌], 치+-어→쳐[처]
나. 잊혀[이쳐], 부딪혀[부디쳐], 묻혀[무쳐]
다. 쥬스[주스], 텔레비젼[텔레비전], 비젼[비전], 챠트[차트]

[다만 2] 이중 모음 'ㅖ'는 표기와 동일하게 발음하는 것이 원칙이다. 그러므로 '예, 례'는 항상 [예, 례]로 발음해야 하지만, 초성이 없거나 'ㄹ' 이외의 자음과 결합하는 'ㅖ'는 [ㅔ]로 발음되는 경우가 많기 때문에 [ㅖ/ㅔ]로 복수 발음을 인정한다.

가. 예, 례
예 예의[예의/예이], 차례[차례]

나. 예, 례 이외
예 계기[계기/게기], 폐업[폐업/페업], 혜성[혜성/헤성]

[다만 3] 'ㅢ' 발음은 환경에 따라 달라지기 때문에 유의해야 한다. 먼저, '자음+ㅢ'의 'ㅢ'는 '늴리리[닐리리], 무늬[무니], 희망[히망]'처럼 항상 [ㅣ]로 발음한다. 즉, '자음+ㅢ' 경우는 표기만 있을 뿐, 발음상으로는 존재하지 않는다.

자음+ㅢ: 늴리리[닐리리], 무늬[무니], 희망[히망]

[다만 4] 단어의 첫음절에 오는 '의'는 '의사[의사]처럼 항상 '의'로 발음해야 하지만 첫음절이 아닐 때는 '주의[주의/주이], 의의[의의/의이]'처럼 [의/이]로 모두 발음할 수 있다. '협의'는 받침 'ㅂ'이 다음 음절의 초성으로 이동해 [혀븨]가 되어 '다만 3'처럼 '자음+ㅢ'의 형태가 된다. 하지만 본래 표기는 '협의'이므로 '다만 3'과 달리 원칙 발음은 [혀븨]이고 [혀비]도 허용한다.

가. 첫음절 '의'
　　예 의사[의사], 의식[의식]

나. 첫음절 외 '의'
　　예 주의[주의/주이], 의의[의의/의이], 협의[혀븨/혀비]

또한 관형격 조사인 '의'는 [의/에]로 모두 발음할 수 있다. 예를 들어 '스승의 은혜는 하늘같아서'의 노랫말에서 '스승의'는 [스승의/스승에]로 복수 발음이 가능하다. '강의의'의 경우, '강의'의 '의'가 [의/이]로 발음되며 관형격 조사 '의'도 [의/에]로 발음되므로 [강의의/강이의/강의에/강이에]처럼 모두 발음할 수 있다. 비슷한 예로 '민주주의의'도 [민주주의의/민주주이의/민주주의에/민주주이에]로 모두 발음이 인정된다.

스승의[스승의/스승에]
강의의[강의의/강이의/강의에/강이에]
민주주의의[민주주의의/민주주이의/민주주의에/민주주이에]

제6항 모음의 장단을 구별하여 발음하되, 단어의 첫음절에서만 긴소리가 나타나는 것을 원칙으로 한다.

(1) 눈보라[눈:보라]	말씨[말:씨]	밤나무[밤:나무]
많다[만:타]	멀리[멀:리]	벌리다[벌:리다]
(2) 첫눈[천눈]	참말[참말]	쌍동밤[쌍동밤]
수많이[수:마니]	눈멀다[눈멀다]	떠벌리다[떠벌리다]

다만, 합성어의 경우에는 둘째 음절 이하에서도 분명한 긴소리를 인정한다.

반신반의[반:신바:늬/반:신바:니]　재삼재사[재:삼재:사]

[붙임] 용언의 단음절 어간에 어미 '－아/－어'가 결합되어 한 음절로 축약되는 경우에도 긴소리로 발음한다.

보아→봐[봐:]　기어→겨[겨:]　되어→돼[돼:]
두어→둬[둬:]　하여→해[해:]

다만, '오아 → 와, 지어 → 져, 찌어 → 쪄, 치어 → 쳐' 등은 긴소리로 발음하지 않는다.

[해설] 제6항은 국어의 장단을 규정하고 있다. '말(馬), 말:(言)', '밤(夜), 밤:(栗)', '병(甁) 병:(病)'과 같이 모음의 장단을 구별하지 않으면 그 의미를 알 수 없는 단어들이 있다. 이들은 음의 길이로 의미를 구분하였는데, 현실 발음에서는 이 구별이 많이 희미해졌다. 그러나 오랜 세월 음의 길이를 구별해오던 국어의 '역사성'을 반영하고, 현재도 일부 노년층에서 이를 구별하여 사용하고 있으므로 이를 표준 발음으로 인정하고 있다.

그러나 긴소리는 (1)처럼 단어의 첫음절에서만 나타나고, (2)처럼 단어의 두 번째 음절 이후에서는 반영되지 않는다. 즉, 장모음이 실현될 때는 긴소리를 가진 단어가 하나의 단어로 쓰일 때나 복합어의 첫머리에 위치할 때이다. 이외 복합어의 뒤에 위치할 때는 원래 긴소리를 가진 명사라도 장모음이 실현되지 않는다.

[다만] '반신반의[반:신바:늬/반:신바:니], 재삼재사[재:삼재:사], 선남선녀[선:남선:녀]'처럼 비슷한 부분이 반복되는 한자어의 복합어인 경우, 장모음은 반복되는 앞뒤 단어 모두에서 실현된다. 다시 말해, 첫음절과 세 번째가 대응하는 구조이므로 긴소리도 그대로 유지하는 것이다. 그러나 음절이 '반반[반반], 영영[영영], 간간[간간]'처럼 1음절의 동일한 한자어가 반복되는 합성어의 경우는 장모음이 실현되지 않는다.

[붙임] 단음절인 어간에 '–아/–어'가 결합한 뒤 한 음절로 줄 적에는 긴소리로 발음해야 한다. 이를 '보상적 장음화'라고 하는데 표기상 어절은 줄었지만 발음하는 시간은 그대로 유지하려는 것이다.

[다만] '와, 쪄, 쳐' 등은 예외적으로 '보상적 장음화' 현상이 일어나지 않으니 주의해서 발음해야 한다.

제7항 긴소리를 가진 음절이라도, 다음과 같은 경우에는 짧게 발음한다.

1. 단음절인 용언 어간에 모음으로 시작된 어미가 결합되는 경우

감다[감: 따] — 감으니[가므니]　밟다[밥: 따] — 밟으면[발브면]
신다[신: 따] — 신어[시너]　알다[알: 다] — 알아[아라]

다만, 다음과 같은 경우에는 예외적이다.

끌다[끌:다] — 끌어[끄:러]　떫다[떨:따] — 떫은[떨:븐]
벌다[벌:다] — 벌어[버:러]　썰다[썰:다] — 썰어[써:러]
없다[업:따] — 없으니[업:쓰니]

2. 용언 어간에 피동, 사동의 접미사가 결합되는 경우

감다[감:따] — 감기다[감기다]　꼬다[꼬:다] — 꼬이다[꼬이다]
밟다[밥:따] — 밟히다[발피다]

다만, 다음과 같은 경우에는 예외적이다.

끌리다[끌:리다]　　벌리다[벌:리다]　　없애다[업:쌔다]

[붙임] 다음과 같은 복합어에서는 본디의 길이에 관계없이 짧게 발음한다.

밀－물　썰－물　쏜－살－같이　작은－아버지

[해설] 제7항은 국어의 장단 중에서 특히 짧게 발음해야 하는 것에 대해 규정하고 있다. 1음절의 용언 어간에 '－아/－어/－으'의 모음으로 시작된 어미가 결합하는 경우에는 원래 긴소리라도 단모음으로 발음한다. 예를 들어, '알다[알:다]'는 '－아'와 결합해 '알아[아라]'처럼 단모음으로 발음된다. 하지만 '신다[신:다]'가 '－으면'과 결합해 '신으면[시느면]'처럼 발음되는 것과 달리, '알다'는 '－으면'과 결합하지 않고 '－면'과 결합하므로 장모음이 그대로 유지되어 '알면[알:면]'으로 발음해야 한다. **[다만]** 위의 발음 규칙이 적용되지 않는 예외로 '끌다, 떫다, 벌다, 썰다, 없다' 등이 있다.

제7장 제2호는 제1의 경우와 마찬가지로, '－이－, －히－, －리－, －기－' 등의 피동, 사동의 접미사가 결합할 경우에도 어간의 장모음은 짧아진다는 것을 밝히고 있다. **[다만]** 위의 발음 규칙이 적용되지 않는 예외로 '끌리다, 벌리다, 썰리다, 없애다' 등이 있다.

[붙임] 본래 활용형에서는 장모음으로 나타나지만, 이것이 합성어의 첫 머리에 쓰일 때에는 길이가 짧게 나는 단어가 있다. '밀다[밀:다], 쏘다[쏘:다]'의 경우, 활용형으로 쓰인 '문을 밀 때, 쏜 화살'에서는 밀[밀:], 쏜[쏜:]'과 같이 장모음으로 발음된다. 그러나 합성어인 '밀물, 쏜살같이'에서는 '[밀물], [쏜살가치]'처럼 단모음으로 발음된다. 이러한 현상은 일부 단어에서만 나타나는 것으로, 장모음을 가진 활용형의 일부가 합성어의 앞부분에 위치할 때 모두 단모음으로 소리 나는 것은 아니다.

제8항 받침소리로는 'ㄱ, ㄴ, ㄷ, ㄹ, ㅁ, ㅂ, ㅇ'의 7개 자음만 발음한다.

[해설] 제8항은 국어의 '음절의 끝소리 규칙'에 대해 규정하고 있다. 먼저 국어에서 '받침'과 '받침소리'의 의미를 구별하여 살펴보면, '받침'은 표기를 의미하고 '받침소리'는 발화 시 실현되는 발음을 의미한다. 한국어의 받침은 홑받침과 쌍받침, 겹받침으로 나눌 수 있는데, 받침소리 'ㄱ, ㄴ, ㄷ, ㄹ, ㅁ, ㅂ, ㅇ'의 7개로만 제한되기 때문에 여기에 속하지 않는 받침들은 'ㄱ, ㄴ, ㄷ, ㄹ, ㅁ, ㅂ, ㅇ'으로 바뀌어 소리 난다. 이것을 '음절의 끝소리 규칙', 또는 '종성 규칙', '말음 법칙'이라고 한다.

제9항 받침 'ㄲ, ㅋ', 'ㅅ, ㅆ, ㅈ, ㅊ, ㅌ', 'ㅍ'은 어말 또는 자음 앞에서 각각 대표음 [ㄱ, ㄷ, ㅂ]으로 발음한다.

닦다[닥따]	키읔[키윽]	키읔과[키윽꽈]	옷[옫]
웃다[욷:따]	있다[읻따]	젖[젇]	빚다[빋따]
꽃[꼳]	쫓다[쫃따]	솥[솓]	뱉다[밷:따]
앞[압]	덮다[덥따]		

[해설] 제9항은 제8항의 '음절 끝소리 규칙'을 구체화한 조항이다. 받침 'ㄴ, ㄹ, ㅁ, ㅇ'은 각각 받침소리 [ㄴ, ㄹ, ㅁ, ㅇ]으로, 표기와 발음이 동일하다. 'ㄴ, ㄹ, ㅁ, ㅇ'는 공명음인데, 공명음은 그대로 발음되는 것이다. 그러나 공명음과 대립이 되는 장애음은 각각의 대표음으로 바뀌어 소리 난다. 받침 'ㄱ, ㄲ, ㅋ'는 [ㄱ]으로, 받침 'ㄷ, ㅅ, ㅆ, ㅈ, ㅊ, ㅌ'는 [ㄷ]으로, 받침 'ㅂ, ㅍ'는 [ㅂ]으로 각각 발음된다. 이때 'ㄱ, ㄷ, ㅂ'은 공기를 막았다가 터뜨리는 장애음의 일종인 파열음(=폐쇄음)인데, '파열음, 마찰음, 파찰음'의 '예사소리, 된소리, 거센소리'가 모두 같은 조음 위치의 '파열음의 예사소리'로 모두 변화하는 것이다. 이런 까닭에 음절 끝소리 규칙을 '평폐쇄음화'라고도 한다.

가. 받침 ㄱ, ㄲ, ㅋ → [ㄱ]

- ㄱ(파열음 – 예사소리)
- ㄲ(파열음 – 된소리)
- ㅋ(파열음 – 거센소리)

→ [ㄱ]

예 닦다[닥따], 키읔[키윽], 키읔과[키윽꽈]

나. 받침 ㄷ, ㅅ, ㅆ, ㅈ, ㅊ, ㅌ → [ㄷ]

- ㄷ(파열음 – 예사소리)
- ㅅ(마찰음 – 예사소리)
- ㅆ(마찰음 – 된소리)
- ㅈ(파찰음 – 예사소리
- ㅊ(파찰음 – 거센소리)
- ㅌ(파열음 – 거센소리)

→ [ㄷ]

예 옷[옫], 웃다[욷:따], 있다[읻따], 젖[젇], 빚다[빋따], 꽃[꼳], 쫓다[쫃따], 솥[솓], 뱉다[밷:따]

다. 받침 ㅂ(파열음 – 예사소리), ㅍ(파열음 – 거센소리)
→ [ㅂ](파열음 – 예사소리)

- ㄱ(파열음 – 예사소리)
- ㅍ(파열음 – 거센소리)

→ [ㅂ]

예 앞[압], 덮다[덥다]

제10항 겹받침 'ㄳ', 'ㄵ', 'ㄼ, ㄽ, ㄾ', 'ㅄ'은 어말 또는 자음 앞에서 각각 [ㄱ, ㄴ, ㄹ, ㅂ]으로 발음한다.

넋[넉]	넋과[넉꽈]	앉다[안따]	여덟[여덜]
넓다[널따]	외곬[외골]	핥다[할따]	값[갑]
없다[업: 따]			

다만, '밟-'은 자음 앞에서 [밥]으로 발음하고, '넓-'은 다음과 같은 경우에 [넙]으로 발음한다.

(1) 밟다[밥:따]　　밟소[밥:쏘]　　밟지[밥:찌]
밟는[밥:는→밤:는]　　밟게[밥:께]　　밟고[밥:꼬]

(2) 넓-죽하다[넙쭈카다]　넓-둥글다[넙뚱글다]

[해설] 제10항 역시 제8항의 '음절 끝소리 규칙'을 구체화한 조항으로, 한국어의 특성상 음절의 종성에서 두 개의 자음을 발음할 수 없어 자음을 선택하여 발음해야 하는데, 겹받침 중 앞 받침으로 발음하는 것들이다. 'ㄳ'은 [ㄱ], 'ㄵ'은 [ㄴ], 'ㄼ, ㄽ, ㄾ'은 [ㄹ], 'ㅄ'은 [ㅂ]으로 발음한다. 이렇게 명사 또는 용언의 어간 말음이 겹받침으로 이루어진 자음군이, 음절말 위치에 오면 두 자음 중에 하나가 탈락하는데, 이를 '자음군단순화'라고 한다.

[다만] 제10항을 보면 'ㄼ'은 앞 받침을 선택하여 발음하는 것이 원칙이나 예외적으로 '밟다, 밟소, 밟지, 밟는, 밟게, 밟고'와 같은 '밟-'의 활용형과 '넓죽하다, 넓둥글다, 넓적하다' 등의 '넓-'의 복합어는 앞 받침을 탈락시키고 뒤 받침을 선택하여 발음한다. 일률적으로 'ㄼ'의 발음을 정하지 않고 이렇게 개별 어휘를 예외로 둔 것은 언중의 현실 발음을 고려한 것이다. 또한 「한글맞춤법」 제21항 '다만'에 겹받침이나 끝소리가 드러나지 않는 것으로 '널따랗다, 널찍하다, 얄따랗다, 짤따랗다, 짤막하다, 얄찍하다' 등이 있다.

제11항 겹받침 'ㄺ, ㄻ, ㄿ'은 어말 또는 자음 앞에서 각각 [ㄱ, ㅁ, ㅂ]으로 발음한다.

닭[닥]　　흙과[흑꽈]　　맑다[막따]　　늙지[늑찌]
삶[삼:]　　젊다[점:따]　　읊고[읍꼬]　　읊다[읍따]

다만, 용언의 어간 말음 'ㄺ'은 'ㄱ' 앞에서 [ㄹ]로 발음한다.

맑게[말께]　　묽고[물꼬]　　얽거나[얼꺼나]

[해설] 제11항은 제10항과 반대로 겹받침 중, 뒤의 받침을 선택하여 소리 내는 조항이다.

‘ㄺ’는 [ㄱ], ‘ㄻ’는 [ㅁ], ‘ㄿ’는 [ㅂ]으로 발음한다. ‘ㄿ’가 [ㅍ]이 아니라 [ㅂ]으로 발음되는 것은 ‘음절 끝소리 규칙’에 따라 [ㅍ]이 [ㅂ]으로 바뀐 것이다.

용언의 어간이 겹받침 ‘ㄺ’인 ‘굵다랗다, 굵직하다, 늙수그레하다, 갉작갉작’ 등의 파생어에서도 [ㄱ]으로 발음해야 한다.

굵다랗다[국따라타]
굵직하다[국찌카다]
늙수그레하다[늑쑤그레하다]
갉작갉작[각짝각짝]

[다만] ‘ㄺ’은 본래 [ㄱ]으로 발음해야 하나, ‘ㄺ’으로 끝나는 어간과 ‘－게, －고, －거나, －거든’처럼 ‘ㄱ’으로 시작하는 어미와 결합하면 [ㄹ]로 발음한다. 대신 받침의 [ㄱ] 음가가 살아남아 뒤에 결합하는 어미의 처음이 [ㄲ]이 된다.

맑[말ㄱ]+게[게]=[말께]

제12항 받침 ‘ㅎ’의 발음은 다음과 같다.

1. ‘ㅎ(ㄶ, ㅀ)’ 뒤에 ‘ㄱ, ㄷ, ㅈ’이 결합되는 경우에는, 뒤 음절 첫소리와 합쳐서 [ㅋ, ㅌ, ㅊ]으로 발음한다.

놓고[노코]　　좋던[조:턴]　　쌓지[싸치]　　많고[만:코]
않던[안턴]　　닳지[달치]

[붙임 1] 받침 ‘ㄱ(ㄺ), ㄷ, ㅂ(ㄼ), ㅈ(ㄵ)’이 뒤 음절 첫소리 ‘ㅎ’과 결합되는 경우에도, 역시 두 음을 합쳐서 [ㅋ, ㅌ, ㅍ, ㅊ]으로 발음한다.

각하[가카]　　먹히다[머키다]　　밝히다[발키다]　　맏형[마텽]
좁히다[조피다]　　넓히다[널피다]　　꽂히다[꼬치다]　　앉히다[안치다]

[붙임 2] 규정에 따라 ‘ㄷ’으로 발음되는 ‘ㅅ, ㅈ, ㅊ, ㅌ’의 경우에도 이에 준한다.

옷 한 벌[오탄벌]　　낮 한때[나탄때]　　꽃 한 송이[꼬탄송이]
숱하다[수타다]

2. ‘ㅎ(ㄶ, ㅀ)’ 뒤에 ‘ㅅ’이 결합되는 경우에는, ‘ㅅ’을 [ㅆ]으로 발음한다.

닿소[다:쏘]　　많소[만:쏘]　　싫소[실쏘]

3. ‘ㅎ’ 뒤에 ‘ㄴ’이 결합되는 경우에는, [ㄴ]으로 발음한다.

놓는[논는]　　쌓네[싼네]

[붙임] ‘ㄶ, ㅀ’ 뒤에 ‘ㄴ’이 결합되는 경우에는, ‘ㅎ’을 발음하지 않는다.

않네[안네]　않는[안는]　뚫네[뚤네→뚤레]　뚫는[뚤는→뚤른]

* ‘뚫네[뚤네→뚤레], 뚫는[뚤는→뚤른]’에 대해서는 제20항 참조.

4. ‘ㅎ(ㄶ, ㅀ)’ 뒤에 모음으로 시작된 어미나 접미사가 결합되는 경우에는, ‘ㅎ’을 발음하지 않는다.

낳은[나은]　　놓아[노아]　　쌓이다[싸이다]　많아[마:나]
않은[아는]　　닳아[다라]　　싫어도[시러도]

[해설] 제12항은 받침 ‘ㅎ’의 발음에 대한 것으로 제1조~제3조는 ‘ㅎ+자음’, 제4조는 ‘ㅎ+모음’에 대한 조항이다.

제1조 용언의 끝 받침이 ‘ㅎ(ㄶ, ㅀ)’이고 ‘ㄱ, ㄷ, ㅈ’으로 시작하는 어미가 결합할 때, 격음화(=거센소리되기, 유기음화)가 일어나 ‘ㅋ, ㅌ, ㅊ’으로 줄어든다. 이때 ‘ㅎ’과 결합하는 예사소리 ‘ㅂ’이 없는 것은 이에 해당하는 어미가 없어서이다.[4]

---

4 ‘싫증’은 제12항에서 밝힌 음운환경과 동일하다는 점에서 [실층]으로 발음할 것으로 생각할 수 있지만, 경음화가 일어나 [실쯩]으로 발음한다. 이는 형태적 조건이 용언의 어간과 어미의 결합이 아니기 때문이다.

ㅎ+ㄱ → [ㅋ]: 놓고[노코], 많고[만코]
ㅎ+ㄷ → [ㅌ]: 좋던[조턴], 않던[안턴]
ㅎ+ㅈ → [ㅊ]: 쌓지[싸치], 닳지[달치]

[붙임 1] 제11조가 'ㅎ'+'ㄱ, ㄷ, ㅈ'의 격음화에 대한 것이라면 [붙임 1]은 결합의 앞뒤 순서만 바뀐 'ㄱ, ㄷ, ㅂ, ㅈ'+'ㅎ'의 결합이다. 받침 'ㄱ(ㄺ), ㄷ, ㅂ(ㄼ), ㅈ(ㄵ)'과 'ㅎ'이 결합했을 때도 동일하게 격음화가 일어난다. 'ㄺ, ㄼ'와 같은 겹받침의 경우, '자음군단순화'가 선행된 뒤 격음화가 일어나 '넓히다[널피다], 앉히다[안치다]'로 발음된다.

ㄱ+ㅎ → [ㅋ]: 각하[가카], 먹히다[머키다]
ㄷ+ㅎ → [ㅌ]: 맏형[마텽]
ㅂ+ㅎ → [ㅍ]: 좁히다[조피다], 넓히다[널피다]
ㅈ+ㅎ → [ㅊ]: 꽂히다[꼬치다], 앉히다[안치다]

[붙임 2] [붙임 1]은 한 단어 내에서, 용언의 어간 뒤에 접미사가 결합해 일어나는 발음 축약이고, [붙임 2]는 '음절 끝소리 규칙'의 적용으로 'ㅅ, ㅈ, ㅊ, ㅌ'가 먼저 [ㄷ]으로 바뀐 뒤 격음화가 일어나는 경우에 대한 것이다. '옷 한 벌'을 한 단어처럼 발음하는 경우, 먼저 '옷'이 '음절 끝소리 규칙'의 적용을 받아 [옫]으로 바뀐 뒤, '한 벌'과 결합해 [오탄벌]로 발음된다. 이때, 연음하지 않고 끊어서 발음하는 [옫#한#벌]도 표준 발음이다.

제2조 'ㅎ(ㄶ, ㅀ)' 뒤에 'ㅅ'이 결합할 때, 'ㅎ'은 발음되지 않고 'ㅅ'이 [ㅆ]으로 경음화된다. 이러한 현상은 두 가지 방법으로 설명할 수 있는데, 먼저 'ㅎ'을 발음하지 않는 대신에 'ㅎ'이 'ㅅ'과 결합해 [ㅆ]으로 발음하는 것으로 볼 수 있다. 또한 받침 'ㅎ'이 [ㄷ]으로 바뀌고 'ㄷ+ㅅ'의 결합으로 'ㅅ'이 [ㅆ]가 된 뒤 [ㄷ]이 탈락된 것으로 볼 수도 있다.

닿소 → [다쏘] (ㅎ+ㅅ=ㅆ)
닿소 → [닫쏘] (ㅎ→ㄷ), (ㄷ+ㅅ=ㅆ) → [다쏘] (ㄷ탈락)

제3조 'ㅎ' 뒤에 'ㄴ'이 발음될 경우 'ㅎ'을 'ㄴ'으로 발음하여 '놓는[논는], 쌓는[싼는]'이 되는데, 'ㅎ'이 바로 [ㄴ]으로 바뀌었다고 해석하기는 어렵다. 먼저 음절 끝소리 규칙에 따라 'ㅎ'이 [ㄷ]으로 바뀐 뒤, [ㄷ]이 뒤에 [ㄴ]에 동화되어 [ㄴ]이 되었다고 보는 편이 합리적이다.

놓는: [녿는] → [논는]
쌓는: [싿는] → 싼는]

[붙임] 받침 'ㄶ, ㅀ' 뒤에 'ㄴ'이 결합되는 경우에는 'ㅎ'을 발음하지 않는데, 그 이유는 먼저 '자음군단순화'에 따라 'ㄶ'이 [ㄴ]으로, 'ㅀ'이 [ㄹ]로 발음되고 'ㄴ'과 결합되기 때문이다. '않네'의 경우, 자음군단순화로 인해 [안네]로 바뀐다. '뚫네'는 먼저 자음군단순화를 거쳐 [뚤네]로 발음되고, 이후 유음화가 일어나 [뚤레]로 발음된다.(「표준 발음법」 제20항 참고.)

않네: [안네], 않는: [안는]
뚫네: [뚤네] → [뚤레], 뚫는: [뚤는] → [뚤른]

제4조 'ㅎ(ㄶ, ㅀ)' 뒤에 모음으로 시작된 어미나 접미사가 결합되는 경우에는, 'ㅎ'을 연음하여 발음하지 않고 아예 탈락시킨다.

낳은: [나흔](×), [나은](○)
놓아: [노하](×), [노아](○)

제13항 홑받침이나 쌍받침이 모음으로 시작된 조사나 어미, 접미사와 결합되는 경우에는, 제 음가대로 뒤 음절 첫소리로 옮겨 발음한다.

깎아[까까]	옷이[오시]	있어[이써]	낮이[나지]
꽂아[꼬자]	꽃을[꼬츨]	쫓아[쪼차]	밭에[바테]
앞으로[아프로]	덮이다[더피다]		

[해설] 제13항은 받침의 연음에 대한 조항이다. 홑받침이나 쌍받침은 모음으로 시작되는 형식형태소(조사, 어미, 접미사)와 결합할 때, 받침의 제 음가대로 그대로 옮겨 발음하는데 이를 '연음'이라고 한다. 그러나 연음이 되지 않는 몇 가지 경우가 있다. 제12항에서 규정한 'ㅎ' 탈락, 제16항의 한글의 받침소리와 모음으로 시작하는 조사의 결합, 제17항의 구개음화 등이 예외적이다. 첫째, '않네[안네]'처럼 자음군단순화로 인해 'ㅎ'이 탈락되거나, '낳은[나은]'처럼 모음으로 시작된 어미와 결합해 'ㅎ'이 탈락한 경우이다. 둘째, 한글 자모의 이름이

모음으로 시작하는 조사와 결합해 '디귿이[디그디]'처럼 연음되지 않고 [디그지]로 발음되는 것이 그렇다.(「표준 발음법」 제16항 참고) 셋째, '굳이[구지]'처럼 받침 'ㄷ'이 접미사 'ㅣ'와 연음되지 않고, 최종적으로 [ㄷ]이 [ㅈ]으로 바뀌어 발음되는 구개음화 현상이 포함된다.(「표준 발음법」 제17항 참고.)

또한 언중이 습관적으로 연음하지 않는 몇몇의 사례가 있는데, 이를 정확히 발음하도록 주의해야 한다.

가. 표준 발음(○)

예 꽃이[꼬치], 꽃을[꼬츨], 꽃에[꼬체]
무릎이[무르피], 무릎을[무르플], 무릎에[무르페]
부엌이[부어키], 부엌을[부어클], 부엌에[부어케]

나. 표준 발음(×)

예 꽃이[꼬시], 꽃을[꼬슬], 꽃에[꼬세]
무릎이[무르비], 무릎을[무르블], 무릎에[무르베]
부엌이[부어기], 부엌을[부어글], 부엌에[부어게]

제14항 겹받침이 모음으로 시작된 조사나 어미, 접미사와 결합되는 경우에는, 뒤엣것만을 뒤 음절 첫소리로 옮겨 발음한다.(이 경우, 'ㅅ'은 된소리로 발음함.)

넋이[넉씨]	앉아[안자]	닭을[달글]	젊어[절머]
곬이[골씨]	핥아[할타]	읊어[을퍼]	값을[갑쓸]
없어[업:써]			

[해설] 제14항은 겹받침의 연음에 대해 규정하고 있다. 겹받침이 모음으로 시작되는 형식 형태소(조사, 어미, 접미사)와 결합할 때는 앞 받침은 그대로 남기고 뒤의 받침만 연음한다. 예를 들어, '닭을'은 [다글]로 잘못 발음하는 경우가 많은데, 앞 받침인 'ㄹ'은 그대로 남기고 'ㄱ'을 다음 모음에 연음해 [달글]로 발음해야 함을 주의해야 한다. '까닭'도 잘못 발음하는 경우가 많은데, '까닭이[까달기], 까닭을[까달글]'로 발음해야 한다.

'넋이[넉씨], 곬이[골씨], 값을[갑쓸], 없어[업써]'는 앞 받침은 그대로 남기고 'ㅅ'을 연음시킬 때 [ㅆ]으로 발음이 되는데, 이는 남긴 앞 받침 [ㄱ], [ㄹ], [ㅂ]과 연음된 [ㅅ]이 결합되면서 경음 [ㅆ]으로 발음되는 것이다.(「표준 발음법」 제23항 참고.)

제13항에서 언급한 바와 같이, 홑받침이 연음되지 않는 예외의 경우는 겹받침에서도 마찬가지로 일어난다. 'ㅎ' 탈락과 구개음화 현상이 그러하다.

앓아[아라], 끊어[그너], 훑이다[훌치다]

제15항 받침 뒤에 모음 'ㅏ, ㅓ, ㅗ, ㅜ, ㅟ'들로 시작되는 실질 형태소가 연결되는 경우에는, 대표음으로 바꾸어서 뒤 음절 첫소리로 옮겨 발음한다.

밭 아래[바다래] 늪 앞[느밥] 젖어미[저더미] 맛없다[마덥따]
겉옷[거돋] 헛웃음[허두슴] 꽃 위[꼬뒤]

다만, '맛있다, 멋있다'는 [마싣따], [머싣따]로도 발음할 수 있다.

[붙임] 겹받침의 경우에는, 그중 하나만을 옮겨 발음한다.

넋 없다[너겁따] 닭 앞에[다가페] 값어치[가버치] 값있는[가빈는]

[해설] 제13항, 제14항과 달리 **제15항**은 형식 형태소(조사, 접사, 접미사)와의 결합이 아닌 실질 형태소와의 결합에 대한 내용이다. 형식 형태소와의 결합에서는 바로 연음이 되었지만 제15항은 먼저 '음절 끝소리 규칙'을 적용한 뒤 연음시켜야 한다. 예를 들어, '밭 아래'는 먼저 [받]으로 발음되는데 이후 [아래]와 연음 현상이 일어나 [바다래]가 되는 것이다. 이러한 현상을 연음과 대비해 '절음'이라고 한다.

이때 받침 뒤에 오는 모음을 'ㅏ, ㅓ, ㅗ, ㅜ, ㅟ'로 제한하였는데, 이는 단모음 'ㅣ'와 반모음 'ㅣ[j]'로 시작하는 'ㅑ, ㅕ, ㅛ, ㅠ'를 제외한 것으로 이해할 수 있다. 위와 같이 제외한 이유는 받침 다음에 'ㅣ, ㅑ, ㅕ, ㅛ, ㅠ'로 시작하는 실질 형태소의 경우 '앞일[암닐]'처럼 'ㄴ'이 첨가되기 때문이다.(「표준 발음법」 제29항 참고.)

가. ㅏ, ㅓ, ㅗ, ㅜ, ㅟ

예 밭 아래: [받] + [아래] → [바다래]

나. ㅣ, ㅑ, ㅕ, ㅛ, ㅠ

예 앞일: [압] + [일] → [압] + [닐](‘ㄴ’ 첨가) → [압닐] → [암닐]

제15항은 모음에서 ‘ㅣ, ㅑ, ㅕ, ㅛ, ㅠ’를 제외하고도 ‘ㅐ, ㅔ, ㅚ’ 등을 제시하지 않았는데, 이는 어떠한 음운적 이유가 있어서가 아니다. 표준어에서 아래와 같이 연음이 되는 단어는 쉽게 찾아볼 수 있으나 절음 현상이 일어나는 단어들은 흔하지 않기 때문이다.

연음: 조국애[조구개], 국외[구괴], 먼 외국[머:뇌국]

[다만] ‘맛있다, 멋있다’의 경우는 ‘음절 끝소리 규칙’을 적용한 뒤, 연음하는 것으로 ‘[마딛따], [머딛따]’가 표준 발음이나 실제로는 ‘[마싣따], [머싣따]’로 많이 발음하므로 이도 인정한다.

[붙임] 겹받침의 경우, 하나의 받침만을 선택해 연음시킨다. 예를 들어, ‘넋 없다’의 경우, 먼저 ‘자음군단순화’를 통해 [넉]으로 발음되는데 ‘없다’의 [업다]와 연음되어 [너겁따]가 되는 것이다.

제16항 한글 자모의 이름은 그 받침소리를 연음하되, ‘ㄷ, ㅈ, ㅊ, ㅋ, ㅌ, ㅍ, ㅎ’의 경우에는 특별히 다음과 같이 발음한다.

디귿이[디그시]	디귿을[디그슬]	디귿에[디그세]
지읒이[지으시]	지읒을[지으슬]	지읒에[지으세]
치읓이[치으시]	치읓을[치으슬]	치읓에[치으세]
키읔이[키으기]	키읔을[키으글]	키읔에[키으게]
티읕이[티으시]	티읕을[티으슬]	티읕에[티으세]
피읖이[피으비]	피읖을[피으블]	피읖에[피으베]
히읗이[히으시]	히읗을[히으슬]	히읗에[히으세]

[해설] 현행과 같은 한글 자모의 이름은 『훈몽자회』(1527)에서 그 기원을 찾을 수 있다. 『훈몽자회』(1527)에는 한글 자모 명칭과 용법에 대하여 간략하게 실려 있는데, 이 중 한글 자모의 발음을 설명한 부분이 한글 자모 명칭의 기원이 된다. 'ㄱ, ㄴ, ㄷ, ㄹ, ㅁ, ㅂ, ㅇ' 8자는 초성종성통용팔자(初聲終聲通用八字)로 쓰이는 자음자로, 'ㅣ'와 'ㅡ' 모음을 바탕으로 각 자음이 초성, 종성에 놓여 있는 사례를 들어 음가를 나타내었다. 'ㅈ, ㅊ, ㅋ, ㅌ, ㅍ, ㅎ' 8자는 당시 종성으로 쓰이지 않던 것들이어서 초성에 모음 'ㅣ'를 붙인 '지, 치, 키, 티, 피, 히'로 음가를 나타내었다. 'ㅈ, ㅊ, ㅋ, ㅌ, ㅍ, ㅎ'은 「한글 마춤법 통일안」(1933)에서야 지금과 같은 이름을 얻게 되었다.

한글 자모의 이름은 그 받침소리가 모음으로 시작하는 조사와 결합하면, 연음되어 '디귿이[디그디], 디귿을[디그들], 디귿에[디그데]'로 발음하는 것이 맞다. 그런데 조항에 따르면, '디귿이[디그시], 디귿을[디그슬], 디귿에[디그세]' 등으로 자음의 받침 소리를 그대로 연음하여 발음한 것이 아니다. 이는 「표준 발음법」이 제정될 당시의 언중의 현실 발음을 반영해 조항을 만들었기 때문이다.

제5장 음의 동화

제17항 받침 'ㄷ, ㅌ(ㄾ)'이 조사나 접미사의 모음 'ㅣ'와 결합되는 경우에는, [ㅈ, ㅊ]으로 바꾸어서 뒤 음절 첫소리로 옮겨 발음한다.

곧이듣다[고지듣따]　　굳이[구지]　　미닫이[미:다지]
땀받이[땀바지]　　밭이[바치]　　벼훑이[벼훌치]

[붙임] 'ㄷ' 뒤에 접미사 '히'가 결합되어 '티'를 이루는 것은 [치]로 발음한다.

굳히다[구치다]　　닫히다[다치다]　　묻히다[무치다]

[해설] **제17항**은 구개음화와 관련된 조항이다. 구개음화란 치조음으로 끝나는 실질형태소 다음에 모음 'ㅣ'나 반모음 'ㅣ'로 시작하는 형식형태소가 오는 경우 치조음을 경구개음 'ㅈ, ㅊ'으로 발음하는 현상을 말한다. 즉, 실질형태소의 받침 'ㄷ, ㅌ(ㄾ)'이 조사나 접미사의 모음 'ㅣ'와 결합되는 경우는 [ㅈ, ㅊ]으로 바꾸어서 뒤 음절 첫소리로 옮겨 발음한다. 치조음인

'ㄷ, ㅌ'이 경구개음인 모음 'ㅣ'와 반모음 'ㅣ'[j]의 영향을 받아 경구개음[ㅈ, ㅊ]으로 발음되는 것이다.

한편, 구개음화는 모든 'ㅣ'에서 일어나는 것은 아니다. 구개음화 현상은 어근에 접미사 'ㅣ'가 결합하는 파생어, 주격 조사 'ㅣ'가 결합하는 경우에 일어나는 음운현상이다. 예를 들어, '밭'과 두둑을 의미하는 실질형태소인 '이랑'과 결합하는 경우에는 구개음화가 일어나지 않아서 [반니랑]으로 발음된다. 반면에 '밭'과 형식형태소인 접속조사 '이랑'이 결합하는 경우에는 구개음화가 일어나서 [바치랑]으로 발음한다.

가. 밭이랑[반니랑]을 만들었다.
나. 밭이랑[바치랑] 논이랑 다 매야 한다.

[붙임] 'ㄷ'과 'ㅣ'와의 결합뿐만 아니라 'ㄷ'과 '히'와의 결합에서도 구개음화가 일어난다. 예를 들어 '굳히다'의 'ㄷ'과 'ㅎ'이 축약되어 [ㅌ]으로 발음되는데 이후 'ㅣ'와의 결합은 제17항과 같은 결합 조건이 되기 때문이다.

굳히다: [구+ㅌ+이+다] → [구+치+다] → [구치다]

제18항 받침 'ㄱ(ㄲ, ㅋ, ㄳ, ㄺ), ㄷ(ㅅ, ㅆ, ㅈ, ㅊ, ㅌ, ㅎ), ㅂ(ㅍ, ㄼ, ㄿ, ㅄ)'은 'ㄴ, ㅁ' 앞에서 [ㅇ, ㄴ, ㅁ]으로 발음한다.

먹는[멍는]	국물[궁물]	깎는[깡는]	키읔만[키응만]
몫몫이[몽목씨]	긁는[긍는]	흙만[흥만]	닫는[단는]
짓는[진:는]	옷맵시[온맵씨]	있는[인는]	맞는[만는]
젖멍울[전멍울]	쫓는[쫀는]	꽃망울[꼰망울]	붙는[분는]
놓는[논는]	잡는[잠는]	밥물[밤물]	앞마당[암마당]
밟는[밤:는]	읊는[음는]	없는[엄:는]	

[붙임] 두 단어를 이어서 한 마디로 발음하는 경우에도 이와 같다.

책 넣는다[챙넌는다] 흙 말리다[흥말리다] 옷 맞추다[온만추다]
밥 먹는다[밤멍는다] 값 매기다[감매기다]

[해설] 제18항~제20항은 모두 자음동화에 대해 규정하고 있다. 자음동화란 자음으로 끝나는 형태소가 자음으로 시작하는 형태소와 결합될 때 어느 한 쪽 자음이 다른 쪽 자음을 닮아서 그와 비슷한 성질의 자음이나 같은 자음으로 바뀌기도 하고, 양쪽이 서로 닮아서 두 자음이 모두 바뀌는 현상을 말한다. 자음동화에는 크게 비음동화와 유음동화로 나눌 수 있는데, 여기에서는 비음동화, 유음의 비음화, 유음동화로 나누어 살펴보기로 한다.

제18항은 비음동화에 관한 규정이다. 비음동화란 비음이 아닌 자음이 비음(ㅁ, ㄴ, ㅇ)으로 바뀌는 현상을 말한다. 즉, 장애음 'ㄱ, ㄷ, ㅂ'이 비음 'ㅁ, ㄴ' 앞에 오면 각각 같은 계열의 비음으로 바뀌는 현상이다.

한국어의 음절 종성 'ㄱ, ㄷ, ㅂ'과 음절 초성 'ㄴ, ㅁ'은 연결되지 않는다는 음절연결제약으로 인해 발음의 변동이 생기게 되는 것이므로, 이와 같은 환경에서는 무조건 일어나는 발음 현상이다. 이때 비음화만 일어나는 경우(먹는, 국물 등), '음절의 끝소리 규칙'이 먼저 적용되고 비음화만 일어나는 경우(깎는, 키읔만 등), '자음군단순화'가 먼저 적용되고 비음화가 일어나는 경우(몫몫이, 긁는 등)가 있다.

가. 비음화

예 먹는[멍는], 국물[궁물]

나. '음절의 끝소리 규칙' 적용 후 비음화

예 깎는[깡는], 키읔만[키응만], 닫는[단는], 짓는[진:는], 옷맵시[온맵씨], 있는[인는], 맞는[만는]

다. '자음군단순화' 적용 후 비음화

예 몫몫이[몽목씨], 긁는[긍는], 흙만[흥만]

[붙임] 이러한 현상은 서로 다른 두 단어 사이에서도 일어난다. 예를 들어 '밥 먹는다'의 경우 '밥'의 받침 'ㅂ'이 'ㅁ'과 만나면서 [ㅁ] 소리로 바뀌고, '먹'의 받침 'ㄱ'은 'ㄴ'과 만나면서 [ㅇ]으로 발음하게 되는 것이다.

밥 먹는다[밤멍는다]

옷 맞추다[온맏추다]

제19항 받침 'ㅁ, ㅇ' 뒤에 연결되는 'ㄹ'은 [ㄴ]으로 발음한다.

담력[담:녁]　　침략[침:냑]　　강릉[강능]　　항로[항:노]
대통령[대:통녕]

[붙임] 받침 'ㄱ, ㅂ' 뒤에 연결되는 'ㄹ'도 [ㄴ]으로 발음한다.

막론[막논→망논]　　석류[석뉴→성뉴]　　협력[협녁→혐녁]
법리[법니→범니]

[해설] 제19항은 'ㄹ' 음이 'ㄹ' 이외의 자음 뒤에서 'ㄴ'으로 바뀌는 현상에 관하여 밝히고 있다. 이는 주로 한자어에서 많이 일어난다.

먼저, 받침 'ㅁ, ㅇ' 뒤에 연결되는 'ㄹ'이 [ㄴ]으로 바뀌는 경우가 그러하다.

가. 받침 'ㅁ' + ㄹ → [ㄴ]
　예 담력[담:녁], 침략[침:냑]

나. 받침 'ㅇ' + ㄹ → [ㄴ]
　예 강릉[강:능], 항로[항:노], 대통령[대통:녕]

[붙임] 받침 'ㄱ, ㅂ' 뒤에서 'ㄹ'이 [ㄴ]으로 바뀐 후 다시 앞 음절 종성이 비음으로 바뀐다. 이때 발음이 바뀌는 순서가 중요하다. 먼저 받침 'ㄱ, ㅂ' 때문에 'ㄹ'이 [ㄴ]으로 바뀌고 앞 음절 종성이 비음으로 바뀌는 것이지, 앞 음절이 종성이 먼저 비음으로 바뀌고 'ㄹ'이 'ㄴ'으로 바뀌는 것이 아니다. 그 이유는 받침 'ㄱ, ㅂ'이 'ㄹ'과 만나 비음으로 바뀔 수 없기 때문이다.

가. 받침 'ㄱ' + ㄹ → [ㄴ], 받침 'ㄱ' → [ㅇ]
　예 막론[막논→망논](○), 막론[망론→망논](×)

나. 받침 'ㅂ' + ㄹ → [ㄴ], 받침 'ㅂ' → [ㅁ]
　예 협력[협녁→혐녁](○), 협력[혐력→혐녁](×)

제20항 ‘ㄴ’은 ‘ㄹ’의 앞이나 뒤에서 [ㄹ]로 발음한다.

(1) 난로[날:로]　신라[실라]　천리[철리]　광한루[광:할루]
대관령[대:괄령]
(2) 칼날[칼랄]　물난리[물랄리] 줄넘기[줄럼끼] 할는지[할른지]

[붙임] 첫소리 ‘ㄴ’이 ‘ㅀ’, ‘ㄾ’ 뒤에 연결되는 경우에도 이에 준한다.

닳는[달른]　뚫는[뚤른]　핥네[할레]

다만, 다음과 같은 단어들은 ‘ㄹ’을 [ㄴ]으로 발음한다.

의견란[의:견난]　임진란[임:진난]　생산량[생산냥]
결단력[결딴녁]　공권력[공꿘녁]　동원령[동:원녕]
상견례[상견녜]　횡단로[횡단노]　이원론[이:원논]
입원료[이붠뇨]　구근류[구근뉴]

[해설] 제20항은 유음동화에 관한 것이다. 유음동화란 ‘ㄴ’ 음이 ‘ㄹ’ 음 앞에 오거나 뒤에 오면 ‘ㄹ’ 음으로 바뀌는 현상을 말한다. 유음동화에는 ‘ㄴ+ㄹ’의 환경에서 ‘ㄴ’이 ‘ㄹ’로 바뀌는 역행적 유음동화와 ‘ㄹ+ㄴ’의 환경에서 ‘ㄴ’이 ‘ㄹ’로 바뀌는 순행적 유음동화가 있다.

가. 역행적 유음동화 ‘ㄴ+ㄹ’ → ‘ㄹ+ㄹ’
예 난로[날:로], 신라[실라], 천리[철리], 광한루[광할루], 대관령[대:괄령]

나. 순행적 유음동화 ‘ㄹ+ㄴ’ → ‘ㄹ+ㄹ’
예 칼날[칼랄], 물난리[물랄리], 줄넘기[줄럼끼], 할는지[할른지]

[붙임] ‘닳는, 뚫는, 핥네’와 같은 단어처럼 용언의 활용형에서도 이와 같은 유음동화가 일어나기도 하는데, 먼저 ‘자음군단순화’ 규칙이 적용된 후 유음동화가 적용되어 [달른], [뚤른], [할레]로 발음된다.

닳는 [달는→달른]
뚫는 [뚤는→뚤른]
핥네 [할네→할레]

[다만] ‘ㄴ’은 ‘ㄹ’의 앞이나 뒤에서 [ㄹ]로 발음한다. 하지만 **[다만]**에 제시된 단어들은 ‘ㄹ’을 [ㄴ]으로 발음한다. 「표준 발음법」 제19항과 함께 ‘ㄹ’이 [ㄴ]으로 발음되는 ‘치조 비음화’에 관해 밝힌 내용이다.

의견란[의:결란](×) 의견란[의견난](○)
생산량[생살량](×) 생산량[생산냥](○)

‘ㄴ+ㄹ’이라는 같은 음운 조건에서 [ㄹ+ㄹ]이 되는 ‘유음동화’와 ‘ㄴ+ㄹ’이 [ㄴ+ㄴ]이 되는 ‘치조 비음화’ 중 어떤 음운 변동이 적용되는지는 확실하지 않다. 대체로 ‘민+란, 분+량, 원+론’처럼 단어를 나누기 어려운 것들은 유음동화가 일어나 [ㄹ+ㄹ]로 발음되고, **[다만]**의 예시어처럼 ‘ㄴ’으로 끝나는 2음절의 한자어와 ‘ㄹ’로 시작하는 한자가 결합할 때 [ㄴ+ㄴ]로 발음되는 경향이 크다.

민란[밀란], 분량[불량], 원론[월론]
의견+란, 임진+란, 생산+량, 결단+력, 공권+력, 동원+령, 상견+례,
횡단+로, 이원+론, 입원+료, 구근+류

제21항 위에서 지적한 이외의 자음 동화는 인정하지 않는다.

감기[감:기](×[강:기])
옷감[온깜](×[옥깜])
있고[읻꼬](×[익꼬])
꽃길[꼳낄](×[꼭낄])
젖먹이[전머기](×[점머기])
문법[문뻡](×[뭄뻡])
꽃밭[꼳빧](×[꼽빧])

[해설] **제21항**은 표준 발음을 규정한 조항이 아니라, 규정 외의 ‘자음의 위치 동화’의 예들

을 제시한 것이다. '자음의 위치 동화'는 앞 음절의 종성이 뒤에 오는 초성으로 동화되는 것으로, '연구개음>양순음>치조음'의 강도로 동화되는 경향을 보인다. 즉, 종성이 양순음이고 뒤에 오는 초성이 연구개음일 때, 종성이 연구개음으로 바뀌고, 치조음이 양순음을 만나면 양순음으로 변화하는 것이다. 하지만 이러한 변동은 개인에 따라 수의적이고 임의적인 변동이기 때문에 규칙으로 규정하지 않았다.

가. 연구개음으로 동화

ㅇ [ㅁ → ㅇ] 예 감기[감기 → 강기(×)]

ㅇ [ㄷ → ㄱ] 예 옷감[옫깜 → 옥깜(×)]
있고[읻꼬 → 익꼬(×)],
꽃길[꼳낄 → 꼭낄(×)]

나. 양순음으로 동화

ㅇ [ㄴ → ㅁ] 예 젖먹이[전머기 → 점머기(×)]
문법[문뻡 → 뭄뻡(×)]

ㅇ [ㄷ → ㅂ] 예 꽃밭[꼳빧 → 꼽빧(×)]

제22항 다음과 같은 용언의 어미는 [어]로 발음함을 원칙으로 하되, [여]로 발음함도 허용한다.

피어[피어/피여] 되어[되어/되여]

[붙임] '이오, 아니오'도 이에 준하여 [이요, 아니요]로 발음함을 허용한다.

[해설] 제22항은 '반모음 첨가' 현상에 관한 것이다. '반모음 첨가'란 'ㅣ'모음으로 끝나는 어간에 'ㅓ, ㅗ'로 시작되는 어미가 결합될 때 반모음 'ㅣ'가 첨가되기도 한다. 이를 'ㅣ'모음의 영향으로 'ㅓ, ㅗ'로 시작되는 어미가 'ㅕ, ㅛ'로 바뀌는 것을 보고 'ㅣ'모음 순행동화라고도 한다. 이러한 현상은 필수적인 것이 아니고 수의적인 현상으로 [어]와 [오]로 발음하는 것을 원칙으로 하되, [여]와 [요]로 발음하는 것도 허용한다.

'ㅣ'모음으로 끝나는 어간(ㅣ, ㅚ, ㅟ) + ㅓ = [어/여]

예 피어[피어/피여], 되어[되어/되여], 뛰어[뛰어/뛰여]

사실, 'ㅣ'모음으로 끝나는 어간은 'ㅣ, ㅚ, ㅟ' 이외에 'ㅐ, ㅔ'가 더 있다. 하지만, 표준국어사전에서 'ㅐ, ㅔ'가 들어간 단어들의 발음 정보를 보면 [여]로 발음하지 않는다. 그러므로 'ㅣ'모음 순행동화가 일어나는 어간을 'ㅣ, ㅚ, ㅟ'로 한정할 수 있다.

예 깨어[깨어], 패[패어], 데어[데어], 세어[세어]

[붙임] 제22항은 반모음 첨가 현상으로 [여] 발음의 허용을, [붙임]은 [요] 발음의 허용을 제시한 것이다. 그 예로 '이오[이오/이요], 아니오[아니오/아니요]'가 있다. 덧붙여 '어서 오십시오'도 [오십시오/오십시요]로 모두 발음할 수 있다. 그래서 '어서 오십시요, 안녕히 가십시요' 등으로 잘못 표기하는 경우가 많다. 그러나 발음의 허용을 표기의 허용으로 인정한 것은 아니므로 주의가 필요하다.

제6장 경음화

제23항 받침 'ㄱ(ㄲ, ㅋ, ㄳ, ㄺ), ㄷ(ㅅ, ㅆ, ㅈ, ㅊ, ㅌ), ㅂ(ㅍ, ㄼ, ㄿ, ㅄ)' 뒤에 연결되는 'ㄱ, ㄷ, ㅂ, ㅅ, ㅈ'은 된소리로 발음한다.

국밥[국빱]	깎다[깍따]	넋받이[넉빠지]	삯돈[삭똔]
닭장[닥짱]	칡범[칙뻠]	뻗대다[뻗때다]	옷고름[옫꼬름]
있던[읻떤]	꽂고[꼳꼬]	꽃다발[꼳따발]	낯설다[낟썰다]
밭갈이[받까리]	솥전[솓쩐]	곱돌[곱똘]	덮개[덥깨]
옆집[엽찝]	넓죽하다[넙쭈카다]	읊조리다[읍쪼리다]	값지다[갑찌다]

[해설] **제23항**은 'ㄱ, ㄷ, ㅂ + 평음'의 경음화에 대해 규정한 것이다. 받침 'ㄱ, ㄷ, ㅂ' 뒤에 오는 초성 'ㄱ, ㄷ, ㅂ, ㅅ, ㅈ'은 된소리로 발음해야 한다. 경음화는 음운론적 조건이 충족되면, '합성어', '용언의 어간+어미', '체언+조사' 등 어떠한 문법적 환경에서도 예외 없이 일어

나는 절대적인 성격을 지닌다. 이때 'ㄲ, ㅋ, ㄳ, ㄺ'은 대표음이 [ㄱ], 'ㅅ, ㅆ, ㅈ, ㅊ, ㅌ'은 [ㄷ], 'ㅍ, ㄼ, ㄿ, ㅄ'은 [ㅂ]이 되기 때문에 이들 다음에도 된소리로 발음해야 한다.

가. 종성 ㄱ(ㄲ, ㅋ, ㄳ, ㄺ)

예 국밥[국빱], 깎다[깍따], 넋받이[넉빠지], 삯돈[삭똔], 닭장[닥짱], 칡범[칙뻠]

나. 종성 ㄷ(ㅅ, ㅆ, ㅈ, ㅊ, ㅌ)

예 뻗대다[뻗때다], 옷고름[옫꼬름], 있던[읻떤], 꽂고[꼳꼬], 꽃다발[꼳따발], 낯설다[낟썰다], 밭갈이[받까리], 솥전[솓쩐]

다. 종성 ㅂ(ㅍ, ㄼ, ㄿ,ㅄ)

예 곱돌[곱똘], 덮개[덥깨], 옆집[엽찝], 넓죽하다[넙쭈카다], 읊조리다[읍쪼리다], 값지다[갑찌다]

제24항 어간 받침 'ㄴ(ㄵ), ㅁ(ㄻ)' 뒤에 결합되는 어미의 첫소리 'ㄱ, ㄷ, ㅅ, ㅈ'은 된소리로 발음한다.

신고[신:꼬]	껴안다[껴안따]	앉고[안꼬]	닮고[담:꼬]
삼고[삼:꼬]	더듬지[더듬찌]	얹다[언따]	젊지[점:찌]

다만, 피동, 사동의 접미사 '-기-'는 된소리로 발음하지 않는다.

안기다 감기다 굶기다 옮기다

[해설] 제24항은 어간의 받침 'ㄴ, ㅁ' 뒤에서 일어나는 경음화 현상이다. 동사나 형용사의 어간 받침 'ㄴ(ㄵ), ㅁ(ㄻ)' 뒤에 오는 어미의 첫소리 'ㄱ, ㄷ, ㅅ, ㅈ'은 된소리로 발음해야 한다. 'ㄴ, ㅁ'은 비음으로, 비음과 'ㄱ, ㄷ, ㅅ, ㅈ'이 결합하면 경음화가 일어나는 것이다. 이때 비음 중 'ㅇ'이 제외된 것은 용언 중 받침이 'ㅇ'인 것이 없기 때문이다.

받침 'ㄵ'을 조금 더 살펴볼 필요가 있다. 'ㄵ'의 대표음이 'ㄴ'이기 때문에 조항에서는 'ㄴ'과 'ㄵ'을 묶어 놓기는 했으나, 'ㄵ'에서 받침 'ㄴ'이 남고 받침 'ㅈ'이 대표음 'ㄷ'이 되면서 뒤에 오는 어미의 첫소리와 결합하는 것으로도 볼 수 있다.

앉고[안+ㄷ+고] → [안꼬]
얹다[언+ㄷ+다] → [언따]

[다만] 용언의 어간 'ㄴ(ㄵ), ㅁ(ㄻ)'과 피동, 사동의 접미사 '-기-'가 결합할 때는 '-기-'가 경음화되지 않는다. 조항에 제시된 예로 '안기다, 감기다, 굶기다, 옮기다'는 언중의 현실 발음에서도 경음화하지 않는 편인데, 종종 '신기다'의 경우 [신끼다]로 발음하는 것을 들을 수 있다. 이는 규정에 의하면 표준 발음이 아니므로 주의해야 한다.

제25항 어간 받침 'ㄼ, ㄾ' 뒤에 결합되는 어미의 첫소리 'ㄱ, ㄷ, ㅅ, ㅈ'은 된소리로 발음한다.

넓게[널께]　핥다[할따]　훑소[훌쏘]　떫지[떨:찌]

[해설] 제25항은 용언 어간의 'ㄼ, ㄾ' 뒤에서 일어나는 경음화에 관한 것이다. 용언의 어간 받침 'ㄼ, ㄾ' 뒤에 어미의 첫소리가 'ㄱ, ㄷ, ㅅ, ㅈ'일 경우 된소리로 발음해야 한다. 이때, 'ㄼ, ㄾ'의 대표음이 'ㄹ'이기 때문에 'ㄹ'이 원인이 되어 'ㄱ, ㄷ, ㅅ, ㅈ'이 된소리로 발음된다고 오해하기 쉽다. 하지만 이는 제24항의 받침 'ㄵ'과 마찬가지로 'ㄼ, ㄾ'의 받침 'ㄹ'이 남고, 'ㅂ, ㄷ'이 어미의 첫소리 'ㄱ, ㄷ, ㅅ, ㅈ'과 결합하면서 된소리 현상이 일어나는 것이다. 최종적으로 보면 경음화 현상의 음운 조건이 제23항과 동일하다.

또한 주의해야 할 것은, 용언의 'ㄼ, ㄾ'만 제25항에 해당한다는 것이다. 예를 들어 체언인 '여덟'은 '여덟과[여덜꽈], 여덟도[여덜또]'처럼 경음화가 일어나지 않는다.

제26항 한자어에서, 'ㄹ' 받침 뒤에 연결되는 'ㄷ, ㅅ, ㅈ'은 된소리로 발음한다.

갈등[갈뜽]	발동[발똥]	절도[절또]	말살[말쌀]
불소[불쏘](弗素)	일시[일씨]	갈증[갈쯩]	물질[물찔]
발전[발쩐]	몰상식[몰쌍식]	불세출[불쎄출]	

다만, 같은 한자가 겹쳐진 단어의 경우에는 된소리로 발음하지 않는다.

허허실실[허허실실](虛虛實實) 절절-하다[절절하다](切切-)

[해설] 제26항은 한자어 'ㄹ' 받침 뒤에서 일어나는 경음화 현상에 관한 조항이다. 받침이 'ㄹ'인 한자어와 결합한 'ㄷ, ㅅ, ㅈ'은 된소리 [ㄸ, ㅆ, ㅉ]로 발음해야 한다.

받침 'ㄹ'+'ㄷ, ㅅ, ㅈ' → [ㄸ, ㅆ, ㅉ]
예 발동(發動)[발똥], 발산(發散)[발싼], 발전(發展)[발쩐]

하지만 받침이 'ㄹ'인 한자어와 예사소리 'ㄱ, ㅂ'이 결합할 때는 'ㄱ, ㅂ'이 된소리로 나지 않으므로 조항에서는 'ㄱ, ㅂ'이 빠져 있다.

받침 'ㄹ'+'ㄱ, ㅂ' → [ㄱ, ㅂ]
예 발간(發刊)[발간], 발발(勃發)[발발]

그러나 간혹 경음화가 일어나는 단어들이 있다.

물가(物價)[물까], 탈법(脫法)[탈뻡], 설법(說法)[설뻡]

[다만] 음운 환경이 된소리가 되어야 함에도 불구하고 한자가 겹쳐진 첩어의 경우에는 된소리로 발음하지 않는다.

제27항 관형사형 '-(으)ㄹ' 뒤에 연결되는 'ㄱ, ㄷ, ㅂ, ㅅ, ㅈ'은 된소리로 발음한다.

할 것을[할꺼슬] 갈 데가[갈떼가] 할 바를[할빠를]
할 수는[할쑤는] 할 적에[할쩌게] 갈 곳[갈꼳]
할 도리[할또리] 만날 사람[만날싸람]

다만, 끊어서 말할 적에는 예사소리로 발음한다.

[붙임] '−(으)ㄹ'로 시작되는 어미의 경우에도 이에 준한다.

할걸[할껄]	할밖에[할빠께]	할세라[할쎄라]
할수록[할쑤록]	할지라도[할찌라도]	할지언정[할찌언정]
할진대[할찐대]		

[해설] 제27항은 관형사형 어미 '−(으)ㄹ' 다음에 일어나는 경음화에 대한 조항이다. 관형사 어미 '−(으)ㄹ' 다음에는 체언(자립 명사나 의존 명사)이 결합한다. 이때, 관형사형 어미와 뒤 따르는 체언을 한 단어처럼 읽을 때 관형사형 어미를 뒤따르는 'ㄱ, ㄷ, ㅂ, ㅅ, ㅈ'은 된소리로 발음된다. 관형사형 어미 뒤에 체언의 첫소리 장애음이 항상 된소리로 발음되는 까닭은 관형사형 어미의 옛 형태가 '−(으)ㅭ'이었다는 데서 알 수 있다. '여린히읗'은 성문 파열음인데 이것이 음절의 끝에 놓이면 다른 장애음들처럼 기류가 터지지 않고 있다가 그 뒤에 이어지는 장애음의 소리를 된소리로 바꾼다. '−(으)ㅭ'에서 '여린 히읗'은 지금은 표기에서 사라지고 소리만 남아 있다.

'−(으)ㅭ': 가ᇙ 길히, 니르고져 호ᇙ 배, 돌아오ᄉᆞᇙ 제, 건너ᄉᆞᇙ 제

조항에 제시된 예시 외에, 동일한 음운 조건인 '−(으)ㄹ 듯하다[뜨타다]', '−(으)ㄹ 성싶다[썽십따]', '−(을)ㄹ 줄[쭐]'도 된소리로 발음한다.

[다만] '−(으)ㄹ'과 체언을 완전히 끊어서 말할 때는 발음의 연속성이 떨어지므로 위의 음운 조건을 갖췄을지라도 된소리로 발음하지 않고 제 음가대로 예사소리로 발음한다.

할 도리	[할또리], [할∨도리]
만날 사람	[만날싸람]. [만날∨사람]

[붙임] '−(으)ㄹ'+'의존 명사'가 역사적으로 하나의 어미로 굳어진 것, 즉 하나의 단어에서도 경음화가 일어난다. 그래서 '−(으)ㄹ껄, −(으)ㄹ께, −(으)ㄹ찌라도' 등으로 잘못 표기하는 경우가 많은데, 발음과 표기를 잘 구분하여 사용해야 한다.

제28항 표기상으로는 사이시옷이 없더라도, 관형격 기능을 지니는 사이시옷이 있어야 할(휴지가 성립되는) 합성어의 경우에는, 뒤 단어의 첫소리 'ㄱ, ㄷ, ㅂ, ㅅ, ㅈ'을 된소리로 발음한다.

문－고리[문꼬리]	눈－동자[눈똥자]	신－바람[신빠람]
산－새[산쌔]	손－재주[손째주]	길－가[길까]
물－동이[물똥이]	발－바닥[발빠닥]	굴－속[굴:쏙]
술－잔[술짠]	바람－결[바람껼]	그믐－달[그믐딸]
아침－밥[아침빱]	잠－자리[잠짜리]	강－가[강까]
초승－달[초승딸]	등－불[등뿔]	창－살[창쌀]
강－줄기[강쭐기]		

[해설] 제28항은 합성 명사에서 사이시옷이 없어도 경음화가 일어나는 것에 대한 규정이다. 공명 자음으로 끝나는 명사와 장애음으로 시작하는 명사가 결합된 합성 명사의 경우, 두 단어의 관계가 관형격의 의미를 가지고 있다면 표기상 사이시옷이 없더라도 뒤 단어의 첫소리 'ㄱ, ㄷ, ㅂ, ㅅ, ㅈ'을 된소리로 발음해야 한다.

이때 '관형격 기능'이란 시간, 장소, 용도, 소유 등의 종속적인 의미 관계로서, 뒤에 오는 명사의 첫음절이 된소리가 된다. 하지만 병렬, 재료, 수단 등은 관형격의 의미가 아니므로 경음화 현상이 일어나지 않는다.

가. 관형격 의미 관계(○)

예 시간: 그믐달[그믐딸], 아침밥[아침빱]

장소: 길가[길까], 굴속[굴쏙]

용도: 물동이[물똥이], 술잔[술짠]

소유: 등불[등뿔], 강줄기[강쭐기]

나. 관형격 의미 관계(×)

예 병렬: 물불, 손발

재료: 돌부처, 콩밥

수단: 물장난, 불고기

다. 관형격 의미 관계이나 예외적인 것

예 시간: 가을고치
장소: 민물송어
용도: 운동자금
기원: 콩기름

제7장 음의 첨가

제29항 합성어 및 파생어에서, 앞 단어나 접두사의 끝이 자음이고 뒤 단어나 접미사의 첫음절이 '이, 야, 여, 요, 유'인 경우에는, 'ㄴ' 음을 첨가하여 [니, 냐, 녀, 뇨, 뉴]로 발음한다.

솜-이불[솜:니불]	홑-이불[혼니불]	막-일[망닐]
삯-일[상닐]	맨-입[맨닙]	꽃-잎[꼰닙]
내복-약[내:봉냑]	한-여름[한녀름]	남존-여비[남존녀비]
신-여성[신녀성]	색-연필[생년필]	직행-열차[지캥녈차]
늑막-염[능망념]	콩-엿[콩녇]	담-요[담:뇨]
눈-요기[눈뇨기]	영업-용[영엄뇽]	식용-유[시굥뉴]
백분-율[백뿐뉼]	밤-윷[밤:뉻]	

다만, 다음과 같은 말들은 'ㄴ' 음을 첨가하여 발음하되, 표기대로 발음할 수 있다.

이죽-이죽[이중니죽/이주기죽]	야금-야금[야금냐금/야그먀금]
검열[검:녈/거:멸]	욜랑-욜랑[욜랑뇰랑/욜랑욜랑]
금융[금늉/그뮹]	

5 '등용문'은 '등용+문'의 결합으로 오해하기 쉽지만, 본래 '등+용문'의 결합이다. 용문(龍門)에 오른다는 뜻으로, 어려운 관문을 통과하여 크게 출세하게 된다는 의미이다.

[붙임 1] 'ㄹ' 받침 뒤에 첨가되는 'ㄴ' 음은 [ㄹ]로 발음한다.

들-일[들:릴]　　솔-잎[솔립]　　설-익다[설릭따]
물-약[물략]　　불-여우[불려우]　　서울-역[서울력]
물-엿[물련]　　휘발-유[휘발류]　　유들-유들[유들류들]

[붙임 2] 두 단어를 이어서 한 마디로 발음하는 경우에도 이에 준한다.

한 일[한닐]　　옷 입다[온닙따]　　서른여섯[서른녀섣]
3연대[삼년대]　　먹은 엿[머근녇]
할 일[할릴]　　잘 입다[잘립따]　　스물여섯[스물려섣]
1연대[일련대]　　먹을 엿[머글렫]

다만, 다음과 같은 단어에서는 'ㄴ(ㄹ)' 음을 첨가하여 발음하지 않는다.

6·25[유기오]　　3·1절[사밀쩔]　　송별-연[송:벼련]
등-용문[등용문][5]

[해설] 제29항은 'ㄴ첨가' 현상에 관한 규정이다. 'ㄴ첨가'란 합성어 및 파생어에서, 앞 형태소가 자음으로 끝나고 뒤 형태소의 첫소리가 'ㅣ'나 반모음 'ㅣ'(ㅣ, ㅑ, ㅕ, ㅛ, ㅠ)로 시작하는 어휘 형태소인 경우 그 사이에 'ㄴ'이 첨가되는 현상을 말한다.

맨+입[맨닙], 솜+이불[솜니불,] 콩+엿[콩녇]

앞말의 종성이 [ㄱ, ㄷ, ㅂ]이면 'ㄴ첨가' 이후 비음화가 적용된다.

가. 앞말의 종성 [ㄱ]
　예 색+연필[색년필→생년필], 부엌+일[부억닐→부엉닐]

나. 앞말의 종성 [ㄷ]
　예 홑+이불[혿니불→혼니불]

다. 앞말의 종성 [ㅂ]

예 영업+용[영업뇽→영엄뇽] 앞+일[압닐→암닐]

[다만] '검열[검녈/거멸], 금융[금늉/그뮹]'처럼 'ㄴ첨가' 현상이 적용된 발음과 본래 표기대로 발음하는 것 모두 허용하는 것들이 있다.

[붙임 1] 앞말의 종성이 [ㄹ]이면 'ㄴ첨가' 이후 [ㄹ]의 영향을 받아 유음화가 적용된다.

솔잎[솔닙→솔립], 물약[물냑→물략], 서울역[서울녁→서울력]
물엿[물녇→물렫], 휘발유[휘발뉴→휘발류], 유들유들[유들뉴들→유들류들]

[붙임 2] ㄴ첨가는 복합어뿐만 아니라 두 단어를 이어서 한 마디로 발음하는 경우에도 일어난다.

한 일[한닐], 옷 입다[옫닙따→온닙따], 서른여섯[서른녀섣]

[다만] '육이오, 삼일절'과 '송별연, 등용문, 회갑연'처럼 'ㄴ첨가' 현상이 적용되지 않는 경우들도 있다.

제30항 사이시옷이 붙은 단어는 다음과 같이 발음한다.

1. 'ㄱ, ㄷ, ㅂ, ㅅ, ㅈ'으로 시작하는 단어 앞에 사이시옷이 올 때는 이들 자음만을 된소리로 발음하는 것을 원칙으로 하되, 사이시옷을 [ㄷ]으로 발음하는 것도 허용한다.

냇가[내:까/낻:까] 샛길[새:낄/샏:낄] 빨랫돌[빨래똘/빨랟똘]
콧등[코뜽/콛뜽] 깃발[기빨/긷빨] 대팻밥[대:패빱/대:팯빱]
햇살[해쌀/핻쌀] 뱃속[배쏙/밷쏙] 뱃전[배쩐/밷쩐]
고갯짓[고개찓/고갣찓]

2. 사이시옷 뒤에 'ㄴ, ㅁ'이 결합되는 경우에는 [ㄴ]으로 발음한다.

콧날[콛날→콘날]　　　　아랫니[아랟니→아랜니]
툇마루[퇻:마루→퇸:마루]　　뱃머리[밷머리→밴머리]

3. 사이시옷 뒤에 '이' 음이 결합되는 경우에는 [ㄴㄴ]으로 발음한다.

베갯잇[베갣닏→베갠닏]　　깻잎[깯닙→깬닙]
나뭇잎[나묻닙→나문닙]　　도리깻열[도리깯녈→도리깬녈]
뒷윷[뒫:뉻→뒨:뉻]

[해설] 제30항은 사이시옷 현상과 관련된 조항이다. 두 명사가 결합하여 합성명사를 이룰 때, 두 단어 사이에 사잇소리가 첨가되는 경우가 있는데 이를 '사잇소리 현상'이라고 한다. 이때 뒷말의 첫소리 유형에 따라 세 가지로 나눌 수 있다.

제1조 뒷말의 첫소리 'ㄱ, ㄷ, ㅂ, ㅅ, ㅈ'이 된소리로 나는 경우로, 이것만 된소리로 발음하는 것을 원칙으로 하되, 사이시옷을 [ㄷ]으로 발음하는 것도 허용하고 있다. 사이시옷을 [ㄷ]으로 발음하도록 허용한 이유는 음운론에 기반할 때, 사이시옷(ㅅ)은 '음절의 끝소리 규칙'에 따라 [ㄷ]으로 바뀌고, 이후 [ㄷ]과 뒷말의 첫소리 'ㄱ, ㄷ, ㅂ, ㅅ, ㅈ'가 결합해 된소리가 되기 때문이다.

가. 사이시옷을 된소리로 발음함: 냇가[내까]
나. 사이시옷을 [ㄷ]으로 발음함: 냇가[낻+가] → [낻까]

하지만 사이시옷을 발음하지 않는 것을 주 원칙으로 삼은 것은 언중은 [내까]와 [낻까]와 같이 [ㄷ]이 첨가된 발음과 없는 발음을 잘 구별하지 못할뿐더러, [내까]로 주로 발음하기 때문이다.

가. 사이시옷+'ㄱ'
　㉠ 냇가[내:까/낻:까], 샛길[새:낄/샏:낄]

나. 사이시옷+'ㄷ'

예 빨랫돌[빨래똘/빨랟똘], 콧등[코뜽/콛뜽]

다. 사이시옷+'ㅂ'

예 깃발[기빨/긴빨], 대팻밥[대:패빱/대:팯빱]

라. 사이시옷+'ㅅ'

예 햇살[해쌀/핻쌀], 뱃속[배쏙/밷쏙]

마. 사이시옷+'ㅈ'

예 뱃전[배쩐/밷쩐], 고갯짓[고개찓/고갣찓]

제2조 뒷말의 첫소리 'ㄴ, ㅁ' 앞에서 [ㄴ] 소리가 덧나는 경우이다. 음운론적으로, 최종적인 결과는 'ㄴ' 첨가이지만, '음절의 끝소리 규칙'에 의해 사이시옷(ㅅ)이 [ㄷ]으로 발음되고, 이것이 다시 비음동화된 것으로 분석된다.

가. [ㄴ] + 뒷말의 첫소리 'ㄴ'

예 콧날[콛날→콘날], 아랫니[아랟니→아랜니]

나. [ㄴ] + 뒷말의 첫소리 'ㅁ'

예 툇마루[퇻:마루→퇸:마루], 뱃머리[밷머리→밴머리]

제3조 뒷말의 첫소리 모음 앞에서 [ㄴㄴ] 소리가 덧나는 경우로, 사이시옷이 '이'나 반모음 'ㅣ'[j]와 결합함이 특징이다. 먼저 '음절의 끝소리 규칙'이 적용되어 사이시옷을 [ㄷ]으로 발음하고, 이후 'ㄴ'이 첨가를 거쳐, 자음동화가 된 것으로 최종적으로는 [ㄴㄴ] 소리가 덧난다.

가. 사이시옷+'이'

예 베갯잇[베갣닏→베갠닏], 깻잎[깯닙→깬닙], 나뭇잎[나묻닙→나문닙]

제5장

외래어 표기법

5.1. '외래어 표기법' 개념과 개정 과정

5.2. '외래어 표기법' 해설
제1장 표기의 기본 원칙
제2장 표기 일람표
제3장 표기 세칙
제4장 인명, 지명 표기의 원칙
[부칙]

5.1. '외래어 표기법' 개념과 개정 과정

외래어 표기법은 외래어를 우리말로 어떻게 적을 것인가를 규정한 것이다. 외래어의 사전적 정의는 외국어에 기원을 두고 있지만 국어처럼 사용되는 말들이다. 그러나 외래어 표기법의 표기 대상은 완전히 우리말 어휘로 정착된 것뿐만 아니라 최근에야 우리말에서 쓰이기 시작한 비교적 낯선 말들과 외국의 인명, 지명을 포함한다. 오래 전에 우리말에 들어와 완전히 국어 어휘화한 것들은 사실상 표기 혼동의 염려가 별로 없어서 외래어 표기법의 주요 논의 대상이 되지 않는다. 그러나 이제 처음 들어와 사용되는 말들은 사람에 따라 다른 표기를 할 가능성이 많으므로 외래어 표기법의 대상은 주로 새로 들어 온 외국어나 외래어로 정착하지 못한 외국어가 된다.

우리말을 적을 때 한글 맞춤법을 따라야 하는 것처럼 외래어를 적을 때는 외래어 표기법을 따라야 한다. 외래어 표기법이 없다면 'internet'이라는 단어 하나를 우리말로 적을 때 '인터네트, 인터넨, 인터넽, 인터넷' 등으로 제각각 적게 되는 경우가 생긴다. 이처럼 외국에서 들어온 말들은 우리말과 소리가 다르고 우리말에 없는 발음도 있어서 어떻게 표기할지를 정하지 않는다면 외래어를 말하고 적을 때 매우 혼란스러울 것이다.

외래어 표기법의 목적은 한국 사람이 다른 나라에서 들어온 말을 보다 편리하고 합리적으로 적을 수 있도록 하는 데 있다. 외래어의 정확한 발음을 익힌다거나 외래어의 발음을 우리말로 정확히 적으려는 것이 아니다. 외래어 '라디오'를 발음대로 하면 '레이디오(radio[reidiou])'라고 적어야 한다. 그러나 '라디오'는 다수의 언중에 의해 오랫동안 습관적으로 쓰이면서 굳어진 형태이다. 이미 '라디오'로 굳어진 형태를 '레이디오'로 바꿔 쓰지 않는 것은 오랫동안 '라디오'로 사용하던 관습을 존중한 것이다. 따라서 외래어를 표기할 때에는 한국어의 음운 체계 안에서 규정에 따라 적어야 할 뿐만 아니라 이미 오랫동안 언중들이 사용해 온 외래어의 관습적인 표기 방식도 존중되어야 한다.

국어의 외래어 표기에 대한 최초의 규정은 1933년 조선어학회에서 공표한 「한글 마춤법 통일안」의 제60항에 규정한 것이 우리나라 외래어표기법의 효시(嚆矢)가 되었다.

第 60項 外來語를 表記할 적에는 다음의 條件을 原則으로 한다.

(1) 새 文字나 符號를 쓰지 않는다.

(2) 表音主義를 取한다.

조선어학회에서는 1931년부터 9년 동안 연구와 심의를 병행하고, 2년의 시험 적용 기간을 거쳐 1940년 「외래어 표기법 통일안」을 공포하였고, 이듬해인 1941년 책자로 발간하였다. 통일안의 제1장 총칙은 다음과 같다.

一. 外來語를 한글로 表記함에는 原語의 (綴字)나 語法的形態의 어떠함을 묻지 아니하고 모두 表音主義로 하되, 現在 使用하는 한글의 字母와 字形만으로써 적는다.

二. 表音은 原語의 發音을 正確히 表示한 萬國音聲記號를 標準으로 하여, 아래의 對照表에 依하여 적음을 原則으로 한다.

해방 이후 가속화된 국제화의 추세에 따라 외래어가 폭발적으로 증가하여 「외래어 표기법 통일안」만으로는 외래어 표기가 통일성 있게 행하여질 수 없어서 1948년에 문교부의 「들온말 적는 법」이 제정되었다. 「들온말 적는 법」에는 현행 한글 자모 이외에 ‘ㅿ, ㅸ, ㆄ’ 같은 자모를 추가하고 파열음의 유성음을 된소리로 적는 등, 지금까지의 외래어 표기 전통과는 동떨어진 것이었다.

이후 문교부에서는 1956년 국어심의위원회의 외래어분과위원회가 소집되어 로마자 한글화 방안을 연구하도록 하였고, 그 결과를 토대로 1958년 「로마자의 한글화 표기법」을 마련하였다. 그 기본 원칙은 다음과 같다.

1. 외래어표기에는 한글 정자법(正字法)에 따른 현용 24자모만을 쓴다.
2. 외래어의 1음운은 원칙적으로 1기호로 표기한다.
3. 받침은 파열음에서는 ㅂ, ㅅ, ㄱ, 비음에서는 ㅁ, ㄴ, ㅇ, 유음에서는 ㄹ만을 쓴다.
4. 영어, 미어(美語)가 서로 달리 발음될 경우에는 그것을 구별하여 적는다.
5. 이미 관용된 외래어는 관용대로 표기한다.

그 뒤 문교부에서는 그 활용을 위하여 외래어표기 세칙을 더 마련하고 1959년에서 1972년까지 교과서 편찬을 위한 편수 자료 제1집~제6집을 발간하였다. 그런데 '로마자의 한글화 표기법'이라는 법의 이름에서 알 수 있듯이, 「로마자의 한글화 표기법」(1958)은 문제점이 있었다. 이 표기법에 따른다면 원칙적으로 영어와 미국 영어 이외의 언어는 표기 대상이 아니라고 해석할 수도 있다. 조금 폭을 넓혀 로마자를 쓰는 프랑스, 독일, 이태리, 스페인 등의 언어는 표기 대상이라 할 수 있으나 그리스, 러시아, 아랍 등 로마자를 쓰지 않는 나라의 언어는 대상으로 삼지 않는다는 해석이 가능하다. 이러한 문제점으로 새로운 외래어 표기법을 만들게 되었고, 현행 「외래어 표기법」이 1986년 1월부터 문교부 고시로 제정되었다.

1958년에 개정한 「로마자의 한글화 표기법」과 1986년에 「외래어 표기법」의 기본 세칙을 비교하면 다음과 같다.[1]

1958년, 「로마자의 한글화 표기법」(문교부)	1986년, 「외래어 표기법」(문교부)
1. 외래어 표기에는 한글 정자법(正字法)에 따른 현용 24자모만을 쓴다. 2. 외래어의 1음운은 원칙적으로 1기호로 표기한다. 3. 받침은 파열음에서 'ㄱ, ㅂ, ㅅ', 비음에서 'ㄴ, ㅁ, ㅇ', 유음에서 'ㄹ'만을 쓴다. 4. 영어, 미어(美語)가 서로 달리 발음될 경우에는 구별하여 적는다. 5. 이미 관용된 외래어는 관용대로 표기한다.	1. 외래어는 국어의 현용 24자모만으로 적는다. 2. 외래어의 1음운은 원칙적으로 1기호로 적는다. 3. 받침에는 "ㄱ, ㄴ, ㄹ, ㅁ, ㅂ, ㅅ, ㅇ"만을 쓴다. 4. 파열음 표기에는 된소리를 쓰지 않는 것을 원칙으로 한다. 5. 이미 굳어진 외래어는 관용을 존중하되, 그 범위와 용례는 따로 정한다.

1 「외래어 표기법」(1986)은 2014년과 2017년 일부 내용이 개정되었다.

5.2. '외래어 표기법' 해설

1986년에 공포하고 2014년과 2017년에 일부를 개정한 「외래어 표기법」은 다음과 같이 4장과 부칙으로 구성되어 있다.

제1장 표기의 기본 원칙
제2장 표기 일람표(표 19개)
제3장 표기 세칙(21개 언어)
제4장 인명, 지명 표기의 원칙
부칙

이 법은 제1장과 제4장은 고정되어 있고 제2장과 제3장은 계속하여 보완되는 열린 규정이다. 제2장의 표기 일람표는 표기해야 할 대상 언어의 문자와 한글과의 대응 대조표이고 제3장은 개별 대상 언어들의 표기 세칙이다.

1986년에 영어, 독일어, 프랑스어, 에스파냐어, 이탈리아어, 일본어, 중국어 등 7개 언어
1991년에 폴란드어, 체코어, 세르보크로아트어, 루마니아어, 헝가리어 등 동구권 5개 언어
1995년에 스웨덴어, 노르웨이어, 덴마크어 등 북구권 3개 언어
2004년에 말레이·인도네시아어, 타이어, 베트남어 등 동남아 지역 3개 언어
2005년에 포르투갈어, 네덜란드어, 러시아어 등 3개 언어

제1장 표기의 기본 원칙

제1장 표기의 기본 원칙은 다섯 개의 항으로 이루어져 있다.

제1항: 외래어는 국어의 현용 24 자모만으로 적는다.
제2항: 외래어의 1 음운은 원칙적으로 1 기호로 적는다.
제3항: 받침에는 'ㄱ, ㄴ, ㄹ, ㅁ, ㅂ, ㅅ, ㅇ'만을 쓴다.
제4항: 파열음 표기에는 된소리를 쓰지 않는 것을 원칙으로 한다.
제5항: 이미 굳어진 외래어는 관용을 존중하되, 그 범위와 용례는 따로 정한다.

제 1 항 외래어는 국어의 현용 24 자모만으로 적는다.

[해설] 외래어를 표기할 때는 어느 나라에서 들어온 말이든지 한글에 없는 새로운 자모를 만들지 않고 국어의 24개의 자모만을 사용해 적는다. 다양한 나라의 말들을 각각의 발음에 충실하게 표기하려고 새로운 자모를 만든다면 그때마다 우리말의 자모음 체계가 바뀔 것이고, 설령 다른 나라의 발음대로 우리말을 적는다고 해도 해당 나라의 발음을 정확히 구현해 내기는 어려운 일이다. 무엇보다도 외래어는 우리말에 동화(同化)되어 국어의 음운 체계의 하나로 자리잡은 말이므로 우리말의 음운 체계 안에서 표기하는 것은 당연한 일이다. 이러한 이유로 외래어는 국어에서 현재 사용하는 24개 자모만으로 적기로 한 것이다.

여기에서 현용 24개 자모라는 것은 한글의 기본 자모 24개, 즉 자음 14개와 모음 10개만을 뜻하는 것이 아니라 실제로는 자음 19개, 모음 21개로서 현재 한글 표기에서 쓰이는 글자들을 자유롭게 활용한다는 것을 의미한다.

제 2 항 외래어의 1 음운은 원칙적으로 1 기호로 적는다.

[해설] 음운은 말의 뜻을 구별해 주는 가장 작은 단위로 모음과 자음을 가리킨다. 한글을 적을 때 1 음운에 1 글자를 적는 것처럼 외래어를 적을 때에도 하나의 음운에 하나의 한글 자모를 사용해 적는다는 것이다.

예를 들면, 'fashion'을 '패션'으로 적고 'fighting'을 '화이팅'이라고 적어 하나의 음운 [f]를 'ㅍ'과 'ㅎ'으로 적는다거나 'game', 'goal'을 '게임', '꼴'처럼 음운 [g]를 'ㄱ'과 'ㄲ'으로 적지 않는다.

이처럼 외래어 표기에 혼란을 줄이고 일관성 있는 표기를 위하여 원칙적으로 하나의 외래어 음운에 하나의 한글 자모를 쓴다.

[f] fashion[[fæʃən]→패션 fighting[fáitiŋ]→파이팅
[g] game[ɡeɪm]→게임 gown[ɡaʊn]→가운

그런데 '원칙적으로'는 외래어 하나의 음운에 하나의 한글 자모를 사용해 적어야 하지만 그렇지 않은 경우도 있다. 예를 들어, 'gag, bag, gum'은 '개그, 백, 껌'으로 적어 음운 [g]가 '그, ㄱ, ㄲ'으로 대응된다. 하나의 음운이라도 음운의 위치(개그, 백)나 언어적인 관습(껌)에 따라 표기의 예외적인 현상이 나타난 것이다. 또 '리본(ribbon)'과 '레이스(lace)'처럼 음운 [r], [l]이 한글 'ㄹ'에 대응하는 것처럼 외래어 음운 하나에 한글 자모가 두 개 이상 대응하거나 외래어 두 개의 음운에 한글 자모 하나가 대응하는 경우도 있다.

[g] 개그(gag), 백(bag), 껌(gum)→그, ㄱ, ㄲ
[r], [l] 리본(ribbon), 레이스(lace)→ㄹ

제3항 받침에는 'ㄱ, ㄴ, ㄹ, ㅁ, ㅂ, ㅅ, ㅇ'만을 쓴다.

[해설] 우리말은 음절의 끝소리에 [ㄱ, ㄴ, ㄷ, ㄹ, ㅁ, ㅂ, ㅇ] 7개의 자음만이 쓰일 수 있다. '낫, 낮, 낯, 낱'을 음절 끝소리 규칙에 따라 적으면 모두 [낟]이 된다. 그런데 여기에 조사 '-을'이 붙으면 [나슬, 나즐, 나츨, 나틀]처럼 발음하게 되므로 한글 맞춤법에서는 받침을 적을 때 단어의 원형을 밝히기 위해 모든 자음을 적을 수 있게 하였다.

그런데 외래어를 표기할 때는 우리말처럼 단어의 원형을 밝혀 적을 필요가 없기 때문에 받침으로 'ㄱ, ㄴ, ㄹ, ㅁ, ㅂ, ㅅ, ㅇ' 7개의 자음만을 사용해 적는다. 예를 들어, 'workshop'을 단어의 원형대로 적는다면 받침 'p'를 'ㅍ'으로 적어 '워크숖'이라 해야겠지만 조사 '-에'를 붙여 발음해 보면 '워크쇼베 간다'라고 하지 '워크쇼페 간다'라고 하지 않는다. 또 'book'을 '붘'이라 적지 않고 '북'이라 적는 것도 조사 '-이, -을, -으로'를 붙이면 '부기, 부글, 부그로'와 같이 발음하게 된다. 이에 외래어의 끝 음절의 받침 소리가 [p], [k]면 'ㅍ', 'ㅋ'으로 적지 않고 'ㅂ'과 'ㄱ'으로 적는다.

여기에서 주의해야 할 점은 우리말의 받침 소리는 'ㄷ'이 있으나 외래어는 종성(받침)의 [t]

를 'ㄷ'이 아니라 'ㅅ'으로 적는다는 것이다. 예를 들어 'internet'은 '인터넫, 인터넽'이 아니라 '인터넷'으로 적고, 'robot'은 '로봍, 로볻'이 아니라 '로봇'으로 적는다. '인터네시 잘 안 된다', '로보슬 사달라고 떼를 쓴다'와 같이 조사를 붙여 보면 실제 언어생활에서 우리가 사용하는 외래어 [t]의 발음이 'ㅅ'인 것을 알 수 있다. 이런 현실 발음을 고려해 외래어 [t]를 한글로 적을 때 'ㄷ'이 아닌 'ㅅ'을 사용하게 된 것이다.

제 4 항 파열음 표기에는 된소리를 쓰지 않는 것을 원칙으로 한다.

[해설] 제4항은 우리말에 없는 외래어의 유성 파열음 'b, d, g'는 우리말의 예사소리 'ㅂ, ㄷ, ㄱ'으로 적고, 무성 파열음 'p, t, k'는 'ㅍ, ㅌ, ㅋ'으로 적되, 우리말의 된소리 'ㅃ, ㄸ, ㄲ'은 원칙적으로 쓰지 않는다는 규정이다.

우리말의 파열음은 예사소리(평음)인 'ㄱ, ㄷ, ㅂ'과 거센소리(격음)인 'ㅋ, ㅌ, ㅍ' 그리고 된소리(경음)인 'ㄲ, ㄸ, ㅃ'이 대립한다. 그러나 우리말에는 영어, 독일어, 프랑스어, 일본어 등에서 존재하는 유성 파열음 'b, d, g'와 무성 파열음 'p, t, k'의 대립이 없다.

외래어의 무성 파열음은 언어마다 차이가 있어서 영어와 독일어의 경우는 우리말의 거센소리 'ㅍ, ㅌ, ㅋ'와 비슷하지만 프랑스어나 일본어, 러시아어, 이탈이라어는 된소리 'ㅃ, ㄸ, ㄲ'에 더 가깝게 들린다. 그러나 언어마다 달리 들리는 소리를 우리말로 정확히 구현해 내기는 어려운 것이며 일정한 기준이 없이 들리는 대로 표기를 할 수는 없다. 따라서 외래어를 표기할 때 규범의 통일성과 간결성을 위해서 'paris'나 'Tokyo', 'conte'는 '빠리, 도꾜, 꽁트'로 적지 않고 '파리, 도쿄, 콩트'로 적기로 한 것이다.

또한, 우리말로 외래어를 발음할 때 'bus, dollar, game, service'는 '뻐쓰, 딸러, 께임, 써비스'로 발음되더라도 된소리로 적지 않고 '버스, 달러, 게임, 서비스'로 적는다.

gas *[까스] → 가스	gown *[까운] → 가운
bus *[뻐스] → 버스	conte *[꽁트] → 콩트
Paris *[빠리] → 파리	pierrot *[삐에로] → 피에로
jazz *[째즈] → 재즈	show *[쑈] → 쇼

그런데 이와는 달리 된소리로 적을 수 있는 외래어도 있다. 첫째, 제5항에 의해 '껌(gum)'이

나 '빵'처럼 외래어 중 오랫동안 된소리로 굳어져 쓰이는 말이나, 일본어식 외래어인 '조끼, 짬뽕' 등은 관용을 존중해 된소리로 표기할 수 있다. 둘째, 타이어, 베트남어, 중국어처럼 파열음이 우리말처럼 세 가지로 대립하는 언어의 경우는 된소리로 적을 수 있다. 예를 들어, 태국어 b는 'ㅂ', p는 'ㅃ', ph는 'ㅍ'으로 적도록 하였다. 그래서 'Pimai'는 '삐마이'로 적고 'Phuket'은 '푸껫'으로 적는다. 베트남어도 된소리를 허용해 '호찌민'으로 표기하고, 중국어도 된소리 'ㅆ, ㅉ'가 허용되어 '양쯔강'이나 '쓰촨성'처럼 쓸 수 있다.

제 5 항 이미 굳어진 외래어는 관용을 존중하되, 그 범위와 용례는 따로 정한다.

[해설] 외래어는 다른 나라에서 들어온 말들이 우리말에 동화되어 우리말처럼 쓰이는 말을 가리킨다. 외래어가 우리말처럼 사용되기 위해서는 오랜 시간을 언중들의 언어생활 속에서 사용되어 사회적으로 인정을 받아야 한다. 외래어는 차용어라고도 하는데 '라디오, 드라마, 센터, 오렌지, 슈퍼마켓'처럼 국어의 어휘 체계에서 외래어로 인정을 받아 사용되는 말로 그 수가 매우 많다.

그런데 외래어 중에는 제3국을 거쳐 들어와서 외래어의 원음을 확인하기 어려웠거나 발음대로 읽지 않고 로마자 표기를 그대로 읽어서 실제 원음과는 다른 형태로 우리말의 체계 속에 자리잡은 것들이 있다. 예를 들어 'orange, radio, vitamin, piano'를 원음대로 표기하면 '오린지, 레이디오, 바이터민, 피애노'로 적어야 한다. 하지만 이들 외래어는 이미 우리나라에서 오랫동안 '오렌지, 라디오, 비타민, 피아노'로 쓰여 아예 형태가 굳어졌다. 이미 많은 사람들에 의해 널리 사용되어 굳어진 형태의 외래어를 「외래어 표기법」에 맞지 않는다고 억지로 바꾸게 된다면 오히려 언어생활에 혼란을 일으킬 수도 있다. 그러므로 이런 말들은 관용을 존중하여 이전부터 적던 방식대로 적는다. 다만, 관용으로 인정하는 외래어를 어떻게 정하느냐 하는 것이 문제인데, 이것은 표준어를 정하듯 하나하나 사정해서 정하고 있다.

제2장 표기 일람표

「외래어 표기법」 제2장에서는 제1장 외래어 표기의 기본 원칙을 전제로 외래어를 한글로 표기하기 위한 구체적인 지침을 밝히고 있다. 일반적으로는 국제 음성 기호와 한글을 대조하여 제시한 [표 1]을 따르도록 하였다. 그러나 중국어는 한어 병음 자모를 사용하고 일본어는 가나(히라가나, 가타카나)를 사용하며, 에스파냐어와 이탈리아어 그리고 루마니아어, 폴란드어, 체코어, 헝가리어 등은 그들의 언어를 표기하는 문자가 곧 음성 기호 역할도 하기 때문에 각각의 언어와 한글의 대조표를 제시하였다.

제2장에서는 에스파냐어에서 러시아어에 이르기까지 총 19개 언어의 자모에 대한 한글의 대조표를 제시하여 외래어 표기의 기준을 삼도록 하였다. 다만, 영어와 독일어, 프랑스어는 [표 1]의 국제 음성 기호에 준하여 한글을 표기하므로 별도의 대조표는 제시하지 않았다. 19개 언어문자와 한글을 대응한 표를 제시하면 다음과 같다. [표 1]에서는 국제 음성 기호와 한글을 대응하여 제시할 때 한글을 자음, 반모음, 모음 순으로 배열하였고, 자음의 경우 이를 다시 '모음 앞'에서와 '자음 앞 또는 어말'에서 어떻게 적어야 하는지를 나누어 제시하였다.

[표 1] 국제 음성 기호와 한글 대조표

자음			반모음		모음	
국제 음성 기호	한글		국제 음성 기호	한글	국제 음성 기호	한글
	모음 앞	자음 앞 또는 어말				
p	ㅍ	ㅂ, 프	j	이*	**i	이
b	ㅂ	브	ɥ	위	y	위
t	ㅌ	ㅅ, 트	w	오, 우*	e	에
d	ㄷ	드			ø	외
k	ㅋ	ㄱ, 크			ɛ	에
g	ㄱ	그			ɛ̃	앵
f	ㅍ	프			œ	외
v	ㅂ	브			œ̃	욍
θ	ㅅ	스			æ	애
ð	ㄷ	드			a	아
s	ㅅ	스			ɑ	아
z	ㅈ	즈			ɑ̃	앙
ʃ	시	슈, 시			ʌ	어
ʒ	ㅈ	지			ɔ	오
ʦ	ㅊ	츠			ɔ̃	옹
dz	ㅈ	즈			o	오
ʧ	ㅊ	치			u	우

ʤ	ㅈ	지			ə**	어
m	ㅁ	ㅁ			ɚ	어
n	ㄴ	ㄴ				
ɲ	니*	뉴				
ŋ	ㅇ	ㅇ				
l	ㄹ, ㄹㄹ	ㄹ				
r	ㄹ	르				
h	ㅎ	흐				
ç	ㅎ	히				
x	ㅎ	흐				

* [j], [w]의 '이'와 '오, 우', 그리고 [ɲ]의 '니'는 모음과 결합할 때 제3장 표기 세칙에 따른다.
** 독일어의 경우에는 '에', 프랑스어의 경우에는 '으'로 적는다.

외래어 표기는 원어의 발음을 최대한 한글로 적는 것이 원칙이므로 외래어를 표기할 때 원어의 철자만을 보고 적지 않도록 주의해야 한다. [표 1] 국제 음성 기호를 한글 자모로 표기할 때 다음과 같은 사항에 특히 주의해야 한다.

첫째, [f]는 'ㅍ'으로 적고 'ㅎ'으로 적지 않는다.

file	파일(○), 화일(×)
family	패밀리(○), 훼밀리(×), 훼미리(×)
fighting	파이팅(○), 화이팅(×), 화이링(×)

둘째, [θ]는 'ㅅ'으로 적고 'ㅆ' 또는 'ㄸ'으로 적지 않는다.

think you	생큐(○), 쌩큐(×), 땡큐(×)
something	섬싱(○), 썸씽(×), 썸띵(×)

셋째, [ʌ]와 [ə]는 둘 다 'ㅓ'로 적는다. 발음 기호를 보고 적어야 하며 단어의 철자만을 보고 적지 않는다.

① [ʌ] 'ㅓ'

color[kʌ́lər]	컬러(○), 칼라(×)

frontier[frʌntíər] 프런티어(○), 프론티어(×)
sponge[spʌndʒ] 스펀지(○), 스폰지(×)

② [ə] 'ㅓ'

Boston[bɔ́(:)stən] 보스턴(○), 보스톤(×)
carol[kǽrəl] 캐럴(○), 캐롤(×)
collection[kəlékʃən] 컬렉션(○), 콜렉션(×)
digital[dídʒitəl][2] 디지털(○), 디지탈(×), 디지틀(×)
European[jùərəpí:ən] 유러피언(○), 유로피안(×)
festival[féstəvəl][3] 페스티벌(○), 페스티발(×)
ketchup[kétʃəp] 케첩(○), 케찹(×)
mystery[místəri] 미스터리(○), 미스테리(×)
propose[prəpóuz] 프러포즈(○), 프로포즈(×)
remocon[rimokən](remote control) 리모컨(○), 리모콘(×)
royalty[rɔ́iəlti] 로열티(○), 로얄티(×)
rheumatism[rú:mətìzm] 류머티즘(○), 류마티즘(×)
symposium[simpóuziəm] 심포지엄(○), 심포지움(×)

넷째, 외래어를 우리말로 표기할 때 원어의 철자만을 보고 적어 다음과 같은 오류가 많이 발생한다.

accessory[æksésəri] 액세서리(○), 악세사리(×)
barbecue[bá:rbikjù:] 바비큐(○), 바베큐(×)
message[mésidʒ] 메시지(○), 메세지(×)
narrater[næréitər] 내레이터(○), 나레이터(×)
sausage[sɔ́:sidʒ] 소시지(○), 소세지(×)

2 digital의 발음을 여러 사전에서 찾으면 대부분이 '[dídʒitl]디지틀', '[dídʒətl]디저틀'로 제시되어 있다. 그런데 국립국어원의 바른 국어 생활 교재(2016)에는 '[dídʒitəl]디지털'로 발음 기호를 제시하고 '디지탈'로 적지 않도록 해야 한다고 되어 있다. 국립국어원의 외래어 표기 용례 찾기에서도 '센터, 터미널, 디지털 카메라'처럼 우리말 'ㅓ'로 통일되어 있음을 볼 때 이는 관용에 따른 표기라고 볼 수 있다.

3 festival의 발음이 사전에 따라 차이가 있는데, '[féstəvəl]페스터벌, [féstivl]페스티블'로도 발음할 수 있겠으나 현재 국립국어원의 '외래어 표기 용례'를 보면 '페스티벌'이 규범 표기이다.

talent[tǽlənt]	탤런트(○), 탈렌트(×)
target[tá:rgit]	타깃(○), 타겟(×)

다섯째, 외래어의 형태(발음)를 잘못 알고 표기하는 경우이다.

ambulance	앰뷸런스(○), 앰브란스(×)
barricade	바리케이드(○), 바리케이트(×)
cardigan	카디건(○), 가디건(×)
catalogue	카탈로그(○), 카달로그(×)
Cupid	큐피드(○), 큐피트(×)
encoure[프]	앙코르(○), 앙콜, 앵콜(×)
enquête[프]	앙케트(○), 앙케이트(×)
fanfare[프]	팡파르(○), 팡파레(×)
Gips[독]	깁스(○), 기브스(×)
Ringer	링거(○), 링겔(×)
sofa	소파(○), 쇼파(×)
soup	수프(○), 스프(×)

여섯째, 외래어 중에는 원어의 발음과는 다르게 이미 굳어진 경우가 있는데 이때는 원음의 발음과 맞지 않더라도 관용을 존중해 그대로 표기하도록 한다. 여기에서 (×) 표시한 것이 원음이고, (○) 표시한 것은 관용에 따라 적은 것이다.

America	아메리카(○), 어메리카(×)
camera	카메라(○), 캐머러(×)
Catholic	가톨릭(○), 캐톨릭, 카톨릭(×)
mania	마니아(○), 매니아(×)
model	모델(○), 마들(×)
orange	오렌지(○), 오린지(×)
paradise	파라다이스(○), 패러다이스(×)
radio	라디오(○), 레이디오(×)
roket	로켓(○), 로킷(×)
system	시스템(○), 시스텀(×)

[표 2] 에스파냐어 자모와 한글 대조표

	자모	한 글		보 기
		모음 앞	자음 앞·어말	
자음	b	ㅂ	브	biz 비스, blandon 블란돈, braceo 브라세오
	c	ㅋ, ㅅ	ㄱ, 크	colcren 콜크렌, Cecilia 세실리아, coccion 콕시온, bistec 비스텍, dictado 딕타도
	ch	ㅊ	–	chicharra 치차라
	d	ㄷ	드	felicidad 펠리시다드
	f	ㅍ	프	fuga 푸가, fran 프란
	g	ㄱ, ㅎ	그	ganga 강가, geologia 헤올로히아, yungla 융글라
	h	–	–	hipo 이포, quehacer 케아세르
	j	ㅎ	–	jueves 후에베스, reloj 렐로
	k	ㅋ	크	kapok 카포크
	l	ㄹ, ㄹㄹ	ㄹ	lacrar 라크라르, Lulio 룰리오, ocal 오칼
	ll	이*	–	llama 야마, lluvia 유비아
	m	ㅁ	ㅁ	membrete 멤브레테
	n	ㄴ	ㄴ	noche 노체, flan 플란
	ñ	니*	–	ñoñez 뇨녜스, mañana 마냐나
	p	ㅍ	ㅂ, 프	pepsina 펩시나, plantón 플란톤
	q	ㅋ	–	quisquilla 키스키야
	r	ㄹ	르	rascador 라스카도르
	s	ㅅ	스	sastreria 사스트레리아
	t	ㅌ	트	tetraetro 테트라에트로
	v	ㅂ	–	viudedad 비우데다드
	x	ㅅ, ㄱㅅ	ㄱ, 스	xenón 세논, laxante 락산테, yuxta 육스타
	z	ㅅ	스	zagal 사갈, liquidez 리키데스
반모음	w	오·우*	–	walkirias 왈키리아스
	y	이*	–	yungla 융글라
모음	a	아		braceo 브라세오
	e	에		reloj 렐로
	i	이		Lulio 룰리오
	o	오		ocal 오칼
	u	우		viudedad 비우데다드

* ll, y, ñ, w의 '이, 니, 오, 우'는 다른 모음과 결합할 때 합쳐서 1 음절로 적는다.

[표 3] 이탈리아어 자모와 한글 대조표

	자모	한 글		보 기
		모음 앞	자음 앞·어말	
자음	b	ㅂ	브	Bologna 볼로냐, bravo 브라보
	c	ㅋ, ㅊ	크	Como 코모, Sicilia 시칠리아, Boccaccio 보카치오, credo 크레도
	ch	ㅋ	–	Pinocchio 피노키오, cherubino 케루비노
	d	ㄷ	드	Dante 단테, drizza 드리차
	f	ㅍ	프	Firenze 피렌체, freddo 프레도
	g	ㄱ, ㅈ	그	Galileo 갈릴레오, Genova 제노바, gloria 글로리아
	h	–	–	hanno 안노, oh 오
	l	ㄹ, ㄹㄹ	ㄹ	Milano 밀라노, largo 라르고, palco 팔코
	m	ㅁ	ㅁ	Macchiavelli 마키아벨리, mamma 맘마, Campanella 캄파넬라
	n	ㄴ	ㄴ	Nero 네로, Anna 안나, divertimento 디베르티멘토
	p	ㅍ	프	Pisa 피사, prima 프리마
	q	ㅋ	–	quando 콴도, queto 퀘토
	r	ㄹ	르	Roma 로마, Marconi 마르코니
	s	ㅅ	스	Sorrento 소렌토, asma 아스마, sasso 사소
	t	ㅌ	트	Torino 토리노, tranne 트란네
	v	ㅂ	브	Vivace 비바체, manovra 마노브라
	z	ㅊ	–	nozze 노체, mancanza 만칸차
모음	a	아		abituro 아비투로, capra 카프라
	e	에		erta 에르타, padrone 파드로네
	i	이		infamia 인파미아, manica 마니카
	o	오		oblio 오블리오, poetica 포에티카
	u	우		uva 우바, spuma 스푸마

[표 4] 일본어의 가나와 한글 대조표

가 나	한 글	
	어두	어중·어말
アイウエオ	아이우에오	아이우에오
カキクケコ	가기구게고	카키쿠케코
サシスセソ	사시스세소	사시스세소
タチツテト	다지쓰데도	타치쓰테토
ナニヌネノ	나니누네노	나니누네노
ハヒフヘホ	하히후헤호	하히후헤호
マミムメモ	마미무메모	마미무메모
ヤイユエヨ	야이유에요	야이유에요
ラリルレロ	라리루레로	라리루레로
ワ(ヰ)ウ(ヱ)ヲ	와(이)우(에)오	와(이)우(에)오
ン		ㄴ
ガギグゲゴ	가기구게고	가기구게고
ザジズゼゾ	자지즈제조	자지즈제조
ダヂヅデド	다지즈데도	다지즈데도
バビブベボ	바비부베보	바비부베보
パピプペポ	파피푸페포	파피푸페포
キャキュキョ	갸규교	캬큐쿄
ギャギュギョ	갸규교	갸규교
シャシュショ	샤슈쇼	샤슈쇼
ジャジュジョ	자주조	자주조
チャチュチョ	자주조	차추초
ニャニュニョ	냐뉴뇨	냐뉴뇨
ヒャヒュヒョ	햐휴효	햐휴효
ビャビュビョ	뱌뷰뵤	뱌뷰뵤
ピャピュピョ	퍄퓨표	퍄퓨표
ミャミュミョ	먀뮤묘	먀뮤묘
リャリュリョ	랴류료	랴류료

[표 5] 중국어의 발음 부호와 한글 대조표

성 모(聲母)				운 모(韻母)								
음의 분류	한어 병음 자모	주음 부호	한글	음의 분류	한어 병음 자모	주음 부호	한글	음의분류		한어 병음 자모	주음 부호	한글
중순성重脣聲	b	ㄅ	ㅂ	단운單韻	a	ㄚ	아	결합운모結合韻母		yan (ian)	ㄧㄢ	옌
	p	ㄆ	ㅍ		o	ㄛ	오			yin (in)	ㄧㄣ	인
	m	ㄇ	ㅁ		e	ㄜ	어			yang (iang)	ㄧㄤ	양
										ying (ing)	ㄧㄥ	잉
순치성*	f	ㄈ	ㅍ		ê	ㄝ	에		합구류合口類	wa (ua)	ㄨㄚ	와
설첨성舌尖聲	d	ㄉ	ㄷ		yi (i)	ㄧ	이					
	t	ㄊ	ㅌ		wu (u)	ㄨ	우			wo (uo)	ㄨㄛ	워
	n	ㄋ	ㄴ		yu (u)	ㄩ	위			wai (uai)	ㄨㄞ	와이
	l	ㄌ	ㄹ	복운複韻	ai	ㄞ	아이			wei (ui)	ㄨㄟ	웨이 (우이)
설근성舌根聲	g	ㄍ	ㄱ		ei	ㄟ	에이			wan (uan)	ㄨㄢ	완
	k	ㄎ	ㅋ		ao	ㄠ	아오			wen (un)	ㄨㄣ	원 (운)
	h	ㄏ	ㅎ		ou	ㄡ	어우			wang (uang)	ㄨㄤ	왕
설면성舌面聲	j	ㄐ	ㅈ	부성운附聲韻	an	ㄢ	안			weng (ong)	ㄨㄥ	웡 (웅)
	q	ㄑ	ㅊ		en	ㄣ	언		촬구류撮口類	yue (ue)	ㄩㄝ	웨
	x	ㄒ	ㅅ		ang	ㄤ	앙			yuan (uan)	ㄩㄢ	위안
교설첨성	zh [zhi]	ㄓ	ㅈ [즈]		eng	ㄥ	엉			yun (un)	ㄩㄣ	윈
	ch [chi]	ㄔ	ㅊ [츠]	권설운*	er (r)	ㄦ	얼			yong (iong)	ㄩㄥ	융

翹舌尖聲	sh [shi]	ㄕ	ㅅ [스]	제치류齊齒類	ya (ia)	ㄧㄚ	야
	r [ri]	ㄖ	ㄹ [르]		yo	ㄧㄛ	요
설치성舌齒聲	z [zi]	ㄗ	ㅉ [쯔]		ye (ie)	ㄧㄝ	예
	c [ci]	ㄘ	ㅊ [츠]		yai	ㄧㄞ	야이
	s [si]	ㄙ	ㅆ [쓰]		yao (iao)	ㄧㄠ	야오
					you (iou, iu)	ㄧㄡ	유

* [ ]는 단독 발음될 경우의 표기임. ( )는 자음이 선행할 경우의 표기임.

** 순치성(脣齒聲), 권설운(捲舌韻)

[표 6] 폴란드어 자모와 한글 대조표

	자모	한글		보 기
		모음 앞	자음 앞·어말	
자음	b	ㅂ	ㅂ, 브, 프	burak 부라크, szybko 십코, dobrze 도브제, chleb 흘레프
	c	ㅊ	츠	cel 첼, Balicki 발리츠키, noc 노츠
	ć	—	치	dać 다치
	d	ㄷ	드, 트	dach 다흐, zdrowy 즈드로비, słodki 스워트키, pod 포트
	f	ㅍ	프	fasola 파솔라, befsztyk 베프슈티크
	g	ㄱ	ㄱ, 그, 크	góra 구라, grad 그라트, targ 타르크
	h	ㅎ	흐	herbata 헤르바타, Hrubieszów 흐루비에슈프
	k	ㅋ	ㄱ, 크	kino 키노, daktyl 닥틸, król 크룰, bank 반크
	l	ㄹ, ㄹㄹ	ㄹ	lis 리스, kolano 콜라노, motyl 모틸
	m	ㅁ	ㅁ, 므	most 모스트, zimno 짐노, sam 삼
	n	ㄴ	ㄴ	nerka 네르카, dokument 도쿠멘트, dywan 디반
	ń	—	ㄴ	Gdańsk 그단스크, Poznań 포즈난
	p	ㅍ	ㅂ, 프	para 파라, Słupsk 스웁스크, chłop 흐워프
	r	ㄹ	르	rower 로베르, garnek 가르네크, sznur 슈누르
	s	ㅅ	스	serce 세르체, srebro 스레브로, pas 파스
	ś	—	시	ślepy 실레피, dziś 지시

자음	t	ㅌ	트	tam 탐, matka 마트카, but 부트
	w	ㅂ	브, 프	Warszawa 바르샤바, piwnica 피브니차, krew 크레프
	z	ㅈ	즈, 스	zamek 자메크, zbrodnia 즈브로드니아, wywóz 비부스
	ź	—	지, 시	gwoździk 그보지지크, więź 비엥시
	ż	ㅈ, 시*	주, 슈, 시	żyto 지토, różny 루주니, łyżka 위슈카, straż 스트라시
	ch	ㅎ	흐	chory 호리, kuchnia 쿠흐니아, dach 다흐
	dz	ㅈ	즈, 츠	dziura 지우라, dzwon 즈본, mosiądz 모시옹츠
	dź	—	치	niedźwiedź 니에치비에치
	dż, drz	ㅈ	치	drzewo 제보, łodż 워치
	cz	ㅊ	치	czysty 치스티, beczka 베치카, klucz 클루치
	sz	시*	슈, 시	szary 샤리, musztarda 무슈타르다, kapelusz 카펠루시
	rz	ㅈ, 시*	주, 슈, 시	rzeka 제카, Przemyśl 프셰미실, kołnierz 코우니에시
반모음	j	이*		jasny 야스니, kraj 크라이
	ł	우		łono 워노, głowa 그워바, bułka 부우카, kanał 카나우
모음	a	아		trawa 트라바
	ą	옹		trąba 트롱바, mąka 몽카, kąt 콩트, tą 통
	e	에		zero 제로
	ę	엥, 에		kępa 켕파, węgorz 벵고시, Częstochowa 쳉스토호바, proszę 프로셰
	i	이		zima 지마
	o	오		udo 우도
	ó	우		próba 프루바
	u	우		kula 쿨라
	y	이		daktyl 닥틸

* ż, sz, rz의 '시'와 j의 '이'는 뒤따르는 모음과 결합할 때 합쳐서 1 음절로 적는다.

[표 7] 체코어 자모와 한글 대조표

음	자모	한 글		보 기
		모음 앞	자음 앞·어말	
자음	b	ㅂ	ㅂ, 브, 프	barva 바르바, obchod 옵호트, dobrý 도브리, jeřab 예르자프
	c	ㅊ	츠	cigareta 치가레타, nemocnice 네모츠니체, nemoc 네모츠
	č	ㅊ	치	čapek 차페크, kulečnik 쿨레치니크, míč 미치

자음	d	ㄷ	드, 트	dech 데흐, divadlo 디바들로, led 레트
	d'	디*	디, 티	d'ábel 댜벨, lod'ka 로티카, hrud' 흐루티
	f	ㅍ	프	fík 피크, knoflík 크노플리크
	g	ㄱ	ㄱ, 그, 크	gramofon 그라모폰
	h	ㅎ	흐	hadr 하드르, hmyz 흐미스, bůh 부흐
	ch	ㅎ	흐	choditi 호디티, chlapec 흘라페츠, prach 프라흐
	k	ㅋ	ㄱ, 크	kachna 카흐나, nikdy 니크디, padák 파다크
	l	ㄹ, ㄹㄹ	ㄹ	lev 레프, šplhati 슈플하티, postel 포스텔
	m	ㅁ	ㅁ, 므	most 모스트, mrak 므라크, podzim 포드짐
	n	ㄴ	ㄴ	noha 노하, podmínka 포드민카
	ň	니*	ㄴ	němý 네미, sáňky 산키, Plzeň 플젠
	p	ㅍ	ㅂ, 프	Praha 프라하, koroptev 코롭테프, strop 스트로프
	qu	크ㅂ	—	quasi 크바시
	r	ㄹ	르	ruka 루카, harmonika 하르모니카, mír 미르
	ř	르ㅈ	르주, 르슈, 르시	řeka 르제카, námořník 나모르주니크, hořký 호르슈키, kouř 코우르시
	s	ㅅ	스	sedlo 세들로, máslo 마슬로, nos 노스
	š	시*	슈, 시	šaty 샤티, Šternberk 슈테른베르크, koš 코시
	t	ㅌ	트	tam 탐, matka 마트카, bolest 볼레스트
	t'	티*	티	tělo 텔로, štěstí 슈테스티, oběť 오베티
	v	ㅂ	브, 프	vysoký 비소키, knihovna 크니호브나, kov 코프
	w	ㅂ	브, 프	
	x**	ㄱㅅ, ㅈ	ㄱ스	xerox 제록스, saxofón 삭소폰
	z	ㅈ	즈, 스	zámek 자메크, pozdní 포즈드니, bez 베스
	ž	ㅈ	주, 슈, 시	Žižka 지슈카, Žvěřina 주베르지나, Brož 브로시
반모음	j	이*		jaro 야로, pokoj 포코이
모음	a, á	아		balík 발리크, komár 코마르
	e, é	에		dech 데흐, léto 레토
	ě	예		sěst 셰스트, věk 베크
	i, í	이		kino 키노, míra 미라
	o, ó	오		obec 오베츠, nervózni 네르보즈니
	u, ú, ů	우		buben 부벤, úrok 우로크, dům 둠
	y, ý	이		jazyk 야지크, líný 리니

* d', ň, š, t', j의 '디, 니, 시, 티, 이'는 뒤따르는 모음과 결합할 때 합쳐서 1 음절로 적는다.

** x는 개별 용례에 따라 한글 표기를 정한다.

[표 8] 세르보크로아트어 자모와 한글 대조표

	자모	한글		보기
		모음 앞	자음 앞·어말	
자음	b	ㅂ	브	bog 보그, drobnjak 드로브냐크, pogreb 포그레브
	c	ㅊ	츠	cigara 치가라, novac 노바츠
	č	ㅊ	치	čelik 첼리크, točka 토치카, kolač 콜라치
	ć, tj	ㅊ	치	naći 나치, sestrić 세스트리치
	d	ㄷ	드	desno 데스노, drvo 드르보, medved 메드베드
	dž	ㅈ	지	džep 제프, narudžba 나루지바
	đ,dj	ㅈ	지	Đurađ 주라지
	f	ㅍ	프	fasada 파사다, kifla 키플라, šaraf 샤라프
	g	ㄱ	그	gost 고스트, dugme 두그메, krug 크루그
	h	ㅎ	흐	hitan 히탄, šah 샤흐
	k	ㅋ	ㄱ, 크	korist 코리스트, krug 크루그, jastuk 야스투크
	l	ㄹ, ㄹㄹ	ㄹ	levo 레보, balkon 발콘, šal 샬
	lj	리*, ㄹ리*	ㄹ	ljeto 레토, pasulj 파술
	m	ㅁ	ㅁ, 므	malo 말로, mnogo 므노고, osam 오삼
	n	ㄴ	ㄴ	nos 노스, banka 반카, loman 로만
	nj	니*	ㄴ	Njegoš 녜고시, svibanj 스비반
	p	ㅍ	ㅂ, 프	peta 페타, opština 옵슈티나, lep 레프
	r	ㄹ	르	riba 리바, torba 토르바, mir 미르
	s	ㅅ	스	sedam 세담, posle 포슬레, glas 글라스
	š	시*	슈, 시	šal 샬, vlasništvo 블라스니슈트보, broš 브로시
	t	ㅌ	트	telo 텔로, ostrvo 오스트르보, put 푸트
	v	ㅂ	브	vatra 바트라, olovka 올로브카, proliv 프롤리브
	z	ㅈ	즈	zavoj 자보이, pozno 포즈노, obraz 오브라즈
	ž	ㅈ	주	žena 제나, izložba 이즐로주바, muž 무주
반모음	j	이*		pojas 포야스, zavoj 자보이, odjelo 오델로
모음	a	아		bakar 바카르
	e	에		cev 체브
	i	이		dim 딤
	o	오		molim 몰림
	u	우		zubar 주바르

* lj, nj, š, j의 '리, 니, 시, 이'는 뒤따르는 모음과 결합할 때 합쳐서 1 음절로 적는다.

[표 9] 루마니아어 자모와 한글 대조표

	자모	한 글		보 기
		모음 앞	자음 앞·어말	
자음	b	ㅂ	브	bibliotecă 비블리오테커, alb 알브
	c	ㅋ, ㅊ	ㄱ, 크	Cîntec 큰테크, Cine 치네, factură 팍투러
	d	ㄷ	드	Moldova 몰도바, Brad 브라드
	f	ㅍ	프	Focşani 폭샤니, Cartof 카르토프
	g	ㄱ, ㅈ	그	Galaţi 갈라치, Gigel 지젤, hering 헤린그
	h	ㅎ	흐	haţeg 하체그, duh 두흐
	j	ㅈ	지	Jiu 지우, Cluj 클루지
	k	ㅋ	—	kilogram 킬로그람
	l	ㄹ, ㄹㄹ	ㄹ	bibliotecă 비블리오테커, hotel 호텔
	m	ㅁ	ㅁ	Maramureş 마라무레슈, Avram 아브람
	n	ㄴ	ㄴ, 느	Nucet 누체트, Bran 브란, pumn 품느
	p	ㅍ	ㅂ, 프	pianist 피아니스트, septembrie 셉템브리에, cap 카프
	r	ㄹ	르	radio 라디오, dor 도르
	s	ㅅ	스	Sibiu 시비우, pas 파스
	ş	시*	슈	şag 샤그, Mureş 무레슈
	t	ㅌ	트	telefonist 텔레포니스트, bilet 빌레트
	ţ	ㅊ	츠	ţigară 치가러, braţ 브라츠
	v	ㅂ	브	Victoria 빅토리아, Braşov 브라쇼브
	x**	ㄱㅅ, 그ㅈ	크스, ㄱ스	taxi 탁시, examen 에그자멘
	z	ㅈ	즈	ziar 지아르, autobuz 아우토부즈
	ch	ㅋ	—	Cheia 케이아
	gh	ㄱ	—	Gheorghe 게오르게
모음	a	아		Arad 아라드
	ă	어		Bacău 바커우
	e	에		Elena 엘레나
	i	이		pianist 피아니스트
	î, â	으		Cîmpina 큼피나, România 로므니아
	o	오		Oradea 오라데아
	u	우		Nucet 누체트

* ş의 '시'는 뒤따르는 모음과 결합할 때 합쳐서 1 음절로 적는다.

** x는 개별 용례에 따라 한글 표기를 정한다.

[표 10] 헝가리어 자모와 한글 대조표

	자모	한글		보기
		모음 앞	자음 앞·어말	
자음	b	ㅂ	브	bab 버브, ablak 어블러크
	c	ㅊ	츠	citrom 치트롬, nyolcvan 뇰츠번, arc 어르츠
	cs	ㅊ	치	csavar 처버르, kulcs 쿨치
	d	ㄷ	드	daru 더루, medve 메드베, gond 곤드
	dzs	ㅈ	지	dzsem 젬
	f	ㅍ	프	elfog 엘포그
	g	ㄱ	그	gumi 구미, nyugta 뉴그터, csomag 초머그
	gy	ㅈ	지	gyár 자르, hagyma 허지머, nagy 너지
	h	ㅎ	흐	hal 헐, juh 유흐
	k	ㅋ	ㄱ, 크	béka 베커, keksz 켁스, szék 세크
	l	ㄹ, ㄹㄹ	ㄹ	len 렌, meleg 멜레그, dél 델
	m	ㅁ	ㅁ	málna 말너, bomba 봄버, álom 알롬
	n	ㄴ	ㄴ	néma 네머, bunda 분더, pihen 피헨
	ny	니*	니	nyak 녀크, hányszor 하니소르, irány 이라니
	p	ㅍ	ㅂ, 프	árpa 아르퍼, csipke 칩케, hónap 호너프
	r	ㄹ	르	róka 로커, barna 버르너, ár 아르
	s	시*	슈, 시	sál 샬, puska 푸슈카, aratás 어러타시
	sz	ㅅ	스	alszik 얼시크, asztal 어스털, húsz 후스
	t	ㅌ	트	ajto 어이토, borotva 보로트버, csont 촌트
	ty	ㅊ	치	atya 어처
	v	ㅂ	브	vesz 베스, évszázad 에브사저드, enyv 에니브
	z	ㅈ	즈	zab 저브, kezd 케즈드, blúz 블루즈
	zs	ㅈ	주	zsák 자크, tőzsde 퇴주데, rozs 로주
반모음	j	이*		ajak 어여크, fej 페이, január 여누아르
	ly	이*		lyuk 유크, mélység 메이셰그, király 키라이
모음	a	어		lakat 러커트
	á	아		máj 마이
	e	에		mert 메르트
	é	에		mész 메스
	i	이		isten 이슈텐
	í	이		sí 시
	o	오		torna 토르너

모음	ó	오	róka 로커
	ö	외	sör 쇠르
	ő	외	nő 뇌
	u	우	bunda 분더
	ú	우	hús 후시
	ü	위	füst 퓌슈트
	ű	위	fű 퓌

* ny, s, j, ly의 '니, 시, 이, 이'는 뒤따르는 모음과 결합할 때 합쳐서 1 음절로 적는다.

[표 11] 스웨덴어 자모와 한글 대조표

	자모	한 글		보 기
		모음 앞	자음 앞·어말	
자음	b	ㅂ	ㅂ, 브	bal 발, snabbt 스납트, Jacob 야코브
	c	ㅋ, ㅅ	ㄱ	Carlsson 칼손, Celsius 셀시우스, Ericson 에릭손
	ch	시*	크	charm 샤름, och 오크
	d	ㄷ	드	dag 다그, dricka 드리카, Halmstad 할름스타드
	dj	이*	—	Djurgården 유르고르덴, adjö 아예
	ds	—	스	Sundsvall 순스발
	f	ㅍ	프	Falun 팔룬, luft 루프트
	g	ㄱ		Gustav 구스타브, helgon 헬곤
		이*		Göteborg 예테보리, Geijer 예이예르, Gislaved 이슬라베드
			이(lg, rg)	älg 엘리, Strindberg 스트린드베리, Borg 보리
			ㅇ(n 앞)	Magnus 망누스, Ragnar 랑나르, Agnes 앙네스
			ㄱ(무성음 앞)	högst 획스트
			그	Grönberg 그뢴베리, Ludvig 루드비그
	gj	이*	—	Gjerstad 예르스타드, Gjörwell 예르벨
	h	ㅎ	적지 않음	Hälsingborg 헬싱보리, hyra 휘라, Dahl 달
	hj	이*	—	Hjälmaren 옐마렌, Hjalmar 얄마르, Hjort 요르트
	j	이*	—	Jansson 얀손, Jönköping 옌셰핑, Johansson 요한손, börja 뵈리아, fjäril 피에릴, mjuk 미우크, mjöl 미엘
	k	ㅋ, 시*	ㄱ, 크	Karl 칼, Kock 코크, Kungsholm 쿵스홀름, Kerstin 셰르스틴, Norrköping 노르셰핑, Lysekil 뤼세실, oktober 옥토베르, Fredrik 프레드리크, kniv 크니브
	ck	ㅋ	ㄱ, 크	vacker 바케르, Stockholm 스톡홀름, bock 보크
	kj	시*	—	Kjell 셸, Kjula 슐라

자음	l	ㄹ, ㄹㄹ	ㄹ	Linköping 린셰핑, tala 탈라, tal 탈
	lj	이*, ㄹ리	ㄹ리	Ljusnan 유스난, Södertälje 쇠데르텔리에, detalj 데탈리
	m	ㅁ	ㅁ	Malmö 말뫼, samtal 삼탈, hummer 홈메르
	n	ㄴ	ㄴ	Norrköping 노르셰핑, Vänern 베네른, land 란드
			적지 않음 (m 다음)	Karlshamn 칼스함
	ng	ㅇ	ㅇ	Borlänge 볼렝에, kung 쿵, lång 롱
	nk	ㅇㅋ	ㅇ, ㅇ크	anka 앙카, Sankt 상트, bank 방크
	p	ㅍ	ㅂ, 프	Piteå 피테오, knappt 크납트, Uppsala 웁살라, kamp 캄프
	qv	크ㅂ	—	Malmqvist 말름크비스트, Lindqvist 린드크비스트
	r	ㄹ	르	röd 뢰드, Wilander 빌란데르, Björk 비에르크
	rl	ㄹㄹ	ㄹ	Erlander 엘란데르, Karlgren 칼그렌, Jarl 얄
	s	ㅅ	스	sommar 솜마르, Storvik 스토르비크, dans 단스
	sch	시*	슈	Schack 샤크, Schein 셰인, revansch 레반슈
	sj	시*	—	Nässjö 네셰, sjukhem 슈크헴, Sjöberg 셰베리
	sk	스ㅋ, 시*	—	Skoglund 스코글룬드, Skellefteå 셸레프테오, Skövde 셰브데, Skeppsholmen 셉스홀멘
	skj	시*	—	Hammarskjöld 함마르셸드, Skjöldebrand 셸데브란드
	stj	시*	—	Stjärneborg 셰르네보리, Oxenstjerna 옥센셰르나
	t	ㅌ	ㅅ, 트	Göta 예타, Botkyrka 봇쉬르카, Trelleborg 트렐레보리, båt 보트
	th	ㅌ	트	Luther 루테르, Thunberg 툰베리
	ti	시*	—	lektion 렉숀, station 스타숀
	tj	시*	—	tjeck 셰크, Tjåkkå 쇼코, tjäna 셰나, tjugo 슈고
	v, w	ㅂ	브	Sverige 스베리예, Wasa 바사, Swedenborg 스베덴보리, Eslöv 에슬뢰브
	x	ㄱㅅ	ㄱ스	Axel 악셀, Alexander 알렉산데르, sex 섹스
	z	ㅅ	—	Zachris 사크리스, zon 손, Lorenzo 로렌소
모음	a	아		Kalix 칼릭스, Falun 팔룬, Alvesta 알베스타
	e	에		Enköping 엔셰핑, Svealand 스베알란드
	ä	에		Mälaren 멜라렌, Vänern 베네른, Trollhättan 트롤헤탄
	i	이		Idre 이드레, Kiruna 키루나
	å	오		Åmål 오몰, Västerås 베스테로스, Småland 스몰란드
	o	오		Boden 보덴, Stockholm 스톡홀름, Örebro 외레브로
	ö	외, 에		Östersund 외스테르순드, Björn 비에른, Linköping 린셰핑
	u	우		Umeå 우메오, Luleå 룰레오, Lund 룬드
	y	위		Ystad 위스타드, Nynäshamn 뉘네스함, Visby 비스뷔

* dj, g, gj, hj, j, lj의 '이'와 ch, k, kj, sch, sj, sk, skj, stj, ti, tj의 '시'가 뒤따르는 모음과 결합할 때에는 합쳐서 1 음절로 적는다. 다만 j는 표기 세칙 제4항, 제11항을 따른다.

[표 12] 노르웨이어 자모와 한글 대조표

	자모	한글		보기
		모음 앞	자음 앞·어말	
자음	b	ㅂ	ㅂ, 브	Bodø 보되, Ibsen 입센, dobb 도브
	c	ㅋ, ㅅ	크	Jacob 야코브, Vincent 빈센트
	ch	ㅋ	크	Joachim 요아킴, Christian 크리스티안
	d	ㄷ		Bodø 보되, Norden 노르덴
		적지 않음(장모음 뒤)		spade 스파에
			적지 않음(ld, nd의 d)	Arnold 아르놀, Harald 하랄, Roald 로알, Aasmund 오스문, Vigeland 비겔란, Svendsen 스벤센
			적지 않음(장모음+rd)	fjord 피오르, Sigurd 시구르, gård 고르, nord 노르, Halvard 할바르, Edvard 에드바르
			드(단모음+rd)	ferd 페르드, Rikard 리카르드
			적지 않음(장모음 뒤)	glad 글라, Sjaastad 쇼스타
			드	dreng 드렝, bad 바드
	f	ㅍ	프	Hammerfest 함메르페스트, biff 비프
	g	ㄱ		gå 고, gave 가베
		이*		gigla 이글라, gyllen 윌렌
			적지 않음(이중 모음 뒤와 ig, lig)	haug 헤우, deig 데이, Solveig 솔베이, farlig 팔리
			ㅇ (n 앞)	Agnes 앙네스, Magnus 망누스
			ㄱ(무성음 앞)	sagtang 삭탕
			그	grov 그로브, berg 베르그, helg 헬그
	gj	이*	—	Gjeld 옐, gjenta 옌타
	h	ㅎ		Johan 요한, Holm 홀름
			적지 않음	Hjalmar 얄마르, Hvalter 발테르, Krohg 크로그
	j	이*	—	Jonas 요나스, Bjørn 비에른, fjord 피오르, Skodje 스코디에, Evje 에비에, Tjeldstø 티엘스퇴

자음	k	ㅋ, 시*	ㄱ, 크	Rikard 리카르드, Kirsten 시르스텐, Kyndig 쉰디, Køyra 셰위라, lukt 룩트, Erik 에리크
	kj	시*	—	Kjerschow 셰르쇼브, Kjerulf 셰룰프, Mikkjel 미셸
	l	ㄹ, ㄹㄹ	ㄹ	Larvik 라르비크, Ålesund 올레순, sol 솔
	m	ㅁ	ㅁ	Moss 모스, Trivandrum 트리반드룸
	n	ㄴ	ㄴ	Namsos 남소스, konto 콘토
	ng	ㅇ	ㅇ	Lange 랑에, Elling 엘링, tvang 트방
	nk	ㅇㅋ	ㅇ, ㅇ크	ankel 앙켈, punkt 풍트, bank 방크
	p	ㅍ	ㅂ, 프	pels 펠스, september 셉템베르, sopp 소프
	qu	크ㅂ	—	Quisling 크비슬링
	r	ㄹ	르	Ringvassøy 링바쇠위, Lillehammer 릴레함메르
	rl	ㄹㄹ	ㄹ	Øverland 외벨란
	s	ㅅ	스	Namsos 남소스, Svalbard 스발바르
	sch	시*	슈	Schæferhund 셰페르훈, Frisch 프리슈
	sj	시*	—	Sjaastad 쇼스타, Sjoa 쇼아
	sk	스ㅋ, 시*	스크	skatt 스카트, Skienselv 시엔스엘브, skram 스크람, Ekofisk 에코피스크
	skj	시*	—	Skjeggedalsfoss 셰게달스포스, Skjåk 쇼크
	t	ㅌ	ㅅ, 트	metal 메탈, husets 후셋스, slet 슬레트, lukt 룩트
			적지 않음 (어말 관사 et)	huset 후세, møtet 뫼테, taket 타케
	th	ㅌ	트	Dorthe 도르테, Matthias 마티아스, Hjorth 요르트
	tj	시*	—	tjern 셰른, tjue 슈에
	v, w	ㅂ	브	varm 바름, Kjerschow 셰르쇼브
모음	a	아		Hamar 하마르, Alta 알타
	aa, å	오		Aall 올, Aasmund 오스문, Kåre 코레, Vesterålen 베스테롤렌, Vestvågøy 베스트보괴위, Ålesund 올레순
	au	에우		haug 헤우, lauk 레우크, grauk 그레우크
	æ	에		være 베레, Svolvær 스볼베르
	e	에		esel 에셀, fare 파레
	eg	에이, 에그		regn 레인, tegn 테인, negl 네일, deg 데그, egg 에그
	ø	외, 에		Løken 뢰켄, Gjøvik 예비크, Bjørn 비에른
	i	이		Larvik 라르비크, Narvik 나르비크
	ie	이		Grieg 그리그, Nielsen 닐센, Lie 리
	o	오		Lonin 로닌, bok 보크, bord 보르, fjorten 피오르텐

자음	øg	외위	døgn 되윈, løgn 뢰윈
	øy	외위	høy 회위, røyk 뢰위크, nøytral 뇌위트랄
	u	우	Ålesund 올레순, Porsgrunn 포르스그룬
	y	위	Stjernøy 스티에르뇌위, Vestvågøy 베스트보괴위

* g, gj, j, lj의 '이'와 k, kj, sch, sj, sk, skj, tj의 '시'가 뒤따르는 모음과 결합할 때에는 합쳐서 1 음절로 적는다. 다만, j는 표기 세칙 제5항, 제12항을 따른다.

[표 13] 덴마크어 자모와 한글 대조표

	자모	한글		보기
		모음 앞	자음 앞·어말	
자음	b	ㅂ	ㅂ, 브	Bornholm 보른홀름, Jacobsen 야콥센, Holstebro 홀스테브로
	c	ㅋ, ㅅ	크	cafeteria 카페테리아, centrum 센트룸, crosset 크로세트
	ch	시*	크	Charlotte 샤를로테, Brochmand 브로크만, Grønbech 그뢴베크
	d	ㄷ		Odense 오덴세, dansk 단스크, vendisk 벤디스크
			적지 않음 (ds, dt, ld, nd, rd)	plads 플라스, Grundtvig 그룬트비, kridt 크리트, Lolland 롤란, Öresund 외레순, hård 호르
			드 (ndr)	andre 안드레, vandre 반드레
			드	dreng 드렝
	f	ㅍ	프	Falster 팔스테르, flod 플로드, ruf 루프
	g	ㄱ		give 기베, general 게네랄, gevær 게베르, hugge 후게
			적지 않음 (어미 ig)	herlig 헤를리, Grundtvig 그룬트비
			(u와 l 사이)	fugl 풀, kugle 쿨레
			(borg, berg)	Nyborg 뉘보르, Frederiksberg 프레데릭스베르
			그	magt 마그트, dug 두그
	h	ㅎ	적지 않음	Helsingør 헬싱외르, Dahl 달
	hj	이*	—	hjem 옘, hjort 요르트, Hjøring 예링
	j	이*	—	Jensen 옌센, Esbjerg 에스비에르, Skjern 스키에른

자음	k	ㅋ	ㄱ, 크	København 쾨벤하운, køre 쾨레, Skære 스케레, Frederikshavn 프레데릭스하운, Holbæk 홀베크
	l	ㄹ, ㄹㄹ	ㄹ	Lolland 롤란, Falster 팔스테르
	m	ㅁ	ㅁ	Møn 뫼, Bornholm 보른홀름
	n	ㄴ	ㄴ	Rønne 뢰네, Fyn 퓐
	ng	ㅇ	ㅇ	Helsingør 헬싱외르, Hjøring 예링
	nk	ㅇㅋ	ㅇ크	ankel 앙켈, Munk 뭉크
	p	ㅍ	ㅂ, 프	hoppe 호페, september 셉템베르, spring 스프링, hop 호프
	qu	크ㅂ	—	Taanquist 톤크비스트
	r	ㄹ	르	Rønne 뢰네, Helsingør 헬싱외르
	s, sc	ㅅ	스	Sorø 소뢰, Roskilde 로스킬레, Århus 오르후스, scene 세네
	sch	시*	슈	Schæfer 셰페르
	sj	시*	—	Sjælland 셸란, sjal 샬, sjus 슈스
	t	ㅌ	ㅅ, 트	Tønder 퇴네르, stå 스토, vittig 비티, nattkappe 낫카페, træde 트레데, streng 스트렝, hat 하트, krudt 크루트
	th	ㅌ	트	Thorshavn 토르스하운, Thisted 티스테드
	v	ㅂ		Vejle 바일레, dvale 드발레, pulver 풀베르, rive 리베, lyve 뤼베, løve 뢰베
		우 (단모음 뒤)		doven 도우엔, hoven 호우엔, oven 오우엔, sove 소우에
			적지 않음 (lv)	halv 할, gulv 굴
			우 (av, æv, øv, ov, ev)	gravsten 그라우스텐, København 쾨벤하운, Thorshavn 토르스하운, jævn 예운, Støvle 스퇴울레, lov 로우, rov 로우, Hjelmslev 옐름슬레우
			브	arv 아르브
	x	ㄱㅅ	ㄱ스	Blixen 블릭센, sex 섹스
	z	ㅅ	—	zebra 세브라
모음	a	아		Falster 팔스테르, Randers 라네르스
	æ	에		Næstved 네스트베드, træ 트레, fæ 페, mæt 메트
	aa, å	오		Kierkegaard 키르케고르, Århus 오르후스, lås 로스
	e	에		Horsens 호르센스, Brande 브라네
	eg	아이		negl 나일, segl 사일, regn 라인
	ej	아이		Vejle 바일레, Sejerø 사이에뢰

모음	ø	외	Rønne 뢰네, Ringkøbing 링쾨빙, Sorø 소뢰
	øg	오이	nøgle 노일레, øgle 오일레, løgn 로인, døgn 도인
	øj	오이	Højer 호이에르, øje 오이에
	i	이	Ribe 리베, Viborg 비보르
	ie	이	Niels 닐스, Nielsen 닐센, Nielson 닐손
	o	오	Odense 오덴세, Svendborg 스벤보르
	u	우	Århus 오르후스, Toflund 토플룬
	y	위	Fyn 퓐, Thy 튀

* hj, j의 '이'와 sch, sj의 '시'가 뒤따르는 모음과 결합할 때에는 합쳐서 1 음절로 적는다. 다만, j는 표기 세칙 제5항을 따른다.

[표 14] 말레이인도네시아어 자모와 한글 대조표

	자모	한글		보기
		모음 앞	자음 앞·어말	
자음	b	ㅂ	ㅂ, 브	Bali 발리, Abdul 압둘, Najib 나집, Bromo 브로모
	c	ㅊ	츠	Ceto 체토, Aceh 아체, Mac 마츠
	d	ㄷ	ㅅ, 드	Denpasar 덴파사르, Ahmad 아맛, Idris 이드리스
	f	ㅍ	ㅂ	Fuji 푸지, Arifin 아리핀, Jusuf 유숩
	g	ㄱ	ㄱ, 그	gamelan 가믈란, gudeg 구득, Nugroho 누그로호
	h	ㅎ	—	Halmahera 할마헤라, Johor 조호르, Ipoh 이포
	j	ㅈ	즈	Jambi 잠비, Majapahit 마자파힛, mikraj 미크라즈
	k	ㅋ	ㄱ, 크	Kalimantan 칼리만탄, batik 바틱, Krakatau 크라카타우
	kh	ㅎ	ㄱ, 크	khas 하스, akhbar 악바르, Fakhrudin 파크루딘
	l	ㄹ, ㄹㄹ	ㄹ	Lombok 롬복, Palembang 팔렘방, Bangsal 방살
	m	ㅁ	ㅁ	Maluku 말루쿠, bemo 베모, Iram 이람
	n	ㄴ	ㄴ	Nias 니아스, Sukarno 수카르노, Prambanan 프람바난
	ng	응	ㅇ	Ngarai 응아라이, bonang 보낭, Bandung 반둥
	p	ㅍ	ㅂ, 프	Padang 파당, Yap 얍, Suprana 수프라나
	q	ㅋ	ㄱ	furqan 푸르칸, Taufiq 타우픽
	r	ㄹ	르	ringgit 링깃, Rendra 렌드라, asar 아사르
	s	ㅅ	스	Sabah 사바, Brastagi 브라스타기, Gemas 게마스
	t	ㅌ	ㅅ, 트	Timor 티모르, Jakarta 자카르타, Rahmat 라맛, Trisno 트리스노

자음	v	ㅂ	—	Valina 발리나, Eva 에바, Lovina 로비나
	x	ㅅ	—	xenon 세논
	z	ㅈ	즈	zakat 자캇, Azlan 아즐란, Haz 하즈
반모음	w	오, 우		Wamena 와메나, Badawi 바다위
	y	이		Yudhoyono 유도요노, Surabaya 수라바야
모음	a	아		Ambon 암본, sate 사테, Pancasila 판차실라
	e	에, 으		Ende 엔데, Ampenan 암페난, Pane 파네, empat 음팟, besar 브사르, gendang 근당
	i	이		Ibrahim 이브라힘, Biak 비악, trimurti 트리무르티
	o	오		Odalan 오달란, Barong 바롱, komodo 코모도
	u	우		Ubud 우붓, kulit 쿨릿, Dampu 담푸
이중모음	ai	아이		ain 아인, Rais 라이스, Jelai 즐라이
	au	아우		aula 아울라, Maumere 마우메레, Riau 리아우
	oi	오이		Amboina 암보이나, boikot 보이콧

[표 15] 타이어 자모와 한글 대조표

	로마자	타이어 자모	한글		보기
			모음 앞	자음 앞·어말	
자음	b	บ	ㅂ	ㅂ	baht 밧, Chonburi 촌부리, Kulab 꿀랍
	c	จ	ㅉ	—	Caolaw 짜올라우
	ch	ฉ	ㅊ	ㅅ	Chiang Mai 치앙마이, buach 부앗
		ช			
		ฌ			
	d	ฎ	ㄷ	ㅅ	Dindaeng 딘댕, Rad Burana 랏부라나, Samed 사멧
		ด			
	f	ฝ	ㅍ	—	Maefaluang 매팔루앙
		ฟ			
	h	ห	ㅎ	—	He 헤, Lahu 라후, Mae Hong Son 매홍손
		ฮ			
	k	ก	ㄲ	ㄱ	Kaew 깨우, malako 말라꼬, Rak Mueang 락므앙, phrik 프릭
	kh	ข	ㅋ	ㄱ	Khaosan 카오산, lakhon 라콘, Caroenrachphakh 짜른랏팍
		ฃ			
		ค			
		ฅ			
		ฆ			

<table>
<tr><td rowspan="23">자음</td><td rowspan="2">l</td><td>ล</td><td rowspan="2">ㄹ, ㄹㄹ</td><td rowspan="2">ㄴ</td><td rowspan="2">lamyai 람야이, Thalang 탈랑, Sichol 시촌</td></tr>
<tr><td>ฬ</td></tr>
<tr><td>m</td><td>ม</td><td>ㅁ</td><td>ㅁ</td><td>Maikhao 마이카오, mamuang 마무앙, khanom 카놈, Silom 실롬</td></tr>
<tr><td rowspan="2">n</td><td>ณ</td><td rowspan="2">ㄴ</td><td rowspan="2">ㄴ</td><td rowspan="2">Nan 난, Ranong 라농, Arun 아룬, Huahin 후아힌</td></tr>
<tr><td>น</td></tr>
<tr><td>ng</td><td>ง</td><td>응</td><td>ㅇ</td><td>nga 응아, Mongkut 몽꿋, Chang 창</td></tr>
<tr><td>p</td><td>ป</td><td>ㅃ</td><td>ㅂ</td><td>Pimai 삐마이, Paknam 빡남, Nakhaprathip 나카쁘라팁</td></tr>
<tr><td rowspan="3">ph</td><td>ผ</td><td rowspan="3">ㅍ</td><td rowspan="3">ㅂ</td><td rowspan="3">Phuket 푸껫, Phicit 피찟, Saithiph 사이팁</td></tr>
<tr><td>พ</td></tr>
<tr><td>ภ</td></tr>
<tr><td>r</td><td>ร</td><td>ㄹ</td><td>ㄴ</td><td>ranat 라낫, thurian 투리안</td></tr>
<tr><td rowspan="4">s</td><td>ซ</td><td rowspan="4">ㅅ</td><td rowspan="4">ㅅ</td><td rowspan="4">Siam 시암, Lisu 리수, Saket 사껫</td></tr>
<tr><td>ศ</td></tr>
<tr><td>ษ</td></tr>
<tr><td>ส</td></tr>
<tr><td rowspan="2">t</td><td>ฏ</td><td rowspan="2">ㄸ</td><td rowspan="2">ㅅ</td><td rowspan="2">Tak 딱, Satun 사뚠, natsin 낫신, Phuket 푸껫</td></tr>
<tr><td>ต</td></tr>
<tr><td rowspan="6">th</td><td>ฐ</td><td rowspan="6">ㅌ</td><td rowspan="6">ㅅ</td><td rowspan="6">Tham Boya 탐보야, Thon Buri 톤부리, thurian 투리안, song thaew 송태우, Pathumthani 빠툼타니, Chaiyawath 차이야왓</td></tr>
<tr><td>ฑ</td></tr>
<tr><td>ฒ</td></tr>
<tr><td>ถ</td></tr>
<tr><td>ท</td></tr>
<tr><td>ธ</td></tr>
<tr><td rowspan="3">반모음</td><td rowspan="2">y</td><td>ญ</td><td colspan="2" rowspan="2">이</td><td rowspan="2">lamyai 람야이, Ayutthaya 아유타야</td></tr>
<tr><td>ย</td></tr>
<tr><td>w</td><td>ว</td><td colspan="2">오, 우</td><td>Wan Songkran 완송끄란, Malaiwong 말라이웡, song thaew 송태우</td></tr>
<tr><td rowspan="10">모음</td><td rowspan="2">a</td><td>—ะ</td><td colspan="2" rowspan="2">아</td><td rowspan="2">Akha 아카, kapi 까삐, lang sad 랑삿, Phanga 팡아</td></tr>
<tr><td>—า</td></tr>
<tr><td rowspan="2">e</td><td>เ—ะ</td><td colspan="2" rowspan="2">에</td><td rowspan="2">Erawan 에라완, Akhane 아카네, Panare 빠나레</td></tr>
<tr><td>เ—</td></tr>
<tr><td rowspan="2">i</td><td>—ิ</td><td colspan="2" rowspan="2">이</td><td rowspan="2">Sire 시레, linci 린찌, Krabi 끄라비, Lumphini 룸피니</td></tr>
<tr><td>—ี</td></tr>
<tr><td rowspan="4">o</td><td>โ—ะ</td><td colspan="2" rowspan="4">오</td><td rowspan="4">khon 콘, Loi 로이, namdokmai 남독마이, Huaito 후아이또</td></tr>
<tr><td>โ—</td></tr>
<tr><td>เ—าะ</td></tr>
<tr><td>—อ</td></tr>
</table>

모음	u	—ุ	우	thurian 투리안, Chonburi 촌부리, Satun 사뚠
		—ู		
	ae	แ—ะ	애	kaeng daeng 깽댕, Maew 매우, Bangsaen 방색, Kaibae 까이배
		แ—		
	oe	เ—อะ	으	Mai Mueangdoem 마이 므앙듬
		เ—อ		
	ue	—ึ	으	kaeng cued 깽쯧, Maeraphueng 매라픙, Buengkum 븡꿈
		—ื		

[표 16] 베트남어 자모와 한글 대조표

	자모	한글		보기
		모음앞	자음 앞·어말	
자음	b	ㅂ	—	Bao 바오, bo 보
	c, k, q	ㄲ	ㄱ	cao 까오, khac 칵, kiêt 끼엣, lăk 락, quan 꽌
	ch	ㅉ	ㄱ	cha 짜, bach 박
	d, gi	ㅈ	—	duc 죽, Dương 즈엉, gia 자, giây 저이
	đ	ㄷ	—	đan 단, Đinh 딘
	g, gh	ㄱ	—	gai 가이, go 고, ghe 개, ghi 기
	h	ㅎ	—	hai 하이, hoa 호아
	kh	ㅋ	—	Khai 카이, khi 키
	l	ㄹ, ㄹㄹ	—	lâu 러우, long 롱, My Lai 밀라이
	m	ㅁ	ㅁ	minh 민, măm 맘, tôm 똠
	n	ㄴ	ㄴ	Nam 남, non 논, bun 분
	ng, ngh	응	ㅇ	ngo 응오, ang 앙, đông 동, nghi 응이, nghê 응에
	nh	니	ㄴ	nhât 녓, nhơn 년, minh 민, anh 아인
	p	ㅃ	ㅂ	put 뿟, chap 짭
	ph	ㅍ	—	Pham 팜, phơ 퍼
	r	ㄹ	—	rang 랑, rôi 로이
	s	ㅅ	—	sang 상, so 소
	t	ㄸ	ㅅ	tam 땀, têt 뗏, hat 핫
	th	ㅌ	—	thao 타오, thu 투
	tr	ㅉ	—	Trân 쩐, tre 째
	v	ㅂ	—	vai 바이, vu 부
	x	ㅆ	—	xanh 싸인, xeo 쌔오

모음	a	아	an 안, nam 남
	ă	아	ăn 안, Đăng 당, măc 막
	â	어	ân 언, cân 껀, lâu 러우
	e	애	em 앰, cheo 째오
	ê	에	êm 엠, chê 쩨, Huê 후에
	i	이	in 인, dai 자이
	y	이	yên 옌, quy 꾸이
	o	오	ong 옹, bo 보
	ô	오	ôm 옴, đông 동
	ơ	어	ơn 언, sơn 선, mơi 머이
	u	우	um 움, cung 꿍
	ư	으	ưn 은, tư 뜨
이중 모음	ia	이어	kia 끼어, ria 리어
	iê	이에	chiêng 찌엥, diêm 지엠
	ua	우어	lua 루어, mua 무어
	uô	우오	buôn 부온, quôc 꾸옥
	ưa	으어	cưa 끄어, mưa 므어, sưa 스어
	ươ	으어	rươu 르어우, phương 프엉

[표 17] 포르투갈어 자모와 한글 대조표

	자모	한 글		보 기
		모음 앞	자음 앞·어말	
자음	b	ㅂ	브	bossa nova 보사노바, Abreu 아브레우
	c	ㅋ, ㅅ	ㄱ	Cabral 카브랄, Francisco 프란시스쿠, aspecto 아스펙투
	ç	ㅅ	—	saraça 사라사, Eça 에사
	ch	시*	—	Chaves 샤베스, Espichel 이스피셸
	d	ㄷ, ㅈ	드	escudo 이스쿠두, Bernardim 베르나르딩, Dias 지아스(브)
	f	ㅍ	프	fado 파두, Figo 피구
	g	ㄱ, ㅈ	그	Saramago 사라마구, Jorge 조르즈, Portalegre 포르탈레그르, Guerra 게하
	h	—	—	Henrique 엔히크, hostia 오스티아
	j	ㅈ	—	Aljezur 알제주르, panja 판자
	l	ㄹ, ㄹㄹ	ㄹ, 우	Lisboa 리스보아, Manuel 마누엘, Melo 멜루, Salvador 사우바도르(브)

자음	lh	ㄹ리*	—	Coelho 코엘류, Batalha 바탈랴
	m	ㅁ	ㅁ, ㅇ	Moniz 모니스, Humberto 움베르투, Camocim 카모싱
	n	ㄴ	ㄴ, ㅇ	Natal 나탈, António 안토니우, Angola 앙골라, Rondon 혼동
	nh	니*	—	Marinha 마리냐, Matosinhos 마토지뉴스
	p	ㅍ	프	Pedroso 페드로주, Lopes 로페스, Prado 프라두
	q	ㅋ	—	Aquilino 아킬리누, Junqueiro 중케이루
	r	ㄹ, ㅎ	르	Freire 프레이르, Rodrigues 호드리게스, Cardoso 카르도주
	s	ㅅ, ㅈ	스, 즈	Salazar 살라자르, Barroso 바호주, Egas 에가스, mesmo 메즈무
	t	ㅌ, ㅊ	트	Tavira 타비라, Garrett 가헤트, Aracati 아라카치(브)
	v	ㅂ	—	Vicente 비센트, Oliveira 올리베이라
	x	시*, ㅈ	스	Xira 시라, exame 이자므, exportar 이스포르타르
	z	ㅈ	스	fazenda 파젠다, Diaz 디아스
모음	a	아		Almeida 알메이다, Egas 에가스
	e	에, 이, 으		Elvas 엘바스, escudo 이스쿠두, Mangualde 망구알드, Belmonte 베우몬치(브)
	i	이		Amalia 아말리아, Vitorino 비토리누
	o	오, 우		Odemira 오데미라, Melo 멜루, Passos 파수스
	u	우		Manuel 마누엘, Guterres 구테흐스
이중모음	ai	아이		Sampaio 삼파이우, Cascais 카스카이스
	au	아우		Bauru 바우루, São Paulo 상파울루
	ãe	앙이		Guimarães 기마랑이스, Magalhães 마갈량이스
	ão	앙		Durão 두랑, Fundão 푼당
	ei	에이		Ribeiro 히베이루, Oliveira 올리베이라
	eu	에우		Abreu 아브레우, Eusebio 에우제비우
	iu	이우		Aeminium 아에미니웅, Ituiutaba 이투이우타바
	oi	오이		Coimbra 코임브라, Goiás 고이아스
	ou	오		Lousã 로장, Mogadouro 모가도루
	õe	옹이		Camões 카몽이스, Pilões 필롱이스
	ui	우이		Luis 루이스, Cuiabá 쿠이아바

* ch의 '시', lh의 '리', nh의 '니', x의 '시'가 뒤따르는 모음과 결합할 때에는 합쳐서 1 음절로 적는다.

* k, w, y는 외래어나 외래어에서 파생된 포르투갈식 어휘 또는 국제적으로 통용되는 약자나 기호의 표기에서 사용되는 것으로 포르투갈어 알파벳에 속하지 않으므로 해당 외래어 발음에 가깝게 표기한다.

* (브)는 브라질 포르투갈어에 적용되는 표기이다.

[표 18] 네덜란드어 자모와 한글 대조표

	자모	한 글		보 기
		모음 앞	자음 앞·어말	
자음	b	ㅂ	ㅂ, 브, 프	Borst 보르스트, Bram 브람, Jacob 야코프
	c	ㅋ	ㄱ, 크	Campen 캄펀, Nicolaas 니콜라스, topic 토픽, scrupel 스크뤼펄
		ㅅ		cyaan 시안, Ceelen 세일런
	ch	ㅎ	흐	Volcher 폴허르, Utrecht 위트레흐트
	d	ㄷ	ㅅ, 드, 트	Delft 델프트, Edgar 엣하르, Hendrik 헨드릭, Helmond 헬몬트
	f	ㅍ	프	Flevoland 플레볼란트, Graaf 흐라프
	g	ㅎ	흐	Goes 후스, Limburg 림뷔르흐
	h	ㅎ	—	Heineken 헤이네컨, Hendrik 헨드릭
	j	이*	—	Jongkind 용킨트, Jan 얀, Jeroen 예룬
	k	ㅋ	ㄱ, 크	Kok 콕, Alkmaar 알크마르, Zierikzee 지릭제이
	kw(qu)	크ㅂ	—	kwaliteit 크발리테이트, kwellen 크벨런, kwitantie 크비탄시
	l	ㄹ, ㄹㄹ	ㄹ	Lasso 라소, Friesland 프리슬란트, sabel 사벌
	m	ㅁ	ㅁ	Meerssen 메이르선, Zalm 잘름
	n	ㄴ	ㄴ	Nijmegen 네이메헌, Jansen 얀선
	ng	ㅇ	ㅇ	Inge 잉어, Groningen 흐로닝언
	p	ㅍ	ㅂ, 프	Peper 페퍼르, Kapteyn 캅테인, Koopmans 코프만스
	r	ㄹ	르	Rotterdam 로테르담, Asser 아서르
	s	ㅅ	스	Spinoza 스피노자, Hals 할스
	sch	스ㅎ	스	Schiphol 스히폴, Escher 에스허르, typisch 티피스
	sj	시*	시	sjaal 샬, huisje 하위셔, ramsj 람시 fetisj 페티시
	t	ㅌ	ㅅ, 트	Tinbergen 틴베르헌, Gerrit 헤릿, Petrus 페트뤼스
	ts	ㅊ	츠	Aartsen 아르천, Beets 베이츠
	v	ㅂ, ㅍ	브	Veltman 펠트만, Einthoven 에인트호번, Weltevree 벨테브레이
	w	ㅂ	—	Wim 빔
	y	이	이	cyaan 시안, Lyonnet 리오넷, typisch 티피스, Verwey 페르베이
	z	ㅈ	—	Zeeman 제이만, Huizinga 하위징아

모음	a	아	Asser 아서르, Frans 프란스
	e	에, 어	Egmont 에흐몬트, Frederik 프레데릭, Heineken 헤이네컨, Lubbers 뤼버르스, Campen 캄펀
	i	이	Nicolaas 니콜라스, Tobias 토비아스
	ie	이	Pieter 피터르, Vries 프리스
	o	오	Onnes 오너스, Vondel 폰덜
	oe	우	Boer 부르, Boerhaave 부르하버
	u	위	Utrecht 위트레흐트, Petrus 페트뤼스
	eu	외	Europort 외로포르트, Deurne 되르너
	uw	위	ruw 뤼, duwen 뒤언, Euwen 에위언
이중모음	ou(w), au(w)	아우	Bouts 바우츠, Bouwman 바우만, Paul 파울, Lauwersmeer 라우에르스메이르
	ei, ij	에이	Heike 헤이커, Bolkestein 볼케스테인, Ijssel 에이설
	ui(uy)	아위	Huizinga 하위징아, Zuid－Holland 자위트홀란트, Buys 바위스
	aai	아이	draaien 드라이언, fraai 프라이, zaait 자이트, Maaikes 마이커스
	ooi	오이	Booisman 보이스만, Hooites 호이터스
	oei	우이	Boeijinga 부잉아, moeite 무이터
	eeuw	에이우	Leeuwenhoek 레이우엔훅, Meeuwes 메이우어스
	ieuw	이우	Lieuwma 리우마, Rieuwers 리우어르스

* j의 '이', sj의 '시'가 뒤따르는 모음과 결합할 때에는 합쳐서 1 음절로 적는다.

[표 19] 러시아어 자모와 한글 대조표

	로마자	러시아어 자모	한 글			보 기
			모음 앞	자음 앞	어말	
자음	b	б	ㅂ	ㅂ, 브	프	Bolotov(Болотов) 볼로토프, Bobrov(Бобров) 보브로프, Kurbskii(Курбский) 쿠릅스키, Gleb(Глеб) 글레프
	ch	ч	ㅊ	치		Goncharov(Гончаров) 곤차로프, Manechka(Манечка) 마네치카, Yakubovich(Якубович) 야쿠보비치
	d	д	ㄷ	ㅅ, 드	트	Dmitrii(Дмитрий) 드미트리, Benediktov (Бенедиктов) 베네딕토프, Nakhodka(Находка) 나홋카, Voskhod(Восход) 보스호트

자음	f	ф	ㅍ	ㅂ, 프	프	Fyodor(Фёдор) 표도르, Yefremov(Ефремов) 예프레모프, Iosif(Иосиф) 이오시프
	g	г	ㄱ	ㄱ, 그	크	Gogol'(Гоголь) 고골, Musorgskii(Мусоргский) 무소륵스키, Bogdan(Богдан) 보그단, Andarbag(Андарбаг) 안다르바크
	kh	x	ㅎ	흐		Khabarovsk(Хабаровск) 하바롭스크, Akhmatova(Ахматова) 아흐마토바, Oistrakh(Ойстрах) 오이스트라흐
	k	к	ㅋ	ㄱ, 크	크	Kalmyk(Калмык) 칼미크, Aksakov(Аксаков) 악사코프, Kvas(Квас) 크바스, Vladivostok(Владивосток) 블라디보스토크
	l	л	ㄹ, ㄹㄹ	ㄹ		Lenin(Ленин) 레닌, Nikolai(Николай) 니콜라이, Krylov(Крылов) 크릴로프, Pavel(Павел) 파벨
	m	м	ㅁ	ㅁ, 므	ㅁ	Mikhaiil(Михаийл) 미하일, Maksim(Максим) 막심, Mtsensk(Мценск) 므첸스크
	n	н	ㄴ	ㄴ		Nadya(Надя) 나댜, Stefan(Стефан) 스테판
	p	п	ㅍ	ㅂ, 프	프	Pyotr(Пётр) 표트르, Rostopchina(Ростопчина) 로스톱치나, Pskov(Псков) 프스코프, Maikop(Майкоп) 마이코프
	r	р	ㄹ	르		Rybinsk(Рыбинск) 리빈스크, Lermontov(Лермонтов) 레르몬토프, Artyom(Артём) 아르툠
	s	с	ㅅ	스		Vasilii(Василий) 바실리, Stefan(Стефан) 스테판, Boris(Борис) 보리스
	sh	ш	시*	시		Shelgunov(Шелгунов) 셸구노프, Shishkov(Шишков) 시시코프
	shch	щ	시*	시		Shcherbakov(Щербаков) 셰르바코프, Shchirets(Щирец) 시레츠, borshch(борщ) 보르시
	t	т	ㅌ	ㅅ, 트	트	Tat'yana(Татьяна) 타티야나, Khvatkov(Хватков) 흐밧코프, Tver'(Тверь) 트베리, Buryat(Бурят) 부랴트
	tch	тч	ㅊ	—		Gatchina(Гатчина) 가치나, Tyutchev(Тютчев) 튜체프
	ts	ц, тс	ㅊ	츠		Kapitsa(Капица) 카피차, Tsvetaeva(Цветаева) 츠베타예바, Bryatsk(Брятск) 브랴츠크, Yakutsk(Якутск) 야쿠츠크

자음	v	в	ㅂ	ㅂ, 브	프	Verevkin(Веревкин) 베렙킨, Dostoevskii(Достоевский) 도스토옙스키, Vladivostok(Владивосток) 블라디보스토크, Markov(Марков) 마르코프
	z	з	ㅈ	즈, 스	스	Zaichev(Зайчев) 자이체프, Kuznetsov(Кузнецов) 쿠즈네초프, Agryz(Агрыз) 아그리스
	zh	ж	ㅈ	즈, 시	시	Zhadovskaya(Жадовская) 자돕스카야, Zhdanov(Жданов) 즈다노프, Luzhkov(Лужков) 루시코프, Kebezh(Кебеж) 케베시
	j/i	й	이	이		Yurii(Юрий) 유리, Andrei(Андрей) 안드레이, Belyi(Белый) 벨리
모음	a	a	아			Aksakov(Аксаков) 악사코프, Abakan(Абакан) 아바칸
	e	e	에, 예			Petrov(Петров) 페트로프, Evgenii(Евгений) 예브게니, Alekseev(Алексеев) 알렉세예프, Ertel'(Эртель) 예르텔
		э				
	i	и	이			Ivanov(Иванов) 이바노프, Iosif(Иосиф) 이오시프
	o	o	오			Khomyakov(Хомяков) 호먀코프, Oka(Ока) 오카
	u	у	우			Ushakov(Ушаков) 우샤코프, Sarapul(Сарапул) 사라풀
	y	ы	이			Saltykov(Салтыков) 살티코프, Kyra(Кыра) 키라, Belyi(Белый) 벨리
	ya	я	야			Yasinskii(Ясинский) 야신스키, Adygeya(Адыгея) 아디게야
	yo	ё	요			Solov'yov(Соловьёв) 솔로비요프, Artyom(Артём) 아르툠
	yu	ю	유			Yurii(Юрий) 유리, Yurga(Юрга) 유르가

* sh(ш), shch(щ)의 '시'가 뒤따르는 모음과 결합할 때에는 합쳐서 1 음절로 적는다.

제3장 표기 세칙

「외래어 표기법」 제3장의 표기 세칙에는 제1절 영어의 표기부터 제21절 러시아어의 표기까지 총 21개 언어의 표기 세칙을 제시하고 있다. 표기 세칙은 제2장의 표기 일람표에 따른 실제 외래어 표기의 예를 보여주며, 각 언어에 따른 표기의 차이를 볼 수 있다.

제1절 영어의 표기

영어는 [표 1]의 국제 음성 기호와 한글 대조표에 따라 적되, 다음 사항에 유의하여 적는다.

제1항 무성 파열음([p], [t], [k])
제2항 유성 파열음([b], [d], [g])
제3항 마찰음([s], [z], [f], [v], [θ], [ð], [ʃ], [ʒ])
제4항 파찰음([ʦ], [dz], [ʧ], [ʤ])
제5항 비음([m], [n], [ŋ])
제6항 유음([l])
제7항 장모음
제8항 중모음([ai], [au], [ei], [ɔi], [ou], [auə]
제9항 반모음([w], [j])
제10항 복합어

제 1 항 무성 파열음([p], [t], [k])

1. 짧은 모음 다음의 어말 무성 파열음([p], [t], [k])은 받침으로 적는다.

【보기】 gap[gæp] 갭　　cat[kæt] 캣
book[buk] 북

2. 짧은 모음과 유음·비음([l], [r], [m], [n]) 이외의 자음 사이에 오는 무성 파열음([p], [t], [k])은 받침으로 적는다.

【보기】 apt[æpt] 앱트　　setback[setbæk] 셋백
act[ækt] 액트

3. 위 경우 이외의 어말과 자음 앞의 [p], [t], [k]는 '으'를 붙여 적는다.

【보기】 stamp[stæmp] 스탬프　　cape[keip] 케이프
nest[nest] 네스트　　part[pɑːt] 파트
desk[desk] 데스크　　make[meik] 메이크

apple[æpl] 애플 mattress[mætris]매트리스
chipmunk[ʧipmʌŋk] 치프멍크 sickness[siknis] 시크니스

[해설] 무성 파열음[4] [p], [t], [k]가 단어의 끝에 올 때 두 가지 표기 방법이 있다. 하나는 앞말의 받침으로 적는 것이고, 다른 하나는 '으'를 붙여 '프, 트, 크'로 적는 것이다.

가. 앞말의 받침 'ㅂ, ㅅ, ㄱ'으로 적는 경우

① 단어의 끝에 오는 무성 파열음 [p], [t], [k]가 짧은 모음 바로 뒤에 올 때 앞말의 받침으로 'ㅂ, ㅅ, ㄱ'을 적는다.

- [p] 받침 ㅂ

  gap[gæ**p**] 갭 scrap[skræ**p**] 스크랩
- [t] 받침 ㅅ

  carpet[kάːrpe**t**] 카펫 robot[róubɔ**t**] 로봇

  doughnut[dóunʌ**t**] 도넛 cat[kæ**t**] 캣

  diskette[diské**t**] 디스켓 limit[limi**t**] 리밋

  racket[rǽke**t**] 라켓[5]
- [k] 받침 ㄱ

  book[bu**k**] 북 dock[dɔ**k**] 독

② [p], [t], [k]가 짧은 모음과 자음([l], [r], [m], [n] 제외) 사이에 올 때도 앞말의 받침으로 'ㅂ, ㅅ, ㄱ'을 적는다.

napkin[nǽ**p**kin] 냅킨 lipstick['lɪ**p**stɪk] 립스틱

contact[kɔ́ntæ**k**t] 콘택트 setback[se**t**bæk] 셋백

4 파열음은 폐로부터 성대를 통해 나오던 공기가 완전히 폐쇄되었다가 터져 나오는 소리를 말하는 것으로 자음 중에서 가장 장애가 큰 소리이다. 폐쇄음(閉鎖音, stop)이라고도 한다. 무성 파열음은 성대를 울리지 않고 소리가 나는 반면, 유성 파열음은 성대를 울리며 소리가 난다. 영어는 유성 파열음[b, d, g]과 무성 파열음[p, t, k]이 대립하지만 한국어는 예사소리(평음, ㅂ,ㄷ,ㄱ), 된소리(경음, ㅃ, ㄸ, ㄲ), 거센소리(격음, ㅍ, ㅌ, ㅋ)가 대립하는 구조이다.

5 사전에는 racket[rǽkit]으로 되어 있어서 발음대로 적으면 '래킷'이지만 관용에 따라 '라켓'이라고 적는다.

나. 모음 '으'를 붙여 '프, 트, 크'로 적는 경우

① 단어의 끝에 오는 [p], [t], [k]가 긴 모음이나 이중 모음 바로 뒤에 올 때는 '프, 트, 크'로 적는다.

• 긴 모음 뒤

deep[diː**p**] 디프 part[pɑː**t**] 파트 flute[fluː**t**] 플루트

talk[tɔː**k**] 토크 teamwork['tiːmwɜː**k**] 팀워크

• 이중 모음 뒤

tape[tei**p**] 테이프 make[mei**k**] 메이크 cake[kei**k**] 케이크

cape[kei**p**] 케이프 scout[skau**t**] 스카우트

② [p], [t], [k]가 짧은 모음과 자음 [l], [r], [m], [n] 사이에 올 때

apple[æ**pl**] 애플 chipmunk[ʧi**pm**ʌŋk] 치프멍크

mattress[mæ**tr**is] 매트리스 sickness[si**kn**is] 시크니스

③ [p], [t], [k] 앞에 다른 자음이 발음될 때

stamp[stæm**p**] 스탬프 nest[nes**t**] 네스트 test[tes**t**] 테스트

chipmunk[ʧipmʌŋ**k**] 치프멍크 desk[des**k**] 데스크

한편, 외래어를 우리말로 적을 때 이미 굳어진 형태를 인정함에 따라 예외가 많으므로 주의해야 한다.(「외래어 표기법」 제1장 5항 참고) 예를 들어, 'net, bat, hit, set, nut, knock, shock, check' 등은 어말의 [t]와 [k]가 짧은 모음 뒤에 와서 '넷, 뱃, 힛, 셋, 넛, 녹, 쇽, 첵'으로 적어야 한다. 그러나 이 외래어들은 관습에 따라 '네트, 배트, 히트, 세트, 너트, 노크, 쇼크, 체크'처럼 '으'를 받쳐 적는다. 보통 1음절이고 단어의 끝이 무성 파열음 [p], [t], [k]로 끝나는 말은 그 앞에 짧은 모음이 있더라도 '으'를 붙여 한 음절을 늘려 적는 경우가 많다.

mat[mæt] 매트 bat[bæt] 배트 hit[hit] 히트

set[set] 세트 nut[nʌt] 너트

knock[nɔk] 노크 shock[ʃɔk] 쇼크 check[tʃek] 체크

이 밖에 외래어 표기가 쓰임에 따라 달라지는 경우도 있다. 'cut[cʌt]'는 '컷'이나 '커트' 두 가지로 적을 수 있다. type[taip]은 '타자기'를 의미할 때는 '타이프'로 적고 '어떤 부류의 형태나 형식, 모양'을 의미할 때는 '타입'으로 적는다.

- '컷'으로 적을 때
  ① 영화, 텔레비전 등의 촬영에서 한 대의 카메라가 찍기 시작하였을 때부터 회전을 끝낼 때까지의 하나의 장면
  ② 인쇄물에 넣는 작은 삽화
  ③ 촬영할 때에 촬영기의 회전을 멈추거나 멈추도록 하는 신호
  ④ 영화의 편집, 검열을 할 때에 필름의 일부분을 잘라 내는 일

- '커트'로 적을 때는
  ① 전체 중에서 일부를 잘라 내는 일
  ② 미용을 목적으로 머리를 자르는 일 또는 그 머리의 모양
  ③ 정구, 탁구, 골프 따위에서 공을 옆으로 깎아 치는 방법
  ④ 야구에서 타자가 투수가 던진 공을 잡아채듯이 치는 일
  ⑤ 농구 등에서 상대방의 공을 가로채는 일

한편, [r]은 단어의 끝음절이나 자음 앞에서 발음을 할 수도 있고 하지 않을 수도 있는데 원칙적으로는 'star[stɑː(r)] 스타', 'center[séntər] 센터'와 같이 따로 적지 않는다. 그러나 예외적으로 [r]을 적을 경우에는 'ㄹ'이 아니라 '르'로 적어 'cork[kɔːrk] 코르크', 'endorphin[en'dɔːrfɪn] 엔도르핀'과 같이 적는다.

제2항 유성 파열음([b], [d], [g])

어말과 모든 자음 앞에 오는 유성 파열음은 '으'를 붙여 적는다.

【보기】	bulb[bʌlb] 벌브	land[lænd] 랜드
	zigzag[zigzæg] 지그재그	lobster[lɔbstə] 로브스터
	kidnap[kidnæp] 키드냅	signal[signəl] 시그널

[해설] 유성 파열음 [b], [d], [g]는 단어의 끝이나 모든 자음 앞에서 항상 모음 '으'를 붙여 '브, 드, 그'로 적는다. 유성 파열음 [b], [d], [g]가 단어의 끝에 오면 'bulb[bʌlb] 벌브', 'land[lænd] 랜드', 'zigzag[zigzæg] 지그재그'와 같이 '브, 드, 그'로 적는다. 'wood[wud] 우드, food[fuːd] 푸드'도 [d]가 단어의 끝에 와서 '드'로 적는다.

또한 [b], [d], [g]가 다른 자음 앞에 올 때에도 'lobster[lɔbstə] 로브스터', 'kidnap[kidnæp] 키드냅', 'signal[signəl] 시그널'과 같이 '브, 드, 그'로 적어야 한다.

[b]	adlib 애드리브	tab 태브	lobster 로브스터[6]
[d]	wood 우드	food 푸드	land 랜드
	salad 샐러드	hand 핸드	kidnap 키드냅
[g]	bulldog 불도그	bug 버그	zigzag 지그재그
	gagman 개그맨	signal 시그널	

다만, 단어의 끝에 오는 [b], [d], [g]를 'ㅂ, ㅅ, ㄱ'로 발음하는 것이 관습적으로 굳어진 경우에는 이를 받침으로 적는 것을 허용한다. 예를 들어 'web[web]'과 'good[gud]', 'bag[bæg]'은 [b], [d], [g]가 어말에 와서 '으'를 붙여 '웨브', '구드', '배그'라고 적어야 한다. 그러나 이 경우에 '웹', '굿', '백'이라고 표기해 왔던 관습을 인정하여 본항의 규정과는 다르지만 '웹, 굿, 백'이라고 표기한다.

- 관용적 표기

web[web] 웹	good[gud] 굿	job[ʤab] 잡
lab[læb] 랩	bag[hǽndbæg] 백	

이처럼 유성 파열음 [b], [d], [g]는 원칙적으로는 받침으로 적지 않지만 관습에 의한 표기를 허용하고 있기 때문에 사전에서 확인하는 것이 좋다.

6 lobster는 외래어 표기법에 따라 '로브스터'라고 적어야 하지만 오랫동안의 관용을 인정하여 '랍스터'도 관용적인 표기로 인정하기로 하였다. 'RADAR'는 '레이다'가 규범 표기이지만 '레이더'로 표기하는 것도 관용적인 표기로 인정한다.

제3항 마찰음([s], [z], [f], [v], [θ], [ð], [ʃ], [ʒ])

1. 어말 또는 자음 앞의 [s], [z], [f], [v], [θ], [ð]는 '으'를 붙여 적는다.

【보기】 mask[mɑːsk] 마스크 jazz[dʒæz] 재즈
graph[græf] 그래프 olive[ɔliv] 올리브
thrill[θril] 스릴 bathe[beið] 베이드

2. 어말의 [ʃ]는 '시'로 적고, 자음 앞의 [ʃ]는 '슈'로, 모음 앞의 [ʃ]는 뒤따르는 모음에 따라 '샤', '섀', '셔', '셰', '쇼', '슈', '시'로 적는다.

【보기】 flash[flæʃ] 플래시 shrub[ʃrʌb] 슈러브
shark[ʃɑːk] 샤크 shank[ʃæŋk] 섕크
fashion[fæʃən] 패션 sheriff[ʃerif] 셰리프
shopping[ʃɔpiŋ] 쇼핑 shoe[ʃuː] 슈
shim[ʃim] 심

3. 어말 또는 자음 앞의 [ʒ]는 '지'로 적고, 모음 앞의 [ʒ]는 'ㅈ'으로 적는다.

【보기】 mirage[mirɑːʒ] 미라지 vision[viʒən] 비전

[해설] 제3항은 영어의 마찰음[7] [s], [z], [f], [v], [θ], [ð], [ʃ], [ʒ]을 한글 자음으로 적는 방법을 밝히고 있다.

첫째, 영어의 마찰음 [s], [z], [f], [v], [θ], [ð]가 모음 앞에 올 때에는 한글 자음 'ㅅ, ㅈ, ㅍ, ㅂ, ㅅ, ㄷ'으로 적는다.

sale[**s**eil] 세일 zone[**z**oun] 존 version[**v**ə́ːrʒən] 버전
zipper[**zí**pər] 지퍼 secret[[**sí**ːkrit] 시크릿

그런데 영어의 마찰음 [s], [z], [f], [v], [θ], [ð]가 단어의 끝음절에 오거나 자음 앞에 올 때에는 '으'를 붙여 '스, 즈, 프, 브, 스, 드'로 적는다.[8]

---

7 마찰음은 입 안이나 목청 따위의 조음 기관이 좁혀진 사이로 공기가 비집고 나오면서 마찰하여 나는 소리이다. 한국어에는 'ㅅ', 'ㅆ', 'ㅎ' 따위가 있다.

8 supermarket[súːpər]에서 [s]는 모음 앞에서 'ㅅ'으로 발음 되어 '수'로 적어야 하지만 관용에 따라 '슈'

• 단어의 끝음절

jazz[ʤæz] 재즈	graph[græf] 그래프	olive[ɔliv] 올리브
bathe[beið] 베이드		

• 자음 앞

thrill[θril] 스릴	left[left] 레프트
trust[trʌst] 트러스트	mask[mɑːsk] 마스크

둘째, [ʃ]는 단어의 끝음절에 올 때에는 '시'로 적고, 자음 앞에 올 때에는 '슈'로 적는다.

[ʃ] 시	flash[flæʃ] 플래시	cash[kæʃ] 캐시
	English[íŋgliʃ] 잉글리시	
[ʃ] 슈	shrub[ʃrʌb] 슈러브	shrimp[ʃrimp] 슈림프
	shrink[ʃriŋk] 슈링크	Tashkent[taːʃként] 타슈켄트

한편, [ʃ]가 모음 앞에 올 때에는 뒤에 오는 모음에 따라 아래와 같이 표기가 달라진다.

시[ʃ]+아[ɑ]−샤[ʃɑ]	shark[ʃɑːk] 샤크
시[ʃ]+애[æ]−섀[ʃæ]	shank[ʃæŋk] 섕크
시[ʃ]+어[ə]−셔[ʃə]	fashion[fæʃən] 패션
시[ʃ]+에[e]−셰[ʃe]	sheriff[ʃerif] 셰리프
	Shakespeare[ʃéikspiər] 셰익스피어
시[ʃ]+오[ɔ]−쇼[ʃɔ]	shopping[ʃɔpiŋ] 쇼핑
시[ʃ]+우[u]−슈[ʃu]	shoe[ʃuː] 슈
시[ʃ]+이[i]−시[ʃi]	shim[ʃim] 심
	leadership[liˈdərʃip] 리더십

셋째, 마찰음 [ʒ]는 단어의 끝음절이나 자음 앞에서 '쥐'가 아닌 '지'로 적는다.

mirage[mirɑːʒ] 미라지(○), 미라쥐(×)

로 적어 '슈퍼마켓'으로 표기한다. super와 결합된 복합어들도 '슈퍼맨, 슈퍼스타, 슈퍼컴퓨터'처럼 '슈'로 표기한다.

[ʒ]가 모음 앞에 올 때에는 'visual[viʒuəl]비주얼', 'vision[viʒən]비전'과 같이 항상 'ㅈ'으로 적는다. 외래어 표기에서 'ㅈ, ㅉ, ㅊ' 다음에 'ㅑ, ㅕ, ㅛ, ㅠ, ㅒ, ㅖ'를 쓰는 것을 인정하지 않으므로 '비쥬얼'이나 '비젼'으로 적지 않도록 주의한다.

visual[viʒuəl]	비주얼(○), 비쥬얼(×)
vision[viʒən]	비전(○), 비젼(×)

제 4 항 파찰음([ʦ], [dz], [ʧ], [ʤ])

1. 어말 또는 자음 앞의 [ʦ], [dz]는 'ㅊ', 'ㅈ'로 적고, [ʧ], [ʤ]는 '치', '지'로 적는다.

【보기】 Keats[kiːʦ] 키츠 odds[ɔdz] 오즈
switch[swiʧ] 스위치 bridge[briʤ] 브리지
Pittsburgh[piʦbəːg] 피츠버그 hitchhike[hiʧhaik]히치하이크

2. 모음 앞의 [ʧ], [ʤ]는 'ㅊ', 'ㅈ'으로 적는다.

【보기】 chart[ʧɑːt] 차트 virgin[vəːʤin] 버진

[해설] 영어에서는 파찰음이 무성 파찰음과 유성 파찰음으로 서로 구별되어 발음된다. 이를 구별하기 위해 단어의 끝음절에 오거나 자음 앞에 오는 [ʦ]와 [dz]는 'ㅊ'와 'ㅈ'로 적고, [ʧ]와 [ʤ]는 '치'와 '지'로 적는다.

[ʦ]	Keats[kiːʦ] 키츠	
[dz]	odds[ɔdz] 오즈	
[ʧ]	switch[swiʧ] 스위치	sketch[skeʧ] 스케치
[ʤ]	garage[gərάːʤ] 거라지	bridge[briʤ] 브리지
	cage[keiʤ] 케이지	carriage[kǽriʤ] 캐리지

한편, 모음 앞의 [ʧ], [ʤ]는 'chart[ʧɑːt]차트'나 'jazz[ʤæz]재즈'처럼 'ㅊ', 'ㅈ'으로 적는다. 'ㅈ, ㅉ, ㅊ' 다음에 'ㅑ, ㅕ, ㅛ, ㅠ, ㅒ, ㅖ'를 쓰는 것을 인정하지 않으므로 '챠, 쳐, 쵸, 츄, 취'나 '쟈, 져, 죠, 쥬, 쥐'로 적지 않도록 주의한다. [ʧ]와 [ʤ] 다음에 이어지는 모음은 아래와 같이 적는다.

[tʃɑ] 차 [tʃə] 처 [tʃɔ] 초 [tʃu] 추 [tʃl] 치
[ʤɑ] 자 [ʤə] 저 [ʤɔ] 조 [ʤu] 주 [ʤi] 지

chance[ʧ**a**:ns] 찬스 chart[ʧ**ɑ**:t] 차트
ketchup[kéʧ**ə**p] 케첩 venture[vénʧ**ər**] 벤처
choice[ʧɔis] 초이스 job[ʤ**a**b] 잡
virgin[vəːʤ**in**] 버진 agency[éi**d**ʒənsi] 에이전시
jazz[ʤ**æ**z] 재즈 schedule[ské**d**ʒ**u**:l] 스케줄

한편, 'switch[swiʧ]스위치'를 '스윗치'로 적는다거나 'bridge[briʤ]브리지'를 '브릿지'로 적는 등 받침에 'ㅅ'을 적는 것은 허용되지 않으므로 주의한다.

switch[swiʧ] 스위치(○), 스윗치(×)
bridge[briʤ] 브리지(○), 브릿지(×)

제 5 항 비음([m], [n], [ŋ])

1. 어말 또는 자음 앞의 비음은 모두 받침으로 적는다.

【보기】 steam[stiːm] 스팀 corn[kɔːn] 콘
ring[riŋ] 링 lamp[læmp] 램프
hint[hint] 힌트 ink[iŋk] 잉크

2. 모음과 모음 사이의 [ŋ]은 앞 음절의 받침 'ㅇ'으로 적는다.

【보기】 hanging[hæŋiŋ] 행잉 longing[lɔŋiŋ] 롱잉

[해설] 영어의 비음 [m], [n], [ŋ]은 항상 받침 'ㅁ, ㄴ, ㅇ'으로 적는다. 비음 [m], [n], [ŋ]이 단어의 끝음절, 자음 앞, 모음과 모음 사이 등 어느 위치에 오든지 'ㅁ, ㄴ, ㅇ'을 앞말의 받침으로 적는다.

steam[stiː**m**] 스팀 corn[kɔː**n**]콘 lamp[læ**mp**] 램프

hint[hint] 힌트 ink[iŋk] 잉크 ring[riŋ] 링
hanging[hæŋiŋ] 행잉 longing[lɔŋiŋ] 롱잉

제6항 유음([l])

1. 어말 또는 자음 앞의 [l]은 받침으로 적는다.

【보기】 hotel[houtel] 호텔 pulp[pʌlp] 펄프

2. 어중의 [l]이 모음 앞에 오거나, 모음이 따르지 않는 비음([m], [n]) 앞에 올 때에는 'ㄹㄹ'로 적는다.

다만, 비음([m], [n]) 뒤의 [l]은 모음 앞에 오더라도 'ㄹ'로 적는다.

【보기】 slide[slaid] 슬라이드 film[film] 필름
helm[helm] 헬름 swoln[swouln] 스월른
Hamlet[hæmlit] 햄릿 Henley[henli] 헨리

[해설] 외래어를 표기할 때 영어의 [l]과 [r]은 둘 다 한글 자모 'ㄹ'로 적는다. 유음 [l]을 받침으로 적을 때는 'ㄹ' 또는 'ㄹㄹ'로 적는 두 가지 경우가 있다.

첫째, 유음 [l]이 단어의 끝음절이나 [p], [k] 등 다른 자음 앞에 쓰일 때는 받침 'ㄹ'로 적는다.

- [l]이 단어의 끝음절에 올 때
  hotel[houtel] 호텔 oil[ɔil] 오일

- [l]이 다른 자음 앞에 올 때
  pulp[pʌlp] 펄프 milk[milk] 밀크 cult[kʌlt] 컬트

둘째, 단어 중간의 유음 [l]이 모음 앞에 오거나 뒤에 모음이 붙지 않은 비음 [m], [n] 앞에 올 때에는 'ㄹ'을 겹쳐 'ㄹㄹ'로 적는다. 예를 들어, clean은 '크린'이 아니라 'ㄹ, ㄹ'이 겹친 '클린'으로 적어야 하며, film[film]은 유음 [l]이 뒤에 모음이 붙지 않은 비음 [m] 앞에 와서 '필름'으로 적어야 한다.

• [l]이 단어 중간에서 모음 앞에 올 때 'ㄹㄹ'

slide[slaid] 슬라이드 clinic[klínik] 클리닉
club[klʌb] 클럽 plaza['plɑːzə] 플라자
calendar['kælɪndə(r)] 캘린더 sunglass[sʌ́nglɑ̀ːs] 선글라스

• [l]이 뒤에 모음이 붙지 않은 [m], [n] 앞에 올 때 'ㄹㄹ'

film[film] 필름 helm[helm] 헬름 swoln[swouln] 스월른

[다만] 비음 [m], [n] 뒤에 오는 [l]은 모음 앞에 와도 'ㄹ'로 적는다.

• [m], [n] + **[l]** + 모음→ ㄹ

Henley[henli] 헨리 Hamlet[hæmlit] 햄릿

정리하면, [l]을 받침 'ㄹ'로 적는 경우는 3가지로 '단어의 끝, 다른 자음 앞, 비음 [m], [n] 뒤에 올 때'이다. 그리고 [l]을 'ㄹㄹ'로 적을 때는 '어중의 [l]이 모음 앞, [l] 뒤에 모음이 안 붙은 [m], [n]이 올 때'이다.

제 7 항 장모음

장모음의 장음은 따로 표기하지 않는다.

【보기】 team[tiːm] 팀 route[ruːt] 루트

[해설] 영어에서 길게 발음한다고 해도 우리말로 표기할 때는 장음을 적용하지 않는다. 따라서 영어의 [iː], [uː], [aː], [ɔː] 등과 같이 긴 모음은 '이이, 우우, 아아, 오오'로 적지 않고 단모음처럼 '이, 우, 아, 오'로 적는다.

route[ruːt] 루트(○), 루우트(×)
flute[fluːt] 플루트(○), 플루우트(×)

다만, '알코올'처럼 '에탄올, 메탄올' 따위의 다른 용어들과 관련성이 있음을 밝히고자 장

음을 적용하는 예외의 경우도 있다.

alcohol[ǽlkəhɔ̀ːl] 알코올(○), 알콜(×)
amylase[ǽməlèis] 아밀라아제(○), 아밀라제(×)

제 8 항 중모음([ai], [au], [ei], [ɔi], [ou], [auə])

중모음은 각 단모음의 음가를 살려서 적되, [ou]는 '오'로, [auə]는 '아워'로 적는다.

【보기】 time[taim] 타임 house[haus] 하우스
skate[skeit] 스케이트 oil[ɔil] 오일
boat[bout] 보트 tower[tauə] 타워

[해설] 중모음은 두 개 이상의 단모음이 결합한 모음을 가리키며, 이중 모음이라고도 한다. 중모음 [ai], [au], [ei], [ɔi] 등은 단모음의 음가를 살려서 '아이, 아우, 에이, 오이'로 적는다. 예를 들어, time[t**ai**m]과 house[h**au**s]는 '타임, 하우스'라고 적고 skate[sk**ei**t]와 oil[ɔ**il**]은 '스케이트, 오일'로 적는다.

time[t**ai**m] 타임 house[h**au**s] 하우스
skate[sk**ei**t] 스케이트 oil[**ɔil**] 오일

중모음 [ou]도 '오우'로 적지 않고 '오'로 적어 boat[bout]는 '보우트'가 아닌 '보트'라고 적는다. 중모음 [auə]는 '아우어'가 아닌 축약형 '아워'라고 적어 'tower[tauə] 타워'라고 적는다. 이들을 '오우'나 '아우어'로 적으면 원음에서 더 멀어지게 되어 '오'와 '아워'로 적는 것이다.

[ou] rainbow[réinb**òu**] 레인보(○), 레인보우(×)
shadow[ʃǽd**ou**] 섀도(○), 섀도우(×)
slow[sl**ou**] 슬로(○), 슬로우(×)
soul[s**ou**l] 솔(○), 소울(×)
window[wíndou] 윈도(○), 윈도우(×)
yellow[jélou] 옐로(○), 옐로우(×)

[auə] power[**páuər**] 파워(○), 파우어(×)

tower[**tauə**][9] 타워(○), 타우어(×)

제 9 항 반모음([w], [j])

1. [w]는 뒤따르는 모음에 따라 [wə], [wɔ], [wou]는 '워', [wɑ]는 '와', [wæ]는 '왜', [we]는 '웨', [wi]는 '위', [wu]는 '우'로 적는다.

【보기】

word[wəːd] 워드	want[wɔnt] 원트
woe[wou] 워	wander[wɑndə] 완더
wag[wæg] 왜그	west[west] 웨스트
witch[witʃ] 위치	wool[wul] 울

2. 자음 뒤에 [w]가 올 때에는 두 음절로 갈라 적되, [gw], [hw], [kw]는 한 음절로 붙여 적는다.

【보기】

swing[swiŋ] 스윙	twist[twist] 트위스트
penguin[peŋgwin] 펭귄	whistle[hwisl] 휘슬
quarter[kwɔːtə] 쿼터	

3. 반모음 [j]는 뒤따르는 모음과 합쳐 '야', '얘', '여', '예', '요', '유', '이'로 적는다. 다만, [d], [l], [n] 다음에 [jə]가 올 때에는 각각 '디어', '리어', '니어'로 적는다.

【보기】

yard[jɑːd] 야드	yank[jæŋk] 얭크
yearn[jəːn] 연	yellow[jelou] 옐로
yawn[jɔːn] 욘	you[juː] 유
year[jiə] 이어	
Indian[indjən] 인디언	battalion[bətæljən] 버탤리언
union[juːnjən] 유니언	

9 [tauə]는 영국식 발음이고 [táuər]는 미국식 발음인데 우리말로 표기할 때 [r]은 원칙적으로 적지 않으므로 둘 다 '타워'라고 적는다.

[해설] 반모음이란 모음과 같이 발음하지만 음절을 이루지 못하는 아주 짧은 모음을 말한다. 모음 'ㅑ[ja]'는 'l[j]'와 'ㅏ[a]'가 결합한 이중 모음이다. 두 개의 모음이 결합한 것이지만 두 소리는 동일한 길이가 아니다. 앞의 [l] 소리는 매우 짧게 발음되면서 뒤의 [ㅏ] 소리에 자연스럽게 합류하는 느낌을 준다. 이때 짧은 소리로 발음되면서 미끄러지듯 다른 모음에 합류하는 모음이 '반모음'이다. 반모음은 [w]와 [j]가 있는데 이들이 다른 모음과 결합하여 만든 모음을 각각 'ㅜ'계, 'ㅣ'계 이중 모음이라고 한다.

반모음 [w]와 [j]를 한글로 적는 방식은 다음과 같다.

첫째, 반모음 [w]는 모음과 결합하여 [wə], [wɔ], [wou], [wɑ], [wæ], [we], [wi], [wu] 등의 이중 모음을 만든다. 이에 비해 우리말에는 [w]계 이중 모음이 '와, 워, 위, 왜, 웨'만 있어서 이들 영어를 적을 때 '[wɔ], [wou], [wu]'에 대응하는 이중 모음이 없다. 그런데 '국제 음성 기호와 한글 표기법'에 따르면 [ɔ]와 [ou]는 모두 '오'로 적고 있다. 이에 반모음 [w]와 결합한 [wɔ], [wou], [wə]는 '워'로 적고 [wu]는 '우'로 적으며, 나머지는 '[wɑ] 와, [wæ] 왜, [we] 웨, [wi] 위'로 적는다.

가.	[wɑ]	wander[wɑndə] 완더	waffle[wafl] 와플	
	[wæ]	wagon[wǽgən] 왜건	wag[wæg] 왜그	
	[we]	waist[weist] 웨이스트	wait[weit] 웨이트	
	[wi]	witch[witʃ] 위치	week[wiːk] 위크	wish[wiʃ] 위시
	[wu]	woman[wumən] 우먼	wolf[wulf] 울프	wool[wul] 울
나.	[wə]	work[wərk] 워크	word[wəːd] 워드	will[wəl] 월
	[wɔ]	wash[wɔʃ] 워시	warm[wɔrm] 웜	war[wɔːr] 워
	[wou]	woe[wou] 워		

둘째, 자음 뒤의 반모음 [w]는 자음과 [w]를 두 음절로 나누어 적는다. 한국어는 음절의 첫소리에 겹자음을 쓰지 않는다. 반면 영어는 swing[swiŋ]처럼 음절의 첫소리에 자음이 연속되기도 한다. 이에 우리말로 영어의 연속되는 자음을 적으려면 겹자음 [sw]를 [s]와 [w]로 나누어 첫 번째 자음에 '으'를 붙여 '스윙'이라고 적는다.

swing[swiŋ] 스윙　　　　twist[twist] 트위스트

[다만] [gw], [hw], [kw]는 두 음절로 나누어 적지 않고 한 음절로 적는다. 예를 들어,

penguin[peŋgwin]을 '펭그윈'이라고 적지 않고 '펭귄'이라 적으며, whistle[hwisl]은 '흐위슬'이 아닌 '휘슬'이라 적고, quarter[kwɔːtə]도 '크워터'가 아닌 '쿼터'라고 적는다. '펭그윈, 흐위슬, 크워터'와 같이 적는다면 본래 2음절인 영어 단어를 3음절로 표기하게 되므로 [gw], [hw], [kw]는 예외적으로 한 음절로 적는 것이다.[10]

penguin[peŋgwin]	펭귄(○), 펭그윈(×)
whistle[hwisl][11]	휘슬(○), 흐위슬(×)
quarter[kwɔːtə]	쿼터(○), 크워터(×)

셋째, 반모음 [j]가 모음 '아[a], 애[æ], 어[ə], 에[e], 오[ɔ], 우[u], 이[i]'와 결합하면 '야, 얘, 여, 예, 요, 유, 이'로 적는다.

(야)	yard[**jɑː**d] 야드	yahoo[**jɑː**huː] 야후
(얘)	yank[**jæ**ŋk] 얭크	yam[**jæ**m] 얨
(여)	yearn[**jəː**n] 연	
(예)	yellow[**je**lou] 옐로	
(요)	yawn[**jɔː**n] 욘	
(유)	you[**juː**] 유	
(이)	year[**ji**ə] 이어	yeast[**jiː**st] 이스트

다만, 'Indian[indjən] 인디언', 'battalion[bətæljən] 버탤리언' 'union[juːnjən] 유니언'처럼 [d], [l], [n] 다음에 [jə]가 올 때에는 각각 '디어', '리어', '니어'로 적는다. 만일 앞의 규정대로 적는다면 '인뎐, 버탤련, 유년'이라고 적어 원래의 발음보다 음절이 짧아지게 된다. 따라서 [d], [l], [n] 다음에 [jə]가 올 때는 2음절로 '디어', '리어', '니어'로 적는다.

Indian[in**djə**n] 인디언
battalion[bətæ**ljə**n] 버탤리언
union[juː**njə**n] 유니언

---

10 모든 단어의 경우에 다 적용된다고 보기는 어렵다. 여기에도 관습을 적용해 'iguana[igwɑ́ːnə]'를 '이과나'가 아닌 '이구아나'로 적는 경우도 있기 때문이다.
11 whistle[hwisl]을 사전에서 찾으면 [h]가 발음되지 않는 [wisl]로 되어 있다.

제10항 복합어

1. 따로 설 수 있는 말의 합성으로 이루어진 복합어는 그것을 구성하고 있는 말이 단독으로 쓰일 때의 표기대로 적는다.

【보기】 cuplike[kʌplaik] 컵라이크 bookend[bukend] 북엔드
headlight[hedlait] 헤드라이트 touchwood[tʌʧwud] 터치우드
sit-in[sitin] 싯인 bookmaker[bukmeikə] 북메이커
flashgun[flæʃgʌn] 플래시건 topknot[tɔpnɔt] 톱놋

2. 원어에서 띄어 쓴 말은 띄어 쓴 대로 한글 표기를 하되, 붙여 쓸 수도 있다.

【보기】 Los Alamos[lɔsæləmous] 로스 앨러모스/로스앨러모스
top class[tɔpklæs] 톱 클래스/톱클래스

[해설] 단어는 단일어와 복합어로 구분되며 복합어는 파생어와 합성어로 다시 나뉜다. 파생어는 접미사나 접두사가 붙어 새 단어를 이루는 것이고, 합성어는 두 개 이상의 어근이 합하여 한 단어를 이루는 것이다.

제10항에서는 영어의 합성어를 표기하는 방법에 대해 규정하고 있다. '따로 설 수 있는 말'인 단일어끼리 결합된 영어의 합성어를 우리말로 표기할 때는 각각의 단일어를 표기하던 방식을 그대로 살려서 적는다. 예를 들어, 'cuplike'는 'cup컵'과 'like라이크'가 합성된 것으로 이것을 우리말로 표기할 때 '커프라이크'라고 하지 않고 각 단어의 표기 원형을 밝혀 적어 '컵라이크'라고 적는다. 같은 원리로 'bookend[bukend]'도 '부크엔드'나 '부켄드'가 아니라 '북엔드'라고 적는다.

bookend[bukend]	북엔드(○), 부크라이크(×)
bookmaker[bukmeikə]	북메이커(○), 부크메이커(×)
cuplike[kʌplaik]	컵라이크(○), 커프라이크(×)
log-in[lɔːgin]	로그인(○), 로긴(×)
make-up[meikʌp]	메이크업(○), 메이컵(×)
outlet[autlet]	아웃렛(○), 아울렛(×), 아우틀렛(×)
sit-in[sitin]	싯인(○), 시틴(×), 시트인(×)

topknot[tɔpnɔt] 톱놋(○), 토프놋(×)

headlight[hedlait] 헤드라이트 touchwood[tʌʧwud] 터치우드

flashgun[flæʃgʌn] 플래시건

한편, 영어에서 이미 띄어 쓰고 있는 말은 우리말로 적을 때도 띄어 쓴다. 다만, 영어가 우리말에서 하나의 복합어처럼 인식되어 사용하고 있는 경우는 붙여 쓸 수도 있다.

Los Alamos[lɔsæləmous] 로스 앨러모스(○), 로스앨러모스(○)

top class[tɔpklæs] 톱 클래스(○), 톱클래스(○)

제2절 독일어의 표기

[표 1]을 따르고 제1절(영어의 표기 세칙)을 준용한다. 다만, 독일어의 독특한 것은 그 특징을 살려서 다음과 같이 적는다.

제 1 항 [r]

1. 자음 앞의 [r]는 '으'를 붙여 적는다.

【보기】 Hormon[hɔrmoːn] 호르몬 Hermes[hɛrmɛs] 헤르메스

2. 어말의 [r]와 '－er[ər]'는 '어'로 적는다.

【보기】 Herr[hɛr] 헤어 Rasur[razuːr] 라주어

Tür[tyːr] 튀어 Ohr[oːr] 오어

Vater[faːtər] 파터 Schiller[ʃilər] 실러

3. 복합어 및 파생어의 선행 요소가 [r]로 끝나는 경우는 2의 규정을 준용한다.

【보기】 verarbeiten[fɛrarbaitən] 페어아르바이텐

zerknirschen[ʦɛrknirʃən] 체어크니르셴

Fürsorge[fyːrzorgə] 퓌어조르게

Vorbild[foːrbilt] 포어빌트

auβerhalb[ausərhalp] 아우서할프

Urkunde[u:rkundə] 우어쿤데

Vaterland[fa:tərlant] 파터란트

제 2 항 어말의 파열음은 '으'를 붙여 적는 것을 원칙으로 한다.

【보기】 Rostock[rɔstɔk] 로스토크 Stadt[ʃtat] 슈타트

제 3 항 철자 'berg', 'burg'는 '베르크', '부르크'로 통일해서 적는다.

【보기】 Heidelberg[haidəlbɛrk, －bɛrç] 하이델베르크

Hamburg[hamburk, －burç] 함부르크

제 4 항 [ʃ]

1. 어말 또는 자음 앞에서는 '슈'로 적는다.

【보기】 Mensch[menʃ] 멘슈 Mischling[miʃliŋ] 미슐링

2. [y], [ø] 앞에서는 'ㅅ'으로 적는다.

【보기】 Schüler[ʃy:lər] 쉴러 schön[ʃø:n] 쇤

3. 그 밖의 모음 앞에서는 뒤따르는 모음에 따라 '샤, 쇼, 슈' 등으로 적는다.

【보기】 Schatz[ʃats] 샤츠 schon[ʃo:n] 숀

Schule[ʃu:lə] 슐레 Schelle[ʃɛlə] 셸레

제 5 항 [ɔy]로 발음되는 äu, eu는 '오이'로 적는다.

【보기】 läutenlɔ[ytən] 로이텐 Fräulein[frɔylain] 프로일라인

Europa[ɔyro:pa] 오이로파 Freundin[frɔyndin] 프로인딘

[표 1]에 따르고 제1절(영어의 표기 세칙)을 준용한다. 다만, 프랑스어의 독특한 것은 그 특징을 살려서 다음과 같이 적는다.

제 1 항 파열음([p], [t], [k]; [b], [d], [g])

1. 어말에서는 '으'를 붙여서 적는다.

【보기】 soupe[sup] 수프 / tête[tɛt] 테트 / avec[avɛk] 아베크 / baobab[baɔbab] 바오바브 / ronde[rɔ̃:d] 롱드 / bague[bag] 바그

2. 구강 모음과 무성 자음 사이에 오는 무성 파열음('구강 모음+무성 파열음+무성 파열음 또는 무성 마찰음'의 경우)은 받침으로 적는다.

【보기】 septembre[sɛptɑ̃:br] 셉탕브르 / apte[apt] 압트 / octobre[ɔktɔbr] 옥토브르 / action[aksjɔ̃] 악시옹

제 2 항 마찰음([ʃ], [ʒ])

1. 어말과 자음 앞의 [ʃ], [ʒ]는 '슈', '주'로 적는다.

【보기】 manche[mɑ̃:ʃ] 망슈 / piège[pjɛ:ʒ] 피에주 / acheter[aʃte] 아슈테 / dégeler[deʒle] 데줄레

2. [ʃ]가 [ə], [w] 앞에 올 때에는 뒤따르는 모음과 합쳐 '슈'로 적는다.

【보기】 chemise[ʃəmi:z] 슈미즈 / chevalier[ʃəvalje] 슈발리에 / choix[ʃwa] 슈아 / chouette[ʃwɛt] 슈에트

3. [ʃ]가 [y], [œ], [ø] 및 [j], [ɥ] 앞에 올 때에는 'ㅅ'으로 적는다.

【보기】 chute[ʃyt] 쉬트 / chuchoter[ʃyʃɔte] 쉬쇼테 / pêcheur[pɛʃœ:r] 페쇠르 / shunt[ʃœ̃:t] 쇵트 / fâcheux[fɑʃø] 파쇠 / chien[ʃjɛ̃] 시앵

chuinter[ʃɥɛ̃te] 쉬앵테

제3항 마찰음([ʃ], [ʒ])

1. 어말과 자음 앞의 [ʃ], [ʒ]는 '슈', '주'로 적는다.

【보기】 manche[mɑ̃:ʃ] 망슈 piège[pjɛ:ʒ] 피에주
acheter[aʃte] 아슈테 dégeler[deʒle] 데줄레

2. [ʃ]가 [ə], [w] 앞에 올 때에는 뒤따르는 모음과 합쳐 '슈'로 적는다.

【보기】 chemise[ʃəmi:z] 슈미즈 chevalier[ʃəvalje] 슈발리에
choix[ʃwa] 슈아 chouette[ʃwɛt] 슈에트

3. [ʃ]가 [y], [œ], [ø] 및 [j], [ɥ] 앞에 올 때에는 'ㅅ'으로 적는다.

【보기】 chute[ʃyt] 쉬트 chuchoter[ʃyʃɔte] 쉬쇼테
pêcheur[pɛʃœ:r] 페쇠르 shunt[ʃœ̃:t] 숑트
fâcheux[fɑʃø] 파쇠 chien[ʃjɛ̃] 시앵
chuinter[ʃɥɛ̃te] 쉬앵테

제4항 반모음([j])

1. 어말에 올 때에는 '유'로 적는다.

【보기】 Marseille[marsɛj] 마르세유 taille[tɑ:j] 타유

2. 모음 사이의 [j]는 뒤따르는 모음과 합쳐 '예, 얭, 야, 양, 요, 용, 유, 이' 등으로 적는다. 다만, 뒷 모음이 [ø], [œ]일 때에는 '이'로 적는다.

【보기】 payer[peje] 페예 billet[bijɛ] 비예
moyen[mwajɛ̃] 무아얭 pleiade[plejad] 플레야드
ayant[ɛjɑ̃] 에양 noyau[nwajo] 누아요
crayon[krɛjɔ̃] 크레용 voyou[vwaju] 부아유
cueillir[kœji:r] 쾨이르 aïeul[ajœl] 아이욀
aïeux[ajø] 아이외

3. 그 밖의 [j]는 '이'로 적는다.

【보기】 hier[jɛːr] 이에르　　Montesquieu[mɔ̃tɛskjø] 몽테스키외
champion[ʃɑ̃pjɔ̃] 샹피옹　　diable[djɑːbl] 디아블

제 5 항 반모음([w]) [w]는 '우'로 적는다.

【보기】 alouette[alwɛt] 알루에트　　douane[dwan] 두안
quoi[kwa] 쿠아　　toi[twa] 투아

제4절 에스파냐어의 표기

[표 2]에 따라 적되, 다음과 같은 특징을 살려서 적는다.

제 1 항 gu, qu

gu, qu는 i, e 앞에서는 각각 'ㄱ, ㅋ'으로 적고, o 앞에서는 '구, 쿠'로 적는다. 다만, a 앞에서는 그 a와 합쳐 '과, 콰'로 적는다.

【보기】 guerra 게라　　queso 케소
Guipuzcoa 기푸스코아　　quisquilla 키스키야
antiguo 안티구오　　Quórum 쿠오룸
Nicaragua 니카라과　　Quarai 콰라이

제 2 항 같은 자음이 겹치는 경우에는 겹치지 않은 경우와 같이 적는다. 다만, －cc－는 'ㄱㅅ'으로 적는다.

【보기】 carrera 카레라　　carretera 카레테라
accion 악시온

제 3 항 c, g

c와 g 다음에 모음 e와 i가 올 때에는 c는 'ㅅ'으로, g는 'ㅎ'으로 적고, 그 외는 'ㅋ'과 'ㄱ'으로 적는다.

【보기】 Cecilia 세실리아　　cifra 시프라
georgico 헤오르히코　　giganta 히간타
coquito 코키토　　gato 가토

제4항 x

x가 모음 앞에 오되 어두일 때에는 'ㅅ'으로 적고, 어중일 때에는 'ㄱㅅ'으로 적는다.

【보기】 xilofono 실로포노　　laxante 락산테

제5항 l

어말 또는 자음 앞의 l은 받침 'ㄹ'로 적고, 어중의 l이 모음 앞에 올 때에는 'ㄹㄹ'로 적는다.

【보기】 ocal 오칼　　colcren 콜크렌
blandon 블란돈　　Cecilia 세실리아

제6항 nc, ng

c와 g 앞에 오는 n은 받침 'ㅇ'으로 적는다.

【보기】 blanco 블랑코　　yungla 융글라

제5절 이탈리아어의 표기

[표 3]에 따르고, 다음과 같은 특징은 살려서 적는다.

제1항 gl

i 앞에서는 'ㄹㄹ'로 적고, 그 밖의 경우에는 '글ㄹ'로 적는다.

【보기】 paglia 팔리아　　egli 엘리
gloria 글로리아　　glossa 글로사

제2항 gn

뒤따르는 모음과 합쳐 '냐', '녜', '뇨', '뉴', '니'로 적는다.

【보기】 montagna 몬타냐　gneiss 네이스
gnocco 뇨코　gnu 뉴
ogni 오니

제 3 항 sc

sce는 '셰'로, sci는 '시'로 적고, 그 밖의 경우에는 '스ㅋ'으로 적는다.

【보기】 crescendo 크레셴도　scivolo 시볼로
Tosca 토스카　scudo 스쿠도

제 4 항 같은 자음이 겹쳤을 때에는 겹치지 않은 경우와 같이 적는다. 다만, －mm－, －nn－의 경우는 'ㅁㅁ', 'ㄴㄴ'으로 적는다.

【보기】 Puccini 푸치니　buffa 부파
allegretto 알레그레토　carro 카로
rosso 로소　Abruzzo 아브루초
gomma 곰마　bisnonno 비스논노

제 5 항 c, g

1. c와 g는 e, i 앞에서 각각 'ㅊ', 'ㅈ'으로 적는다.

【보기】 cenere 체네레　genere 제네레
cima 치마　gita 지타

2. c와 g 다음에 ia, io, iu가 올 때에는 각각 '차, 초, 추', '자, 조, 주'로 적는다.

【보기】 caccia 카차　micio 미초
ciuffo 추포　giardino 자르디노
giorno조르노　giubba 주바

제 6 항 qu

qu는 뒤따르는 모음과 합쳐 '콰, 퀘, 퀴' 등으로 적는다. 다만, o 앞에서는 '쿠'로 적는다.

【보기】 soqquadro 소콰드로　quello 퀠로
quieto 퀴에토　quota 쿠오타

제 7 항 l, ll

어말 또는 자음 앞의 l, ll은 받침으로 적고, 어중의 l, ll이 모음 앞에 올 때에는 'ㄹㄹ'로 적는다.

【보기】 sol 솔　　polca 폴카
Carlo 카를로　　quello 퀠로

제6절 일본어의 표기

[표 4]에 따르고, 다음 상황에 유의하여 적는다.

제 1 항 촉음(促音) [ッ]는 'ㅅ'으로 통일해서 적는다.

【보기】 サッポロ 삿포로　　トットリ 돗토리
ヨッカイチ 욧카이치

제 2 항 장모음

장모음은 따로 표기하지 않는다.

【보기】 キュウシュウ(九州) 규슈　ニイガタ(新潟) 니가타
トウキョウ(東京) 도쿄　オオサカ(大阪) 오사카

제7절 중국어의 표기

[표 5]에 따르고, 다음 상황에 유의하여 적는다.

제 1 항 성조는 구별하여 적지 아니한다.

제 2 항 'ㅈ, ㅉ, ㅊ'으로 표기되는 자음(ㄐ, ㄓ, ㄗ, ㄑ, ㄔ, ㄘ) 뒤의 'ㅑ, ㅖ, ㅛ, ㅠ' 음은 'ㅏ, ㅔ, ㅗ, ㅜ'로 적는다.

【보기】 ㄐ|ㄚ 쟈→자　　ㄐ|ㄝ 졔→제

[표 6]에 따르고, 다음과 같은 특징을 살려서 적는다.

제1항 k, p

어말과 유성 자음 앞에서는 '으'를 붙여 적고, 무성 자음 앞에서는 받침으로 적는다.

【보기】 zamek 자메크　　mokry 모크리
Słupsk 스웁스크

제2항 b, d, g

1. 어말에 올 때에는 '프', '트', '크'로 적는다.

【보기】 od 오트

2. 유성 자음 앞에서는 '브', '드', '그'로 적는다.

【보기】 zbrodnia 즈브로드니아

3. 무성 자음 앞에서 b, g는 받침으로 적고, d는 '트'로 적는다.

【보기】 Grabski 그랍스키　　odpis 오트피스

제3항 w, z, ź, dz, ż, rz, sz

1. w, z, ź, dz가 무성 자음 앞이나 어말에 올 때에는 '프, 스, 시, 츠'로 적는다.

【보기】 zabawka 자바프카　　obraz 오브라스

2. ż와 rz는 모음 앞에 올 때에는 'ㅈ'으로 적되, 앞의 자음이 무성 자음일 때에는 '시'로 적는다. 유성 자음 앞에 올 때에는 '주', 무성 자음 앞에 올 때에는 '슈', 어말에 올 때에는 '시'로 적는다.

【보기】 Rzeszów 제슈프　　Przemyśl 프셰미실
grzmot 그주모트　　łóżko 우슈코
pęcherz 펭헤시

3. sz는 자음 앞에서는 '슈', 어말에서는 '시'로 적는다.

【보기】 koszt 코슈트　　　　　kosz 코시

제4항 ł

1. ł는 뒤따르는 모음과 결합할 때 합쳐서 적는다. (ło는 '워'로 적는다.) 다만, 자음 뒤에 올 때에는 두 음절로 갈라 적는다.

【보기】 łono 워노　　　　　głowa 그워바

2. óła는 '우'로 적는다.

【보기】 przjyaciół 프시야치우

제5항 l

어중의 l이 모음 앞에 올 때에는 'ㄹㄹ'로 적는다.

【보기】 olej 올레이

제6항 m

어두의 m이 l, r 앞에 올 때에는 '으'를 붙여 적는다.

【보기】 mleko 믈레코　　　　　mrówka 므루프카

제7항 ę

ę은 '엥'으로 적는다. 다만, 어말의 ę는 '에'로 적는다.

【보기】 ręka 렝카　　　　　proszę 프로셰

제8항 'ㅈ', 'ㅊ'으로 표기되는 자음(c, z) 뒤의 이중 모음은 단모음으로 적는다.

【보기】 stacja 스타차　　　　　fryzjer 프리제르

제9절 체코어의 표기

[표 7]에 따르고, 다음과 같은 특징을 살려서 적는다.

제 1 항 k, p

어말과 유성 자음 앞에서는 '으'를 붙여 적고, 무성 자음 앞에서는 받침으로 적는다.

【보기】 mozek 모제크 koroptev 코롭테프

제 2 항 b, d, d', g

1. 어말에 올 때에는 '프', '트', '티', '크'로 적는다.

【보기】 led 레트

2. 유성 자음 앞에서는 '브', '드', '디', '그'로 적는다.

【보기】 ledvina 레드비나

3. 무성 자음 앞에서 b, g는 받침으로 적고, d, d'는 '트', '티'로 적는다.

【보기】 obchod 옵호트 odpadky 오트파트키

제 3 항 v, w, z, ř, ž, š

1. v, w, z가 무성 자음 앞이나 어말에 올 때에는 '프, 프, 스'로 적는다.

【보기】 hmyz 흐미스

2. ř, ž가 유성 자음 앞에 올 때에는 '르주', '주', 무성 자음 앞에 올 때에는 '르슈', '슈', 어말에 올 때에는 '르시', '시'로 적는다.

【보기】 námořník 나모르주니크 hořký 호르슈키
kouř 코우르시

3. š는 자음 앞에서는 '슈', 어말에서는 '시'로 적는다.

【보기】 puška 푸슈카 myš 미시

제 4 항 l, lj

어중의 l, lj가 모음 앞에 올 때에는 'ㄹㄹ', 'ㄹ리'로 적는다.

【보기】 kolo 콜로

제5항 m

m이 r 앞에 올 때에는 '으'를 붙여 적는다.

【보기】 humr 후므르

제6항 자음에 'ě'가 결합되는 경우에는 '예' 대신에 '에'로 적는다. 다만, 자음이 'ㅅ'인 경우에는 '셰'로 적는다.

【보기】 věk 베크 sěst 셰스트

제10절 세르보크로아트어의 표기

[표 8]에 따르고, 다음과 같은 특징을 살려서 적는다.

제1항 k, p

k, p는 어말과 유성 자음 앞에서는 '으'를 붙여 적고, 무성 자음 앞에서는 받침으로 적는다.

【보기】 jastuk 야스투크 opština 옵슈티나

제2항 l, lj

어중의 l, lj가 모음 앞에 올 때에는 'ㄹㄹ', 'ㄹ리'로 적는다.

【보기】 kula 쿨라 Ljubljana 류블랴나

제3항 m

어두의 m이 l, r, n 앞에 오거나 어중의 m이 r 앞에 올 때에는 '으'를 붙여 적는다.

【보기】 mlad 믈라드 mnogo 므노고
smrt 스므르트

제4항 š

š는 자음 앞에서는 '슈', 어말에서는 '시'로 적는다.

【보기】 šljivovica 슐리보비차　　Niš 니시

제5항 자음에 je가 결합되는 경우에는 '예' 대신에 '에'로 적는다. 다만, 자음이 'ㅅ'인 경우에는 '셰'로 적는다.

【보기】 bjedro 베드로　　sjedlo 셰들로

제11절 루마니아어의 표기

[표 9]에 따르고, 다음과 특징을 살려서 적는다.

제1항 c, p

어말과 유성 자음 앞에서는 '으'를 붙여 적고, 무성 자음 앞에서는 받침으로 적는다.

【보기】 cap 카프　　Cîntec 큰테크
factură 팍투러　　septembrie 셉템브리에

제2항 c, g

c, g는 e, i 앞에서는 각각 'ㅊ', 'ㅈ'으로, 그 밖의 모음 앞에서는 'ㅋ', 'ㄱ'으로 적는다.

【보기】 cap 카프　　centru 첸트루
Galați 갈라치　　Gigel 지젤

제3항 l

어중의 l이 모음 앞에 올 때에는 'ㄹㄹ'로 적는다.

【보기】 clei 클레이

제4항 n

n이 어말에서 m 뒤에 올 때는 '으'를 붙여 적는다.

【보기】 lemn 렘느　　pumn 품느

제5항 e

e는 '에'로 적되, 인칭 대명사 및 동사 este, era 등의 어두 모음 e는 '예'로 적는다.

【보기】 Emil 에밀　　eu 예우　　el 옐
este 예스테　　era 예라

제12절 헝가리어의 표기

[표 10]에 따르고, 다음과 같은 특징을 살려서 적는다.

제1항 k, p

어말과 유성 자음 앞에서는 '으'를 붙여 적고, 무성 자음 앞에서는 받침으로 적는다.

【보기】 ablak 어블러크　　csipke 칩케

제2항 bb, cc, dd, ff, gg, ggy, kk, ll, lly, nn, nny, pp, rr, ss, ssz, tt, tty는 b, c, d, f, g, gy, k, l, ly, n, ny, p, r, s, sz, t, ty와 같이 적는다. 다만, 어중의 nn, nny와 모음 앞의 ll은 'ㄴㄴ', 'ㄴ니', 'ㄹㄹ'로 적는다.

【보기】 között 쾨죄트　　dinnye 딘네
nulla 눌러

제3항 l

어중의 l이 모음 앞에 올 때에는 'ㄹㄹ'로 적는다.

【보기】 olaj 올러이

제4항 s

s는 자음 앞에서는 '슈', 어말에서는 '시'로 적는다.

【보기】 Pest 페슈트　　lapos 러포시

제5항 자음에 ye가 결합되는 경우에는 '예' 대신에 '에'로 적는다. 다만, 자음이 'ㅅ'인 경우에는 '셰'로 적는다.

【보기】 nyer 네르　　selyem 셰옘

[표 11]에 따르고, 다음과 같은 특징을 살려서 적는다.

제 1 항

1. b, g가 무성 자음 앞에 올 때에는 받침 'ㅂ, ㄱ'으로 적는다.

【보기】 snabbt 스납트 　　 högst 획스트

2. k, ck, p, t는 무성 자음 앞에서 받침 'ㄱ, ㄱ, ㅂ, ㅅ'으로 적는다.

【보기】 oktober 옥토베르 　　 Stockholm 스톡홀름
Uppsala 웁살라 　　 Botkyrka 봇쉬르카

제 2 항 c는 'ㅋ'으로 적되, e, i, ä, y, ö 앞에서는 'ㅅ'으로 적는다.

【보기】 campa 캄파 　　 Celsius 셀시우스

제 3 항 g

1. 모음 앞의 g는 'ㄱ'으로 적되, e, i, ä, y, ö 앞에서는 '이'로 적고 뒤따르는 모음과 합쳐 적는다.

【보기】 Gustav 구스타브 　　 Göteborg 예테보리

2. lg, rg의 g는 '이'로 적는다.

【보기】 älg 엘리 　　 Borg 보리

3. n 앞의 g는 'ㅇ'으로 적는다.

【보기】 Magnus 망누스

4. 무성 자음 앞의 g는 받침 'ㄱ'으로 적는다.

【보기】 högst 획스트

5. 그 밖의 자음 앞과 어말에서는 '그'로 적는다.

【보기】 Ludvig 루드비그　　Greta 그레

제4항 j는 자음과 모음 사이에 올 때에 앞의 자음과 합쳐서 적는다.

【보기】 fjäril 피에릴　　mjuk 미우크
kedja 셰디아　　Björn 비에른

제5항 k는 'ㅋ'으로 적되, e, i, ä, y, ö 앞에서는 '시'로 적고 뒤따르는 모음과 합쳐 적는다.

【보기】 Kungsholm 쿵스홀름　　Norrköping 노르셰핑

제6항 어말 또는 자음 앞의 l은 받침 'ㄹ'로 적고, 어중의 l이 모음 앞에 올 때에는 'ㄹㄹ'로 적는다.

【보기】 folk 폴크　　tal 탈
tala 탈라

제7항 어두의 lj는 '이'로 적되 뒤따르는 모음과 합쳐 적고, 어중의 lj는 'ㄹ리'로 적는다.

【보기】 Ljusnan 유스난　　Södertälje 쇠데르텔리에

제8항 n은 어말에서 m 다음에 올 때 적지 않는다.

【보기】 Karlshamn 칼스함　　namn 남

제9항 nk는 자음 t 앞에서는 'ㅇ'으로, 그 밖의 경우에는 'ㅇ크'로 적는다.

【보기】 anka 앙카　　Sankt 상트
punkt 풍트　　bank 방크

제10항 sk는 '스ㅋ'으로 적되 e, i, ä, y, ö 앞에서는 '시'로 적고, 뒤따르는 모음과 합쳐 적는다.

【보기】 Skoglund 스코글룬드　　skuldra 스쿨드라
skål 스콜　　skörd 셰르드
skydda 쉬다

제11항 ö는 '외'로 적되 g, j, k, kj, lj, skj 다음에서는 '에'로 적고, 앞의 '이' 또는 '시'와 합쳐서 적는다. 다만, jö 앞에 그 밖의 자음이 올 때에는 j는 앞의 자음과 합쳐 적고, ö는 '에'로 적는다.

【보기】 Örebro 외레브로　　Göta 예타
Jönköping 옌셰핑　　Björn 비에른
Björling 비엘링　　mjöl 미엘

제12항 같은 자음이 겹치는 경우에는 겹치지 않은 경우와 같이 적는다. 단, mm, nn은 모음 앞에서 'ㅁㅁ', 'ㄴㄴ'으로 적는다.

【보기】 Kattegatt 카테가트　　Norrköping 노르셰핑
Uppsala 웁살라　　Bromma 브롬마
Dannemora 단네모라

제14절 노르웨이어의 표기

[표 12]에 따르고, 다음과 같은 특징을 살려서 적는다.

제 1 항

1. b, g가 무성 자음 앞에 올 때에는 받침 'ㅂ, ㄱ'으로 적는다.

【보기】 Ibsen 입센　　sagtang 삭탕

2. k, p, t는 무성 자음 앞에서 받침 'ㄱ, ㅂ, ㅅ'으로 적는다.

【보기】 lukt 룩트　　september 셉템베르
husets 후셋스

제 2 항 c는 'ㅋ'으로 적되, e, i, y, æ, ø 앞에서는 'ㅅ'으로 적는다.

【보기】 Jacob 야코브　　Vincent 빈센트

제3항 d

1. 모음 앞의 d는 'ㄷ'으로 적되, 장모음 뒤에서는 적지 않는다.

【보기】 Bodø 보되　　Norden 노르덴
(장모음 뒤) spade 스파에

2. ld, nd의 d는 적지 않는다.

【보기】 Harald 하랄　　Aasmund 오스문

3. 장모음+rd의 d는 적지 않는다.

【보기】 fjord 피오르　　nord 노르
Halvard 할바르

4. 단모음+rd의 d는 어말에서는 '드'로 적는다.

【보기】 ferd 페르드　　mord 모르드

5. 장모음+d의 d는 적지 않는다.

【보기】 glad 글라　　Sjaastad 쇼스타

6. 그 밖의 경우에는 '드'로 적는다.

【보기】 dreng 드렝　　bad 바드

※ 모음의 장단에 대해서는 노르웨이어의 발음을 보여 주는 사전을 참조하여야 한다.

제4항 g

1. 모음 앞의 g는 'ㄱ'으로 적되 e, i, y, æ, ø 앞에서는 '이'로 적고 뒤따르는 모음과 합쳐 적는다.

【보기】 god 고드　　gyllen 윌렌

2. g는 이중 모음 뒤와 ig, lig에서는 적지 않는다.

【보기】 haug 헤우　　deig 데이

Solveig 솔베이　　fattig 파티
farlig 팔리

3. n 앞의 g는 'ㅇ'으로 적는다.

【보기】 Agnes 앙네스　　Magnus 망누스

4. 무성 자음 앞의 g는 받침 'ㄱ'으로 적는다.

【보기】 sagtang 삭탕

5. 그 밖의 자음 앞과 어말에서는 '그'로 적는다.

【보기】 berg 베르그　　helg 헬그
Grieg 그리그

제5항 j는 자음과 모음 사이에 올 때에 앞의 자음과 합쳐서 적는다.

【보기】 Bjørn 비에른　　fjord 피오르
Skodje 스코디에　　Evje 에비에
Tjeldstø 티엘스퇴

제6항 k는 'ㅋ'으로 적되 e, i, y, æ, ø 앞에서는 '시'로 적고, 뒤따르는 모음과 합쳐 적는다.

【보기】 Rikard 리카르드　　Kirsten 시르스텐

제7항 어말 또는 자음 앞의 l은 받침 'ㄹ'로 적고, 어중의 l이 모음 앞에 올 때에는 'ㄹㄹ'로 적는다.

【보기】 sol 솔　　Quisling 크비슬링

제8항 nk는 자음 t 앞에서는 'ㅇ'으로, 그 밖의 경우에는 'ㅇ크'로 적는다.

【보기】 punkt 풍트　　bank 방크

제9항 sk는 '스ㅋ'로 적되, e, i, y, æ, ø 앞에서는 '시'로 적고 뒤따르는 모음과 합쳐 적

는다.

【보기】 skatt 스카트 Skienselv 시엔스엘브

제10항 t

1. 어말 관사 et의 t는 적지 않는다.

【보기】 huset 후세 møtet 뫼테
taket 타케

2. 다만, 어말 관사 et에 s가 첨가되면 받침 'ㅅ'으로 적는다.

【보기】 husets 후셋스

제11항 eg

1. eg는 n, l 앞에서 '에이'로 적는다.

【보기】 regn 레인 tegn 테인
negl 네일

2. 그 밖의 경우에는 '에그'로 적는다.

【보기】 deg 데그 egg 에그

제12항 ø는 '외'로 적되, g, j, k, kj, lj, skj 다음에서는 '에'로 적고 앞의 '이' 또는 '시'와 합쳐서 적는다. 다만, jø 앞에 그 밖의 자음이 올 때에는 j는 앞의 자음과 합쳐 적고 ø는 '에'로 적는다.

【보기】 Bodø 보되 Gjøvik 예비크
Bjørn 비에른

제13항 같은 자음이 겹치는 경우에는 겹치지 않은 경우와 같이 적는다. 단, mm, nn은 모음 앞에서 'ㅁㅁ', 'ㄴㄴ'으로 적는다.

【보기】 Moss 모스 Mikkjel 미셸
Matthias 마티아스 Hammerfest 함메르페스트

[표 13]에 따르고, 다음과 같은 특징을 살려서 적는다.

제1항

1. b는 무성 자음 앞에서 받침 'ㅂ'으로 적는다.

【보기】 Jacobsen 야콥센　　Jakobsen 야콥센

2. k, p, t는 무성 자음 앞에서 받침 'ㄱ, ㅂ, ㅅ'으로 적는다.

【보기】 insekt 인섹트　　september 셉템베르
nattkappe 낫카페

제2항 d

1. ds, dt, ld, nd, rd의 d는 적지 않는다.

【보기】 plads 플라스　　kridt 크리트
fødte 푀테　　vold 볼
Kolding 콜링　　Öresund 외레순
Jylland 윌란　　hård 호르
bord 보르　　nord 노르

2. 다만, ndr의 d는 '드'로 적는다.

【보기】 andre 안드레　　vandre 반드레

3. 그 밖의 경우에는 '드'로 적는다.

【보기】 dreng 드렝

제3항 g

1. 어미 ig의 g는 적지 않는다.

【보기】 vældig 벨디　　mandig 만디

herlig 헤를리 lykkelig 뤼켈리
Grundtvig 그룬트비

2. u와 l 사이의 g는 적지 않는다.

【보기】 fugl 풀 kugle 쿨레

3. borg, berg의 g는 적지 않는다.

【보기】 Nyborg 뉘보르 Esberg 에스베르
Frederiksberg 프레데릭스베르

4. 그 밖의 자음 앞과 어말에서는 '그'로 적는다.

【보기】 magt 마그트 dug 두그

제4항 j는 자음과 모음 사이에 올 때에 앞의 자음과 합쳐서 적는다.

【보기】 Esbjerg 에스비에르 Skjern 스키에른
Kjellerup 키엘레루프 Fjellerup 피엘레루프

제5항 어말 또는 자음 앞의 l은 받침 'ㄹ'로 적고, 어중의 l이 모음 앞에 올 때에는 'ㄹㄹ'로 적는다.

【보기】 Holstebro 홀스테브로 Lolland 롤란

제6항 v

1. 모음 앞의 v는 'ㅂ'으로 적되, 단모음 뒤에서는 '우'로 적는다.

【보기】 Vejle 바일레 dvale 드발레
pulver 풀베르 rive 리베
lyve 뤼베 løve 뢰베
doven 도우엔 hoven 호우엔
oven 오우엔 sove 소우에

2. lv의 v는 묵음일 때 적지 않는다.

【보기】 halv 할 gulv 굴

3. av, æv, øv, ov, ev에서는 '우'로 적는다.

【보기】 gravsten 그라우스텐　　havn 하운
København 쾨벤하운　　Thorshavn 토르스하운
jævn 예운　　Støvle 스퇴울레
lov 로우　　rov 로우
Hjelmslev 옐름슬레우

4. 그 밖의 경우에는 '브'로 적는다.

【보기】 arv 아르브

※ 묵음과 모음의 장단에 대해서는 덴마크어의 발음을 보여 주는 사전을 참조하여야 한다.

제 7 항 같은 자음이 겹치는 경우에는 겹치지 않은 경우와 같이 적는다.

【보기】 lykkelig 뤼켈리　　hoppe 호페
Hjørring 예링　　blomme 블로메
Rønne 뢰네

제 8 항 c는 'ㅋ'으로 적되, e, i, y, æ, ø 앞에서는 'ㅅ'으로 적는다.

【보기】 campere 캄페레　　centrum 센트룸

제16절 말레이인도네시아어의 표기

[표 14]에 따르고, 다음과 같은 특징을 살려서 적는다.

제 1 항 유음이나 비음 앞에 오는 파열음은 '으'를 붙여 적는다.

【보기】 Prambanan 프람바난　　Trisno 트리스노
Ibrahim 이브라힘　　Fakhrudin 파크루딘
Tasikmalaya 타시크말라야　　Supratman 수프라트만

제2항 sy는 뒤따르는 모음과 합쳐서 '샤, 셰, 시, 쇼, 슈' 등으로 적는다. 구철자 sh는 sy와 마찬가지로 적는다.

【보기】 Syarwan 샤르완 Syed 셋
Paramesywara 파라메시와라 Shah 샤

제3항 인도네시아어의 구철자 dj와 tj는 신철자 j, c와 마찬가지로 적는다.

【보기】 Djakarta 자카르타 Banda Atjeh 반다아체
Jakarta 자카르타 Banda Aceh 반다아체

제4항 인도네시아어의 구철자 j와 sj는 신철자 y, sy와 마찬가지로 적는다.

【보기】 Jusuf 유숩 Sjarifuddin 샤리푸딘
Yusuf 유숩 Syarifuddin 샤리푸딘

제5항 인도네시아어의 구철자 bh와 dh는 신철자 b, d와 마찬가지로 적는다.

【보기】 Bhinneka 비네카 Yudhoyono 유도요노
Binneka 비네카 Yudoyono 유도요노

제6항 인도네시아어의 구철자 ch는 신철자 kh와 마찬가지로 적는다.

【보기】 Chairil 하이릴 Bacharuddin 바하루딘
Khairil 하이릴 Bakharuddin 바하루딘

제7항 말레이시아어의 구철자 ch는 신철자 c와 마찬가지로 적는다.

【보기】 Changi 창이 Kuching 쿠칭
Cangi 창이 Kucing 쿠칭

제8항 말레이시아어 철자법에 따라 표기한 gh, th는 각각 g, t와 마찬가지로 적는다.

【보기】 Ghazali 가잘리 baligh 발릭 Mahathir 마하티르
(말레이시아어 철자법)

Gazali 가잘리 balig 발릭 Mahatir 마하티르
(인도네시아어 철자법)

제9항 어중의 l이 모음 앞에 올 때에는 'ㄹㄹ'로 적는다.

【보기】 Palembang 팔렘방 Malik 말릭

제10항 같은 자음이 겹쳐 나올 때에는 한 번만 적는다.

【보기】 Hasanuddin 하사누딘 Mohammad 모하맛
Mappanre 마판레 Bukittinggi 부키팅기

제11항 반모음 w는 뒤의 모음과 합쳐 '와', '웨' 등으로 적는다. 자음 뒤에 w가 올 때에는 두 음절로 갈라 적되, 앞에 자음 k가 있으면 '콰', '퀘' 등으로 한 음절로 붙여 적는다.

【보기】 Megawati 메가와티 Anwar 안와르
kwartir 콰르티르 kweni 퀘니

제12항 반모음 y는 뒤의 모음과 합쳐 '야', '예' 등으로 적으며 앞에 자음이 있을 경우에는 그 자음까지 합쳐 적는다. 다만 g나 k가 y 앞에 올 때에는 합쳐 적지 않고 뒤 모음과만 합쳐 적는다.

【보기】 Yadnya 야드냐 tanya 타냐
satya 사탸 Yogyakarta 욕야카르타

제13항 e는 [e]와 [ə] 두 가지로 소리 나므로 발음을 확인하여 [e]는 '에'로 [ə]는 '으'로 적는다. 다만, ye의 e가 [ə]일 때에는 ye를 '여'로 적는다.

【보기】 Ampenan 암페난 sate 사테
Cirebon 치르본 kecapi 크차피
Yeh Sani 예사니 Nyepi 녀피

제14항 같은 모음이 겹쳐 나올 때에는 한 번만 적는다.

【보기】 Pandaan 판단 saat 삿

제15항 인도네시아어의 구철자 중모음 표기 oe, ie는 신철자 u, i와 마찬가지로 '우, 이'로 적는다.

【보기】 Bandoeng 반둥 Habibie 하비비
Bandung 반둥 Habibi 하비비

제17절 타이어의 표기

[표 15]에 따르고, 다음과 같은 특징을 살려서 적는다.

제 1 항 유음 앞에 오는 파열음은 '으'를 붙여 적는다.

【보기】 Nakhaprathip 나카쁘라팁 Krung Thep 끄룽텝
Phraya 프라야 Songkhram 송크람

제 2 항 모음 사이에서 l은 'ㄹㄹ'로, ll은 'ㄴㄹ'로 적는다.

【보기】 thale 탈레 malako 말라꼬
Sillapaacha 신라빠차 Kallasin 깐라신

제 3 항 같은 자음이 겹쳐 있을 때에는 겹치지 않은 경우와 같이 적는다. −pph−, −tth− 등 같은 계열의 자음이 겹쳐 나올 때에도 겹치지 않은 경우와 같이 적는다. 다만, −mm−, −nn−의 경우에는 'ㅁㅁ', 'ㄴㄴ'으로 적는다.

【보기】 Suwit Khunkitti 수윗 쿤끼띠 Pattani 빠따니
Ayutthaya 아유타야 Thappharangsi 타파랑시
Thammamongkhon 탐마몽콘 Lanna Thai 란나타이

제 4 항 관용적 로마자 표기에서 c 대신 쓰이는 j는 c와 마찬가지로 적는다.

【보기】 Janthaphimpha 짠타핌파 Jit Phumisak 찟 푸미삭

제 5 항 sr와 thr는 모음 앞에서 s와 마찬가지로 'ㅅ'으로 적는다.

【보기】 Intharasuksri 인타라숙시 Sri Chang 시창
Bangthrai 방사이

제 6 항 반모음 y는 모음 사이, 또는 어두에 있을 때에는 뒤의 모음과 합쳐 '야, 예' 등으로 적으며, 자음과 모음 사이에 있을 때에는 앞의 자음과는 갈라 적고 뒤의 모음과는 합쳐 적는다.

【보기】 khaoniyao 카오니야오 yai 야이
Adunyadet 아둔야뎃 lamyai 람야이

제 7 항 반모음 w는 뒤의 모음과 합쳐 '와', '웨' 등으로 적는다. 자음 뒤에 w가 올 때에는 두 음절로 갈라 적되, 앞에 자음 k, kh가 있으면 '꽈', '콰', '꿰', '퀘' 등으로 한 음절로 붙여 적는다.

【보기】 Suebwongli 습웡리 Sukhumwit 수쿰윗
Huaikhwang 후아이쾅 Maenamkhwe 매남퀘

제 8 항 관용적 로마자 표기에서 사용되는 or는 '오'로 적고, oo는 '우'로, ee는 '이'로 적는다.

【보기】 Korn 꼰 Somboon 솜분
Meechai 미차이

제18절 베트남어의 표기

[표 16]에 따르고, 다음과 같은 특징을 살려서 적는다.

제 1 항 nh는 이어지는 모음과 합쳐서 한 음절로 적는다. 어말이나 자음 앞에서는 받침 'ㄴ'으로 적되, 그 앞의 모음이 a인 경우에는 a와 합쳐 '아인'으로 적는다.

【보기】 Nha Trang 냐짱 Hô Chi Minh 호찌민
Thanh Hoa 타인호아 Đông Khanh 동카인

제 2 항 qu는 이어지는 모음이 a일 경우에는 합쳐서 '꽈'로 적는다.

【보기】 Quang 꽝 hat quan ho 핫꽌호

Quôc 꾸옥　　　　　　　　Quyên 꾸옌

제 3 항 y는 뒤따르는 모음과 합쳐서 한 음절로 적는다.

【보기】 yên 옌　　　　　　　　Nguyên 응우옌

제 4 항 어중의 l이 모음 앞에 올 때에는 'ㄹㄹ'로 적는다.

【보기】 klông put 끌롱뿟　　　　Pleiku 쁠래이꾸
Ha Long 할롱　　　　　　My Lai 밀라이

다만, 인명의 성과 이름은 별개의 단어로 보아 이 규칙을 적용하지 않는다.

【보기】 Thê Lư 테르　　　　　　Chê Lan Viên 쩨란비엔

제19절 포르투갈어의 표기

[표 17]에 따르고, 다음과 같은 특징을 살려서 적는다. 다만 '브라질 포르투갈어에서'라는 단서가 붙은 조항은 브라질 지명·인명의 표기에만 적용한다.

제 1 항 c, g

c, g는 a, o, u 앞에서는 각각 'ㅋ, ㄱ'으로 적고, e, i 앞에서는 'ㅅ, ㅈ'으로 적는다.

【보기】 Cabral 카브랄　　　　　Camocim 카모싱
Egas 에가스　　　　　　Gil 질

제 2 항 gu, qu

gu, qu는 a, o, u 앞에서는 각각 '구, 쿠'로 적고, e, i 앞에서는 'ㄱ, ㅋ'으로 적는다.

【보기】 Iguaçú 이구아수　　　　Araquari 아라쿠아리
Guerra 게하　　　　　　Aquilino 아킬리누

제 3 항 d, t

d, t는 'ㄷ, ㅌ'으로 적는다. 다만, 브라질 포르투갈어에서 i 앞이나 어말 e 및 어말 -es

앞에서는 'ㅈ, ㅊ'으로 적는다.

【보기】 Amado 아마두 Costa 코스타
Diamantina 디아만티나 Diamantina 지아만치나 (브)
Alegrete 알레그레트 Alegrete 알레그레치 (브)
Montes 몬트스 Montes 몬치스 (브)

제4항 어말의 -che는 '시'로 적는다.

【보기】 Angoche 앙고시 Peniche 페니시

제5항 l

1. 어중의 l이 모음 앞에 오거나 모음이 따르지 않는 비음 앞에 오는 경우에는 'ㄹㄹ'로 적는다. 다만, 비음 뒤의 l은 모음 앞에 오더라도 'ㄹ'로 적는다.

【보기】 Carlos 카를루스 Amalia 아말리아

2. 어말 또는 자음 앞의 l은 받침 'ㄹ'로 적는다. 다만, 브라질 포르투갈어에서 자음 앞이나 어말에 오는 경우에는 '우'로 적되, 어말에 -ul이 오는 경우에는 '울'로 적는다.

【보기】 Sul 술 Azul 아줄
Gilberto 질베르투 Gilberto 지우베르투 (브)
Caracol 카라콜 Caracol 카라코우 (브)

제6항 m, n은 각각 'ㅁ, ㄴ'으로 적고, 어말에서는 모두 받침 'ㅇ'으로 적는다. 어말 -ns의 n도 받침 'ㅇ'으로 적는다.

【보기】 Manuel 마누엘 Moniz 모니스
Campos 캄푸스 Vincente 빈센트
Santarém 산타렝 Rondon 혼동
Lins 링스 Rubens 후벵스

제7항 ng, nc, nq 연쇄에서 'g, c, q'가 'ㄱ'이나 'ㅋ'으로 표기되면 'n'은 받침 'ㅇ'으로 적는다.

【보기】 Angola 앙골라 Angelo 안젤루
Branco 브랑쿠 Francisco 프란시스쿠
Conquista 콩키스타 Junqueiro 중케이루

제8항 r는 어두나 n, l, s 뒤에 오는 경우에는 'ㅎ'으로 적고, 그 밖의 경우에는 'ㄹ, 르'로 적는다.

【보기】 Ribeiro 히베이루 Henrique 엔히크
Bandeira 반데이라 Salazar 살라자르

제9항 s

1. 어두나 모음 앞에서는 'ㅅ'으로 적고, 모음 사이에서는 'ㅈ'으로 적는다.

【보기】 Salazar 살라자르 Afonso 아폰수
Barroso 바호주 Gervasio 제르바지우

2. 무성 자음 앞이나 어말에서는 '스'로 적고, 유성 자음 앞에서는 '즈'로 적는다.

【보기】 Fresco 프레스쿠 Soares 소아르스
mesmo 메즈무 comunismo 코무니즈무

제10항 sc, sç, xc

sc와 xc는 e, i 앞에서 'ㅅ'으로 적는다. sç는 항상 'ㅅ'으로 적는다.

【보기】 Nascimento 나시멘투 piscina 피시나
excelente 이셀렌트 cresça 크레사

제11항 x는 '시'로 적되, 어두 e와 모음 사이에 오는 경우에는 'ㅈ'으로 적는다.

【보기】 Teixeira 테이셰이라 lixo 리슈
exame 이자므 exemplo 이젬플루

제12항 같은 자음이 겹치는 경우에는 겹치지 않은 경우와 같이 적는다. 다만, rr는 'ㅎ, 흐'로, ss는 'ㅅ, 스'로 적는다.

【보기】 Garrett 가헤트 Barroso 바호주

Mattoso 마토주　　　Toress 토레스

제13항 o는 '오'로 적되, 어말이나 –os의 o는 '우'로 적는다.

【보기】 Nobre 노브르　　　António 안토니우
Melo 멜루　　　Saramago 사라마구
Passos 파수스　　　Lagos 라구스

제14항 e는 '에'로 적되, 어두 무강세 음절에서는 '이'로 적는다. 어말에서는 '으'로 적되, 브라질 포르투갈어에서는 '이'로 적는다.

【보기】 Montemayor 몬테마요르　　　Estremoz 이스트레모스
Chifre 시프르　　　Chifre 시프리 (브)
de 드　　　de 지 (브)

제15항 –es

1. p, b, m, f, v 다음에 오는 어말 –es는 '– 에스'로 적는다.

【보기】 Lopes 로페스　　　Gomes 고메스
Neves 네베스　　　Chaves 샤베스

2. 그 밖의 어말 –es는 '– 으스'로 적는다. 다만, 브라질 포르투갈어에서는 '– 이스'로 적는다.

【보기】 Soares 소아르스　　　Pires 피르스
Dorneles 도르넬리스 (브)　　　Correntes 코헨치스 (브)

※ 포르투갈어 강세 규칙은 다음과 같다.

① 자음 l, r, z, 모음 i, u, 비음 im, um, ã, ão, ões로 끝나는 단어는 마지막 음절에 강세가 온다.
② á, é, ê, ó, ô, í, ú 등과 같이 단어에 강세 표시가 있는 경우는 그곳에 강세가 온다.
③ 그 밖의 경우에는 끝에서 두 번째 음절에 강세가 온다.

[표 18]에 따르고, 다음과 같은 특징을 살려서 적는다.

제1항 무성 파열음 p, t, k는 자음 앞이나 어말에 올 경우에는 각각 받침 'ㅂ, ㅅ, ㄱ'으로 적는다. 다만, 앞 모음이 이중 모음이거나 장모음(같은 모음을 겹쳐 적는 경우)인 경우와 앞이나 뒤의 자음이 유음이나 비음인 경우에는 '프, 트, 크'로 적는다.

【보기】 Wit 빗 / Gennip 헤닙
Kapteyn 캅테인 / september 셉템버르
Petrus 페트뤼스 / Arcadelt 아르카덜트
Hoop 호프 / Eijkman 에이크만

제2항 유성 파열음 b, d가 어말에 올 경우에는 각각 '프, 트'로 적고, 어중에 올 경우에는 앞이나 뒤의 자음이 유음이나 비음인 경우와 앞 모음이 이중 모음이거나 장모음(같은 모음을 겹쳐 적는 경우)인 경우에는 '브, 드'로 적는다. 그 외에는 모두 받침 'ㅂ, ㅅ'으로 적는다.

【보기】 Bram 브람 / Hendrik 헨드릭
Jakob 야코프 / Edgar 엣하르
Zeeland 제일란트 / Koenraad 쿤라트

제3항 v가 어두에 올 경우에는 'ㅍ, 프'로 적고, 그 외에는 모두 'ㅂ, 브'로 적는다.

【보기】 Veltman 펠트만 / Vries 프리스
Grave 흐라버 / Weltevree 벨테브레이

제4항 c는 차용어에 쓰이므로 해당 언어의 발음에 따라 'ㅋ'이나 'ㅅ'으로 적는다.

【보기】 Nicolaas 니콜라스 / Hendricus 헨드리퀴스
cyaan 시안 / Franciscus 프란시스퀴스

제5항 g, ch는 'ㅎ'으로 적되, 차용어의 경우에는 해당 언어의 발음에 따라 적는다.

【보기】 gulden 휠던 / Haag 하흐

Hooch 호흐 Volcher 폴허르
Eugene 외젠 Michael 미카엘

제6항 −tie는 '시'로 적는다.

【보기】 natie 나시 politie 폴리시

제7항 어중의 l이 모음 앞에 오거나 모음이 따르지 않는 비음 앞에 올 때에는 'ㄹㄹ'로 적는다. 다만, 비음 뒤의 l은 모음 앞에 오더라도 'ㄹ'로 적는다.

【보기】 Tiele 틸러 Zalm 잘름
Berlage 베를라허 Venlo 펜로

제8항 nk
k 앞에 오는 n은 받침 'ㅇ'으로 적는다.

【보기】 Frank 프랑크 Hiddink 히딩크
Benk 벵크 Wolfswinkel 볼프스빙컬

제9항 같은 자음이 겹치는 경우에는 겹치지 않은 경우와 같이 적는다.

【보기】 Hobbema 호베마 Ballot 발롯
Emmen 에먼 Gennip 헤닙

제10항 e는 '에'로 적는다. 다만, 이 음절 이상에서 마지막 음절에 오는 e와 어말의 e는 모두 '어'로 적는다.

【보기】 Dennis 데니스 Breda 브레다
Stevin 스테빈 Peter 페터르
Heineken 헤이네컨 Campen 캄펀

제11항 같은 모음이 겹치는 경우에는 겹치지 않은 경우와 같이 적는다. 다만 ee는 '에이'로 적는다.

【보기】 Hooch 호흐 mondriaan 몬드리안
Kees 케이스 Meerssen 메이르선

제12항 −ig는 '어흐'로 적는다.

【보기】 tachtig 타흐터흐 hartig 하르터흐

제13항 −berg는 '베르흐'로 적는다.

【보기】 Duisenberg 다위센베르흐 Mengelberg 멩엘베르흐

제14항 over−는 '오버르'로 적는다.

【보기】 Overijssel 오버레이설 overkomst 오버르콤스트

제15항 모음 è, é, ê, ë는 '에'로 적고, ï는 '이'로 적는다.

【보기】 carré 카레 casuïst 카수이스트
drieëntwintig 드리엔트빈터흐

제21절 러시아어의 표기

[표 19]에 따르고, 다음과 같은 특징을 살려서 적는다.

제1항 p(п), t(т), k(к), b(б), d(д), g(г), f(ф), v(в)
파열음과 마찰음 f(ф)·v(в)는 무성 자음 앞에서는 앞 음절의 받침으로 적고, 유성 자음 앞에서는 '으'를 붙여 적는다.

【보기】 Sadko(Садко) 삿코
Agryz(Агрыз) 아그리스
Akbaur(Акбаур) 아크바우르
Rostopchina(Ростопчина) 로스톱치나
Akmeizm(Акмеизм) 아크메이즘
Rubtsovsk(Рубцовск) 룹촙스크
Bryatsk(Брятск) 브랴츠크
Lopatka(Лопатка) 로팟카

Yefremov(Ефремов) 예프레모프

Dostoevskii(Достоевский) 도스토옙스키

제 2 항 z(з), zh(ж)

z(з)와 zh(ж)는 유성 자음 앞에서는 '즈'로 적고 무성 자음 앞에서는 각각 '스, 시'로 적는다.

【보기】 Nazran'(Назрань) 나즈란

Nizhnii Tagil(Нижний Тагил) 니즈니타길

Ostrogozhsk(Острогожск) 오스트로고시스크

Luzhkov(Лужков) 루시코프

제 3 항 지명의 －grad(град)와 －gorod(город)는 관용을 살려 각각 '－그라드', '－고로드'로 표기한다.

【보기】 Volgograd(Волгоград) 볼고그라드

Kaliningrad(Калининград) 칼리닌그라드

Slavgorod(Славгород) 슬라브고로드

제 4 항 자음 앞의 －ds(дс)－는 '츠'로 적는다.

【보기】 Petrozavodsk(Петрозаводск) 페트로자보츠크

Vernadskii(Вернадский) 베르나츠키

제 5 항 어말 또는 자음 앞의 l(л)은 받침 'ㄹ'로 적고, 어중의 l이 모음 앞에 올 때에는 'ㄹㄹ'로 적는다.

【보기】 Pavel(Павел) 파벨

Nikolaevich(Николаевич) 니콜라예비치

Zemlya(Земля) 제믈랴

Tsimlyansk(Цимлянск) 치믈랸스크

제 6 항 l'(ль), m(м)이 어두 자음 앞에 오는 경우에는 각각 '리', '므'로 적는다.

【보기】 L'bovna(Льбовна) 리보브나　　Mtsensk(Мценск) 므첸스크

제7항 같은 자음이 겹치는 경우에는 겹치지 않은 경우와 같이 적는다. 다만, mm(мм), nn(нн)은 모음 앞에서 'ㅁㅁ', 'ㄴㄴ'으로 적는다.

【보기】 Gippius(Гиппиус) 기피우스 Avvakum(Аввакум) 아바쿰
Odessa(Одесса) 오데사 Akkol'(Акколь) 아콜
Sollogub(Соллогуб) 솔로구프 Anna(Анна) 안나
Gamma(Гамма) 감마

제8항 e(е, э)는 자음 뒤에서는 '에'로 적고, 그 외의 경우에는 '예'로 적는다.

【보기】 Aleksei(Алексей) 알렉세이
Egvekinot(Егвекинот) 예그베키노트

제9항 연음 부호 '(ь)

연음 부호 '(ь)은 '이'로 적는다. 다만 l', m', n'(ль, мь, нь)이 자음 앞이나 어말에 오는 경우에는 적지 않는다.

【보기】 L'bovna(Льбовна) 리보브나 Igor'(Игорь) 이고리
Il'ya(Илья) 일리야 D'yakovo(Дьяково) 디야코보
Ol'ga(Ольга) 올가 Perm'(Пермь) 페름
Ryazan'(Рязань) 랴잔 Gogol'(Гоголь) 고골

제10항 dz(дз), dzh(дж)는 각각 z, zh와 같이 적는다.

【보기】 Tetradze(Тетрадзе) 테트라제
Tadzhikistan(Таджикистан) 타지키스탄

제1절 표기 원칙

제 1 항 외국의 인명, 지명의 표기는 제1장, 제2장, 제3장의 규정을 따르는 것을 원칙으로 한다.

제 2 항 제3장에 포함되어 있지 않은 언어권의 인명, 지명은 원지음을 따르는 것을 원칙으로 한다.

【보기】 Ankara 앙카라　　　Gandhi 간디

[해설] 외국의 인명이나 지명도 원칙적으로는 「외래어 표기법」에 따라 적어야 한다. 그런데 「외래어 표기법」에는 총 21개의 언어만을 대상으로 한글로 표기하는 방안이 제시되어 있다. 여기에 포함되지 않은 많은 언어권의 인명이나 지명에 대해서는 실제 그 지역에서 쓰이는 발음대로 표기해야 한다.

터키의 수도 'Ankara'를 영어식으로 발음하면 'Ankara[æŋkərə]앵커러'가 되지만 터키어로 발음하면 '앙카라'이다. 터키의 지명을 적을 때는 터키어의 원래 발음을 고려하여 표기해야 하므로 '앙카라'가 옳은 표기가 된다.

이처럼 제3장에 포함되어 있지 않은 언어권의 인명과 지명을 표기할 때는 해당 지역에서 실제 쓰이는 발음대로 적는다.(원지음 주의)

제 3 항 원지음이 아닌 제3국의 발음으로 통용되고 있는 것은 관용을 따른다.

【보기】 Hague 헤이그　　　Caesar 시저

제 4 항 고유 명사의 번역명이 통용되는 경우 관용을 따른다.

【보기】 Pacific Ocean 태평양　　　Black Sea 흑해

[해설] 다른 나라의 지명이나 인명이 직접 한국에 들어온 것이 아니라 제3국을 통해 들어와서 해당 언어권의 발음과 멀어진 상태로 오랫동안 많은 사람들에 의해 사용된 경우 관용을 인정하여 원지음이 아닌 제3국의 발음으로 표기한다. 예를 들어, 네덜란드의 도시명인 'Hague'는 네덜란드어로 'Dan Hagg[dən hɑ́ːx] 덴 하흐'라고 발음하지만 영어식 발음은 'Hague[heig] 헤이그'이다. 이 지명은 우리나라에서 영어식 발음인 '헤이그'로 알려졌고 지금까지도 '헤이그'라고 발음하고 있다. 이처럼 제3국을 통해 들어온 외국의 인명과 지명이 실제 원지음이 아닌 제3국의 발음으로 통용되고 있는 경우에는 관용에 따라서 통용되고 있는 지명이나 인명을 그대로 사용한다. 'Caesar'는 로마의 초대 황제인 'Gaius Julius Caesar Octavianus 가이우스 율리우스 카이사르 옥타비아누스'에서 나온 것이다. 'Caesar'는 라틴어로 '카이사르'인데 영어로는 'Caesar[síːzər] 시저'로 발음한다. 이 경우에도 오랜 시간 사용해 왔던 관용에 따라 현지의 발음인 '카이사르'가 아닌 영어식 발음 '시저'로 표기한다. 다만, 'Caesar'는 영어식 발음인 '시저'와 원어 발음인 '카이사르'를 둘 다 적을 수 있다.[12]

Hague	헤이그(○), 덴 하흐(×)
Caesar	시저(○), 카이사르(○)

한편, 외국의 지명 중에서 외래어 표기법에 따라 적지 않고 한자음을 번역한 지명을 사용하고 있는 것이 있다. 번역명으로 굳어져 널리 통용되고 있는 지명인 경우에는 관용에 따라 번역명으로 적는다. 예를 들어, 'Pacific Ocean[pəsífik óuʃən]'과 'Black Sea[blæk siː]'는 외래어 표기법에 따르면 '퍼시픽 오션'과 '블랙 시'로 적어야 하지만, 한자음으로 번역한 '태평양(太平洋)'과 '흑해(黑海)'로 굳어져 통용되고 있으므로 번역명인 '태평양'과 '흑해'로 표기한다.

Pacific Ocean[pəsífik óuʃən]	태평양(○), 퍼시픽 오션(×)
Black Sea[blæk siː]	흑해(○), 블랙 시(×)
Atlantic Ocean[ætlǽntik óuʃən]	지중해(○), 애틀랜틱 오션(×)

12 사전에서 'Caesar'를 찾아보면 대부분이 '율리우스 카이사르'라는 이름으로 나온다. 표준국어대사전에도 '시저'를 검색하면 '카이사르'의 영어 이름이라고 되어 있고, '카이사르'를 검색하면 '로마의 군인, 정치가'라고 하며 인물에 대해 설명하고 있다. 따라서 둘 다 표기가 가능하다.

여기에서 '동양'은 중국과 일본을 가리킨다. 중국과 일본에서 쓰이는 인명과 지명을 우리식의 한자음으로 적는 관례가 있어, 이것과 관련된 세칙을 「외래어 표기법」에 따로 정하였다. 중국과 일본은 한국과 가까운 거리에 있으면서 같은 한자어 문화권으로 서로 간에 정치, 경제, 사회, 문화적으로 밀접한 관계를 맺어왔다. 과거에는 중국과 일본의 한자로 적힌 인명 또는 지명을 우리나라의 한자음으로 읽고 적었으나 현재는 중국과 일본의 인명과 지명은 현지 발음으로 읽고 적는다는 데 차이점이 있다. 이를 반영하여 표기의 세칙을 다음과 같이 정하였다.

제 1 항 중국 인명은 과거인과 현대인을 구분하여 과거인은 종전의 한자음대로 표기하고, 현대인은 원칙적으로 중국어 표기법에 따라 표기하되, 필요한 경우 한자를 병기한다.

[해설] 중국의 인명을 표기할 때는 1911년 신해혁명(辛亥革命)[13]을 기점으로 과거인과 현대인을 구분하여 적는다. 신해혁명(辛亥革命) 이전의 인명은 우리의 한자음으로 적고, 신해혁명 이후의 인명은 현재 중국어 표기법에 따라 적되, 필요한 경우에는 한자를 병기한다.

우리나라는 옛 중국 사람의 이름을 표기할 때 중국어 발음을 듣고 표기한 것이 아니라 중국 한자를 보고 우리식의 한자음으로 읽고 사용해 왔다. 특히 '공자, 맹자, 유비, 모택동'처럼 중국의 고전에 나오거나 역사적으로 우리에게 알려진 인물들은 우리의 한자음으로 읽고 적는 것에 익숙하다. 이러한 점에 주목하여 1911년 이전의 인물은 우리 한자음으로 표기하고, 이후의 인물은 중국어 표기법에 따라 표기한다. 예를 들어, 毛澤東과 蔣介石은 1911년 이후의 인물이므로 '장제스'와 '마오쩌둥'으로 적는다. 이러한 경우 '마오쩌둥(毛澤東)', '장제스(蔣介石)'처럼 한자를 함께 적을 수 있다.

여기서 주목할 점은 1911년 이후까지 생존한 인물 중에서 한자명으로 널리 익숙해진 이름을 적는 방식이다. 원칙적으로 중국어 표기법에 따라 표기해야 하지만 우리말 한자음으로 표기하는 것도 허용한다. 毛澤東과 蔣介石은 1911년 신해혁명 이후까지 생존한 인물이므로 중

13 신해혁명은 1911년(辛亥年)에 일어난 중국의 민주주의 혁명으로 청나라를 무너뜨리고 중화민국을 세운 혁명이다.

국어 표기와 한자음 표기를 둘 다 사용하여 적을 수 있다. 따라서 '장제스, 장개석'과 '마오쩌둥, 모택동' 모두 규범에 맞는 표기이다.

- 1911년 이전 인명　　孔子:　공자(○), 콩쯔(×)
　　　　　　　　　　孟子:　맹자(○), 멍쯔(×)
- 1911년 이후 인명　　胡錦濤:　후진타오(○), 호금도(×)
　　　　　　　　　　張國榮:　장궈룽(○), 장국영(×)
- 1911년 이후까지 생존한 인명　　毛澤東:　모택동(○), 마오쩌둥(○)
　　　　　　　　　　蔣介石:　장개석(○), 장제스(○)

제 2 항 중국의 역사 지명으로서 현재 쓰이지 않는 것은 우리 한자음대로 하고, 현재 지명과 동일한 것은 중국어 표기법에 따라 표기하되, 필요한 경우 한자를 병기한다.

[해설] 「외래어 표기법」에서는 원칙적으로 해당 언어권에서 발음하는 대로 지명을 표기한다. 중국의 지명을 표기할 때도 원칙적으로 중국의 원지음을 따른다. 그런데 중국의 역사에 등장하는 옛 지명(地名) 중에서 현재는 쓰이지 않는 지명들이 있다. 이 경우에는 원지음을 밝혀 적는 것이 의미가 없으므로 우리 한자음으로 표기한다. 예를 들어, 중국의 고전(古典)을 통해 우리나라에 전해져 우리 한자음으로 굳어진 '長安(장안), 漢水(한수), 白溝(백구), 爲州(위주)'와 같은 지명이 있다. 이들은 현재 중국에서 사용하지 않는 지명들이므로, 우리에게 익숙한 우리식의 한자음 '장안, 한수, 백구, 위주'로 표기한다.

- 중국 옛 지명 중 현재는 사용하지 않는 것
  長安(장안), 漢水(한수), 白溝(백구), 爲州(위주)

한편, 중국의 역사적 지명 가운데 현재도 그대로 쓰이는 지명은 우리 한자음으로 쓰지 않고 중국어 표기법에 따라 적고, 필요한 경우에는 이해를 돕기 위해 한자를 병기한다.

- 중국 옛 지명 중 현재도 사용되는 것
  洛陽:　낙양(×), 뤄양(○), 뤄양(洛陽)

重慶:　중경(×), 충칭(○), 충칭(重慶)
杭州:　항주(×), 항저우(○), 항저우(杭州)
上海:　상해(×), 상하이(○), 상하이(上海)
華北:　화북(×), 화베이(○), 화베이(華北)
青島:　청도(×), 칭다오(○), 칭다오(青島)

다만, 중국의 지명 가운데 우리 한자음으로 읽는 것이 널리 통용되어 친숙한 '北京(북경)'과 같은 지명은 중국어 표기와 한자음 표기를 둘 다 인정한다.

黃河:　황허(○), 황하(○)
北京:　베이징(○), 북경(○)
臺灣:　타이완(○), 대만(○)
上海:　상하이(○), 상해(○)

제 3 항 일본의 인명과 지명은 과거와 현대의 구분 없이 일본어 표기법에 따라 표기하는 것을 원칙으로 하되, 필요한 경우 한자를 병기한다.

[해설] 중국의 인명과 지명은 과거와 현대로 구분해 표기하지만 일본의 인명과 지명은 과거와 현대의 구분이 없이 일본의 발음대로 표기하고, 필요한 경우 한자를 병기하여 혼동을 피할 수 있게 하였다. '德川家康, 豐臣秀吉, 伊藤博文', '江戶'와 같은 과거의 인명과 지명은 '덕천가강, 풍신수길, 이등박문', '강호'와 같이 우리 한자음으로 적지 않고 '도쿠가와 이에야스, 도요토미 히데요시, 이토 히로부미', '에도'처럼 일본의 발음대로 적는다.

江戶:　강호(×), 에도(○), 에도(江戶)
鹿兒島:　녹아도(×), 가고시마(○), 가고시마(鹿兒島)
德川家康:　덕천가강(×), 도쿠가와 이에야스(○), 도쿠가와 이에야스(德川家康)
豐臣秀吉:　풍신수길(×), 도요토미 히데요시(○), 도요토미 히데요시(豐臣秀吉)
伊藤博文:　이등박문(×), 이토 히로부미(○), 이토 히로부미(伊藤博文)

제4항 중국 및 일본의 지명 가운데 한국 한자음으로 읽는 관용이 있는 것은 이를 허용한다.

【보기】 東京 도쿄, 동경 　　京都 교토, 경도
上海 상하이, 상해 　　臺灣 타이완, 대만
黃河 황허, 황하

[해설] 중국과 일본의 지명은 원칙적으로 중국어 표기법과 일본어 표기법을 따라 적는다. 그러나 중국과 일본의 지명 가운데는 '동경, 상해, 대만' 등과 같이 한국 한자음이 널리 사용되어온 경우가 있다. 이러한 경우에는 원지음 표기와 함께 한국 한자음으로 적는 것도 허용한다. 그 허용 범위는 국립국어원의 외래어 표기 용례집을 참조한다.

東京: 도쿄(원지음), 동경(한자음)
京都: 교토(원지음), 경도(한자음)
黃河: 황허(원지음), 황하(한자음)
上海: 상하이(원지음), 상해(한자음)
臺灣: 타이완(원지음), 대만(한자음)

제3절 바다, 섬, 강, 산 등의 표기 세칙

2017년 3월에 제3절 제1항의 표기 세칙이 개정되었다. 개정되기 전 제1항에는 '해', '섬', '강', '산' 등이 외래어에 붙을 때에는 띄어 쓰고, 우리말에 붙을 때에는 붙여 쓴다는 조항이 있었다. 그러나 개정 후 어종에 관계없이 '해', '섬', '강', '산' 등은 앞에 오는 말에 붙여 쓰도록 함으로써 띄어쓰기를 보다 쉽고 간결하게 하였다.

- 개정 후 앞에 오는 말에 붙여 쓰는 말들(2017. 3.)
  가(街), 강(江), 고원(高原), 곶(串), 관(關), 궁(宮), 만(灣), 반도(半島), 부(府), 사(寺), 산(山), 산맥(山脈), 섬, 성(城), 성(省), 어(語), 왕(王), 요(窯), 인(人), 족(族), 주(州), 주(洲), 평야(平野), 해(海), 현(縣), 호(湖) (총 26개 항목)

• 2017. 3. 개정 전후 띄어쓰기 비교

	개정 전	개정 후
외래어에 붙을 때	그리스 어, 그리스 인, 게르만 족, 발트 해, 나일 강, 에베레스트 산, 발리 섬, 우랄 산맥, 데칸 고원, 도카치 평야	그리스어, 그리스인, 게르만족, 발트해, 나일강, 에베레스트산, 발리섬, 우랄산맥, 데칸고원, 도카치평야
비외래어에 붙을 때	한국어, 한국인, 만주족, 지중해, 낙동강, 설악산, 남이섬, 태백산맥, 개마고원, 김포평야	한국어, 한국인, 만주족, 지중해, 낙동강, 설악산, 남이섬, 태백산맥, 개마고원, 김포평야

제 1 항 바다는 '해(海)'로 통일한다.

【보기】 홍해, 발트해, 아라비아해

제 2 항 우리나라를 제외하고 섬은 모두 '섬'으로 통일한다.

【보기】 타이완섬, 코르시카섬(우리나라: 제주도, 울릉도)

[해설] 제1항은 우리말 '바다'를 표기할 때 한자어인 '해(海)'로 통일하여 '홍해, 발트해, 아라비아해'와 같이 표기한다는 것으로, 이때 '해(海)'는 외래어든지 우리말 한자어든지 어종에 관계없이 앞말에 붙여 적는다.

• '바다'는 '해(海)'로 통일하여 적는다.
홍해, 흑해, 발트해, 아라비아해, 북해, 지중해

제2항은 '섬(island)'이 붙은 외국어 지명은 모두 '섬'으로 통일해서 '타이완섬, 코르시카섬, 하와이섬'처럼 적는다. 우리나라의 경우는 '밤섬, 뚝섬'처럼 '섬'과 결합하기도 하지만 주로 '제주도, 울릉도, 거제도, 독도'와 같이 한자어 '도(島)'가 붙는 것이 일반적이다. '섬'이나 '도(島)'를 적을 때도 어종에 관계없이 앞말에 붙여 적는다.

• '섬'과 '도(島)'

(외국의 지명) 타이완섬 코르시카섬 발리섬 하와이섬

(한국의 지명) 밤섬 뚝섬

제주도 울릉도 거제도 마라도 독도

제3항 한자 사용 지역(일본, 중국)의 지명이 하나의 한자로 되어 있을 경우, '강', '산', '호', '섬' 등은 겹쳐 적는다.

【보기】 온타케산(御岳) 주장강(珠江)
도시마섬(利島) 하야카와강(早川)
위산산(玉山)

[해설] 일본이나 중국의 지명 가운데 '강(江), 산(山, 岳), 호(湖), 섬(島)' 등의 의미가 포함되어 있는 경우들이 있다. 예를 들어, '온타케'에서 '타케'는 큰 산을 뜻하는 한자어이므로 하나의 단어 안에 이미 산을 뜻하는 단어가 들어가 있다. 그런데 우리는 '온타케'라는 이름만으로는 그것이 산을 의미하는 지명이라고 파악하기 어렵다. 그렇기 때문에 본래의 지명에 '강, 산, 호, 섬' 등을 겹쳐 적어 의미를 쉽게 파악할 수 있도록 하였다. 주장(珠江)의 '장(江)', 도시마(利島)의 '시마(島)', 하야카와(早川)의 '카와(川)', 위산(玉山)의 '산(山)'은 각각 '강, 섬, 산'을 의미하는 것으로 이들 앞에는 대체로 모두 '珠, 利, 早, 玉' 같이 1음절의 한자로 된 지명이 붙어 있다. 이처럼 1음절의 한자에 '강, 섬, 산' 등이 붙어 하나의 지명을 이루고 있는 경우에는 그 의미를 쉽게 파악할 수 있도록 '강, 산, 섬'을 겹쳐 표기한다.

온타케산	온(御)+타케(岳)+산
주장강	주(珠)+장(江)+강
도시마섬	도(利)+시마(島)+섬
위산산	위(玉)+산(山)+산
하야카와강	하야(早)+카와(川)+강

제4항 지명이 산맥, 산, 강 등의 뜻이 들어 있는 것은 '산맥', '산', '강' 등을 겹쳐 적는다.

【보기】 Rio Grande 리오그란데강 Monte Rosa 몬테로사산
Mont Blanc 몽블랑산 Sierra Madre 시에라마드레산맥

[해설] 제3항의 규정과 유사하게 한자 사용 지역이 아닌 외국의 지명 중에는 원어 자체에 '강, 산, 산맥' 등의 뜻을 나타내는 말이 들어 있는 것이 있다. '리오(Rio)', '몬테(Monte), 몽(Mont)', '마드레(Madre)'는 각각 '강, 산, 산맥'을 의미한다. 그런데 우리는 외국의 지명만으로 그 지명에 '강, 산, 산맥'의 의미가 포함되어 있다는 것을 알기 어렵기 때문에 의미를 명확히 인식할 수 있도록 외국의 지명에 '강, 산, 산맥' 등을 겹쳐 적는 것이다.

Rio Grande: 리오그란데강←리오(Rio,강)+그란데(Grande)+강
Monte Rosa: 몬테로사산←몬테(Monte,산)+로사(Rosa)+산
Mont Blanc: 몽블랑산←몽(Mont,산)+블랑(Blanc)+산
Sierra Madre: 시에라마드레산맥←시에라(Sierra)+마드레(Madre,산맥)+산맥

[부칙]

(시행일) 이 규정은 공포한 날부터 시행한다. 다만, 제4장제3절 개정규정은 2017년 6월 1일부터 시행한다.

제6장

로마자 표기법론

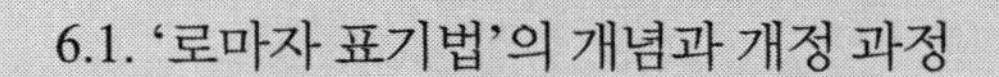

6.1. '로마자 표기법'의 개념과 개정 과정

6.2. 「국어의 로마자 표기법」 (2000) 해설
- 제1장 표기의 기본 원칙
- 제2장 표기 일람
- 제3장 표기상의 유의점
- [부록 1] 이름에 자주 쓰이는 음절의 로마자 표기
- [부록 2] 영문 번역 표기의 원칙

6.1. '로마자 표기법'의 개념과 개정 과정

'로마자 표기법'이란 한글로 표기된 단어를 로마자로 적기 위하여 만든 규범으로, 한국인이 한국어를 로마자로 표기함으로써 외국인이 한국어를 쉽게 읽을 수 있도록 하기 위하여 제정한 것이다. 정밀하게 로마자 표기법이 무엇인가를 이해하기 위해서는 누구를 대상으로 하는 것이며, 무엇을 목적으로 하는 것인지와 같은 기본적인 물음에서부터 시작할 필요가 있다. 이러한 물음은 로마자 표기를 전자법으로 할 것인가, 전사법으로 할 것인가에 대한 쟁점과도 얽혀 있다.

한국어를 로마자로 표기하는 방식에는 두 가지가 있다. 하나는 '신라'를 Sinla처럼 한글 표기 그대로 로마자로 옮겨 적는 방식이고, 다른 하나는 소리 나는 대로 Silla라고 적는 방식이다. 한글 표기 그대로 적는 것을 전자법(轉字法, transliteration)이라고 하고, 발음에 따라 적는 것을 전사법(轉寫法,transcription)이라고 한다.

전자법은 한글로 적은 것을 그대로 로마자로 옮기면 되므로 표기의 주체인 자국민이 쓰기 쉽고, 로마자 표기를 다시 한글로 복원하는 '시각적 환원성'이 강조된다. 그러나 외국인이 비슷하게 발음하기에는 다소 어려움이 있다. 예를 들어, '신라'를 Sinla로 적으면 [실라]라고 발음을 유도하기 어렵다. 반면에 전사법은 우리말을 모르는 외국인이 한국인의 발음과 유사하게 발음하도록 유도한다. Silla라고 적으면 [실라]에 가깝게 발음할 수 있다는 점에서 '원음과의 유사성'이 강조된다. 하지만 원래 우리말 철자로 환원하여 쓰기는 어렵다. 소리대로 적은 Silla만으로 원래 한글 표기가 '실라'인지 '신라'인지 알 수 없다. 또한 표기 주체인 자국민 입장에서도 어려운 점이 있다. 전사법은 발음에 따라야 하므로 여러 가지 음운 변화를 반영해야 하는데 이는 일반인의 입장에서 어려운 일이다. 예를 들어 '선릉'과 '왕릉'을 표기하기 위해서는 '선릉'이 [설릉]으로 발음되고, '왕릉'이 [왕능]으로 발음된다는 것을 알아야 한다.[1]

1 '표준 발음법' 제20항을 따르면, '신라[실라], 광한루[광:할루]', '칼날[칼랄] 물난리[물랄리]'와 같이 'ㄴ'은 'ㄹ'의 앞이나 뒤에서 [ㄹ]로 발음한다. '표준발음법' 제19항을 따르면 '강릉[강능] 항로[항:노] 대통령[대:통녕]'과 같이 받침 'ㅁ, ㅇ' 뒤에 연결되는 'ㄹ'은 [ㄴ]으로 발음한다. 이에 따라 '선릉'은 [설릉]으로, '왕릉'은 [왕능]으로 발음해야 한다.

전사법과 전자법의 양면성으로 인해 과거부터 현재에 이르기까지 다양한 로마자 표기안이 제시되어 왔다. 우리 정부에서만도 1948년, 1959년, 1984년, 2000년 4번에 걸쳐 로마자 표기법을 제정하고 개정하였다. 역사적으로 짧은 시기에 잦은 개정이 이루어진 것은 전자법과 전사법 표기 방식이 지속적으로 충돌하였기 때문이다. 대체로 1984년을 기점으로 그 이전까지의 로마자 표기법은 전자법이 주류를 이루어 왔고, 1984년부터 전사법이 주류를 이루어 왔다.

많은 사람들의 지지를 얻어 널리 사용되었던 주요 표기법을 제시하면 다음과 같다.

가. 1939년, 「매큔라이샤워 표기법」 (MR로 약칭)
나. 1948년, 「한글을 로오마자로 적는 법」 (문교부)
다. 1954년, 1968년 「Yale 체계」
라. 1959년, 「한글의 로마자 표기법」 (문교부)
마. 1984년, 「국어의 로마자 표기법」 (문교부)
바. 2000년, 「국어의 로마자 표기법」 (문화관광부) (2014년 일부 개정 고시)

국어의 로마자 표기는 1830년대 이후 서양인들에 의하여 다양하게 표기되다가 1939년에 미국인 매큔과 라이샤워가 공동으로 「매큔라이샤워 표기법」을 만들었다. 당시 평양 숭실전문학교 교장으로 재직한 미국인 선교사 매큔(George S. McCune)과 하버드 대학교 대학원에서 일본의 역사를 전공하던 라이샤워(Edwin O. Reischaur)가 국내외 학자의 도움을 받아서 'The McCune－Reischaur System for the Romanization of Korean'을 제정하였고, 이는 오늘날까지 영어권에서 가장 널리 쓰이고 있다. 1939년, 「매큔라이샤워 표기법」을 제시하면 <표 1>과 같다.

<표 1> 1939년, 「매큔라이샤워 표기법」

한글	로마자	한글	로마자	한글	로마자
ㄱ	k (g) [k]	ㄴ	n	ㅑ	ya
ㄲ	kk	ㅁ	m	ㅕ	yŏ
ㅋ	k'	ㅇ	[ng]	ㅛ	yo
ㄷ	t (d) [t]	ㄹ	r [l]	ㅠ	yu
ㄸ	tt	ㅏ	a	ㅒ	yae
ㅌ	t’	ㅓ	ŏ	ㅖ	ye
ㅂ	p (b) [p]	ㅗ	o	ㅘ	wa
ㅃ	pp	ㅜ	u	ㅙ	wae
ㅍ	p’	ㅡ	ŭ	ㅝ	wŏ
ㅈ	ch (j)	ㅣ	i	ㅞ	we
ㅉ	tch	ㅐ	ae	ㅢ	ŭi
ㅊ	ch’	ㅔ	e		
ㅅ	s [t]	ㅚ	oe		
ㅆ	ss	ㅟ	wi		
ㅎ	h [t]				

* ( )은 유성음으로, [ ]은 받침으로 쓰이는 경우

「매큔라이샤워 표기법」의 특징은 다음과 같다. 첫째, 이 표기법은 한글의 철자를 그대로 옮겨 적은 것이 아니라 한국어의 발음을 나타내주는 데 그 목적이 있다. 이에 「매큔라이샤워 표기법」은 한국어의 발음을 서양인의 귀에 들리는 대로 적는 전사법 방식을 취하였다. 둘째, 알파벳의 모음은 이탈리아어로, 자음은 영어를 기준으로 하였다. 셋째, 반달표(˘)와 어깻점(’) 등 특수부호(daicritics)를 사용했다. 모음의 경우 한국어가 알파벳보다 더 많기 때문에 반달표(˘)를 사용하여 ‘ㅓ’는 ŏ로, ‘ㅡ’는 ŭ로 나타냈다. 자음 역시 부호를 사용하여 강한 기식성을 가진 글자에 어깻점(’)을 첨가하여 나타냈다. 넷째, 자음과 모음을 음성 단위까지 정밀하게 표기하였다. 이 경우 서양인의 음운 체계를 중심으로 하기 때문에 한국어의 음운 대립은 로마자 표기에 반영되지 않았다. 예를 들어, 한국어의 파열음은 ‘평음/격음/경음’의 대립을 이루고 있다. 로마자 표기법에서는 이 세 가지 대립을 표기에 반영해야 하는데, 「매큔라이샤워 표기법」에 따르면 ‘도동’은 Todong으로 표기하면서 ‘달’은 tal, ‘탈’은 t’al 로 표기하였다. 이 표기법은 구별할 필요가 없는 ‘도동’의 두 ‘ㄷ’(무성음과 유성음)은 완전히 다른 기호로 표시하였고, 반드시 구별해야 할 ‘ㄷ’와 ‘ㅌ’은 똑같은 t로 표기하면서 t에 어깻점을 넣는 방식으로 ‘ㄷ’와 ‘ㅌ’을 나타냈다.

최초의 공식적 정부안인 문교부의 「한글을 로오마자로 적는 법」(1948)은 「매큔라이샤워 표기법」과 비슷하다. 1948년, 문교부의 「한글을 로오마자로 적는 법」을 제시하면 <표 2>와 같다.

<표 2> 1948년, 「한글을 로오마자로 적는 법」

한글	로마자	한글	로마자	한글	로마자
ㄱ	k (g)	ㄴ	n	ㅑ	ya
ㄲ	gg	ㅁ	m	ㅕ	yŏ
ㅋ	kh/k'	ㅇ	[ng]	ㅛ	yo
ㄷ	t (d)	ㄹ	r	ㅠ	yu
ㄸ	dd	ㅏ	a	ㅒ	yae
ㅌ	th/t'	ㅓ	ŏ	ㅖ	ye
ㅂ	p (b)]	ㅗ	o	ㅘ	wa
ㅃ	bb	ㅜ	u	ㅙ	wai
ㅍ	ph/p'	ㅡ	ŭ	ㅝ	wŏ
ㅈ	ch (j) [t]	ㅣ	i	ㅞ	we
ㅉ	dch	ㅐ	ai	ㅢ	ŭi
ㅊ	chh/ch' [t]	ㅔ	e		
ㅅ	s [t]	ㅚ	oe		
ㅆ	ss [t]	ㅟ	wi		
ㅎ	h [t]				

* ( )은 유성음으로, [ ]은 받침으로 쓰이는 경우

「한글을 로오마자로 적는 법」(1948)을 「매큔라이샤워 표기법」과 비교하여 살펴보면 다음과 같은 특징이 있다. 첫째, 「한글을 로오마자로 적는 법」(1948)은 모음 '어, 으'의 경우 「매큔라이샤워 표기법」과 동일하게 'ŏ, ŭ'로 특수부호를 이용하여 표기하였다. 둘째, 자음의 경우 「매큔라이샤워 표기법」과 다르게 특수부호 어깻점(')을 사용하지 않고 나타냈다. 이 표기법에서는 자음의 유·무성을 부분적으로 구별하여 파열음의 평음을 무성음인 k, t, p로 적고, 격음을 kh, th, ph로 적으며, 경음을 유성음을 겹쳐서 gg, dd, bb로 적었다. 파찰음 'ㅈ, ㅉ, ㅊ'은 ch, dch, chh로 표기하는 것을 원칙으로 하고, 격음 'ㅋ, ㅌ, ㅍ, ㅊ'는 어깻점을 사용하여 k', t', p', ch'로 적는 것도 허용하였다. 셋째, ㄹ이 끝소리로 나는 경우 [r]보다 [l]에 더 가깝지만, 위치에 따른 발음 차이에 상관없이 표기를 고정하여 일정하게 r로 적기로 정하였다. 예를 들어 '길', '길도', '길은'을 「한글을 로오마자로 적는 법」(1948)으로 표기하면 Kir, Kirto, Kirŭn'이다.

한편, 국외에서 만들어진 표기법으로 「Yale 체계」(1954, 1967)에 주목할 필요가 있다. 「Yale 체계」는 Samuel E. Martin 교수가 창안한 것으로, 1951년 「Korean Phonemics」 논문에 수록되었고 1954년 「monograph Korean Morphophonemics」에서 개정되어 1967년 Yale 대학에서 출판된 『A Korean－English Dictionary』 일부 수정되어 「Yale 체계」가 완성되었다. 전자법을 기본 원칙으로 삼고 있는 「Yale 체계」는 정확성과 조직성이 뛰어나 지금까지 국내외 언어학자들에 의해 사용되고 있다. 「Yale 체계」를 제시하면 <표 3>과 같다.

<표 3> 「Yale 체계」

한글	로마자	한글	로마자	한글	로마자
ㄱ	k	ㄴ	n	ㅑ	ya
ㄲ	kk	ㅁ	m	ㅕ	ye
ㅋ	kh	ㅇ	ng	ㅛ	yo
ㄷ	t	ㄹ	l	ㅠ	yu
ㄸ	tt	ㅏ	a	ㅒ	yay
ㅌ	th	ㅓ	e	ㅖ	yey
ㅂ	p	ㅗ	o	ㅘ	wa
ㅃ	pp	ㅜ	wu	ㅙ	way
ㅍ	ph	ㅡ	u	ㅝ	we
ㅈ	c	ㅣ	i	ㅞ	wey
ㅉ	cc	ㅐ	ay	ㅢ	uy
ㅊ	ch	ㅔ	ey		
ㅅ	s	ㅚ	oy		
ㅆ	ss	ㅟ	wi		
ㅎ	h				

「Yale 체계」의 특징은 다음과 같다. 첫째, 「Yale 체계」는 전자법을 기본 원칙으로 삼았고, 이에 더하여 특수부호를 전혀 사용하지 않았다. 둘째, 예일 체계의 모음 표기 방식은 독특하다. 그동안 고안되었던 대부분의 로마자 표기법은 'a, e, i, o, u'의 다섯 자를 이탈리아어 발음에 따라 'ㅏ, ㅔ, ㅣ, ㅗ, ㅜ'로 고정시키고 그 밖의 다른 모음들은 부호를 사용하는 등 특별하게 표기했다. 이와는 달리 「Yale 체계」에서는 'ㅓ'를 e로, 'ㅡ'를 u로, 'ㅔ'를 ey로, 'ㅜ'를 wu로 표기했다. 셋째, 이중모음의 경우 특수부호를 사용하지 않고 여러 개의 로마자를 겹쳐 표기하였다. 이중모음 'ㅕ, ㅛ, ㅖ, ㅝ, ㅞ'는 ye, yo, yey, we, wey로 표기했다. 그런데 'ㅠ'는 다른 이중모음과 다르게 간략하게 yu로 표기하였다. 이는 우리말에 'ㅣ'와 'ㅡ'가 결합한 이중모음

이 없기 때문으로 여겨진다. 넷째, 자음의 경우 파열음의 평음 'ㄱ, ㄷ, ㅂ'을 k, t, p로 적고, 격음 'ㅋ, ㅌ, ㅍ'을 kh, th, ph로 적는 것은 1948년 문교부 안과 같지만 경음 'ㄲ, ㄸ, ㅃ'은 무성음을 겹쳐서 kk, tt, pp로 적고, 파찰음은 'ㅈ, ㅊ, ㅉ'을 c, ch, cc로 적는다는 데 차이점이 있다.

국내에서 특수부호 사용을 자제한 표기법은 문교부(1959)이다. 문교부에서는 「한글을 로오마자로 적는 법」(1948)이 널리 통용되지 않자 1959년에 이것을 개정하여 「한글의 로마자 표기법」을 제정하였다. 이는 「Yale 체계」처럼 한국어의 표기에 나타난 글자 표기를 그대로 로마자로 옮겨 적는 전자법으로 이전의 표기법과 기본 원칙부터 달리한다. 1959년, 문교부의 「한글의 로마자 표기법'」 제시하면 <표 4>와 같다.

<표 4> 1959년, 「한글의 로마자 표기법」

한글	로마자	한글	로마자	한글	로마자
ㄱ	g	ㄴ	n	ㅑ	ya
ㄲ	gg	ㅁ	m	ㅕ	yeo
ㅋ	k	ㅇ	ng	ㅛ	yo
ㄷ	d	ㄹ	r/l	ㅠ	yu
ㄸ	dd	ㅏ	a	ㅒ	yae
ㅌ	t	ㅓ	eo	ㅖ	ye
ㅂ	b	ㅗ	o	ㅘ	wa
ㅃ	bb	ㅜ	u	ㅙ	wae
ㅍ	p	ㅡ	eu	ㅝ	weo
ㅈ	j	ㅣ	i/yi	ㅞ	we
ㅉ	jj	ㅐ	ae	ㅢ	eui
ㅊ	ch	ㅔ	e		
ㅅ	s	ㅚ	oe		
ㅆ	ss	ㅟ	wi		
ㅎ	h				

「한글의 로마자 표기법」(1959)의 특징은 다음과 같다. 첫째, 1959년 문교부 안은 한글 맞춤법과 관련하여 전자법(轉字法)에 따라 적는 것을 원칙으로 삼았다. 즉 한글 표기에서 같은 글자로 적는 것은 항상 같은 로마자로 표기하도록 한 것이다. 둘째, 모음의 경우 특수기호를 사용하지 않고 로마자를 여러 개 겹쳐 표기하였다. 이 표기법에서 'ㅓ'와 'ㅡ'를 각각 eo와 eu로, 'ㅕ'와 'ㅝ'를 yeo, weo로, 'ㅢ'를 eui로 표기하였다. 한다. 이 표기 방식은 특수 기호를 사용하

지 않아 전산 처리가 용이하다는 장점이 있는 반면에 표기가 복잡해지는 단점이 있다. 셋째, '깎고', '낚고' 등과 같이 동일한 글자가 세 번 거듭 쓰일 경우에는 한 자를 생략하여 '깎고'를 ggaggo로, '낚고'를 naggo로 쓰도록 규정하고 있다는 점이다.

1959년 표기법이 전면적으로 보급되지 못하고 영미권에서는 종전의 「매큔라이샤워 표기법」이 여전히 사용되는 등 불안정성을 보여 80년대 들어 정부가 표기법을 재검토하기에 이르렀다. 이에 1984년 다시 「매큔라이샤워 표기법」과 맥을 같이하는 「국어의 로마자 표기법」을 제정하게 되었다. 이 표기법은 정밀한 음성 표기를 한다는 점, 그리고 다시 자음, 모음 표기 모두에서 특수부호가 부활하였다는 점에서 4,50년대의 다른 어떤 표기법보다 「매큔라이샤워 표기법」을 답습하고 있다고 할 수 있다. 이는 당시 영미권에서 「매큔라이샤워 표기법」이 통용되는 현실이 결정적인 영향을 미쳤을 것으로 보인다. 1984년, 문교부의 「국어의 로마자 표기법」을 제시하면 <표 5>와 같다.

<표 5> 1984년, 「국어의 로마자 표기법」

한글	로마자	한글	로마자	한글	로마자
ㄱ	k (g)	ㄴ	n	ㅑ	ya
ㄲ	kk	ㅁ	m	ㅕ	yŏ
ㅋ	k'	ㅇ	[ng]	ㅛ	yo
ㄷ	t (d)	ㄹ	r [l]	ㅠ	yu
ㄸ	tt	ㅏ	a	ㅒ	yae
ㅌ	t'	ㅓ	ŏ	ㅖ	ye
ㅂ	p (b)	ㅗ	o	ㅘ	wa
ㅃ	pp	ㅜ	u	ㅙ	wae
ㅍ	p'	ㅡ	ŭ	ㅝ	wo
ㅈ	ch (j)	ㅣ	i	ㅞ	we
ㅉ	tch	ㅐ	ae	ㅢ	ŭi
ㅊ	ch'	ㅔ	e		
ㅅ	s/sh	ㅚ	oe		
ㅆ	ss	ㅟ	wi		
ㅎ	h				

* ( )은 유성음으로, [ ]은 받침으로 쓰이는 경우

「매큔라이샤워 표기법」(1939)과 비교하여 「국어의 로마자 표기법」(1984)의 특징을 제시하면 다음과 같다. 첫째, 'ㅝ'의 경우 「매큔라이샤워 표기법」에서는 'ㅓ'를 ŏ에 대응시켜 wŏ로 표기하였으나, 1984년 문교부 안에서는 wo로 표기하였다. 둘째, 'ㅅ'의 경우 「매큔라이샤워 표기법」에서는 'ㅣ(i)' 앞에서는 s로 적고 'ㅟ(wi)' 앞에서는 sh로 표기하였으나, 1984년 문교부 안에서는 'ㅣ(i)' 앞에서는 sh로 'ㅟ(wi)' 앞에서는 s로 적는 것으로 바뀌었다. 셋째, 두 개의 음이 합쳐져 격음화가 되는 경우 「매큔라이샤워 표기법」에서는 격음화된 음을 h로 표기하였다. 예를 들어 ㄱ과 ㅎ이 만나 격음화가 되는 경우 kh로 적고, ㅂ과 ㅎ이 만나 격음화가 되는 경우 ph로 적었다. 반면에 1984년 문교부 안에서는 원래 격음을 표시할 때 어깻점(')을 사용하는 것을 고려하여, ㄱ과 ㅎ이 만나 격음화가 되는 경우 k'로 적고, ㅂ과 ㅎ이 만나 격음화가 되는 경우 p'로 적는 것으로 바뀌었다. 넷째, 발음상 혼동의 우려가 있을 때나, 기타 분절의 필요가 있는 경우 「매큔라이샤워 표기법」에서는 어깻점을 사용하여 표시하였으나 1984년 문교부 안에서는 '-'(붙임표)를 사용하였다. 예를 들어 '세운'을 「매큔라이샤워 표기법」에서는 se'un로, 1984년 문교부 안에서는 se-un으로 적었다.

로마자 표기법의 사용 대상이 외국인이지만, 표기 주체인 한국인들이 그 표기 체계를 제대로 이해하지 못한다면 표기법이 정착되기 어렵다. 「매큔라이샤워 표기법」 체제로 회귀한 문교부(1984) 표기법은 반달표(˘)나 어깻점(') 등을 사용하도록 되어 있어 쓰기 불편하고, 한국인은 무성음과 유성음을 분명히 인식하지 못하는데 이것들을 구분하여 표기하도록 규정하고 있어 일반 국민들의 이해를 얻는 데 실패하였다. 실제 로마자 표기 현장에서 반달표나 어깻점이 생략되는 일이 흔하여 'ㄱ, ㄷ, ㅂ, ㅈ', '어, 으'가 'ㅋ, ㅌ, ㅍ, ㅊ', '오, 우'와 구별되지 않기도 하였다. 이러한 점을 고려하여 국립국어연구원에서 국어의 로마자 표기법을 2000년에 다시 개정하였다. 2000년, 문화관광부의 「국어의 로마자 표기법」을 제시하면 <표 6>과 같다.

<표 6> 2000년, 「국어의 로마자 표기법」

한글	로마자	한글	로마자	한글	로마자
ㄱ	g k	ㄴ	n	ㅑ	ya
ㄲ	kk	ㅁ	m	ㅕ	yeo
ㅋ	k	ㅇ	ng	ㅛ	yo
ㄷ	d t	ㄹ	r l	ㅠ	yu
ㄸ	tt	ㅏ	a	ㅒ	yae
ㅌ	t	ㅓ	eo	ㅖ	ye
ㅂ	b p	ㅗ	o	ㅘ	wa
ㅃ	pp	ㅜ	u	ㅙ	wae
ㅍ	p	ㅡ	eu	ㅝ	wo
ㅈ	j	ㅣ	i	ㅞ	we
ㅉ	jj	ㅐ	ae	ㅢ	ui
ㅊ	ch	ㅔ	e		
ㅅ	s	ㅚ	oe		
ㅆ	ss	ㅟ	wi		
ㅎ	h				

「국어의 로마자 표기법」(2000)의 특징은 다음과 같다. 첫째, 국어의 언어 체계를 반영하여 'ㄱ, ㄷ, ㅂ, ㅈ'를 유무성에 따라 구별하지 않고 g, d, b, j로 통일하였다.(종성에서는 예외). 둘째, 유기음 'ㅋ, ㅌ, ㅍ, ㅊ'는 k, t, p, ch로 적어 평음과 분명하게 구별하였다. 셋째, 표기의 혼란을 줄 수 있는 반달표(˘)와 어깻점(')의 특수부호를 사용하지 않고 '어, 으'를 ŏ, ŭ 대신 eo, eu로 적었다. 2000년에 개정한 「국어의 로마자 표기법」과 1984년의 「국어의 로마자 표기법」과 상이한 것은 제시하면 <표 7>과 같다.

<표 7> 1984년과 2000년, 「국어의 로마자 표기법」 상이점

	1984	2000
ㅓ, ㅕ	ŏ, yŏ	eo, yeo
ㅡ, ㅢ	ŭ, ŭi	eu, ui
ㄱ, ㄷ, ㅂ, ㅈ	k, t, p, ch	g, d, b, j
ㅋ, ㅌ, ㅍ, ㅊ	k', t', p', ch'	k, t, p, ch
ㅅ	s, sh	s

이러한 표기 내용은 1959년의 표기 방식과 유사한 면을 지니고 있어, 우리의 로마자 표기법이 순환을 거듭해 왔다는 점을 보여 주기도 한다. 국어와 로마자 간의 음운 체계의 차이로 인하여 국어를 로마자로 완벽하게 표기하기에는 어려움이 있으므로 모든 면에서 만족할 만한 표기법이 논리적으로 불가능하다고 할 수 있다. 오히려 차선의 표기안일지라도 준수, 보급하는 사용상의 문제가 중요하다고 할 수 있다.

6.2. 「국어의 로마자 표기법」(2000) 해설

2000년에 개정하여 공포한 「국어의 로마자 표기법」은 다음과 같이 3장과 부칙으로 구성되어 있다.

제1장 표기의 기본 원칙
제2장 표기 일람
제3장 표기상의 유의점
부칙[2]

제1장 표기의 기본 원칙

제1장 표기의 기본 원칙은 두 항으로 이루어져 있다.

제 1 항 국어의 로마자 표기는 국어의 표준 발음법에 따라 적는 것을 원칙으로 한다.

[해설] 국어의 로마자 표기는 1988년에 공표한 국어의 '표준 발음법'에 따라 적는 것을 원칙으로 한다. 즉, 소리와 형태가 다른 경우에 소리 나는 대로 적어야 한다는 것이다.

로마자로 표기할 때 형태대로 적지 않고 발음대로 표기하도록 규정한 것은, 외국인이 우리

2 부칙 내용을 제시하면 다음과 같다. 부칙 <제2000－8호, 2000.7.7> ① (시행일) 이 규정은 고시한 날부터 시행한다. ② (표지판 등에 대한 경과조치) 이 표기법 시행당시 종전의 표기법에 의하여 설치된 표지판(도로, 광고물, 문화재 등의 안내판)은 2005. 12. 31.까지이 표기법을 따라야 한다. ③ (출판물 등에 대한 경과조치) 이 표기법 시행당시 종전의 표기법에 의하여 발간된 교과서 등 출판물은 2002. 2. 28.까지 이 표기법을 따라야 한다.

말 표준 발음에 가깝게 발음하도록 하여, 우리가 잘 알아듣기 위해서이다. 예를 들면 '신라'는 'Silla' 로 표기하는데 외국인들이 이를 [실라]로 발음하도록 유도하여 그것을 한국인이 쉽게 이해함으로써 외국인과 한국인이 의사소통을 원활히 할 수 있기 때문이다.

제 2 항 로마자 이외의 부호는 되도록 사용하지 않는다.

[해설] 2000년 7월 현재의 로마자 표기법으로 개정하기 전까지, 우리는 매큔과 라이사워가 만든 '매큔라이샤워식 로마자 표기법'을 사용하였다. 이 표기법에서는 반달표(˘)와 어깻점(')과 같은 특수부호가 포함되어 있는데, 이 부호는 전산으로 처리하는 데 불편하여 오히려 잘못된 표기를 양산하는 주요한 이유가 되기도 하였다. 이에 표기법을 개정하면서 가능하면 로마자 이외의 부호는 되도록 사용하지 않기로 한 것이다.

여기에 '되도록 사용하지 않는다'라고 한 까닭은 붙임표(−)는 여전히 사용하기 때문이다. 붙임표(−)는 행정 구역 단위를 표시할 때에는 반드시 사용해야 하며, 그 외에는 이름의 표기, 기타 음절의 경계를 명확히 할 곳에서는 선택하여 사용할 수 있다.

제2장 표기 일람

제 1 항 모음은 다음 각호[3]와 같이 적는다.

1. 단모음

ㅏ	ㅓ	ㅗ	ㅜ	ㅡ	ㅣ	ㅐ	ㅔ	ㅚ	ㅟ
a	eo	o	u	eu	i	ae	e	oe	wi

2. 이중 모음

ㅑ	ㅕ	ㅛ	ㅠ	ㅒ	ㅖ	ㅘ	ㅙ	ㅝ	ㅞ	ㅢ
ya	yeo	yo	yu	yae	ye	wa	wae	wo	we	ui

[붙임 1] ‘ㅢ’는 ‘ㅣ’로 소리 나더라도 ui로 적는다.

광희문 Gwanghuimun

[붙임 2] 장모음의 표기는 따로 하지 않는다.

[해설] 단모음은 소리를 아무리 길게 내더라도 한가지로만 동일하게 발음되는 모음이다. 단모음은 발음하는 도중에 입술이나 혀가 고정되어 움직이지 않는다. 1984년의 ‘국어의 로마자 표기법’과 달리 표기하는 단모음은 ‘ㅓ’와 ‘ㅡ’이다. 1984년의 ‘국어의 로마자 표기법’에서는 ‘ㅓ’를 ŏ로, ‘ㅡ’를 ŭ로 표기하도록 하고 있는데, 2000년 ‘국어의 로마자 표기법’에서는 ‘ㅓ’를 eo로, ‘ㅡ’를 eu로 표기하도록 개정하였다.

	1984	2000
ㅓ	ŏ	eo
ㅡ	ŭ	eu

이중모음은 반모음과 단모음이 결합하여 하나의 소리처럼 느껴지는 모음이다. 반모음이란 모음 [i]나 [u] 위치에서 다른 모음의 위치로, 또는 다른 모음의 위치에서 각각 [i] 또는 [u] 모음의 위치로 이동하는 과정에서 만들어지는 소리로, 전자는 y로 표기하고 후자는 w로 표기한다. 한국어의 이중모음을 소리를 내는 위치의 이동에 따라 나누면 다음과 같다.

y계 이중모음: ㅑ, ㅕ, ㅛ, ㅠ, ㅖ, ㅒ, ㅢ
w계 이중모음: ㅘ, ㅝ, ㅞ, ㅙ, ㅚ, ㅟ

1984년의 「국어의 로마자 표기법」과 달리 표기하는 이중모음은 ‘ㅕ’와 ‘ㅢ’이다. 1984년의 「국어의 로마자 표기법」에서는 ‘ㅕ’를 yŏ로, ‘ㅡ’를 ŭi로 표기하도록 하고 있는데, 2000년 「국어의 로마자 표기법」에서는 ‘ㅕ’를 yeo로, ‘ㅢ’를 ui로 표기하도록 개정하였다.

3 ‘각호’는 ‘표준국어대사전’에 따르면 ‘각 호’와 같이 띄어 써야 한다. 이하 같다.

	1984	2000
ㅕ	yŏ	yeo
ㅢ	ŭi	ui

한 가지 더 주의할 점은 'ㅝ'를 weo가 아닌 wo로 적는다는 것이다. 다른 표기와 충돌하지 않으므로 표기의 간결성을 위해 wo로 적는다. 예를 들어, 우리나라 돈의 단위인 '원'은 weon으로 적지 않고 won으로 적는다.

[붙임 1] 로마자 표기법은 표준 발음법을 따른다고 하였으나 '붙임 1'과 '붙임 2'는 예외 규정이다. '붙임 1'에서는 'ㅢ' 발음에 상관없이 항상 ui로 적도록 규정한다. 「표준 발음법」 제5항 '다만 3'에서는 '자음을 첫소리로 가지고 있는 음절의 'ㅢ'는 [ㅣ]로 발음한다.'고 규정하고, '다만 4'에서는 '단어의 첫음절 이외의 '의'는 [ㅣ]로, 조사 '의'는 [ㅔ]로 발음함도 허용한다.' 규정한다.

다만 3. 자음을 첫소리로 가지고 있는 음절의 'ㅢ'는 [ㅣ]로 발음한다.

늴리리	닁큼	무늬	띄어쓰기
씌어	틔어	희어	희떱다
희망	유희		

다만 4. 단어의 첫음절 이외의 '의'는 [ㅣ]로, 조사 '의'는 [ㅔ]로 발음함도 허용한다.

주의[주의/주이]	협의[혀븨/혀비]
우리의[우리의/우리에]	강의의[강:의의/강:이에]

이 표준 발음법 규정에 의하면 음운 환경에 따라 'ㅢ'는 [ㅢ], [ㅣ], [ㅔ] 등으로 발음되는데, 2000년에 공포한 「국어의 로마자 표기법」에서는 'ㅢ'를 언제나 ui로만 표기하도록 규정하고 있다. 예를 들어, '희망'의 표준 발음은 [히망]이지만, himang으로 적지 않고 huimang으로 적는다. 모음 'ㅢ'는 환경에 따라 여러 가지로 발음되는데, 그것을 모두 표기에 반영하면 오히려 의사소통에 지장을 줄 수 있으므로 ui로 통일하여 표기를 정한 것이다.

[붙임 2]「표준 발음법(1988)」 제6항과 제7항에서는 모음의 장단을 구별하여 발음하도록 규정하고 있는데 반해,「국어의 로마자 표기법」 제1항 '붙임 2'에서는 장모음의 표기를 하지 말도록 규정하고 있다. 이는 로마자 표기법을 제정하면서 표기의 주체와 객체가 규정 내용을 쉽게 이해하고 쉽게 사용할 수 있도록 편이성과 대중성을 고려한 것이다.

제2항 자음은 다음 각호와 같이 적는다.

1. 파열음[4]

ㄱ	ㄲ	ㅋ	ㄷ	ㄸ	ㅌ	ㅂ	ㅃ	ㅍ
g, k	kk	k	d, t	tt	t	b, p	pp	p

2. 파찰음

ㅈ	ㅉ	ㅊ
j	jj	ch

3. 마찰음

ㅅ	ㅆ	ㅎ
s	ss	h

4. 비음

ㄴ	ㅁ	ㅇ
n	m	ng

5. 유음

ㄹ
r, l

[붙임 1] 'ㄱ, ㄷ, ㅂ'은 모음 앞에서는 'g, d, b'로, 자음 앞이나 어말에서는 'k, t, p'로 적는다.([ ] 안의 발음에 따라 표기함.)

구미 Gumi	영동 Yeongdong	백암 Baegam
옥천 Okcheon	합덕 Hapdeok	호법 Hobeop
월곶[월곧] Wolgot	벚꽃[벋꼳] beotkkot	한밭[한받] Hanbat

[붙임 2] 'ㄹ'은 모음 앞에서는 'r'로, 자음 앞이나 어말에서는 'l'로 적는다. 단, 'ㄹㄹ'은 'll'로 적는다.

구리 Guri	설악 Seorak	칠곡 Chilgok
임실 Imsil	울릉 Ulleung	
대관령[대괄령] Daegwallyeong		

[해설] 2000년에 개정된 「국어의 로마자 표기법」이 1984년의 「국어의 로마자 표기법」과 달라진 것은 파열음인 'ㄱ, ㄷ, ㅂ'와 파찰음인 'ㅈ'을 유성음과 무성음 구별 없이 g, d, b, j 로 표기한다는 점이다. 1984년 「국어의 로마자 표기법」에서는 'ㄱ, ㄷ, ㅂ, ㅈ'을 단어 첫머리에서 무성음으로 발음되는 경우에는 k, t, p, ch로 적고, 유성음으로 발음되는 경우에는 g, d, b, j로 적도록 규정하였다. 유성음과 무성음의 차이를 구별하는 외국인에게는 편리한 방식이지만 이 둘의 차이를 구별하지 못하는 한국인에게는 대단히 어려운 방식이어서 이를 개정하게 되었다. 'ㄱ, ㄷ, ㅂ, ㅈ'을 무성음과 유성음의 구별 없이 g, d, b, j 한 가지로 표기함으로써 격음 'ㅋ, ㅌ, ㅍ, ㅊ'은 어깨점 없이 k, t, p, ch로 표기하도록 하였다. g계열의 자음과 k계열의 자음을 각각 평음과 격음에 대응시켰기 때문에 경음 'ㄲ, ㄸ, ㅃ, ㅆ, ㅉ'은 kk, tt, pp, ss, jj로 같은 글자를 겹쳐 쓰도록 하였다.

1984년 「국어의 로마자 표기법」에서 'ㅅ'은 s와 sh로 나누어 적었는데, 2000년 「국어의 로마자 표기법」에서는 s로 적도록 하였다. 우리말의 ㅅ은 혀끝을 윗잇몸 가까이에 대고 내는 소리

4 파열음(plosive or stop)은 폐에서 나오는 공기의 흐름을 완전히 막았다가 터트리면서 발음하는 소리(ㅂ, ㅃ, ㅍ, ㄷ, ㄸ, ㅌ, ㄱ, ㄲ, ㅋ)이고, 파찰음(affricate)은 파열음처럼 공기의 흐름을 완전히 막았다가 터트릴 때에는 마찰음처럼 좁은 틈으로 공기를 내보내면서 내는 소리(ㅈ, ㅉ, ㅊ)이다. 마찰음(spirant or fricative))은 입안이나 목안의 좁혀진 통로로 공기를 통과시켜 갈아내면서 내는 소리(ㅅ, ㅆ, ㅎ)이다. 비음(nasal)은 공기가 코를 통해서 밖으로 나오면서 내는 소리(ㄴ, ㅁ, ㅇ)이고, 유음(liquid)은 혀끝이 잇몸에 잠깐 닿았다가 떨어지면서 발음되거나 혀끝을 잇몸에 대고 혀의 양 옆으로 공기를 흘려보내는 소리(ㄹ)이다.

인데 구개음인 ' ㅣ ' 앞에서 구개음화된다. '서울' 과 '신라'의 'ㅅ'은 그 소리가 다르다. 종전의 표기법에서는 '신라'의 구개음화된 'ㅅ'은 sh로, '서울'의 'ㅅ'은 s로 구분하여 표기하였다.

[붙임 1] 파열음 'ㄱ, ㄷ, ㅂ'이 모음 앞에 오는 경우에는 g, d, b로 적고, 자음 앞이나 어말에 오는 경우에는 k, t, p로 적는다. 이는 파열음이 모음 앞에서는 숨을 터뜨려 발음하지만 자음 앞이나 어말에서는 숨을 터뜨리지 않고 내파음으로 실현되는 차이가 있기 때문이다. 예를 들어, '밥'의 'ㅂ'은 모음 앞에서는 숨을 터뜨려 소리를 내고, 음절 끝인 받침에서는 숨이 터져 나오지 않는다. 자음을 표기하는 경우에는 유무성의 차이를 반영하지 않으면서 자음 앞이나 어말의 소리는 따로 구분하여 k, t, p로 적는 것은 전자는 한국인이 잘 인식하지 못하지만 후자의 차이는 잘 알고 있기 때문이다.

여기에서 유의할 점은 '음절 끝소리 규칙'이 적용되어 음절의 끝소리가 'ㄱ, ㄷ, ㅂ'로 발음되는 경우도 이에 해당한다는 것이다. '음절 끝소리 규칙'이란 음절의 끝 자음은 휴지나 자음 앞에서 'ㄱ, ㄴ, ㄷ, ㄹ, ㅁ, ㅂ, ㅇ' 일곱 중 하나로만 발음되고, 음절 끝에 일곱 소리 이외의 자음이 오면 이 일곱 자음 중 하나로 바뀌어 발음되는 현상을 말한다.

월곶[월곧] Wolgot　　　　벚꽃[벋꼳] beotkkot
한밭[한받] Hanbat

'월곶', '벚꽃', '한밭'의 받침 'ㅈ', 'ㅊ', 'ㅌ'은 모두 'ㄷ'으로 발음되므로 로마자 t로 적는다.

[붙임 2] 'ㄹ'은 음운 환경에 따라 r과 l로 나누어 적는다. '나라'의 /ㄹ/의 소리처럼 음절의 초성으로 쓰인 'ㄹ'은 혀끝을 치조를 살짝 한 번 치면서 내는 소리이다. 이를 '탄설음'이라고 하고, 편의상 전설음인 r로 적는다. '달', '물도'의 /ㄹ/소리처럼 자음 앞이나 어말에 쓰인 'ㄹ'은 혀끝이 치조에 닿아 있는 상태에서 기류를 혀의 양 옆으로 계속 흘러 내보내면서 내는 소리이다. 이를 '설측음'이라고 하고, 로마자 l로 적는다. '울릉', '대관령'과 같이 'ㄹ'이 연이어 발음되는 경우에는 ll로 적도록 한다.

제3장 표기상의 유의점

제3장은 모두 8개의 항으로 이루어져 있다. 이 장에서는 발음할 적에 음운 변동 – 자음동

화, ㄴ 첨가, 구개음화, 격음화, 경음화 등 — 의 결과에 따라 표기하는 것, 고유명사 — 인명, 자연 지물명, 문화재명, 인공 축조물명, 회사명, 단체명 등 — 를 표기하는 것, 학술 연구 논문과 같은 특수 분야에서 한글 복원을 전제로 표기하는 것 등에 대해서 구체적으로 규정하고 있다.

제 1 항 음운 변화가 일어날 때에는 변화의 결과에 따라 다음 각호와 같이 적는다.

1. 자음 사이에서 동화 작용이 일어나는 경우

백마[뱅마] Baengma	신문로[신문노] Sinmunno
종로[종노] Jongno	왕십리[왕심니] Wangsimni
별내[별래] Byeollae	신라[실라] Silla

2. 'ㄴ, ㄹ'이 덧나는 경우

학여울[항녀울] Hangnyeoul	알약[알략] allyak

3. 구개음화가 되는 경우

해돋이[해도지] haedoji	같이[가치] gachi
맞히다[마치다] machida	

4. 'ㄱ, ㄷ, ㅂ, ㅈ'이 'ㅎ'과 합하여 거센소리로 소리나는[5] 경우

좋고[조코] joko	놓다[노타] nota
잡혀[자펴] japyeo	낳지[나치] nachi

다만, 체언에서 'ㄱ, ㄷ, ㅂ' 뒤에 'ㅎ'이 따를 때에는 'ㅎ'을 밝혀 적는다.

묵호 Mukho	집현전 Jiphyeonjeon

[붙임] 된소리되기는 표기에 반영하지 않는다.

압구정 Apgujeong	낙동강 Nakdonggang
죽변 Jukbyeon	낙성대 Nakseongdae
합정 Hapjeong	팔당 Paldang
샛별 saetbyeol	울산 Ulsan

[해설] 로마자 표기는 표준 발음법에 따라 적는 것을 원칙으로 하고 있다. 음운 변화가 일어날 때에는 변화의 결과에 따라 로마자로 적는다. 반영하는 음운 현상에는 비음화, 유음화, 'ㄴ' 첨가, 구개음화, 용언에서의 'ㅎ'의 축약은 발음을 그대로 표기에 반영한다. 하지만 반영하지 않는 음운 현상이 있다. 체언에서의 'ㅎ' 축약, 경음화는 발음을 표기에 반영하지 않는다. 체언에서 'ㄱ, ㄷ, ㅂ' 뒤에 'ㅎ'이 따를 때에는 'ㅎ'을 밝혀 적기 때문에 '압구정'의 경우 'ㄱ'을 k로 적지 않도록 주의하여야 한다.

제1항 제1호는 자음동화에 관한 표기 규정이다. '자음동화'란 자음 두 개가 서로 연이어 발음될 때 발음을 편하게 하기 위하여 한 자음이 다른 자음의 영향을 받거나 상호 영향을 끼쳐 동일한 자음이나 성질이 비슷한 자음으로 바뀌는 현상을 말한다. 우리말의 자음동화는 다섯 가지 정도로 나누어 볼 수 있다.

가. 장애음 'ㄱ, ㄷ, ㅂ'이 비음 'ㅁ, ㄴ' 앞에서 같은 계열의 비음인 'ㅇ, ㄴ, ㅁ' 으로 바뀌는 경우

백마[뱅마]	Baengma(○)	Baekma(×)

나. 받침 'ㅁ, ㅇ' 뒤에서 'ㄹ'이 [ㄴ]으로 바뀌는 경우

종로[종노]	Jongno(○)	Jongro(×)

다. 받침 [ㄱ, ㅂ] 뒤에서 'ㄹ'이 [ㄴ]으로 바뀐 후 다시 앞 음절 종성이 비음으로 바뀌는 경우

왕십리[왕심니]	Wangsimni(○)	Wangsipri(×)

라. 'ㄴ'으로 끝나는 2음절의 한자어 뒤에서 'ㄹ'이 [ㄴ]으로 바뀌는 경우

신문로[신문노]	Sinmunno(○)	Sinmullo

5 '소리나다'는 '표준국어대사전'에 따르면 '소리 나다'와 같이 띄어 써야 한다. 이하 같다.

마. 'ㄴ' 음이 'ㄹ' 음 앞에 오거나 뒤에 오면 'ㄹ' 음으로 바뀌는 경우

별내[별래]	Byeollae(○)	Byeolnae(×)
신라[실라]	Silla(○)	Sinra(×)
선릉[설릉]	Seolleung(○)	Seonneung(×)

제1항 제2호는 음운 첨가에 관한 표기 규정이다. 합성어 및 파생어에서, 앞 형태소가 자음으로 끝나고 뒤 형태소의 첫소리가 'ㅣ'나 반모음 'ㅣ'(ㅣ, ㅑ, ㅕ, ㅛ, ㅠ)로 시작하는 어휘형태소인 경우 그 사이에 'ㄴ'이 첨가된다. 이때 앞 단어나 접두사의 끝 자음이 'ㄹ'이면 첨가된 'ㄴ' 소리는 유음화 현상에 의하여 'ㄹ'로 발음된다. 이렇게 첨가된 'ㄴ'이나 'ㄹ' 음은 표기에 반영한다.

학여울[항녀울]	Hangnyeoul(○)	Hagyeoul(×)
알약[알략]	allyak(○)	arlyak(×)

제1항 제3호는 구개음화에 관한 표기 규정이다. 구개음화란 치조음으로 끝나는 실질형태소 다음에 모음 'ㅣ'나 반모음 'ㅣ'로 시작하는 형식형태소가 오는 경우 치조음을 경구개음 'ㅈ, ㅊ'으로 발음하는 현상을 말한다. '해돋이'는 구개음화에 따라 [해도지]로 발음되므로 haedoji로 적는다.

해돋이[해도지]	haedoji(○)	haedodi(×)
같이[가치]	gachi(○)	gati(×)

제1항 제4호는 격음화에 관한 표기 규정이다. 격음화란 예사소리 'ㄱ, ㄷ, ㅂ, ㅈ'이 'ㅎ'과 만날 때 격음 'ㅋ, ㅌ, ㅍ, ㅊ'으로 바뀌어 발음되는 현상이다. 따라서 좋고[조코], 놓다[노타], 낳지[나치] 등은 소리 나는 대로 joko, nota, nachi 등으로 적는다.

[다만] 그런데 한국어의 로마자 표기법에서는 '다만'에서 체언에서 나타나는 격음화는 표기에 반영하지 않고, 'ㄱ, ㄷ, ㅂ' 뒤에 'ㅎ'이 따를 때에는 'ㅎ'을 밝혀 적음을 규정하고 있다. '묵호'를 소리나는 대로 적으면 Muko가 된다. 이때 k는 ㄱ 받침이 ㅎ과 합쳐진 ㅋ을 나타낸다. 그런데 많은 사람들이 '묵'의 ㄱ 받침을 적은 것으로 오해하여, 호 의 'ㅎ'이 사라져 버린 것으로 생각하여 'ㅎ'을 살려 적기로 하였다.

묵호	Mukho(○)	Muko(×)
집현전[지편전]	Jiphyeonjeon(○)	Jipyeonjeon(×)

격음화 현상은 체언과 용언을 나눌 수 있는데, 체언의 경우는 격음화의 결과를 표기에 반영하지 않는다. 결과적으로 로마자 표기법의 주요 표기 대상은 지명이나 인명 등 고유명사이므로, 격음화 현상은 표기에 반영하지 않는다.

[붙임] 한국어에서 받침 ㄱ, ㄷ, ㅂ 뒤에 연결되는 ㄱ, ㄷ, ㅂ, ㅅ, ㅈ은 규칙적으로 경음으로 변한다. 제1항 [붙임]에서는 경음화를 표기에 반영하지 않음에 대해서 규정하고 있다.

압구정[압꾸정]	Apgujeong(○)	Apkkujeong(×)
울산[울싼]	Ulsan(○)	Ulssan(×)

그 이유를 살펴보면, 먼저 외국인 입장에서 경음화 현상을 표기에 반영하게 되면 로마자로 표기한 단어를 잘못 읽을 가능성이 높아진다. 예를 들어 '압구정'의 경우 [압꾸정]으로 발음되는데 이를 발음대로 표기하면 Apkkujeong이 된다. 외국인 가운데 Apkkujeong을 '압크구정'으로 읽는 이도 있을 것이다. 한국인의 입장에서 보면, 경음화 현상을 로마자 표기에 반영하지 않더라도 이를 이해하는 데 어려움이 없다. 외국인이 Apgujeong으로 적힌 '압구정[압꾸정]'을 '압', '구정'으로 경음이 아닌 평음으로 발음하더라도 한국인이 이를 '압구정'으로 이해하는 데는 어렵지 않다. 또한 '물고기'와 '불고기'처럼 동일한 음운 환경에서 경음으로 변하는 것이 규칙적이지 않은 경우가 많고, 경음화와 관련하여 표준 발음이 무엇인지 결정되지 않은 예들이 있어 경음화를 반영할 경우 실제 표기 과정에 어려움이 많다. 이러한 이유로 경음화 현상은 표기에 반영하지 않는다.

제2항 발음상 혼동의 우려가 있을 때에는 음절 사이에 붙임표(-)를 쓸 수 있다.

중앙 Jung-ang	반구대 Ban-gudae
세운 Se-un	해운대 Hae-undae

[해설] 외국인이 발음상 혼동의 우려가 있는 경우에는 단어 사이에 붙임표(-)를 사용하도

록 하였다. 2000년 「국어의 로마자 표기법」은 한 음운을 나타내기 위해 둘 이상의 로마자 기호를 어울러 쓴 경우가 여럿 있어서 발음상 혼동의 우려가 생겨난다.[6] 'Jungang'처럼 붙임표를 쓰지 않았을 때 그것이 '중앙'을 표기한 것인지 '준강'을 표기한 것인지 알 수가 없는 경우가 있다. 이와 같이 발음상의 혼동이 있을 수 있을 때 음절의 경계를 나타내기 위해 붙임표를 사용한다. 여기에서 주의할 점은 조항의 '~ 쓸 수 있다'라는 말은 반드시 써야 한다는 필수적인 것이 아니라 수의적이라는 점이다.

중앙 Jung－ang　　　　Jun－gang 준강
해운대 Hae－undae　　　　Ha－eundae 하은대

제3항 고유 명사는 첫 글자를 대문자로 적는다.

부산 Busan　　　　세종 Sejong

[해설] 고유 명사란 어떤 특정한 사람이나 장소, 또는 사물을 지시하는 명사를 말한다. 제3항은 이러한 고유 명사를 로마자로 표기할 경우에는 Busan, Sejong과 같이 단어의 첫 글자를 대문자로 표기하도록 규정하고 있다.

그런데 고유 명사라도 로마자 표기법의 첫 글자를 모두 대문자로 적는 것은 아니다. '로마자 표기 용례 사전'에서 일반 용어로 분류한 '식생활 용어, 의생활 용어, 주생활 용어, 명절과 풍습, 놀이와 무예, 문화유산 및 국가 상징, 역사 지명' 중에서, '식생활 용어, 의생활 용어, 주생활 용어, 명절과 풍습, 놀이와 무예'와 관련된 단어는 모두 첫 글자를 소문자로 적는다. 반면에 '문화유산 및 국가 상징 용어' 중에서 '고려대장경, 대한민국, 심청전, 애국가, 집현전, 춘향전, 태극기, 한글, 훈민정음, 흥부전'과 '역사 지명'인 '고구려, 백제, 신라, 발해, 고려, 조선, 대한민국' 등은 첫 글자를 대문자로 적는다. 용례 사전에서 이 단어들의 첫 글자를 대문자로 적은 것은 이들을 낱낱의 특정한 사물을 다른 것들과 구별해 부르기 위하여 고유의 기호를 붙인 이름인 고유 명사로 보기 때문이며, 이 밖에 다른 어떤 표기 근거가 있는 것은 아니다.

---

6 모음의 경우 '애, 어, 으, 외'는 두 글자를 겹쳐 ae, eo, eu, oe로 쓴다. 자음의 경우에도 ㅇ 받침은 ng로 쓰기 때문에 다음에 모음이 뒤따라 나오는 경우에는 발음상 혼동의 우려가 생긴다. Sangil은 '상일' 또는 '산길'로 읽을 수 있다.

제4항 인명은 성과 이름의 순서로 띄어 쓴다. 이름은 붙여 쓰는 것을 원칙으로 하되 음절 사이에 붙임표(－)를 쓰는 것을 허용한다.(( ) 안의 표기를 허용함.)

민용하 Min Yongha (Min Yong－ha)
송나리 Song Nari (Song Na－ri)

(1) 이름에서 일어나는 음운 변화는 표기에 반영하지 않는다.

한복남 Han Boknam (Han Bok－nam)
홍빛나 Hong Bitna (Hong Bit－na)

(2) 성의 표기는 따로 정한다.

[해설] 인명이란 사람의 이름을 말한다. 서양에서는 이름을 먼저 쓰고 성을 나중에 쓰지만, 동양에서는 관습에 따라 성과 이름 순서대로 표기한다. 한글 맞춤법에서는 성과 이름을 붙여 쓰도록 규정하고 있는데, 로마자로 표기할 때에는 성을 따로 구분할 필요가 있어서 성과 이름 사이를 띄어 쓴다. 그리고 이름은 첫 음절의 첫 자만 대문자로 적고 뒤 음절과 이어 쓰는 것을 원칙으로 하였는데, 필요에 따라 '용－하'와 같이 붙임표를 써서 음절 구분을 하는 것도 허용하였다.

민용하 Min Yongha (Min Yong－ha)

제4항 (1)은 이름인 '복남'은 [봉남]으로 발음되지만, 이름을 로마자로 표기할 경우에는 음운 변화를 반영하지 않고 이름의 음절 각각을 소리대로 적는다는 것을 규정하고 있다. 우리나라 사람들의 이름은 대개 두 자인데, 글자 한 자 한 자마다 의미가 있다. 따라서 이름 사이에서 일어나는 음운 변화는 표기에 반영하지 않고, 각 음절의 음가를 살려 적도록 하였다. 예를 들어 '빛나'는 [빈나]로 발음되지만, 이름의 음절을 각각 읽게 되면 중화 현상이 적용되어 [빋]과 [나]로 발음된다.

한복남 Han Boknam (Han Bok－nam)

홍빛나 Hong Bitna (Hong Bit－na)

제4항 (2)는 성을 로마자로 표기할 때 서로 상이하게 써 오고 있기 때문에 성의 표기는 따로 정한다는 것이다. 성 표기의 경우는 표기법 원칙대로 따르라고 하기에는 어려움이 많다. 예를 들어 '이, 오, 우' 단모음 성씨의 경우는 표기의 원칙에 따르면 I, O, U가 되는데 현재 그렇게 쓰는 사람이 거의 없을 뿐만 아니라, 하나의 로마자 기호로 성씨를 표기하는 것이 낯설고 거부감을 주게 된다. '김'이나 '박'의 경우도 원칙에 따라 Gim이나 Bak을 쓰는 사람은 거의 없고, 대부분 Kim, Park을 쓰고 있는데 이를 로마자 표기의 원칙에 따라 일괄적으로 적으라고 하기에는 현실적으로 어려움이 많다. 결국 성 표기의 경우 어느 정도 관습적인 표기를 인정할 필요가 있다는 결론에 이르게 된다. 문제는 아직까지 이에 대한 구체적인 안을 마련하지 못하고 있다는 데 있다. 2009년 「성씨 로마자 표기 시안」을 제시하면 다음과 같다.

- 성씨의 표기는 로마자 표기법의 규칙에 따라 표기하는 것을 원칙으로 한다. 예 박 Bak, 정 Jeong, 최 Choe, 조 Jo, 유 Yu
- '이, 오, 아, 우'는 각각 'Yi, Oh, Ah, Wu'로 적는 것을 원칙으로 한다.
- 'ㄱ'으로 시작하는 성씨는 G 대신 K로 적는 것을 원칙으로 한다.
  예 김 Kim, 강 Kang, 권 Kwon, 구 Ku

제5항 '도, 시, 군, 구, 읍, 면, 리, 동'의 행정 구역 단위와 '가'는 각각 'do, si, gun, gu, eup, myeon, ri, dong, ga'로 적고, 그 앞에는 붙임표(－)를 넣는다. 붙임표(－) 앞뒤에서 일어나는 음운 변화는 표기에 반영하지 않는다.

충청북도 Chungcheongbuk－do　　제주도 Jeju－do
의정부시 Uijeongbu－si　　양주군 Yangju－gun
도봉구 Dobong－gu　　신창읍 Sinchang－eup
삼죽면 Samjuk－myeon　　인왕리 Inwang－ri
당산동 Dangsan－dong　　종로 2가 Jongno 2(i)－ga
봉천 1동 Bongcheon 1(il)－dong　　퇴계로 3가 Toegyero 3(sam)－ga

[붙임] '시, 군, 읍'의 행정 구역 단위는 생략할 수 있다.

청주시 Cheongju　　　　　함평군 Hampyeong
순창읍 Sunchang

[해설] 제5항은 행정 구역 단위에 대해서 규정하고 있다. '도, 시, 군, 구, 읍, 면, 리, 동'의 행정 구역 단위와 '가'는 각각 'do, si, gun, gu, eup, myeon, ri, dong, ga'로 적고, 그 앞에는 붙임표(-)를 넣음으로써 그것이 행정 구역 단위임을 보여 준다. 이때의 붙임표는 생략할 수 없다. 예를 들어 '충청북도'는 Chungcheongbuk-do로 적어야 하는 것이지 Chungcheongbukdo로 적을 수 없다.

한 가지 주목할 점은, 붙임표 앞뒤에서 일어나는 음운 변화는 표기에 반영하지 않는다는 점이다. '삼죽면'의 경우 발음은 [삼중면]이 되지만 Samgjung-myeon으로 적지 않고 Samjuk-myeon으로 적는다. 리(里)의 경우는 이러한 규정이 없다면 표기가 매우 복잡한 양상을 띠게 된다. 리(里) 앞에 오는 말의 받침이 무엇이냐에 따라 ri, ni, li 등으로 달리 적게 되기 때문에 ri로 고정하여 표기한다.

가. 삼죽면 Samjuk-myeon(○)
나. 인왕리 Inwang-ri(○)
　신대리 Sindaeri(×)
　신풍리 Sinpungni(×)
　신월리 Sinwolli(×)

[붙임] '시(市), 군(郡), 읍(邑)'의 행정 구역 단위는 생략할 수 있다. 예를 들어 '청주시'는 Cheongju-si로 표기하지만 Cheongju로 표기할 수 있다.

참고로 행정 구역 단위인 '도(都)'와 섬을 의미하는 '도(島)'는 구별하여 표기해야 한다. '제주도'의 '도'는 행정 구역 단위이므로 붙임표를 반드시 사용해야 하고, '울릉도'의 '도'는 행정 구역 단위가 아닌 '섬'이므로 붙임표를 쓰지 않아야 한다.

제주도 Jeju-do
울릉도 Ulleungdo

더 알아두기

도로명의 로마자 표기는 「국어의 로마자 표기법」(2000)에 따라 소리 나는 대로 표기한다. 도로명 로마자 표기에 관한 주요 세칙을 제시하면 다음과 같다.

첫째, 첫 글자는 대문자로 나머지는 소문자로 표기하며, 도로명 전체는 붙여 쓴다.

둘째, 도로명의 주된 명사와 도로별 구분 기준인 '대로, 로, 길' 사이에 붙임표(−)를 넣어 '−daero, −ro, −gil'로 표기한다.

강남대로	Gangnam−daero
가곡로	Gagok−ro
발산길	Balsan−gil

셋째, 도로명의 주된 명사 사이에 음운변화를 반영하여 표기한다. 다만, 도로명의 주된 명사와 도로 구분기준 사이에 음운변화가 일어나더라도 붙임표(−) 사이에 일어나는 음운변화는 반영하지 아니한다.

새벽로(새병노)	Saebyeok−ro
종로(종노)	Jong−ro

넷째, 도로명의 주된 명사에 순서 등을 나타내는 아라비아 숫자가 포함된 때 숫자 앞에서 띄고 그 숫자를 그대로 표기하며 괄호 속에 숫자의 발음은 표기하지 아니한다. 다만 의미상 필요한 경우 괄호 속에 숫자의 발음을 표기할 수 있다.

앞들동로4번길	Apdeuldong−ro 4beon−gil	(원칙)
	Apdeuldong−ro 4(sa)beon−gil	(허용)
5일장길	5iljang−gil	(원칙)
	5(o)iljang−gil	(허용)

제 6 항 자연 지물명, 문화재명, 인공 축조물명은 붙임표(−) 없이 붙여 쓴다.

남산 Namsan	속리산 Songnisan
금강 Geumgang	독도 Dokdo
경복궁 Gyeongbokgung	무량수전 Muryangsujeon
연화교 Yeonhwagyo	극락전 Geungnakjeon
안압지 Anapji	남한산성 Namhansanseong
화랑대 Hwarangdae	불국사 Bulguksa
현충사 Hyeonchungsa	독립문 Dongnimmun
오죽헌 Ojukheon	촉석루 Chokseongnu
종묘 Jongmyo	다보탑 Dabotap

[해설] 산과 강 등의 자연 지물명, 문화재 이름, 궁이나 절처럼 인공으로 쌓아 만든 물건 등의 이름은 그 이름 전체가 고유 명사이므로 이름 전체를 로마자로 표기하고 붙임표 없이 붙여 쓰도록 규정하고 있다. '남산'이나 '금강', '다보탑'의 경우 Namsan, Geumgang, Dabotap으로 적으면 '산'과 '강', '탑'의 의미가 전달되지 않기 때문에 Mt. Nam, Geum River, The top of dabo로 밝혀 적어야 한다고 주장하는 이들도 있다. 하지만 '남산', '금강', '다보탑' 전체가 고유 명사라는 점에서 단어의 일부인 '남', '금', '다보'만을 로마자로 표기해서는 안 된다. 이와 같은 맥락에서 Nam−san, Geum−gang, Dabo−tap과 같이 붙임표를 넣어 표기해서도 안 된다.

제 7 항 인명, 회사명, 단체명 등은 그동안 써 온 표기를 쓸 수 있다.

[해설] 현실적으로 지금까지 써 온 이름, 회사 이름, 단체 이름 등은 그동안 써온 표기를 사용할 수 있도록 하고 있다. 이미 세계에 널리 알려진 삼성 기업이나 현대 자동차 회사는 회사명을 Samsung, Hyundai로 표기한다. 이는 영어에서 영향을 받은 것으로 우리말 'ㅓ'를 u로 적는 관습적인 표기 방식이라 할 수 있다. 이를 규정에 따라 표기하면 Samseong, Hyeondai가 된다. 문제는 회사의 이름을 현행대로 바꾸면 이를 알리고 홍보하는 데 막대한 시간과 노력, 비용이 든다는 것이다. 이러한 까닭에 그동안 써온 표기는 그대로 사용할 수 있도록 인정하였다.

제8항 학술 연구 논문 등 특수 분야에서 한글 복원을 전제로 표기할 경우에는 한글 표기를 대상으로 적는다. 이 때 글자 대응은 제2장을 따르되 'ㄱ, ㄷ, ㅂ, ㄹ'은 'g, d, b, l'로만 적는다. 음가 없는 'ㅇ'은 붙임표(−)로 표기하되 어두에서는 생략하는 것을 원칙으로 한다. 기타 분절의 필요가 있을 때에도 붙임표(−)를 쓴다.

집 jib	짚 jip
밖 bakk	값 gabs
붓꽃 buskkoch	먹는 meogneun
독립 doglib	문리 munli
물엿 mul−yeos	굳이 gud−i
좋다 johda	가곡 gagog
조랑말 jolangmal	없었습니다 eobs−eoss−seubnida

[해설] 전자법 방식이 필요한 경우가 있다. 외국 도서관에서 우리말로 된 서적의 목록을 만들거나 언어학자들이 외국어로 우리말에 대한 논문을 쓰는 경우에는 한글 맞춤법에 따른 로마자 표기가 필요하다. 2000년 '국어의 로마자 표기법'에서는 학술 연구 논문과 같은 특수 분야에서 한글 복원을 전제로 로마자로 표기할 경우에는 한글 표기를 대상으로 전자법에 따라 표기해야 한다고 규정하고 있고 세부 내용으로 다음 네 가지를 제시하고 있다.

첫째, 음운 환경에 따라 'ㄱ'은 g나 k로, 'ㄷ'은 d나 t로, 'ㅂ'은 b나 p로, 'ㄹ'은 r이나 l로 표기해야 하는데 한글 복원을 목적으로 로마자로 표기할 경우에는 'ㄱ', 'ㄷ', 'ㅂ', 'ㄹ'를 g, d, b, l로만 적도록 한다.

둘째, 전자법 표기에서 음가 없는 'ㅇ'을 나타낼 때에는 붙임표(−)로 표기하는 것을 원칙으로 한다. 전자법으로 표기한 것은 쉽게 한글로 복원이 가능해야 한다. 이러한 목적을 위해서는 음가 없는 'ㅇ'도 따로 표시를 해야 한다. 예를 들어 '안암'을 로마자로 Anam으로 적으면 '아남'인지 '안남'인지 혼동이 일어난다. 이런 경우 두 번째 음절의 음가 없는 'ㅇ'을 붙임표로 표시해 주면 An−am이 되어 그것의 한글 표기가 '안암'임을 쉽게 알 수 있게 된다.

셋째, '여우'의 '여'와 같이 어두에 온 'ㅇ'은 'yeou'와 같이 붙임표를 사용하지 않는 것을 원칙으로 한다.

넷째, 기타 분절이 필요한 경우에는 붙임표(−) 쓰는 것을 허용한다. 기타 분절이 필요한 경우라는 것은 어근과 접사, 어간과 어미 등을 구별하여 표기해야 할 때를 말한다. 예를 들어 '굳이'를 전사법에 따라 표기하면 gugi로 적는데 반하여 전자법에 따라 표기하면 gu－di가 된다.

[부록 1] 이름에 자주 쓰이는 음절의 로마자 표기

가 ga	각 gak	간 gan	갈 gal	감 gam
갑 gap	갓 gat	강 gang	개 gae	객 gaek
거 geo	건 geon	걸 geol	검 geom	겁 geop
게 ge	겨 gyeo	격 gyeok	견 gyeon	결 gyeol
겸 gyeom	겹 gyeop	경 gyeong	계 gye	고 go
곡 gok	곤 gon	골 gol	곳 got	공 gong
곶 got	과 gwa	곽 gwak	관 gwan	괄 gwal
광 gwang	괘 gwae	괴 goe	굉 goeng	교 gyo
구 gu	국 guk	군 gun	굴 gul	굿 gut
궁 gung	권 gwon	궐 gwol	귀 gwi	규 gyu
균 gyun	귤 gyul	그 geu	극 geuk	근 geun
글 geul	금 geum	급 geup	긍 geung	기 gi
긴 gin	길 gil	김 gim	까 kka	깨 kkae
꼬 kko	꼭 kkok	꽃 kkot	꾀 kkoe	꾸 kku
꿈 kkum	끝 kkeut	끼 kki	나 na	낙 nak
난 nan	날 nal	남 nam	납 nap	낭 nang
내 nae	냉 naeng	너 neo	널 neol	네 ne
녀 nyeo	녁 nyeok	년 nyeon	념 nyeom	녕 nyeong
노 no	녹 nok	논 non	놀 nol	농 nong
뇌 noe	누 nu	눈 nun	눌 nul	느 neu
늑 neuk	늠 neum	능 neung	늬 nui	니 ni
닉 nik	닌 nin	닐 nil	님 nim	다 da
단 dan	달 dal	담 dam	답 dap	당 dang
대 dae	댁 daek	더 deo	덕 deok	도 do
독 dok	돈 don	돌 dol	동 dong	돼 dwae
되 doe	된 doen	두 du	둑 duk	둔 dun
뒤 dwi	드 deu	득 deuk	들 deul	등 deung

디 di 따 tta 땅 ttang 때 ttae 또 tto
뚜 ttu 뚝 ttuk 뜨 tteu 띠 tti 라 ra
락 rak 란 ran 람 ram 랑 rang 래 rae
랭 raeng 량 ryang 렁 reong 레 re 려 ryeo
력 ryeok 련 ryeon 렬 ryeol 렴 ryeom 렵 ryeop
령 ryeong 례 rye 로 ro 록 rok 론 ron
롱 rong 뢰 roe 료 ryo 룡 ryong 루 ru
류 ryu 륙 ryuk 륜 ryun 률 ryul 륭 ryung
르 reu 륵 reuk 른 reun 름 reum 릉 reung
리 ri 린 rin 림 rim 립 rip 마 ma
막 mak 만 man 말 mal 망 mang 매 mae
맥 maek 맨 maen 맹 maeng 머 meo 먹 meok
메 me 며 myeo 멱 myeok 면 myeon 멸 myeol
명 myeong 모 mo 목 mok 몰 mol 못 mot
몽 mong 뫼 moe 묘 myo 무 mu 묵 muk
문 mun 물 mul 므 meu 미 mi 민 min
밀 mil 바 ba 박 bak 반 ban 발 bal
밥 bap 방 bang 배 bae 백 baek 뱀 baem
버 beo 번 beon 벌 beol 범 beom 법 beop
벼 byeo 벽 byeok 변 byeon 별 byeol 병 byeong
보 bo 복 bok 본 bon 봉 bong 부 bu
북 buk 분 bun 불 bul 붕 bung 비 bi
빈 bin 빌 bil 빔 bim 빙 bing 빠 ppa
빼 ppae 뻐 ppeo 뽀 ppo 뿌 ppu 쁘 ppeu
삐 ppi 사 sa 삭 sak 산 san 살 sal
삼 sam 삽 sap 상 sang 샅 sat 새 sae
색 saek 생 saeng 서 seo 석 seok 선 seon
설 seol 섬 seom 섭 seop 성 seong 세 se
셔 syeo 소 so 속 sok 손 son 솔 sol
솟 sot 송 song 쇄 swae 쇠 soe 수 su
숙 suk 순 sun 술 sul 숨 sum 숭 sung
쉬 swi 스 seu 슬 seul 슴 seum 습 seup
승 seung 시 si 식 sik 신 sin 실 sil
심 sim 십 sip 싱 sing 싸 ssa 쌍 ssang
쌔 ssae 쏘 sso 쑥 ssuk 씨 ssi 아 a

악 ak	안 an	알 al	암 am	압 ap
앙 ang	앞 ap	애 ae	액 aek	앵 aeng
야 ya	약 yak	얀 yan	양 yang	어 eo
억 eok	언 eon	얼 eol	엄 eom	업 eop
에 e	여 yeo	역 yeok	연 yeon	열 yeol
염 yeom	엽 yeop	영 yeong	예 ye	오 o
옥 ok	온 on	올 ol	옴 om	옹 ong
와 wa	완 wan	왈 wal	왕 wang	왜 wae
외 oe	왼 oen	요 yo	욕 yok	용 yong
우 u	욱 uk	운 un	울 ul	움 um
웅 ung	워 wo	원 won	월 wol	위 wi
유 yu	육 yuk	윤 yun	율 yul	융 yung
윷 yut	으 eu	은 eun	을 eul	음 eum
읍 eup	응 eung	의 ui	이 i	익 ik
인 in	일 il	임 im	입 ip	잉 ing
자 ja	작 jak	잔 jan	잠 jam	잡 jap
장 jang	재 jae	쟁 jaeng	저 jeo	적 jeok
전 jeon	절 jeol	점 jeom	접 jeop	정 jeong
제 je	조 jo	족 jok	존 jon	졸 jol
종 jong	좌 jwa	죄 joe	주 ju	죽 juk
준 jun	줄 jul	중 jung	쥐 jwi	즈 jeu
즉 jeuk	즐 jeul	즘 jeum	즙 jeup	증 jeung
지 ji	직 jik	진 jin	질 jil	짐 jim
집 jip	징 jing	짜 jja	째 jjae	쪼 jjo
찌 jji	차 cha	착 chak	찬 chan	찰 chal
참 cham	창 chang	채 chae	책 chaek	처 cheo
척 cheok	천 cheon	철 cheol	첨 cheom	첩 cheop
청 cheong	체 che	초 cho	촉 chok	촌 chon
총 chong	최 choe	추 chu	축 chuk	춘 chun
출 chul	춤 chum	충 chung	측 cheuk	층 cheung
치 chi	칙 chik	친 chin	칠 chil	침 chim
칩 chip	칭 ching	코 ko	쾌 kwae	크 keu
큰 keun	키 ki	타 ta	탁 tak	탄 tan
탈 tal	탐 tam	탑 tap	탕 tang	태 tae
택 taek	탱 taeng	터 teo	테 te	토 to

톤 ton	톨 tol	통 tong	퇴 toe	투 tu
퉁 tung	튀 twi	트 teu	특 teuk	틈 teum
티 ti	파 pa	판 pan	팔 pal	패 pae
팽 paeng	퍼 peo	페 pe	펴 pyeo	편 pyeon
표 pyo	푸 pu	품 pum	풍 pung	프 peu
피 pi	픽 pik	필 pil	핍 pip	하 ha
학 hak	한 han	할 hal	함 ham	합 hap
항 hang	해 hae	핵 haek	행 haeng	향 hyang
허 heo	헌 heon	험 heom	헤 he	혀 hyeo
혁 hyeok	현 hyeon	혈 hyeol	혐 hyeom	협 hyeop
형 hyeong	혜 hye	호 ho	혹 hok	혼 hon
홀 hol	홉 hop	홍 hong	화 hwa	확 hwak
환 hwan	활 hwal	황 hwang	홰 hwae	횃 hwaet
회 hoe	획 hoek	횡 hoeng	효 hyo	후 hu
훈 hun	훤 hwon	훼 hwe	휘 hwi	휴 hyu
휼 hyul	흉 hyung	흐 heu	흑 heuk	흔 heun
흘 heul	흠 heum	흡 heup	흥 heung	희 hui
흰 huin	히 hi	힘 him		

[부록 2] 영문 번역 표기의 원칙

ㅇ 우리말 명칭의 로마자 표기 + 속성의 번역을 기본형으로 하여 **우리말 명칭 홍보와 외국인 이해를 동시에 도모함** * 로마자와 속성 번역 각각의 **첫 글자는 대문자**로 적음

- **(자연지명)(문화재명)** 전체 로마자 표기 + 속성 번역 : 예 한라산 Hallasan Mountain
- **(인공지명) 전부(前部)** 로마자 표기 + 속성 번역 : 예 광장시장 Gwangjang Market

ㅇ 사용 목적이나 환경의 특수성을 고려하여 부분 변형을 인정함

- **(도로표지, 지도)** 속성 번역 생략, 약어 표시 허용 : 예 한라산 Hallasan, Hallasan Mt
- **(책자·누리집 등)** 전체 로마자 표기 후 로마자 표기에 대한 의미 번역 병기 가능 : 예 불국사 Bulguksa, Temple of Buddha Land

ㅇ 명칭 종류별 로마자 표기 및 속성 번역 범위 및 순서를 통일함

• (자연지명) **Hangang River(○), Hangang(○), Hangang Riv(○),** Han River(×), River Han(×) • (문화재명) **Gyeongbokgung Palace(○), Gyeongbokgung(○),** Gyeongbok Palace(×) • (인공지명) **Hangang Park(○),** Hanganggongwon Park(×)

ㅇ 지명의 속성 번역어를 통일함

예 **치안센터:** Community Security Center/ Community Policing Center/ Police Patrol & Services Center/Police Box` → **Police Patrol & Services Center**

ㅇ 간략형 표기(도로표지 등) 통일 및 인공 지명의 기존 외국어 공식명칭 인정함

예 • **서울고교:** Seoul H Sch/ Seoul High Sch → **Seoul High Sch** • **잠실종합운동장:** Jamsil Sports Complex(기존 명칭) → **Jamsil Sports Complex**

참고 문헌

姜圭善(2001), 훈민정음 연구, 보고사.

강규선·황경수(2003), 중세국어문법론, 청운.

강범모(2010), 언어, 한국문화사.

강보선(2014), 표준 발음법 교육 방향, 국어교육학연구 49, 국어교육학회.

강현화·고성환·구본관·박동호(2016), 한국어 교원을 위한 한국어학, 한국방송통신대학교출판부.

강희숙(2010), 국어 정서법의 이해(개정판), 역락.

고영근(1983), 國語文法의 硏究, 탑출판사.

______(1989), 국어 형태론 연구, 서울, 서울대출판부.

고영근·구본관(2008), 우리말 문법론, 집문당.

고영근·남기심(1985), 표준국어문법론, 탑출판사.

고영근·남기심(1997), 중세어 자료 강해, 집문당.

고영근·남기심(2014), 제4판 표준 국어문법론, 박이정.

구본관(2010), 외래어 표기 규범 영향 평가, 문화체육관광부.

구본관·박재연·이선웅·이진호·황선엽(2015), 한국어 문법 총론 1, 집문당.

구본관·박재연·이선웅·이진호(2016), 한국어 문법 총론 2, 집문당.

국립국어원(1997), 외래어 표기 용례집-정부언론외래어심의공동위원회 결정(제1차-제19차), 국립국어원.

국립국어원(2014), 바른국어생활, 국립국어원.

국립국어원(2016), 바른국어생활, 국립국어원.

국립국어원(2018), 한글 맞춤법+표준어 규정 해설, 국립국어원.

권재일(1994), 한국어 문법의 연구, 서울, 박이정.

______(1996), 한국어 문법의 연구, 박이정.

______(2000), 한국어 통사론, 민음사.

______(2013), 한국어문법론, 태학사.

김계곤(1996), 현대 국어의 조어법 연구, 서울, 박이정.

김남미(2010), 대학생을 위한 '표준발음법' 교육원칙, 서강인문논총 29, 서강대학교 인문과학연구소.
김도경(2012), 표준어의 이념과 '사투리'의 탄생, 어문학 117, 한국어문학회.
김민수(2007), 現代語文政策論: 그 실태와 개선안, 한국문화사.
김봉모(2001), 국어 정서법 강의, 서울, 세종출판사.
김봉국(2013), 국어사 지식을 고려한 표준어 선정, 영주어문 25, 영주어문학회.
김석득(1992), 우리말 형태론, 서울, 탑출판사.
김성규·정승철(2011), 소리와 발음, 한국방송통신대학교출판부.
김성아(2013), 표준어 규정의 문제점 연구: 제1부 표준어 사정 원칙을 중심으로, 부산교육대학교 교육대학원 석사학위논문.
김세중(1990), 외래어 표기의 변천과 실태, 새국어생활 제23호, 112-130쪽.
______(1997), 외래어 표기의 문제점, 관훈저널 제64호, 209-223쪽.
김수현(2003), 외래어 표기법 연구, 이화여자학교 박사학위논문.
김승곤(1995), 현대나라말본, 서울, 박이정.
______(1998), 한국어통어론, 서울, 박이정.
______(2003), 현대표준말본, 서울, 박이정.
김양규(2007), 한글맞춤법 규정의 문제점과 개선 방안 연구, 순천대학교 석사학위논문.
김옥영(2009), 국어 표준발음법과 음운제약, 언어와 정보 사회 11, 서강대학교 언어정보연구소.
김정남(2009), 한자어의 한글 표기에 나타나는 두음법칙과 그 예외 조항에 대한 고찰, 어문연구 통권 제144호, 63-90쪽.
김정수(2008), 한글 맞춤법의 역사와 개선안, 한국언어문화 37, 한국언어문화학회, 111-128쪽.
김정은(1995), 국어 단어형성법 연구, 서울, 박이정.
김지원(2012), 고등학교 표준발음 교육의 효과적 지도방안 연구, 경희대학교 교육대학원 석사학위논문.
김진우(1986), 현대언어학의 이해, 한신문화사.
김철순(2006), 한글맞춤법·표준어의 사용 방안 연구: 서울 지역 20대들의 언어 사용 실태를 중심으로, 동국대학교 대학원 석사학위논문.
김형배(2004), 파생 부사의 원형밝히기와 접미사 '-이, -히'의 표기 문제-'한글 맞춤법' 조항의 문제점을 중심으로-, 한말연구 제15호, 121-146쪽.
______(2007), 현행 한국어 어문규정의 문제점 -국어 상담 사례를 중심으로-, 한민족문화연구 22, 한민족문화학회, 31-58쪽.
김희진(1995), 부사화 접미사 '-이'와 '-히'에 관하여-특히 'ㄱ' 받침 아래에서-, 국어교육 87, 229-246쪽.
남경완(2010), 표준어 규정과 표준어 정책에 대하여, 한국학연구 33, 고려대학교 한국학연구소.
남기심·고영근(1985), 표준국어문법론, 서울, 탑출판사.
나찬연(2002), 한글 맞춤법의 이해, 서울, 월인.

______(2012), 현대 국어 문법의 이해, 도서출판 월인.
목정수(2003), 한국어 문법론, 월인.
______(2009), 한국어, 문법 그리고 사유, 태학사.
민현식(1999), 국어 정서법 연구, 서울, 태학사.
朴德裕(1998), 國語의 動詞相 硏究, 한국문화사.
______(1999), 중세국어강해, 한국문화사.
______(2002), 문법교육의 탐구, 한국문화사.
______(2007), 한국어의 相 이해, 제이앤씨.
______(2010), 중세국어문법의 이론과 실제, 박문사.
______(2011), 국어 어문 규정의 두음 법칙 위계화 연구, 새국어교육 88권, 353-375쪽.
______(2012), 학교문법론의 이해, 역락.
박덕유·강미영(2018), 쉽게 풀어쓴 한국어문법, 서울, 한국문화사.
박덕유·오영신·강비 외 5인(2011), 한국어 학습자를 위한 음운교육 연구, 박문사.
박덕유·김은혜·허유라 외 6명(2012), 한국어 학습자를 위한 문법교육 연구, 박문사.
박덕유·이옥화·송경옥(2013), 한국어문법의 이론과 실제, 박문사.
박성호(2018), 한글 맞춤법의 개선 방안 연구, 경성대학교 박사학위논문.
박숙희(2013), 한국어 발음 교육론, 역락.
______(2014), 국어 어문규범, 역락.
朴榮順(1986), 韓國語統辭論, 집문당.
______(1998), 한국어 문법교육론, 박이정.
______(2001), 외국어로서의 한국어 교육론, 월인.
______(2001), 한국어 문장의미론, 박이정.
______(2002), 한국어 문법교육론, 박이정.
______(2004), 한국어 의미론, 고려대학교출판부.
______(2007), 한국어 화용론, 박이정.
______(2010), 한국어와 한국어교육, 한국문화사.
박정규(2018), 한글 맞춤법의 띄어쓰기 규정 개선안 일고찰, 우리말연구 54권, 우리말학회, 123-150쪽.
박종덕(2005), 현대 국어 문법론 강의, 한국문화사.
______(2007), 외래어 및 그 표기법에 관련된 몇 가지 문제, 한민족문화연구 제23호, 157-181쪽.
박지홍(1992), 우리현대말본, 서울, 과학사.
박창원·김수현(2004), 외래어 표기 양상의 변천, 새국어생활 14(2), 59-102쪽.
박창원(2012), 한국어의 표기와 발음, 지식과교양.
배주채(2013), 한국어의 발음, 삼경문화사.
서울대학교 국어교육연구소(2002), 고등학교 문법, 교육인적자원부.

서울대학교 국어교육연구소(2010), 고등학교 문법 교사용 지도서, 두산 동아.
성균관대학교 대동문화연구소(1985), 고등학교 문법, 교육부.
성기철(2007), 한국어 문법 연구, 글누림.
______(2007), 한국어 대우법과 한국어 교육, 글누림.
송창선(2009), 현행 한글 맞춤법의 몇 가지 문제점-'아니요'와 부사화 접미사 '-이', '-히'를 대상으로, 어문학 제100집, 59-84쪽.
송철의(1992), 국어의 파생어 형성 연구, 서울, 태학사.
______(2005), 한글 맞춤법의 몇 가지 문제점, 연구와 교육 창간호, 235-261쪽.
______(2008), 한국어 형태음운론적 연구, 태학사.
신승용(2014), 표준어 정책의 문제점과 대안, 語文學 123, 한국어문학회.
안경화(2007), 한국어교육의 연구, 한국문화사.
안병섭(2010), 표준 발음법과 언어 현실, 한국학연구 33, 고려대 한국학연구소.
안병희·이광호(1990), 중세국어문법론, 학연사.
안주호(2007), 한국어 교육에서의 표준어와 지역방언, 한말연구 21, 한말연구학회.
양순임(2002), 음절 말 자음의 음성 자질, 한글 258, 한글학회.
______(2004), 한국어 음절 말 폐쇄음에 대한 음향 및 청각 음성학적 연구, 한글 269, 한글학회.
______(2004), 한국어 발음교육의 내용과 방법, 태학사.
______(2014), 외국인을 위한 사잇소리 현상 발음교육 방안, 우리말연구 37, 우리말학회.
______(2016), 한국어 어문규범 연구, 태학사.
엄태수(2001), 한글 맞춤법의 원리에 대한 검토, 시학과 언어학 제1호, 시학과 언어학회, 221-247쪽.
______(2007), 표준어 규정에 대한 연구, 한중인문학연구 22, 중한인문과학연구회.
이경숙(2016), 문교부의 '외래어 표기법' 변천 과정과 수용 양상, 정신문화연구, 39(1), 107-140쪽.
이관규(2007), 학교 문법론, 월인.
______(2011), 표준어 교육의 실태와 방향, 새국어생활 제21권 제4호, 국립국어원.
______(2015), 어문 규범 정책의 전개와 과제, 『광복 70돌맞이 말글 정책의 회고와 전망』, 한글학회.
이동석(2016), 한글 맞춤법 어원 설명의 문제점, 민족문화연구 71권, 고려대학교 민족문화연구원, 325-354쪽.
이지수(2017), 부사 파생 접미사 '-이/-히'에 대한 표기사적 검토, 국제어문 제72집, 255-270쪽.
이상규(2011), '국어기본법'에 근거한 '외래어 표기법'의 문제, 국어국문학 158, 국어국문학회, 135-181쪽.
이석주·이주행(1994), 국어학개론, 서울, 대한교과서주식회사.
이승녕(1981), 중세국어문법, 서울, 일조각.
이익섭(2002), 띄어쓰기의 현황과 전망, 새국어생활 12(1), 국립국어원, 5-16쪽.
______(2010), 국어학개설, 학연사.

이주행(2005), 한국어 어문규범의 이해, 보고사.
______(2013), 어문 규범의 이해(신정판), 보고사.
이선웅·이승희·정희창(2018), 개정판 한국어정서법, 사회평론아카데미.
이선웅(2018), 표준어 관련 규정 및 새 해설에 대한 검토, 泮矯語文硏究 48, 반교어문학회.
이호권·고성환(2007), 맞춤법과 표준어, 한국방송통신대학교출판부.
이희승·안병희·한재영(2018), 보정 한글 맞춤법 강의, 신구문화사.
임규홍(2017), 국어문법 언어규범 공공언어 강의, 박이정.
임동훈(1996), 외래어 표기법의 원리와 실제, 새국어생활 6(4), 국립국어원, 41-61쪽.
임석규(2015), <한글 맞춤법>의 용례 제시 방식에 대하여, 한국어학 69, 한국어학회, 199-223쪽.
임지룡(1998), 국어의미론, 탑출판사.
임지룡 외 6인(2008), 학교 문법과 문법 교육, 박이정.
임호빈(2003), 외국인을 위한 한국어문법, 연세대학교출판부.
임홍빈(1996), 외래어 표기의 역사, 새국어생활 6(4), 국립국어원, 3-40쪽.
조형일(2017), 한국어 교육자를 위한 한국 어문 규범, 박이정.
정희원(1997), 역대 주요 로마자 표기법 비교, 새국어생활 7(2), 국립국어원.
______(2000), 새 로마자 표기법의 특징, 새국어생활 10(4), 국립국어원.
정희창(2002), 「틀리기 쉬운 띄어쓰기」, 새국어생활 12(1), 국립국어원, 17-32쪽.
______(2015ㄱ), 한글 맞춤법의 비판적 검토와 개정 방향, 우리말글 65, 29-46쪽.
______(2015ㄴ), 어법과 문법-한글 맞춤법을 중심으로, <비교문화연구> 39권, 경희대학교 비교문화연구소, 485-499쪽.
______(2015), 복수 표준어의 개념과 의미, 한민족문화연구 50, 한민족문화학회
______(2018), '한글 맞춤법 해설'의 분석과 발전 방향, 泮矯語文硏究 48, 반교어문학회.
조항범(2009), 정말 궁금한 우리말 100가지, 예담.
하빛나(2017), 남북한 로마자 표기법의 통일을 위한 연구- 현행 남북한 로마자 표기법의 비교를 중심으로, 한국어문교육 22, 고려대학교 한국어문교육연구소.
하치근(1999), 우리말본의 이해, 서울, 한국문화사.
한정한 외 6인(2011), 『한국어 통사론의 현상과 이론』, 태학사.
한철우 외 7인(2014), 『고등학교 독서와 문법』, 교학사.
허 용(2003), 한국어 문법론, 한국문화사.
허 웅(1981), 언어학, 서울, 샘문화사.
______(1995), 20세기 우리말의 형태론, 서울, 샘문화사.
허윤희(2008), 「외래어 표기의 실태 분석 연구: 외래어 표기법의 영어 표기 세칙을 중심으로」, 아주대학교 석사학위논문.

저 자 약 력

▌강미영(姜美英) 인하대학교 교육대학원 강의교수

주요 저서: 「'쓰기적 사고력'에 관한 연구 I」(2012), 「저품격 언어의 분석적 고찰」(2014), 『통합 인지적 관점으로 본 쓰기 연구』(2014), 「'2000년 국어의 로마자 표기법' 표기 방식에 관한 소론 1」(2016), 「한국과 우즈베키스탄의 비언어적 의사소통 표현 방식 연구」(2017), 「외국인 학습자를 위한 한국어 호칭어 교육 연구-호칭어 목록 선정과 교육 방안을 중심으로」(2017), 「자유학기제 도입에 따른 청소년 언어문화 개선 방안 연구- 2015 개정 국어과 교육과정을 중심으로 -」(2017), 『쉽게 풀어쓴 한국어 문법』(2018)

▌김수정(金秀貞) 경기대학교 국제교육원 강사

주요 저서: 「결속기제를 활용한 작문지도 방안 연구」(2013), 「한국어 학습자를 위한 과거시제 관형사형 어미 교육 연구: '-(으)ㄴ, -던, -았던'을 중심으로」(2017), 「공공언어정책과 국어책임관 제도」(2019)

▌임지영(林志永) 인하대학교 언어교육원 강사

주요 저서: 「터키인 한국어 학습자의 조사 '을/를'에 대한 사용 양상 분석 및 교수 학습 방안」(2016), 『한국어 모어 특성에 따른 한국어 교수법』(2017)

쉽게 풀어쓴 「한국어 어문규범」

초판 1쇄 인쇄 2019년 02월 25일
초판 1쇄 발행 2019년 03월 01일

저　　자 강미영 · 김수정 · 임지영
발 행 인 윤석현
발 행 처 박문사
책임편집 최인노
등록번호 제2009-11호

우편주소 서울시 도봉구 우이천로 353 성주빌딩 3층
대표전화 02) 992 / 3253
전　　송 02) 991 / 1285
홈페이지 http://jnc.jncbms.co.kr
전자우편 bakmunsa@hanmail.net

ISBN 979-11-89292-27-0 13710　　　정가 28,000원